21世纪高等院校旅游管理专业教材

商务旅游理论与实务

BUSINESS TOURISM THEORY & PRACTICE

彭顺生◆编著

生活·读书·旅游
BOOK
广东旅游出版社
GUANGDONG TRAVEL AND TOURISM PRESS

图书在版编目（CIP）数据

商务旅游理论与实务 / 彭顺生编著. -- 广州 : 广东旅游出版社, 2013.2
ISBN 978-7-80766-473-4

Ⅰ. ①商… Ⅱ. ①彭… Ⅲ. ①商务－旅游业－研究 Ⅳ. ①F590.7

中国版本图书馆CIP数据核字(2013)第013063号

责任编辑：蔡子凤
黄少君
梁嘉韵
封面设计：邓传志
内文设计：蔺 辉
责任技编：刘振华
责任校对：李瑞苑

广东旅游出版社出版发行
（广州市越秀区先烈中路76号中侨大厦22楼D、E单元 邮编：510095）
邮购电话：020-87348243
广东旅游出版社图书网
www.tourpress.cn
广州泽美印业有限公司印刷
（广州市荔湾区龙溪大道283号第一栋三至五楼）
787毫米X1092毫米 16开 21印张 340千字
2013年2月第1版第1次印刷
印数：1-3000册
定价：45.00元

前言

QIANYAN

商务旅游是近二十年来世界经济行业中发展最快的部门，也是最具发展前景的新兴经济体，被人们誉为“世界经济发展的助推器”。目前，商务旅客已经成为饭店、航空公司及都市旅游的核心市场，代表着全球旅游业未来发展的新趋势。

从世界范围看，商务旅游在西方国家发展得较早也比较成熟。20世纪90年代以后，伴随着西方工业化国家的经济复苏及全球经济一体化和无国界化进程的加速，国与国之间的经济活动、跨国技术合作等与国际商务旅游日益融为一体；加之会展旅游、奖励旅游等新式旅游类型的逐步发育以及一些缺乏人文景观的大中城市大力发展依托产业基础的商务会展旅游，所有这些都促进了现代商务旅游在世界范围内飞速发展。据统计，早在2000年，全球商务旅游者约占旅游者总数的1／3强；全世界的会议旅游收入约2200亿美元，并且正以每年8%～10%的速度递增；奖励旅游早在1990年的全球产值已达1700亿美元，并且以每年13%的速度在增长；商务会议层出不穷，美国每年约有1100万个商务会议，占用了其国内员工37%的时间；法、英、德、西每年举办国际会议达400～1000个；全世界每年4个国家以上、50人参加的国际会议会展就有约40万个；巴黎每年从国际会议会展中收益7亿美元以上；澳大利亚企业每年用于会议开销的费用多达240亿澳元；瑞士达沃斯峰会向出席会议者收取的注册费和管理服务费高达7400美元。美国46%以上的出租汽车收入和半数以上的饭店收入均由商务旅游者带来，商务旅游者占了宾馆客房1/3的份额，会议游客占1/10。进入新世纪以后，商务旅游在各国旅游业的发展中地位越来越重要。商务旅游在各国所占国民生产总值的比重也越来越大：德国60.3%，日本44.5%，美国38.9%，英国37.6%， 韩国35.8%。

从20世纪末开始，一些东南亚国家和地区紧追直上，商务旅游十分火爆，如中国香港，1998年的商务会展收入高达75亿港元，提供近万个就业机会，酒店入住率增加10个百分点。

与此同时，在中国，商务旅游也随着中国经济的持续高速增长得到了长足发展。据国家旅游局公布的2000年入境旅游者抽样调查综合分析报告数据，在接受调查的入境旅游者中，观光度假16163人，占36.5%；探亲访友6347人，占14.3%；商务活动12207人，占27.5%；参加会议4010人，占9.0%；健康疗养1903人，占4.3%；宗教朝拜425人，占1.0%；文体科技交流1328人，占3.0%；其他目的1929人，占4.4%。商务会展旅游两者所占的比例达到了36.5%，已经和传统的观光度假平分秋色，如果再加上文体科技交流部分，商务会展旅游者已经超过了观光度假旅游者，这表明中国的国际商务旅游已经形成相当大的规模。从入境旅游消费来看，2000年入境旅游者每人的平均消费额度是136.85美元，而同期商务旅游者为157.03美元，会议旅游者为183.20美元。据中国民航总局的统计，有65%的搭机者为商务旅游人士。在一项关于跨国公司的问卷调查中显示，92%的公司表示在若干年内将地区总部设于中国。有研究表明，中国每年国际商务旅游支出约42亿美元，其规模已经与法国和德国的水平基本相当。2011年，中国的商务旅游市场已接近美国成为世界第二大商务旅行市场。世界旅游组织估计中国商务旅游支出在现阶段每年高达103亿美元，并将以每年20%的速度增长。这表明，中国的国际商务旅游已经异军突起，前景不可限量。据中新网预测：2015年，中国商务旅行市场将超过美国，跃居全球最大。

尤其值得一提的是，国内的商务旅游在进入新世纪之后也快速发展起来。国内商务客人所占游客的比例，在经济发达地区已达到相当的程度，如天津为45.4% ，在北京已达50.3% ，在上海更高达56.6%。从旅游消费来看，在1998年中国商务旅游者的人均花费1290.87元，1999年提高到1349.3元。这表明，中国国内商务旅游市场早在20世纪末已经初步形成。进入新世纪后，我国每年国际商务旅游支出约42亿美元。那么，如果按照国际商务旅游与国内商务旅游份额1:5计算，我国国内商务旅游收入应该有200亿美元。可见，国内的商务旅游不仅发展迅速，而且还将在未来起主导作用。

现代商务旅游的兴起与快速发展，引发了世界范围内的商务旅游研究热潮。国外商务旅游研究兴起于20世纪90年代初期，经过近20年的发展，国外商务旅游的研究已颇有积累，取得了相当大的成就，并初步形成了较为成熟的方法与理论体系①。研究内容涉及“商务旅游概念的界定”②、“商务旅游需求”③、“商务旅游供给”④、“商务旅游中介”⑤、“商务旅游综合研究”⑥等内容。

国内有关商务旅游的研究虽然起步较晚，且无论成就还是方法与理论的成熟度都不如国外，但研究内容也涉及到“商务旅游概念”⑦、“商务旅游需求”⑧、“商务旅游供给”⑨、“商务旅游面临的挑战”⑩、“商务旅游影响”⑪、“商务旅游市场”⑫、“商务旅游swot分析”⑬ 等等。

---

① 马爱萍，张虹菲.国内外商务旅游研究述评[J].北京第二外国语学院旅游管理学院，2007（11）.

② S. Medlik.Dictionary of Travel，Tourism and ospitality[M]. Great Britain: Butterworth Heinemann， 1993.

③ Nada Kulendran， Stephen F. Witt. Forecasting the demand for international business tourism [J].Journal of Travel Research， 2003（2）.

④ Karin Weber， Adele Ladkin. The convention industry in Australia and the United Kindom: key Issues and competitive forces [J].Journal of Travel Research， 2003（5）.

⑤P. C. Sinha. International Encyclopedia of Tourism Management. Volume 9.Tourism Transport & Travel Management[M]. India : Anmol Publications， 1997.

⑥ John Swarbrooke， Susan Homer. Business Travel and Tourism[M]， Elsevier Ltd.， England， 2001.

⑦ 谢彦君.基础旅游学[M].中国旅游出版社，1999.

⑧ 卞显红.会展旅游者决策过程及其影响因素研究[J].旅游学刊， 2002.

⑨ 周春发.苏州会展旅游开发的初步研究[J].旅游学刊， 2001，（5）.

⑩ 彭顺生.新世纪中国商务旅游面临的挑战及其应对策略[J].经济地理，2009（9）.

⑪ 高爱民.关于中国商务旅游问题的若干思考”[J].《北京第二外国语学院学报》， 2002（6）.

⑫ 刘春济，朱海森.我国商务旅游及其市场开发策略探讨[J].旅游科学， 2003（3）.

⑬ 盛正发.我国商务旅游的SWOT分析及战略选择[J].商业时代， 2006（14）.

仔细考察国内外有关商务旅游之研究，我们不难发现两者之间存在着三点差异：一是国外多以定量研究方法为主，辅以定性的文献和访谈等实证研究方法，对趋势预测和需求进行分析；而国内学者多从市场规模、需求特征、产业绩效及波及效应出发，提供问题描述的基本框架和背景介绍。二是研究的深度和指导意义存在差异。国外对商务旅游的研究无论在理论层面还是在实践层面都已经达到相当的深度，因而对整个产业具有重要的指导意义；而国内则存在着理论研究较为肤浅、商务旅游细分市场研究深度不够的问题，对同一对象持续性的研究也有所欠缺，造成很多研究成果只具有局部意义，对整个产业的指导意义不大，即成果的普遍适应性较差。三是商务旅游的综合研究的情况不同。国外对商务旅游的综合研究已达到相当的程度，早在1994年，罗勃·戴维森就撰写了一部具有鲜明综合性质的《商务旅游》著作，进入21世纪后，约翰·斯瓦布鲁克和苏珊·霍纳合著的《商务旅游》一书问世，把商务旅游综合研究推向了一个相当高的水平。然而，在国内，尚无一本有关商务旅游综合研究的教材或专著问世。

约翰·斯瓦布鲁克和苏珊·霍纳合著的《商务旅游》中译本已于2004年由旅游教育出版社出版。该书虽然从理论和实践两个方面探讨了商务旅游的历史渊源、现状与发展趋势，并通过一系列案例分析及具有实用价值的练习来开阔读者的视野，但也存在诸多不足：一是材料和数据严重老化。该书所用材料和有关数据都是取自20世纪80~90年代，这显然严重滞后于新世纪快速发展的商务旅游，不能充分反映商务旅游的发展现状及其特点。二是该书结构欠工整。第一部分相关背景和第五部分内容太多，而第四部分未来挑战则内容太少，给人以“两头重中间轻”之感。三是内容上存在诸多缺陷。该书除了对商务旅游需求、供给、市场营销缺乏深入的探讨之外，还有某些重要内容未写或涉猎不够，如市场营销管理、旅行社差旅管理、奖励旅游与现代企业管理、商务谈判等，该书提及甚少。四是由于该书作者为英国人，书中所用案例主要是欧美地区，偏重于英国发生的重大商务旅游活动与事件，几乎未涉及中国，这不利于读者全面了解中国商务旅游的现状、特点、发展方向，也不利于中国学生毕业后从事商务旅游工作。因此，撰写一本既涉及世界商务旅游又全面反映中国商务旅游的书是势在必行的。

本书分“商务旅游理论”和“商务旅游实务”两大部分，共十一章。

商务旅游理论部分涉及的内容共六章：

第一章　商务旅游概述。该章界定了商务旅游及其相关概念，概述了商务旅游、商务旅游者的基本特征，对纷繁复杂的商务旅游各个子系统进行了分类；分析了商务旅游与休闲旅游之间的关系；阐述了商务旅游的双重影响。

第二章　商务旅游的历史演进。该章介绍了商务旅游的产生、发展演进过程，揭示了商务旅游在人类社会各个历史阶段如古代奴隶社会、中世纪封建社会、近代社会和现代社会的总体发展状况及新世纪商务旅游面临的各种挑战和未来发展趋势。

第三章　商务旅游的需求。该章界定了商务旅游需求的概念，介绍了商务旅游的需求层次与分类，分析了商务旅游需求的结构、需求规律以及影响商务旅游需求的各种因素，揭示了商务旅游需求格局的变化。最后，对新世纪中国商务旅游市场的构成、特点、面临的机遇、挑战及其应对策略进行了探析。

第四章　商务旅游的供给。该章从不同的角度对商务旅游的供给进行了划分，系统地揭示了不同类型商务旅游的供给网络，分析了中介公司、不同类型的供应商在商务旅游供给中的作用。最后，对商务旅游的服务机构及其运作模式进行了详细的探讨。

第五章　商务旅游企业的宏观环境。该章界定了商务旅游宏观环境的概念，分析了宏观环境的地理层次及其政治、经济、社会和技术构成要素，探讨了不同类型商务旅游企业所面临的宏观环境因素，最后系统地揭示了宏观环境对商务旅游企业的影响。

第六章　商务旅游的物质基础设施。该章以图文并茂的形式，对商务旅游物质基础设施进行了详细的分类，并对商务旅游物质基础设施的设计范围、设计目标进行了系统的探讨。

商务旅游实务涉及的内容共五章:

第七章　商务旅游产品营销。该章在界定了商务旅游产品的基础上，对商务旅游产品分类、性质、特点及其与休闲旅游产品的联系进行了探讨，系统地分析了商务旅游产品的价格构成、分类及其特点，阐述了商务旅游产品营销模式、营销策略、产品分销与促销，最后对中国商务旅游产品市场开发与营销策略进行了分析。

第八章　商务旅游管理。该章探讨了商务旅游人力资源管理、市场营销管理策略、旅行社差旅管理，并对奖励旅游在现代企业管理中的关系与作用进行了系统的研究。

第九章　商务旅游活动策划。该章在概述商务旅游活动策划的基础上，对会议策划、展览策划、奖励旅游策划、新产品发布会策划等主要商务旅游活动之策划过程、特点进行了系统的阐述。

第十章　商务旅游活动筹办。该章探讨了商务旅游活动筹办的特点及其过程，并对不同类型的商务旅游活动筹办进行了系统的探讨。

第十一章　商务旅游优秀案例。该章介绍了商务旅游各个领域如会议旅游、展览旅游、奖励旅游、培训旅游的优秀个案，并对其成功的原因进行了分析。

本书运用文献研究、实地考察、问卷调查、比较研究等多种研究方法，并借鉴旅游学、市场学、管理学、统计学理论和方法，在广泛吸收近年来国内外商务旅游研究新成果的基础上，对商务旅游各个要素进行了全方位的系统研究与探讨，力图写出一本能够反映现代商务旅游全貌与特点，并适合中国旅游管理专业学生需要的商务旅游教材。

由于本书作者水平有限，缺点在所难免，恳请读者批评指正。

彭顺生

2012年7月于广州云山居

目录
MULU

理论篇

第一章　商务旅游概述

【本章学习目标】

通过本章的学习，应掌握商务旅游的基本概念及其特征，了解商务旅游的发展历程，把握商务旅游的类型与结构，明确商务旅游与休闲旅游的异同，了解商务旅游对经济、环境和社会的影响。

【关键概念】

商务旅游 会议旅游 展览旅游 奖励旅游 培训旅游

第一节　商务旅游的界定及其特征

何谓商务旅游？这是研究商务旅游首先要回答的问题。然而，由于种种原因，人们对这一概念的界定尚存分歧。而对于商务旅游的基本特征，虽然有学者进行过探讨，但从学术的角度看，也还有待深化。

一、商务旅游的界定

目前，国际上关于商务旅游的定义，依然众说纷纭，莫衷一是。麦迪克认为："商务旅游是公司雇员或其他人在工作过程中的旅行、访问，包括会议、展览。"① 这是最早的商务旅游定义，它强调了商务旅游与工作的关系。英国著名商务旅游专家罗勃·戴维森则把商务旅游界定为："商务旅游涉及的是那些因为工作关系而旅行的人们，因此是最古老的旅游类型之一。人类从早期起就开始了出于商务目的的旅行。"②该定义揭示了商务旅游与其他旅游活动不同，它是因工作关系而发生的旅游行为，并且是人类历史上最早出现的旅游活动。贾华里从商务旅游市场角度出发，认为："商务旅游作为旅游的细分市场之一，是指因直接工作需要及与其相关联的一切偶然性活动所引发的非自由支配的旅行，包括与每日商业运作及公司或组织会议相关

① S. Medlik. Dictionary of Travel，Tourism and ospitality[M]. Great Britain: Butterworth Heinemann， 1993.

② Rob Davidson.Business Travel[M]. Longman ， 1994.

联的旅行，同时也包括奖励公司杰出表现者的奖励旅游。”①该定义从商务旅游与度假旅游服务的异同、商务旅游者与一般的度假旅游者需求的差异等角度，尝试对商务旅游作出界定。此外，德国《旅游经济手册》认定：“商务旅游是指所有因职业原因进行的旅行。”

国内对商务旅游的界定始于20世纪90年代中期。尽管时间过去将近20年，有不少学者对它进行了界定，但目前仍未取得一致。比较重要的有如下六种：

1. “商务旅游是指参与者以商务为主要目的，旅行为其手段，游览和娱乐为其辅助活动的旅游，一般将会议旅游、奖励旅游、大型会议和展览统称为MICE业务，即Meeting（会议）、Incentive（激励）、Conference（大型企业会议）、Exhibition（活动展览）。”②

2. “商务旅游又叫商业旅游，是以经商为目的，把商业经营与旅行、游览结合起来的一种旅游形式。”③

3. “商务旅游是指以商务为目的，将商务活动与旅行游览相结合的一种旅游活动。”④

4. “商务旅游是指与商务旅行相伴而生的闲暇活动，商务旅游是商事业务交流活动及其消费过程。”⑤

5. “商人以及凡是基于专业动机异地旅行和在某地停留的活动。并认为商务旅游与会议旅游、展览旅游、产品促销旅游等出于工作需要的各种旅游形式统称为公务旅游。”⑥

6. “商务旅游主要针对那些经常往来于世界各地，洽谈业务、举办展览会等活动的客人，他们在商务活动期间的订房、订票甚至订展位等大部分活动都由旅行社来承办，但他们的主要目的不是观光游览，而是商务活动，这种以商务目的为主的旅游可称为商务旅游。”⑦

综观国内外对商务旅游的界定，角度不同，对商务旅游的定义也截然不同，但尽管如此，这些定义还是存在诸多共同点，比如，它们都把“商务交流”视为引发商务旅游的动机和商务旅游活动的主要内容，把闲暇时的游览视为商务旅游的辅助性活动。

① Jafar Jafari.Encyclopedia of Tourism[M]. London and NewYork: Routledge， 2000.

② 匡林. 香港商务旅游前景的喜与忧[J]. 经济论坛， 1996（6）.

③ 阎友兵. 浅论我国商务旅游开发[J]. 资源开发与市场，2000（4）.

④ 李立，张仲啸.论商务旅游市场的特点及营销策略[J]. 桂林旅游高等专科学校学报，2000（2）.

⑤ 高爱民. 中国商务旅游[M]. 中国对外翻译出版社，2001.

⑥ 江五七. 旅行社开拓商务旅游市场初探[J]. 金华职业技术学院学报，2001（3）.

⑦厉新权，程小敏.关于拓展我国商务旅游市场的思考[J]. 北京第二外国语学院学报，2004（3）.

国内外学者在界定商务旅游时之所以呈现出较大的差异，主要是由下列因素决定的。

首先，根据“雷珀模型”（图1–1），旅游是由一系列个人、企业、部门和地区以不同的方式组合在一起，为旅游者提供旅游体验的活动。商务旅游也是如此，具有多项性和多面性，它涉及多种生活方式和各类经济活动。因此，商务旅游难以定义毫不奇怪。

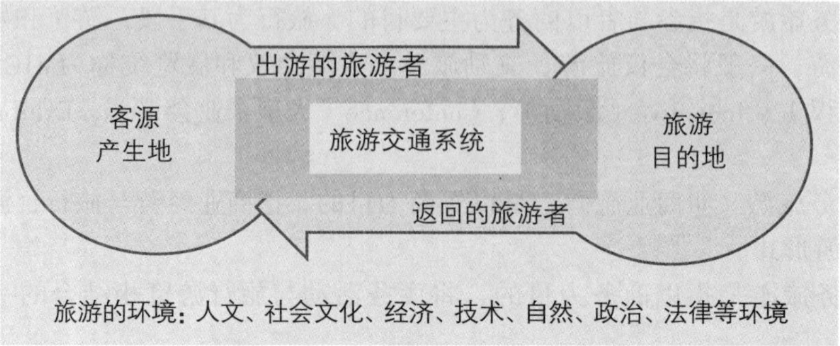

图1–1 雷珀模型（旅游基本体系）

资料来源：Leiper，1990。

其次，商务旅游作为一个学科领域还具有不成熟性。商务旅行虽然早在原始社会末期就已经产生，但现代意义上的商务旅游则是最近二三十年的事，加之商务旅游除了需要区分旅游与诸如迁徙等相似活动的特征“差异”以外，还要区分与其他旅游活动如休闲旅游的差别，因而目前还难以找到有说服力的、被认同的定义商务旅游的方法。

最后，商务旅游理论研究的滞后影响了商务旅游的界定。从商务旅游研究的总体情况看，相对于商务旅游自身的快速发展，学术界对其理论层面的研究相对滞后，尤其是国内的商务旅游研究更是如此。如国内商务旅游大多集中于对商务旅游现状条件、发展策略等具体问题的探讨，关注的焦点是影响商务旅游发展的各种因素，与国外重纯学术的探讨，以学术的发展为依托、以理论的构建为目的的研究形成鲜明的对照。此外，国内虽有多个学者对商务旅游进行了界定，但没有一篇专论商务旅游概念的论文问世，因而也就难以形成被人们广泛接受的商务旅游概念。

总之，商务旅游是以商贸活动为主要目的，把商业经营与旅行、观光结合起来的一种旅游形式，通常包括会议、展览、科技文化交流活动以及随之带来的住宿、餐饮、交通、游览、休闲、通讯等活动。商务旅游是游憩活动谱中仅有的与谋生手段（或获取经济利益）有紧密联系的产品形式。

最后需要说明的是，人们常常将“商务旅游”和“商务旅行”等同起来交替使用，其实这两个词既有联系也有差别，正如现代意义上“旅游”并不等同于“旅行”一样。

“商务旅游”和“商务旅行”的区别在于：

（1）“商务旅游”是一个意义较广的词，它包括商务旅行者经历的所有方面，如闲暇时的游览活动；“商务旅行”则不然，它主要是指商务旅行者的行程，并包括闲暇时的游览活动。

（2）商务旅游侧重于“游”；商务旅行侧重于“行”。

（3）商务旅游一词侧重于那些属于真正旅游者的商务人士，换言之，就是那些离开家至少一晚上的人士；商务旅行则包括那些仅限当日旅行的商务人士，因此并非传统意义上的“旅游者”。

然而，无可否认，“商务旅游”和“商务旅行”之间又有着很大程度的重叠，存在着一定的联系，比如两者都出自务商之目的，都有空间移动，即从甲地前往乙地的行程，旅游或旅行主体都是经商或与经商相关的人士。

二、商务旅游的特征

商务旅游与其他旅游活动类型相比，有着自己独有的特点，这些特点综括起来如下。

1. 商务旅游活动的复合性

展览、会议、谈判、考察和科技文化交流、政治访问等，均可列入商务活动或商务旅游范畴。随着区域间的合作增加，政治访问活动在商务旅游中所占比重不断上升。

2. 物质设施的独特性

商务旅游依赖于复杂的、多层次的物质基础设施，如会展中心、会议中心、专用培训中心等，都是专门供商务旅游者使用的物质基础设施。

3. 商务旅游者的附带性

通常，商务旅游者会带着家人、朋友及贴身工作人员（如司机、秘书、保镖等）结伴出行，商务旅游者进行商务活动的同时，随行人员一般会进行观光、度假旅游活动。

4. 消费水准高

由于商务旅游者的付费往往是雇主或机构，只有个体旅客才自己支付其费用，因此，从总体上说，商务旅游比任何其他形式的旅游都具有更高的人均消费水准，如一些有实力的企业为更好地激励其参与对象，常常“不惜血本”。据统计，一个豪华奖励旅游团的消费通常是一个普通旅游团的5倍。

5. 规模大

从所占游客比例看，商务旅游者超过了休闲度假旅游者位居榜首，商务旅游已成为旅游业的新贵。以北京为例，2003年北京共接待了1.2亿人次游客，其中属于商务旅游游客的占41.2%。

从商务旅游总量看，进入新世纪后，仅中国就有4000万商务旅游者，如果按每人每年平均出行三次计算，全年商务旅游总量可达1.2亿人次左右。

从商务旅游支出看，中国国家旅游局2003年的一份资料显示，中国每年国际商务旅游支出超过357亿元，占亚洲商务旅游市场的17%。中国国内商务旅游支出则高达1700亿美元，约占国内整个旅游市场的30.5%，并以每年20%的速度持续增长。

从市场的角度看，对于大多数航空公司和酒店来说，商务旅客属于核心市场。据中国民航总局的统计，早在2004年，有65%的搭机者为商务旅游人士。有关资料显示，2007年北京的豪华酒店，如半岛、北京酒店，国际和国内商务及观光游客的比例为50∶50；有趣的是，中国各大城市经济型酒店接待的商务和休闲游客的比例一般都在50∶50，有的地方甚至达到70∶30 之间。

从都市旅游的角度看，商务旅游是许多都市旅游目的地的主要旅游形式。如在中国，早在1999年，上海商务旅游者占外来游客的比例已达56.6%。

6. 旅游服务的综合性与专门性

在现代社会，商务旅游服务不仅仅是代买机票、预订酒店，更重要的是为商务旅游者提供全套旅游管理项目的解决方案，包括提供各种咨询服务、最大限度地降低旅行成本、提供最便捷合理的旅行方案和打理一切旅行接待服务等等。此外，商务旅客是由专门的供应商和营销中介构成的基础设施提供服务的。这些供应商和中介的经营活动是独立于支持休闲旅游的基础设施的，如商务酒店、飞机上和豪华轮船上的商务舱、商务旅行社、奖励旅行社等，这些设施和中介机构都是独立并专门为商务旅客服务的。

7. 散客为主，受季节影响小

据相关统计，商务旅游的客人以散客为主。他们的主体是公司或机构的中高层管理者。因此，旅行时间、旅行方式和目的地等在出行之前基本上已经确定。对商务旅游者来说，旅行意味着工作。观光旅游者所追求的旅游吸引物在他们选择目的地的决策过程中处于非常次要的地位。商务旅游者的目的地、交通工具及从离开到返回工作地的时间等都是公司和机构安排的。对大多数商务旅游者来说，进行商务旅行是一种公务，不受季节和气温影响。这就意味着商务旅游者在旅行过程中和在目的地期间，需要较多的“管家式服务”，以减少旅行过程中非工作本身所带来的麻烦，从而提高工作效率。

第二节　商务旅游者

商务旅游者与一般的纯粹观光游客和休闲游客不同，他们是一种以公事商务为主、旅游为辅的商务旅游者。商务旅游者属于人数最多、消费能力最强的一种旅游者类型。

一、商务旅游者的类型

划分的标准不同，商务旅游者的类型也不同。

从活动的地域空间划分，商务旅游者可分为两种基本类型：一为国内商务旅游者，指在其居住国内从事商务旅游活动的人们，不涉及货币、语言和签证问题；二为国际商务旅游者，指在国外从事商务旅游活动的人们，一定会涉及货币、语言和签证的问题。

从商务旅游活动内容划分，商务旅游者又可分一般商务旅游者、会议旅游者、展览旅游者、奖励旅游者、政务旅游者、培训旅游者等类型。

二、商务旅游者的特征

商务旅游者虽然属于旅游者的范畴，但与其他类型的旅游者相比，商务旅游者具有自己的特征。

1. 人数多

伴随着商务旅游的快速发展，商务旅游者的人数愈来愈多。以中国为例，早在2000年，中国国家旅游局公布的入境旅游者抽样调查综合分析报告表明：在接受调查的入境旅游者中，观光度假16163人，占36.5%；探亲访友6347人，占14.3%；商务活动12207人，占27.5%；参加会议4010人，占9.0%；健康疗养1903人，占4.3%；宗教朝拜425人，占1.0%；文体科技交流1328人，占3.0%；其他目的1929人，占4.4%。商务会议两者所占的比例达到了36.5%，已经和传统的观光度假“平起平坐”了，如果再加上文体科技交流部分，商务旅游者已经超过了观光度假旅游者。

2. 消费能力强

从消费的角度看，商务旅游者具有明显的消费能力强之特点。由于商务旅游者的交通和住宿餐饮等费用由公司支付，加上他们一般都是收入较高的阶层，因而商务旅游者拥有较强的消费能力。据有关调查，商务旅游者与观光客人的消费比约为2.5：1。此外，商务旅游者具有明显的消费倾向。资料表明，商务旅游者的消费是全方位的，涉及住宿、餐饮、交通、会议、宴会、观光旅游、购物和娱乐多个方面。在他们的消费项目中，住宿、餐饮、交通、会议、宴会等费用的支出比较稳定并占有较大比例。观光旅游、购物和娱乐等消费则依商务旅游者的停留时间、商务旅游目的地的旅游配套设施完善程度和服务质量的不同而呈现较大的差异。

3. 重质轻价

由于商务旅游者具有较强的消费能力，因而他们不太关注消费服务的价格，而更注重消费所带来的舒适性、安全性、便利性和服务质量，更注重服务的效率、品质、个性化及完善程度，更看重物有所值。

4. 时间观念强

由于商务旅游者的旅行日程一般都安排得非常紧凑，强调效率，因此，他们都具有非常强的时间观念，并在此种观念的支配下，希望旅行公司提供的商旅服务能统筹安排，提高效率，节约时间。

5. 重访率高

为完成商业目标，商务旅游者要多次往返目的地，这就不可避免地导致重访率高。据国家统计局资料，中国境外游客中，商务旅游者只占9.8%，但4次以上来华的就高达72.1%，远远高出观光客的33.9%；来北京的境内商务旅游者中，4次以上来京客人的所占比例比境外商务旅游者更高。

6. 停留时间较长

众所周知，生意并非一谈就成，任何一次成功的经商都必须经历一个复杂而又曲折的过程，因而，商务旅游者为了做成一笔生意，必须尽可能地在目的地呆上一段时间。据国家旅游局调查，观光客人停留15天以上的只有5.8%，而来华海外商务旅游者在华停留超过15天者达15%，远远高于观光客人的停留时间。另据调查，国内游客中的商务旅游者的停留时间也明显多于观光客人和其他类型的游客。以北京为例，在国内游客中，从事商务活动的客人停留时间为7.4天，观光游客停留的时间只有4.8天。

7. 商务配套设施需求大

由于笔记本电脑的普及，商务旅游者越来越追求快捷便利的现代化办公配套设施。据有关方面调查，10个国际商务旅游者中就有6人携带笔记本电脑，他们在酒店中使用传真比例高达97%，有超过50%的国际商务旅游者在差旅过程中使用互联网，因此，他们往往对办公地和住宿房间是否有宽带网比较在意。另外，商务旅游者对电子信箱、电传、国际直拨电话的使用频率也较高。

此外，商务旅游者还具有“自己消费企业买单”、商务旅行者的旅行目的地由商务需要而非自己的意愿所决定，以及对景区的游览相对来说不是核心活动内容等特点。

第三节 商务旅游的类型

商务旅游是一个种类多样、十分复杂的领域。国外学者与中国学者对商务旅游的划分存在着明显的差异。

一、国外对商务旅游的划分

在国外，早在20世纪90年代就有学者对商务旅游进行了分类，其中最为典型的是约翰·斯瓦布鲁克、苏珊·霍纳对商务旅游的划分。

在《商务旅游》一书中，这两位外国学者把商务旅游划分为15种类型（如图1–2所示）。

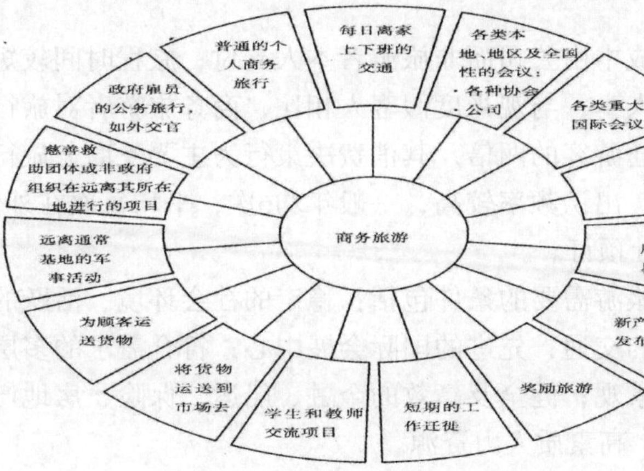

图1-2 商务旅游类型的划分

约翰·斯瓦布鲁克、苏珊·霍纳同时认为，商务旅游的15种类型都有其各自的子类型，例如普通的个人商务旅行也许会包括：一位推销员试图向新顾客推销其公司的食物产品；一位计算机咨询人员上门为客户解决问题；一家大型跨国公司的高级经理视察其下属工厂；一位商人前往政府部门申请出口许可等。

从图1-2可知，约翰·斯瓦布鲁克、苏珊·霍纳从广义的角度对商务旅游进行了划分，可谓既详细又具体，涵盖了商务旅游的所有类型。但从严格的意义上对他们的划分进行评述，不难发现这种划分存在着一定的不足。

首先，太过宽泛，不严谨。在图中列举的15种商务旅游类型中，“政府雇员的公务旅行”、“普通的个人商务旅行”、“各类会议”、“展销会”、“培训”、“新产品发布会”、“奖励旅游”等项目，固然属于商务旅游的范畴，但其他选项，如“军事活动”、“短期的工作迁徙”等，显然与商务旅游毫无关联。

其次，牵强附会。约翰·斯瓦布鲁克、苏珊·霍纳将“为顾客运送货物”、“将货物运送到市场去”，以及“学生和教师交流项目”、“慈善团体或非政府组织在远离其所在地进行的项目”也划归为商务旅游，这的确显得有些牵强附会，因为这些活动虽然有符合旅游的两个基本特征，即空间的位移与时间的停留，但从本质上而言，这些活动难以产生旅游行为，因而不是真正意义上的旅游活动。

二、国内对商务旅游的划分

在国内，关于商务旅游的划分，迄今尚无统一的定论。人们一般将其分为七种类型，即一般的商务旅游、会议旅游、展览旅游、奖励旅游、政务旅游、培训旅游、新产品发布会引发的旅游。

（一）一般的商务旅游

一般的商务旅游是指为了与其他人洽谈生意、会晤、交流而形成的出游、会议行为。

一般的商务旅游具有以下特点：目的地的选择由工作需要或由他人决定，很大程度限于城镇；旅行成本由公司而非旅游者本人支付；旅程时间较短但频率较高；商务旅游者往往是专业人士；与观光度假客人相比，商务旅游者对旅行花费的敏感度较低，其平均花费是普通游客的两倍，其消费决策行为主要受商务旅行安排中对时间的有效利用能力的影响；出访频率较高，一般年均6次，平均每次在外停留4天；约四分之一的客人通过旅行社预订。

发展一般的商务旅游需要的条件包括：稳定的社会环境、活跃的政治活动和发达的经济；方便、快捷的交通；先进的国际会展中心；符合需求的多层次旅馆及餐饮服务；独特的自然人文景观；健全及高效的金融、船运、保险、房地产业等配套产业活动；现代化通信设施；高素质人力资源。

（二）会议旅游

会议是一次使人们聚集在一起讨论他们所共同关心的话题的、有组织的活动（戴维森，1994年）。国内也有人认为，所谓会议是指人们怀着各自相同或不同的目的，围绕一个共同的主题进行信息交流或聚会、商讨的活动。描述各类会议的名词会因为会议的规模以及举办的地点不同而有所不同。小型会议一般被称为meeting，大型会议在英国通常被称为conference，在美国被称为convention，在欧洲大陆则被称为congress。会议既可以是商业的，也可以是非商业的；参加的人数有可能是6个人，也有可能是数百人；持续时间从若干小时到一周不等。一次会议的利益主体主要有主办者、承办者和与会者（许多时候还有演讲人），其主要内容是与会者之间进行思想或信息的交流。

由于会议旅游往往在较为大型的会议中发生，因此，人们一般把会议旅游（convention tour）界定为：由跨国界或跨地域的人员参加的，以组织、参加会议为主要目的，并提供参观游览服务的一种旅游活动。

会议之所以成为商务旅游的一部分，其原因主要是它涉及旅游业的部分服务项目并且通常是在召开会议机构的所在地以外的地方进行的。

（三）展览旅游

在国外，人们把展览界定为旨在向受邀观众展示产品或服务项目，并以销售或向来访者提供信息为目的的活动。在国内，展览被视为一种具有一定规模，定期在固定场所举办的，来自不同地区的有组织的商人聚会。

展览业与旅游业紧密联系、相互渗透，完全可以对接或互动。这是因为：其一，会展活动和旅游都有一个共同的特征，即服务对象的异地流动性，这为两者在具体运作上的合作提供了基础条件；其二，一定规模的人员流动与会议（展览会）、会间或会后的游览、购物、娱乐等活动能够有机组织起来；其三，举办会议或展览会，发展都市旅游，都需要一些基本条件，如鲜明的城市形象、完善的基础设施、便捷的都市服务等。从城市社会经济发展的角度来看，会展活动和旅游活动的开展拥有共同的基础条件。

展览之所以被视为是商务旅游的一部分，是因为它们促使展览商和参观者旅行，并由此对旅行服务、餐饮和住宿等方面产生了更大的需求。

（四）奖励旅游

奖励旅游，又称“激励旅游”（incentive travel），是企业为激励员工更加努力地工作或借以承认员工的突出工作表现，以便实现各类目标，出资专门请对企业有贡献的员工去旅游。

奖励旅游并非单纯的观光休闲，一般企业会通过专业性的机构在旅途中穿插主题晚宴，以及“惊喜”、“感动”的一些小创意活动，以弘扬企业文化，传达对员工或经销商的感谢与关怀。奖励旅游让每一位参与者都享受一回VIP（Very Important Person，贵宾）的体验，成为其“生命中的经典之旅”，企业以此激励他们不断为公司创造价值。

奖励旅游是目前国际上普遍采用的提升企业竞争力的手段，它与“公款旅游”（company-paid travel）是有区分的。因为奖励旅游的资金来源是企业从员工或经销商创造的额外利润中拿出的一部分，无须企业自身拿出分毫。

（五）政务旅游

政务旅游又称公务旅行，是因政务活动而引起的重要旅游方式，它是一种特殊的商务旅游。

公务旅行具有出行率高、停留时间长、支付能力强、活动季节性不明显、受价格变动影响较少等特点。

公务旅行由于能借举办国际和区域性会议，提高接待国或城市的知名度，是最好的旅行宣传方式，所以越来越受各国的重视。创造条件力争接待更多的公务旅行者已经成为各国旅游部门的重点工作。

公务旅行在许多发达国家和地区早已变得十分平常。据世界旅游理事会（WTTC）统计，1991年全世界个人旅游消费为16660亿美元，约占同年全世界个人消费总额的11%；公务旅游开支总额为3340亿美元，约占同年全世界企事业单位公务开支总额的1.2%。

从2006年起，上海、北京、河南等出台了内容涉及“国家机关、企事业单位和社会团体可以通过旅行社安排公务旅行”的旅游条例，并废除了“公务员出差不能凭旅行社的发票报销”的旧条款，从而扫除了制约中国的公务旅行的瓶颈，为公务旅行在新世纪跨越式发展提供了可能。

（六）培训旅游

在国外，人们常常将“培训”引发的旅游现象归结为商务旅游的范畴。

培训是指那些参与者在特定时间和地点聚集在一起获取信息或接受帮助以掌握某些技巧的活动。

商务培训类型多样，既有国内举办的商务培训，也有赴外商务培训；既有专门为某一家企业员工安排的内部培训，也有为企业外部人士举办的培训；既有为提高员工信息化工作水平的培训，也有以提高贸易综合知识为主题的培训。

培训之所以被视为商务旅游的一部分，是因为它常常与旅游联系在一起。首先，商务培训是一种异地行为，参加者都具有异地流动的特点；其次，无论是国内还是国外的商务培训，在其具体的运作过程中都会或多或少地安排旅游活动项目；再次，接受商务培训的人，往往都会被异地风光所吸引，从而自觉或不自觉地产生旅游行为；最后，商务培训者与旅游者一样，都必须使用旅游设施。

（七）新产品发布会

新产品发布会是公司用来为其推出新产品或服务做宣传的声势浩大的特殊活动。

出席新产品发布会的人士各种各样，通常包括媒体、零售商和消费者。新产品发布会的活动时间往往很短，最短仅持续几分钟，但是通常费用昂贵。

新产品发布会之所以被视为商务旅游的一部分，除了它能吸引不少游客参与之外，还在于一些新产品发布会的内容往往涉及旅游产品，如不少国家旅游局为发展本国旅游业、吸引更多的外国游客，纷纷跨国界推出旅游新产品发布会。

第四节　商务旅游与休闲旅游的关系

商务旅游与休闲旅游是当今世界发展最快、规模最大的两种不同类型的旅游活动，它们甚至被人们称为现代旅游的半壁江山。

一、商务旅游与休闲旅游的差异

商务旅游与休闲旅游虽然是两种截然不同的旅游活动类型，但两者之间既有区别也有联系。

商务旅游与休闲旅游同属旅游的范畴，同时也是构成现代旅游的重要组成部分，但由于两者是两种截然不同的旅游活动类型，因而它们之间存在着诸多的差异。

1. 出行的目的不同

商务旅游以商务活动为主要目的，通过谈判、会议、展览、科技文化等活动来完成商务目的，其中所发生的旅游现象只是商务活动的附带品。休闲旅游则不然，出行目的很简单，即以休闲为主要目的，通过休闲、游览、娱乐、观光等放松身心，缓解压力。

2. 出行的决定者不同

商务旅游者的出行是由雇主或单位来决定的（个体商务散客除外），商务旅游者每一次外出是公干出差，还是外出参加会议、展览、培训、新闻发布会，其决定权均掌握在雇主或单位手里。休闲旅游者则不然，是否要去旅游，完全是由旅游者本身决定的。

3. 成行的时间不同

商务旅游者一般在工作日如周一到周五外出参加商务旅游活动，而休闲旅游者则通常选择在节假日及周末出行。

4. 付费者不同

在商务旅游活动中，除个体商务旅客需要支付其旅行费用外，其他商务旅游者的旅行费用并非由旅游者支付，而是由雇主或机构支付；而休闲旅游者则不然，其旅行费用需要自己掏腰包。

5. 旅行的目的地不同

商务旅行的目的地主要是在发达工业国家中的大中型城市，只有少数一些会议和培训是在乡村举行。休闲旅游的目的地大多选择在海滨、山区以及乡村等。

6. 两者的性质存在差异

商务旅游具有双重性质，商务旅游包括会议、展览、培训、新产品发布会等，这些活动的性质都属于商务性质，因为这些活动的安排都是工作的需要。而商务旅游还包括奖励旅游，它是通过特殊的旅游经历来激励员工努力工作或借以承认员工的突出表现的一种旅游。目前，奖励旅游多以集体性的休闲、度假活动方式出现，因此，从属于商务旅游范畴的奖励旅游带有明显的休闲性质看，商务旅游又具有休闲的性质。休闲旅游则不然，其性质无论何时何地都表现出明显的单一性，那就是休闲的性质。

7. 消费的强弱程度不同

商务旅游者的消费特征是消费能力强，重质不重价。商务旅游者的交通和住宿餐饮等费用由单位或雇主支付，加上他们一般都是收入较高的阶层，因而商务旅游者拥有较强的消费能力。较强的消费能力使得商务旅游者不太关注消费服务的价格，而更注重消费所带来的舒适性、安全性、便利性及服务质量和服务效率。在商务旅游者的消费项目中，住宿、餐饮、交通、会议、宴会、通信等费用占较大比例。而休闲旅游者的消费特点是由费用旅游者本身支付，通常都会比较节俭，休闲旅游者比较偏向物美价廉的消费活动。当然，不排除一些收入水平高的休闲旅游者在旅游中进行高消费的活动。休闲旅游者的消费项目中，通常是游览观光、娱乐消遣、食宿、购物等方面占较大比例。

8. 时间观念及配套设施的要求不同

商务旅游者的旅行日程安排紧凑，强调效率，因此，他们希望旅行公司提供的商旅服务能统筹安排，有完善的配套设施，如要求酒店装有宽带网，会场、展馆配有必要的专门设施等，以此提高效率、节约时间。休闲旅游恰恰相反，他们的活动日程安排松散，以娱乐消遣为主，只要求基本的配套设施就足够，时间观念不强。

二、商务旅游与休闲旅游的联系

尽管从本质上讲，商务旅游与休闲旅游是两种截然不同的旅游活动类型，但由于它们同属于旅游的范畴，因而在不少方面都存在着一定的联系。

首先，从需求的角度看，商务旅游与休闲旅游在以下4个方面是相互重叠的：一是在一天的工作结束后，商务旅行者通常会变成休闲旅客；二是商务活动期间，如会议，往往会为代表们安排各种休闲活动；三是许多商务旅行者都携带他们的配偶和（或）子女，这些随行人员在整个或大部分行程中都绝对是休闲旅客；四是奖励旅游往往包括休闲内容，作为对员工出色工作表现的奖励。

其次，从中介的角度看，商务旅游与休闲旅游所依赖的中介机构程度虽然在不同的国度有所不同，如在美国，无论是商务旅游还是休闲旅游，往往要通过专门的旅行社来开展；在中国，只有少数企业和个人通过中介机构如旅行社来展开商务旅行活动，而绝大多数休闲旅游活动则都通过旅行社这一中介来进行，但在世界各国，商务旅游与休闲旅游都不同程度地依赖于旅行社这一中介机构来进行。这是客观存在的事实，并且，随着商务旅游的快速发展，各国依赖旅行社这一中介机构来开展商务旅游活动的趋势将进一步加强，这可从中国不少旅行社开始设立专门经营商务旅游的部门和奖励旅游部门中得到证实。

最后，从供应的角度看，商务旅游与休闲旅游都使用同样的供应设施。例如，商务旅游者与休闲旅游者一样，都需要实现空间移动的交通工具，满足基本生理需要的住宿、餐饮设施，能饱眼福的旅游景点以及能给身心带来愉悦的娱乐场所等等（见图1–3）。

商务旅游

休闲旅游：
- 住宿
- 交通
- 娱乐场所
- 旅游信息咨询
- 酒吧、各类大小餐馆
- 零售网点
- 旅游景点
- 货币兑换

休闲旅游所需之外的服务项目
- 会展场所
- 视听方面的专业人士和信息技术设施
- 秘书服务

图1–3 商务旅游与休闲旅游的供应设施

三、商务旅游与休闲旅游的趋同性

商务旅游与休闲旅游不仅在当前存在着诸多联系，而且从未来发展的趋势看，两者的趋同性将会不断增强。这不仅表现在商务旅游者在完成其工作任务之后，业余时间更加重视休闲旅游活动，表现在会议或展览举办者为适应休闲时代商务旅游者的个性化需求，将会安排更多与休闲旅游相关的活动，以吸引更多的商务旅游者，而且还表现在属于商务旅游范畴但却带有休闲旅游性质的奖励旅游，将会在新的世纪里得到更加快速的发展。

随着商务旅游与休闲旅游的趋同性不断增强，两者的界限也愈来愈模糊，甚至形成了一个将两者融合在一起的新兴旅游市场，这就是所谓的“商务休闲旅游”。

“商务休闲旅游”是新近才出现的名词，这是一个前景诱人的市场，已成为旅游的一大亮点，其发展潜力正受到越来越多人的关注。商务休闲旅游兴起的主要标志是商务度假酒店的兴起。商务度假酒店是商务休闲旅游的重要载体。在国内一些风景秀丽的地方，如环太湖地区，靠计划经济支撑的疗养院逐渐“断奶”，难以为继，在此背景之下，主管单位江苏省地矿局于2001年斥资3500万元将原有的疗养院改造为商务休闲度假酒店。

“商务休闲旅游”作为一种集商务与休闲于一体的新型旅游活动形式，既具有商务旅游与休闲旅游的特点，又深深地烙上了鲜明的时代特征。

从消费群体看，档次较高。商务休闲旅游的主要消费群体是中外企业的白领、文艺界的名流等，他们平时工作节奏快、压力大，选择商务度假酒店的一个重要原因就是希望在商务活动的同时放松减压，在商务度假酒店过几天与平时生活形成强烈反差的轻松日子。

从住宿设施看，商务与休闲两大功能兼备。商务休闲酒店既要有与大都市商务酒店相同的商务功能，即功能各异的大小会议室，每间房间接通宽带，商务中心提供票务、代租等服务；五星级商务度假酒店还有接待国际性会议的设施，会议室有同声翻译、电子白板，总台、客房、商务中心员工可以用英语对话等；又要有与商务休闲游客消费水平相适应的休闲娱乐项目，如酒店大多有游泳池、网球场、攀岩、酒吧、书屋、桑拿、美容美发等。

从实际消费看，消费水平高。大众休闲游客日均消费为80元至100元每人，而商务休闲游客日均消费从每人600元到几千元。商务休闲旅游已成为一个令人怦然心动的黄金市场。

从游客数量看，不断增多。以环太湖商务度假酒店为例，目前商务休闲游客的比例已占酒店总客源的一半以上，有的甚至超过70%。

四、中国商务旅游的不足之处

尽管商务休闲旅游已成为中国旅游的一个亮点，也是未来中国旅游业的一个发展方向，但由于中国的商务休闲旅游才刚刚起步，所以与国外相比，还存在着诸多不足。

首先，与国外商务酒店相比，中国的商务休闲度假酒店还有很长的路要走。目前中国的商务休闲度假酒店，一般说来，环境都比较好，硬件优、配套齐，但软件还处于由基础管理向规范化转变的过程，服务质量有待提高。

其次，观念传统，各自为政。商务度假酒店要更新观念，改变各自为政的传统习惯，通过产品、市场等结成联合体，通过连锁、联合等形式，实现资源共享，既可减少企业经营成本，又可方便商务旅游者。比如海南推出的“海口借车、三亚还车”服务，就是中国商务休闲旅游的一个发展方向。

再次，知名度不够，竞争力有待提高。中国的商务休闲旅游起步后虽然发展很快，但与国外相比，还存在着知名度不够、国际竞争力不强、无法吸引国际高层次的商务活动等不足。因此，为建成一批国际知名、国内一流的商务休闲旅游区，还需从满足每个商务休闲游客的需求出发，在一些商务休闲旅游区，利用当地山地资源，建时尚的探险、野营等体育休闲项目；利用各地文化资源，建主题度假村、商业特色街；利用花果资源，推出参与性的自助旅游；引进国际品牌的星级酒店，建成若干个会议平台，吸引国际上高层次的商务活动、论坛落户商务休闲旅游区。

最后，人性化服务不够。商务旅游者时间比较宝贵，国外许多商务酒店采用的进房登记、结账、划卡消费、贴身管家式超值服务等，大大节省了商务旅游者的时间。这种人性化服务是永远值得我们借鉴和学习的。

第五节　商务旅游的影响

商务旅游的影响具有双重性，即一方面具有促进经济发展、环境改善和社会进步的积极意义，另一方面又会给经济、环境和社会带来一定的负面影响。

一、商务旅游的经济影响

由于商务旅游具有消费高、利润大等有利于目的地经济发展的特征，而世界各地的调查也显示，商务旅游者的消费，特别是会议代表的消费，平均要比一般旅游者的消费高出2～4倍，这就使得越来越多的国家、地区、城市和度假地开始尝试吸引各类的商务旅游者，因为从经济角度来讲这是效益最佳的旅游形式。

商务旅游对经济的影响具有双重性，即一方面呈现出一种正面的、积极的影响态势，另一方面也具有一定的消极影响（图1–4）。

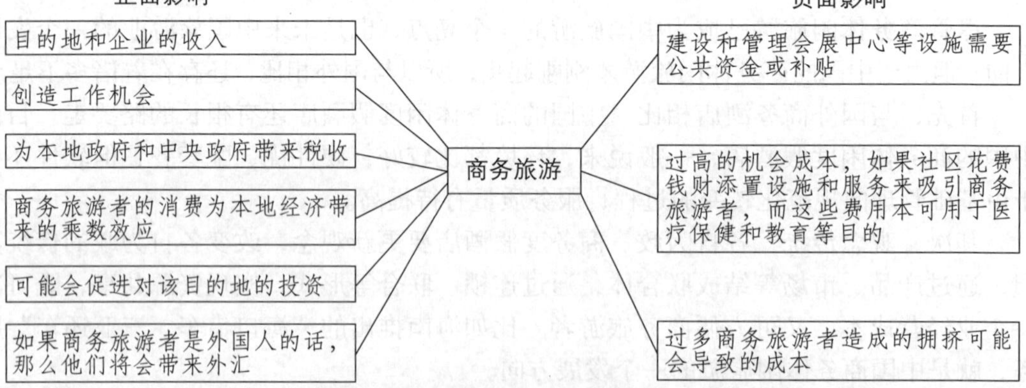

图1–4　商务旅游的经济影响

商务旅游对经济的积极影响主要表现在如下几个方面：一是为目的地和旅游企业带来可观的收入，如据1994年美国会议联络协会估计，该年美国的会议行业的直接消费产生了828亿美元的收益；二是为目的地创造大量就业机会；三是为各级政府带来税收；四是商务旅游者的消费为本地经济带来乘数效应；五是有可能吸引外资，促进外来投资；六是外国商务旅游者会带来外汇，从而增加目的地的外汇收入；七是能更好地带动城市基础设施的完善，协调各经济部门的关系，促进地区间的经济交流合作，提高对外经济交流与合作的水平；八是促进和刺激城市经济的发展，如日内瓦、巴黎等世界著名的展览城市的会展业，为它们带来了巨额的利润和经济的繁荣。

尽管商务旅游是一种积极的、对目的地经济发展极为有利的旅游现象，但许多事例表明，商务旅游与其他旅游类型一样，其负面影响不仅存在，而且呈现出愈益突出的迹象。

商务旅游对经济的负面影响主要体现在如下三个方面：

一是建设商务旅游设施会影响公共资金。商务旅游设施如会展中心、会议中心的建设一般需要投入巨额资金，如广州国际会展中心总投资约为100亿元，广州白云国际会议中心总投资超过40亿元，这种巨额投入必然会影响公共资金的投入。

二是为了向较为挑剔的商务旅行者提供服务，目的地也不得不对诸如机场和会议中心等基础设施进行大量投资，却无法保障这些投资能够得到回报。

三是大量商务旅游者的进入会造成公共管理成本的增加。

需要指出的是，由于商务旅游类型多样，因而不同类型的商务旅游所产生的经济影响也不尽相同。如个人商务旅行，对旅行者本人来说没有多少影响，但对于那些吸引众多个人商务旅行的城市来说，其经济影响却相当大，且这种影响要高于休闲旅游；各类会议则对住宿业、专门供应商，如视听公司、照相馆以及会议场所等带来收益；展览会由于是使用各类供应商服务的重大活动，因此对当地经济影响较大，它可为当地各类供应商带来不同程度的收益；奖励旅游如果形成规模，也会给目的地的经济带来一定的积极影响。

二、商务旅游的环境影响

商务旅游与其他旅游类型一样，往往会对环境造成巨大的影响。这种影响既有积极的一面，也有消极的一面（图1–5）。积极的一面应将其发扬光大，而对消极的一面，则应该予以重视和想办法减少，否则将会影响经济的可持续发展。

商务旅游对环境的积极影响主要体现在两个方面：一是可以从破旧房屋的原址上建筑饭店和会议中心，从而达到美化城市的作用；二是为吸引更多的商务旅游者，促使商务旅游目的地当局会加大改善环境质量的力度，从而客观上有利于环境的改善。

商务旅游对环境的负面影响主要包括：一、商务旅客的基础设施建设，如公路和机场等，会破坏自然栖息地、耗费有价值的资源以及制造污染；二、商务旅行往往涉及使用最不环保的交通方式，如私人汽车和飞机等，这些都会对环境造成不同程度的

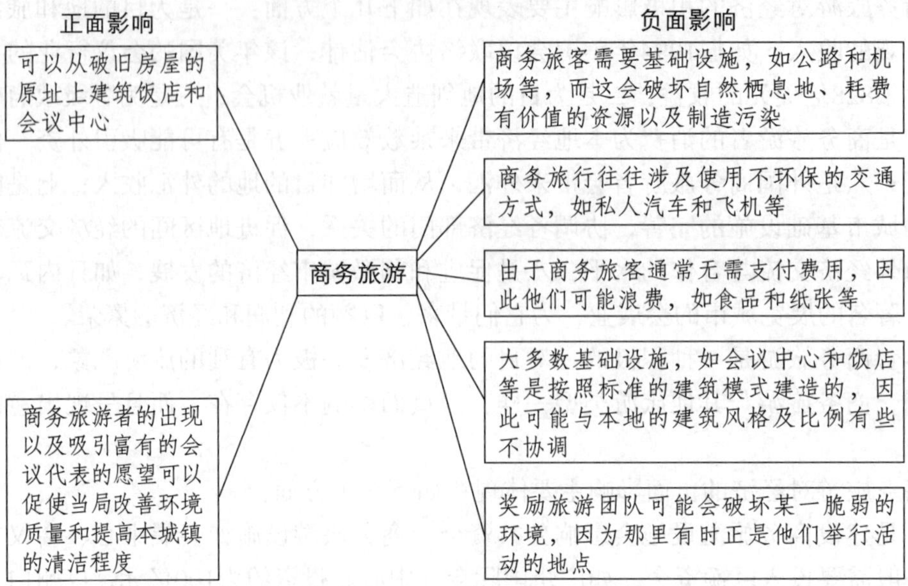

图1-5 商务旅游的环境影响

危害；三、由于商务旅客通常无须支付费用，因此其消费常常无节制，甚至造成铺张浪费，如食品和纸张的浪费等；四、一些基础设施，如会议中心和饭店等，往往是按照现代的建筑模式来建造的，因此可能与本地的建筑风格及比例不协调，从而影响环境的和谐性；五、奖励旅游团队的大量涌入及其成员的多样化活动可能会破坏某一地方脆弱的环境。

需要指出的是，不同类型的商务旅游对环境影响的程度是不同的。就个人商务旅行对环境造成的影响而言，大量商务旅游者的进入，不仅会给目的地交通带来拥挤和压力，而且会造成与交通相关的重大环境影响。各类会议除了给当地交通带来诸多影响之外，兴建新的会议设施，特别是大型会议中心，也会对环境产生一定的影响。展览会给环境带来的影响与各类会议一样，除了交通方面的影响之外，兴建新的展览中心也会对环境产生影响。奖励旅游对环境的影响，取决于旅游的地点。如果在游览环境较为脆弱的地区开展活动，也有可能对环境造成影响。

此外，商务旅游对不同行业领域所产生的环境影响，无论在规模上还是程度上都存在一定差异。商务旅游对机场环境的影响颇为严重，商务旅客的航空需求造成了严重的环境问题，如废气排放、噪音污染、使用无法再生的资源以及产生垃圾等。商务旅游所依赖的公路运输，其主要影响是污染以及使用不可再生的能源。商务旅游在饭店领域的环境影响涉及各个方面，从设计与周围环境不协调的建筑，到经营时产生垃圾，再到高能源消耗都有涉及。商务旅游在会展方面的环境影响也颇为引人注目，如果对会议、会展中心计划、设计或经营不得当，都有可能对周边环境产生非常不利的负面影响，如果将大量的活动吸引到目的地，也有可能产生相当大的环境影响。商务旅游对目的地的环境影响，取决于商务旅游的客流量与类型。一般说来，商务旅游的客流量越大，对环境的影响愈大，反之愈小；而目的地对个人商务旅游者吸引力越大，人数越多，对目的地的环境影响也愈大。

三、商务旅游的社会影响

商务旅游的社会影响或许不如经济影响或环境影响那么显而易见，但仔细分析，商务旅游的社会影响仍然是十分重要的。商务旅游给社会带来的影响具有双重性，即一方面，商务旅游的发展会促进社会进步；另一方面，若处理不当，也会给社会带来极其不利的负面影响。

从宏观的角度看，商务旅游对社会的影响也呈现出双重特点，而且似乎正负影响大体相当。

商务旅游对社会的正面影响主要有：一是商务旅游的发展会为相当一部分人提供就业机会，从而对社会稳定产生积极的影响；二是有利于当地的基础设施建设；三是可以为本地商界带来新思维、新理念，尤其是发达国家商务旅游者的到来，会给发展中国家的商界带来新思维、新理念；四是商务旅游的发展会成为激励许多雇员和商务旅行者努力工作的因素，如日趋盛行的奖励旅游对激励员工努力工作、奋发上进具有特殊的功效。

商务旅游对社会的负面影响如同对社会的正面影响一样，也比较广泛。具体表现在如下七个方面：

一是如果在目的地的商务旅游者比本地人富有，那么这可能会使本地人产生怨恨和自卑感；

二是如果当局花钱为商务旅游者建造会议中心和机场，却不为本地人建造学校和提供医疗保健体系，那么将会引起争议；

三是为迎合商务旅行者的高消费需求，一些色情场所会应运而生，这有可能造成性病的传播；

四是由于文化与价值观念的差异，一些来访的商务旅游者言行举止可能会与本地人发生冲突，从而有可能导致争斗；

五是一些商务旅客可能会涉及某些值得怀疑甚至是非法的活动，如走私，这会影响到社会治安；

六是富裕的商务旅游者可能会成为各种罪犯尤其是抢劫犯的袭击目标；

七是由于担心耽搁、错过联运以及丢失行李等原因，商务旅游常客可能会有很大的心理负担。

需要指出的是，不同类型的商务旅游对社会的影响也是不尽相同的。就个人商务旅游对社会的影响而言，虽然对旅行者本人来说影响非常有限，但对于接待大量商务旅行者的目的地来说可能会产生较大的影响。各类会议对社会的影响取决于在某一目的地举办会议的数量。一般说来，社会影响的大小与举办会议的多少成正比，数量越多，影响越大；反之愈小。展览对目的地的影响虽然有限，但对那些能够吸引大量游客参观的展览会如中国广交会，在召开期间会对周边地区的社会生活带来诸多影响。如受广交会开闭幕式影响，琶洲展馆周边会出现严重的交通堵塞，从而给市民的出行带来不便。奖励旅游作为特殊的商务旅游，其社会影响一般也不大，但如果参加的人数特别多，如2009年3月，安利曾组织万人奖励旅游团队赴台旅游，则会对目的地产生一定的社会影响。新产品发布会作为时间较短、频率有限的商务旅游类型，其社会影响非常有限。

至于商务旅游对不同行业领域所产生的社会影响，除了会展中心如果吸引大量的活动到目的地可能会导致较大的社会影响外，一般说来，对其他行业领域的社会影响都非常有限，可以忽略不计。

综上所述，商务旅游对经济、环境和社会的双重影响是显而易见的。尽管从20世纪末起，一些商务旅游供应商采取了一些旨在消除商务旅游负面影响的措施，如在环境方面，近十多年来，世界各航空公司不仅纷纷引进了噪音较低、节油效果更佳的飞机，而且有的航空公司现还建立了包含地面活动在内的全面环境管理系统；此外，为了降低成本，各饭店也已经开始采取措施来减少其经营活动对环境造成的负面影响。但另一方面，在被称为商务旅游业“主流”的会展与奖励旅游领域，却对环境问题表现出很少的兴趣。同时，所有的商务旅游领域都没有重视因商务旅游活动而造成的负面社会影响，也没有人对商务旅游的经济成本表现出真正的关注。与此相反，人们关注的重点集中在商务旅游的经济效益方面。可见，要想从根本上消除商务旅游的负面影响，实现商务旅游的可持续发展，还有很长的路要走，真可谓任重而道远。

【本章小结】

商务旅游是以商贸活动为主要目的，把商业经营与旅行、观光结合起来的一种旅游形式。作为一种人类社会活动现象，商务旅游产生于原始社会末期，经历了古代商务旅游、近代商务旅游和现代商务旅游三个阶段。无论是商务旅游主体还是其本身，都与其他旅游活动存在着较大的差异，其中最大的差异在于：它与商务活动相伴而生。商务旅游虽然与其他旅游活动一样，均由“需求”、“中介”、“供应”三个要素构成，但就类型而言，却比其他旅游活动丰富得多，除了一般商务旅游之外，会议旅游、展览旅游、奖励旅游、政务旅游、培训旅游以及新产品发布会引发的旅游现象，皆属于商务旅游的范畴。商务旅游对人类社会的发展有着巨大的双重影响，如何使积极影响发扬光大，消除负面影响，成了当今世界各个国家必须解决的重大课题。

【思考与练习】

思考：

1. 商务旅游、商务旅游者各有哪些基本特征？
2. 商务旅游可分为多少种类型？各类型的特点如何？
3. 试比较商务旅游与休闲旅游之异同，并分析两者将来趋向同一的趋势。
4. 商务旅游的经济、环境和社会影响如何？为什么商务旅游会呈现出双重影响的特点？

练习：

运用所学知识，对本地商务旅游所带来的经济、环境和社会影响进行调研，并写出评估报告。

●案例一：陶瓷之都的商务旅游之缘

景德镇的制瓷历史长达1700多年，围绕陶瓷的商务旅游也就延续了1700多年。陶瓷器是一种大众化商品，也是生活必需品。景德镇自从有了陶瓷制造业，陶瓷贸易就应运而生，陶瓷商务旅游也就出现了。随着陶瓷业的发展，陶瓷商务旅游也就越来越发达。

中国瓷器大约在公元7世纪就开始向外输出，先后到达朝鲜、日本、菲律宾、泰国、印度以及西亚和东非等地，并转运欧洲。

古代瓷器对外输出的路线，一条是沿着“陆上丝绸之路”，经新疆、中亚西亚到达波斯等地；另一条则是走海路，从合浦、广州、泉州等沿海港口出发，往南至菲律宾、印度尼西亚，穿过马六甲海峡，西抵印度半岛、波斯湾、红海和非洲东部，这就是著名的“海上丝绸之路”。这是中国瓷器外销的重要渠道，所以又称“海上陶瓷之路”。意大利著名旅行家马可·波罗进出中国时就是走这两条路的。他先是经“陆上丝绸之路”来到大都（今北京），之后于1292年在福建泉州登船，经“海上陶瓷之路”返回欧洲。无论是“陆上丝绸之路”，还是“海上陶瓷之路”，都是中国古代商品包括景德镇瓷器的出口之路，也都是商务旅游之路，无数的商务旅游者经此路来到景德镇，进行陶瓷贸易，所以景德镇陶瓷有“行于九域，施及外洋”之说。明代冯梦龙在《醒世恒言》中写道：“话说江西饶州府浮梁县，有景德镇，是个码头去处。镇上百姓都以烧瓷器为主，四方商贾，都来载往苏杭各处贩卖，尽有利息。”古代的景德镇，尤其在明清两代兴盛期，商贾云集、游人如织，驻景的“办庄”最多时达70余帮。有诗曰：“陶舍重倚岸边开，舟帆日日蔽江来。”陶舍是生产瓷器的场所，舟帆是商船，将瓷器运销各地。这里所说的“江”，是指贯穿景德镇城区的“昌江”，它流入鄱阳湖，景瓷就是先由此运抵鄱阳湖，然后到长江，再到全国和世界各地。20世纪70年代，在韩国新安海域打捞出一艘中国古代的沉船，经考证，此船是从中国驶向日本的途中遇难的，时间约在1310~1325年，船中有数千件景德镇的青瓷和白瓷。公元1602年，荷兰人东印度公司的船队拦截了葡萄牙商船，商船上尽是瓷器。两年后，荷兰人又拦截了葡萄牙的商船“卡特丽娜号”，把船上的30多吨瓷器运往阿姆斯特丹拍卖，轰动了欧洲。法王亨利四世在这次拍卖中买到了喜爱的精美餐具，英王詹姆斯一世买到他所喜爱的青花瓷。欧洲王公贵族们对中国瓷（其中大部分是景德瓷）爱不释手，倍加推崇。那时，荷兰东印度公司也因利润丰厚大量从中国贩运瓷器。据史料记载，从1602年到1657年间，其共运销中国瓷器达300多万件。

今日的瓷都正昂首向新世纪迈进，它已不再是单纯的陶瓷工业城市，而是拥有航空、汽车、通讯、机械、制冷、化工等门类的江西省重点工业城市，所以这里蕴含着无限商机，商务旅游有着广阔的前景。改革开放以来景德镇的陶瓷业正从计划经济逐步走向市场经济，出现了百花齐放的繁荣景象。景瓷不仅保持和发扬了“白如玉、明如镜、声如磬”的传统特点，青花、玲珑、粉彩、颜包釉等传统名瓷也进一步发扬光大，新产品层出不穷，新时期的陶瓷文化绽放出更加夺目的光彩。2000年11月18日，景德镇至九江的高速公路建成通车，景德镇至南昌、武汉、合肥等地高速公路全线贯通，这给旅游者带来了极大的方便。在高速公路和进城的迎宾大道连接处，建成一个规模空前的瓷器大市场，此处成了景德镇乃至全国的陶瓷重要集散地。

改革开放以来景德镇旅游业取得了快速发展，现在年接待境外旅游者约2万余人次，国内旅游者105万余人次。来景旅游者，就其旅游目的而言可分为：陶瓷考古、陶瓷专业考察、陶瓷景点观光、陶瓷购物、陶瓷商贸洽谈等类型。而购瓷和陶瓷商贸洽谈的旅游者约占总旅游人数的25%，且90%以上的旅游者都有购瓷的活动内容，所以从事陶瓷商贸旅游的人数占旅游总人数的比例相当大。同时，不乏精明的商务人员和企业家通过在景的旅游考察取得了商业上的成功。有这样一个事例，1975年，景德镇专门为毛泽东主席研制了一批生活用瓷，总共生产了100余套，约3000件。经过严格筛选，量后共选出9套送往北京，其余落选的则几经周折散落到民间。到1992年，这批散落民间的珍品引起了一位海外商人的注意，他以一个精明商人的眼光，看到了这批瓷器中所潜藏的巨大经济价值。

陶瓷商务旅游作为一种旅游产品，在景德镇的表现形式主要如下：

1. 购瓷游

慕瓷都之名来景的旅游者，购瓷是其重要的活动内容。这里瓷品种类繁多，质地优良，且价格低廉。同样一件瓷器到旅游者当地，价格可以翻数倍，到境外则更高。所以在景德镇旅游，可以用最低的花费，买到称心如意的各色瓷器，旅游者的购瓷目的，大致有如下几类：

（1）购买日用瓷，满足日常生活所需。

瓷器作为日常生活的器皿，它雅致、漂亮、卫生、耐用，只要不碰碎，可以长期使用，适宜传世成为古董。景德镇日用瓷有餐具、茶具、咖啡具、文具、烟具、灯具等，均与日常生产紧密相关，旅游者不论其年龄、职业、爱好如何，都能挑选到自己中意的日常生活用瓷。

（2）购买艺术瓷，满足精神生活需求。

艺术瓷是中国艺术宝库中的瑰宝，对我们的生活起着美妙的装饰和点缀作用。景德镇的艺术瓷题材广阔，造型精美、花面丰富，是一千多年发展历史所造就的，具有厚重的文化积淀。

（3）购瓷收藏。

现代瓷器收藏者往往有如下取向：第一，收藏名家作品。景德镇有国家级工艺美术大师12人，可谓是名家荟萃，他们各具风格，自成一体，其作品有较高的收藏价值。另外，这里还新人辈出，如果收藏者有眼力收藏到发展潜力大的后起之秀的作品，则可以用较少的投入换取以后较大的升值。第二，收藏纪念瓷。每逢重大事件，如香港回归、澳门回归、建国50周年等，景德镇都会制作工艺精湛、构思奇妙、寓意深刻、限定数量的瓷器，收藏这些瓷器，意义重大。第三，收藏富有时代特色的瓷器。古往今来的瓷器无不打上其生产年代的社会烙印，从某一侧面反映当时政治、经济、文化、民俗等情况，能捕捉到这类瓷器进行收藏，也是非常有价值的。

（4）购买礼品瓷，以应对外交往和馈赠亲友之需。

中国是瓷器的故乡，在对外交往中，以瓷器为礼品既具有很深的象征意义，又高雅、珍贵，所以瓷器，尤其是用景德镇瓷器作为礼品送给外国国家元首、友人和亲朋，十分得体。

2. 陶瓷贸易洽谈

景德镇瓷器行销全国和世界各地，所以专程到景德镇洽谈瓷器贸易的商人不少，虽然人数不及普通旅游者多，但对景德镇陶瓷业发展起举足轻重的作用。对景德镇旅游业而言，努力吸引更多的商务旅游者，是一个重要而又紧迫的课题。吸引这类游客，一方面要改善接待条件和方式，以适应他们的需要，更重要的是要进一步丰富陶瓷品种，满足市场需求。值得一提的是在景瓷中，新崛起了一个群族——旅游瓷。这类瓷器一般较为轻巧便于携带，同时纪念性强。许多旅游纪念瓷造型及花面装饰和旅游点、餐馆、酒店的具体内容相结合，是具有该景点和单位特色的纪念瓷，颇受欢迎。

3. 陶瓷展销

陶瓷展销会是会展旅游的一种形式，应属商务旅游的范畴。它对本地具有一定的产业推动效应，一场展销会，其参展商的消费除食宿、交通、通讯等外，还有场租费、搭建费、广告费、民用品运输费等。据估算，一个客商与一个普通旅游者花费比例为10：1，更重要的是展销会能促进产品流通和销售。景德镇由于知名度较高，主办陶瓷展销会对客商的吸引力较大。这里一年一度的国际陶瓷节都举办一系列的陶瓷展销活动，效果颇佳。

具有千年陶瓷历史的景德镇从有陶瓷那天起，就与商务旅游结下不解之缘。真是“千年景瓷光辉史，商务旅游伴始终”。

资料来源：余乐鸿. 千年景瓷伴随千年商旅，转引自高爱民. 中国商务旅游[M]. 中国对外翻译出版社，2001.

【案例思考】

为什么说景德镇与商务旅游结下不解之缘？景德镇未来商务旅游发展前景如何？

●案例二：商务休闲旅游——一个前景诱人的市场

休闲旅游可分为大众休闲旅游和商务休闲旅游。近年，环太湖商务休闲旅游异军突起，已成为环太湖休闲旅游的一大亮点，其发展潜力正受到越来越多人的关注。

历史：从疗养院到商务度假酒店

商务度假酒店是商务休闲旅游的重要载体。环太湖地区商务度假酒店的前身是疗养院。

20世纪70年代起，国内特别是长三角地区一些实力雄厚的单位被环太湖地区优美的自然风光和丰富的人文景观所吸引，相继在东山、西山、光福等地投资建办休养院、疗养院，作为奖励，轮流组织系统内劳动模范、优秀职工到此度假、疗养。

地矿部是较早来的单位。1979年，他们投资数百万元在东山镇西泾山建地质疗养院。1984年落成的地质疗养院有300余个床位，都是两人、三人的标准房间，还配有彩电、沙发、席梦思等设施，其档次在当时的苏州也属上乘，以至市区的一些高层次会议也开到了疗养院。

随后，上钢三厂、上海铁路局、吐哈油田、上海总工会、中国银行、中国工商银行、海关总署、昆明卷烟厂、上海烟草集团等纷纷在太湖边建起了疗养院、休养院、培训中心。到20世纪90年代末，太湖边各类疗养院已有十多家，规模越来越大，档次越来越高。这些疗养院除接待系统内职工疗养休假外，还成为环太湖地区高档次的商务休闲度假酒店。

20世纪90年代起，苏州及长三角地区经济快速发展，落户苏城的世界500强企业就有100余家，企业商务活动频繁，一些有眼光的投资商开始到太湖边建高档的商务度假酒店，相继开业的有东山宾馆、太湖状元楼、宝岛花园酒店、太湖明珠度假村等，这些酒店风景优美、环境安静、交通便利、设施齐全，标准都在三星级以上。

与此同时，靠计划经济支撑的疗养院逐渐“断奶”，难以为继的它们抓住苏州经济快速发展的契机，将原有的疗养院改造为商务休闲度假酒店。2001年，江苏省地矿局就斥资3500万元，在原址上推倒疗养院重建四星级标准的山水度假村，使之成为环太湖地区一流的商务休闲度假酒店。

现状：初具规模仍有差距

商务休闲旅游的主要消费群体是中外企业的白领、文艺界的名流等，他们平时工作节奏快、压力大，选择商务度假酒店的一个重要原因就是希望在商务活动的同时放松、减压，在商务度假酒店过几天与平时生活形成强烈反差的轻松日子。

目前，环太湖地区的商务度假酒店有20余家。这些酒店既有与大都市商务酒店相同的商务功能，功能各异的大小会议室，每间房间接通宽带，商务中心提供票务、代租等服务；五星级商务度假酒店还有接待国际性会议的设施，会议室有同声翻译、电子白板，总台、客房、商务中心员工可以用英语对话等。

在完善商务功能的同时，商务度假酒店还配套了与商务休闲游客消费水平相适应的休闲娱乐项目，酒店大多有游泳池、网球场、酒吧、书屋、桑拿室、美容美发室等。按五星级标准建造的宝岛花园酒店，每个活动场所都能看到太湖，200座总统别墅新颖别致，酒店内有游泳池、壁球室、台球室、网球场、模拟射击室及各种先进的健身器材，还引进全球品牌悦椿SPA水疗。同时，酒店周围还有高尔夫球场、游艇俱乐部、马场等休闲旅游产品，满足各类商务休闲游客的休闲需求。

东山宾馆是环太湖地区较早的商务休闲度假酒店，面湖背山，按五星级标准建设。近年，可口可乐、东芝、三星、联想、明基、西门子等国内外著名公司的大型商务活动都曾选址这里，中国人民保险公司连续三年在东山宾馆召开全国优秀经销商会议，宾馆还成功接待了世界保安国际论坛、中日韩三国工程院士研讨会、驻华外交高官苏州研讨会等国际性的大型活动。

目前，环太湖商务度假酒店的商务休闲游客已占酒店总客源的一半以上，有的甚至超过70%。但东山宾馆副总经理成为民认为，与国外商务酒店相比，环太湖的商务休闲度假酒店还有很长的路要走。目前环太湖商务休闲度假酒店环境好、面积大、硬件优、配套齐，但软件还处于基础管理向规范化转变的过程。

未来：环太湖要建一流商务旅游区

商务休闲旅游与大众休闲旅游最大的区别在于商务休闲游客逗留时间长、消费档次高。据测算，大众休闲游客日均消费为每人80元至100元，商务休闲游客日均消费从每人600元到几千元都有。商务休闲旅游已成为一个令人怦然心动的黄金市场。

商务休闲旅游已成为环太湖休闲旅游的一个亮点，也是未来环太湖旅游业的一个发展方向。苏州太湖国家旅游度假区管委会主任黄戟说，环太湖商务休闲旅游还刚刚起步，潜力很大，目标是建成国际知名、国内一流的商务休闲旅游区。从满足每个商务休闲游客的需求出发，今后，环太湖可利用岛屿、山体资源建时尚的探险、野营等体育休闲项目；利用吴文化资源建主题度假村、商业特色街；利用花果资源，推出参与性的自助旅游；利用高尔夫球场临河两侧建酒店区引进国际品牌的星级酒店，建成若干个会议平台，吸引国际上高层次的商务活动、论坛落户。

商务度假酒店要更新观念，改变各自为政的传统习惯，通过产品、市场等结成联合体，通过连锁、联合等形式，实现资源共享，既可减少企业经营成本，又可方便商务旅游者。比如海南推出的“海口借车、三亚还车”服务，就是环太湖商务休闲旅游的一个发展方向。国外商务酒店的人性化服务也是值得我们借鉴和学习的。商务客人时间比较宝贵，国外许多商务酒店采用的进房登记、结账，划卡消费，贴身管家式超值服务等，大大节省了商务客人的时间。

资料来源：王莉. 苏州日报. 2005年4月24日.

【案例思考】

休闲商务旅游兴起的背景如何？它与休闲旅游、商务旅游有何异同？休闲商务旅游发展前景如何？

●案例三：深圳——靠商务旅游发展起来的城市

深圳是我国第一个经济特区，是全国唯一拥有陆海空综合口岸体系的城市，又与世界级的金融中心和旅游胜地香港唇齿相依，对外开放度高，客流、物流、信息流量大，为深圳商务旅游的发展奠定了基础。经过20年的发展和积累，深圳的总体实力目前已位于国内大中城市前列，与香港特别行政区的经济合作正向纵深发展，借船出海，优势再造，旅游业作为深圳经济重要的增长点，结合实际，大力发展商务旅游正逢其时。深圳地处南海之滨，气候温和，西部有名传天下的主题公园世界之窗、锦绣中华和岭南风光，东部海岸绵延70多公里，不乏水碧沙白、风光迷人的海滩度假场所，但总体而言，这里的自然风光和历史人文景观并不丰富，与桂林山水、北京宫殿、苏州园林无法相比。令深圳成为全国重要旅游城市的根本因素，不是它的自然和人文景观，而是它的商业影响和经济实力。深圳20多年来经济的快速腾飞，城市面貌日新月异，吸引了国内外游客特别是工商界人士的眼光。从宏观角度而言，深圳的经济基础和独特的地理位置构成了它作为旅游城市的综合优势。这里的现代商业、金融业、信息业、高科技工业以及日益完善的运输网络，科学现代的城市规划，构成了独具特色的商旅资源，"商气"和"人气"互相促进。

深圳旅游业，从开始就"商气"十足。深圳有国家各部委、各地政府和大企业的分支派驻机构，有众多外商特别是港商兴办的工商企业，这些机构和企业将特区与国内外难以计数的人员、资金、物资等连接起来。围绕着工商业这个核心，各种层面、各种方式的会议展览、参观、考察活动在深圳举行，大量资金和货物在这里集散。人们来深圳，少不了吃、住、行方面的消费，工作之余去"五湖四海"玩一玩，到"世界之窗"看一看，也是很自然的事。深圳1999年全年接待游客1756万人次，接待过夜游客244万人次，这里面虽然无法详细统计有多少是因商务公干来的，但可以肯定专程来旅游的绝对不是多数。

1999年，深圳旅游业总收入214亿元，旅游创汇11.08亿美元，在全国重点旅游城市中列第四位。深圳近两年旅游业产值占全市第三产业的比重在30%左右，旅游业对GDP的贡献率平均为15.6%，旅游外汇收入每增长1个百分点，出口贸易总额相应增长1.17个百分点，在全国均属领先水平，这无疑得益于深圳商务旅游在国内独树一帜。

发展商务旅游，要因地制宜，借机造势。深圳毗邻香港，是香港与内地旅游联系的桥梁和纽带。深圳旅游业20年的发展，"香港因素"起了很重要的作用。香港不仅是深圳经济的引导和支持中心，更是国际著名的旅游胜地，拥有先进的旅游服务体系和庞大的客源市场，堪称现代化旅游业发展的典范。与深圳相似，香港几乎没有天然的旅游资源，但它借助自身的经济实力和自由港优势，营造出了一个世界级的商旅环境，以中西合璧的文化中心、会展中心和购物天堂的形象赢得世人好评，使旅游产业成为其第一大产业。深圳商务旅游前十年在国内影响较大，近年来随着各地改革开放的深入，深圳商品的辐射相对减少，原有的商业优势（如以"中英街"为代表的免税商业）逐步消失，今后如何再现辉煌，是个很重要的课题。深圳现在初步建设成的东门步行街、人民南路、华强北路商业街区，不仅充实了商业的发展形式，更增添了不少现代商业的文化内涵。深圳正致力发展成为一个区域性物流中心和商业中心，这必然推动深圳商务旅游更上一个台阶。自1999年首届中国国际高新技术交易会在深圳召开，一种更新形式的商旅模式——科技旅游正逐渐形成规模。一年一度的“高交会”每年为深圳带来数以十万计的商务客源，这一类客源的旅游消费更高，促使资金流、信息流、物资流、技术流层次创新更替，构成了深圳商业旅游潜在的消费金矿，也为旅游企业带来源源不断的生意和效益。统计数字显示2000年“高交会”期间，深圳酒店，尤其是三星级以上酒店的入住率达90%以上，有些更连续几天达100%，加上客房价格提高，营业收入大大增加，充分显示了商务旅游的巨大潜力。

发展旅游念“商”字经，不只是旅游业本身的事。深圳目前旅游接待能力和水平已经比较高，有宾馆酒店近350家，客房约3.6万间，还有旅店、招待所近6300家，有多层次、多风格的旅游景点40多处，“欢乐谷”、“海洋世界”、西部田园风光、东部黄金海岸等新项目建设和规划也正在进行，有约10万的旅游从业人员，旅游业固定资产已超过百亿元。未来旅游业的发展关键是要发挥、再造深圳的商旅优势，政府、企业和市民在发展旅游业上形成共识，形成合力，营造更好的商旅环境，为旅游业的可持续发展提供不竭动力。

世纪新城，中华之窗。20年的沧桑巨变，深圳已从昔日的边陲小镇发展成为一个初具规模的现代化城市，深圳旅游业也从一个襁褓中的婴儿成长为一个英姿勃发的青年。“让国人来看世界，让世界来看中国”，这个“看”，就是看经济看商业，是参与，但最终大多通过商务旅游来实现。目前，旅游业对深圳经济的带动作用和在第三产业中的主导作用已被确立，深圳商务旅游必将展现其独特魅力，为深圳经济的腾飞插上翅膀。

资料来源：薛兴强. 鼓足旅游业的商气——深圳发展商务旅游的启示，转引自高爱民. 中国商务旅游[M]. 中国对外翻译出版社，2001.

【案例思考】

深圳发展商务旅游留给我们哪些启示？商务旅游对推进城市发展有何助益？

参考文献

[1] 高爱民.中国商务旅游[M].中国对外翻译出版社，2001.

[2] John Swarbrooke， Susan Homer. Business Travel and Tourism[M]. Elsevier Ltd.England， 2001.

第二章 商务旅游的历史演进

【本章学习目标】

通过本章的学习，应掌握商务旅行的产生，了解古代商务旅行及其特点，了解近现代商务旅行的发展状况及其演进特点，明确新世纪商务旅游面临的挑战及其未来发展趋势。

【关键概念】

商务旅行 古代商务旅行 近现代商务旅行 发展趋势

人类最初的旅游活动主要以商务旅行的形式表现出来。商务旅行是原始社会末期社会生产力发展到一定阶段的产物。商务旅行在经历了奴隶社会、中世纪封建社会后逐渐发展演变为现代意义上的商务旅游。商务旅游在二战之后以前所未有的速度快速发展起来，并成为具有真正全球意义的巨大产业。商务旅游的未来发展虽然面临着诸多挑战，学术界对此也存有异议，但从总体看，商务旅游将依然保持活跃的态势，朝着不断发展的方向迈进！

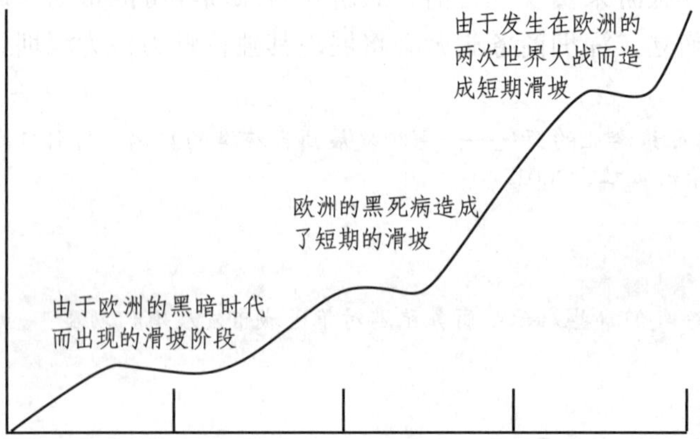

图2-1 世界商务旅游的演进

资料来源：约翰·斯瓦布鲁克，苏珊·霍纳.《商务旅游》[M].
程尽能、卢涤非译，北京：旅游教育出版社，2004.

第一节 古代奴隶社会的商务旅行

商务旅行的产生是社会发展到一定阶段的产物，只有到商业从农、牧、手工业中分离出来时，商务旅行才应运而生。在古代奴隶社会，商务旅行存在于世界各文明古国，无论是早期的四大文明古国，还是后来居上的古希腊、古罗马，商务旅游都呈现出较为活跃的迹象。

一、商务旅行的产生

人类最初的旅游活动主要以商务旅行的形式表现出来，根据约翰·斯瓦布鲁克、苏珊·霍纳的观点：“最初的商务旅行者是那些手工业者和较小规模的贸易商。”而商务旅行的产生离不开一定的社会背景，只有当生产力发展到一定阶段，社会上出现所谓的第三次社会大分工，即商业从农、牧、手工业中分离出来时，真正意义上的商务旅行活动才得以出现。

新石器时代晚期，人们开始使用金属工具。最初使用的是天然铜，后来学会了从铜矿石中冶炼铜。据目前所知，公元前4000年或更早一些，西亚、埃及、印度的一些地区开始冶炼铜。公元前3000年代中后期，西亚、印度、埃及、中国的一些地区先后冶炼青铜，人类社会进入了青铜时代。金属器的使用大大促进了社会生产的发展，随着金属器的使用，原始的锄耕农业逐渐为犁耕农业所代替；犁耕农业的工作效率远高于锄耕农业。金属器的使用不仅使耕地面积逐渐扩大、农产品的数量增加，而且也使农业生产日益专门化。

随着金属工具的出现与不断的推广改进，农业和畜牧业有了较快的发展，手工业也逐渐发展起来。原始社会末期，手工纺织技术已发展到使用简单的织机。与此同时，金属的冶炼和铸造、制陶、制革、榨油、酿酒、建筑、运输和工具制造等行业也日益专门化。

手工业从家庭生产中分离出来之后成为专门性的行业，劳动生产率进一步提高，加速了私有制的形成。尤为重要的是，第二次大分工以后，出现了以直接交换为目的的生产，即商品生产。这种生产，目的不是为了自己的消费，而是为了把产品拿到市场上出售。虽然早在第一次社会大分工，即畜牧业和农业的分工之后，游牧部落与农业部落间的产品交换现象便已萌芽，但由于当时生产力低下，劳动剩余物甚少，这种交换实际上并不普及，而且这不多的交换也仅限于在相邻部落间进行。到第二次社会大分工之后，交换不仅在部落之间进行，而且深入到部落内部，于是个人与个人之间的交换形式逐渐占据优势。交换本身也就成为一种重要的社会职能。

随着商品生产和交换的发展，需要有一种能够衡量价值尺度的物品来作为交换的媒介以及一个便于交易的较为固定的场所，于是货币和市场就产生了。同时一个只从事商品交换而不从事生产的阶级——商人，也出现在历史舞台上。恩格斯把商人的出现称为第三次社会大分工，即商业从农、牧、手工业中分离出来。以从事商品交换为职业的商人出现之后，他们需要了解其他地区的生产和需求情况，要到其他地区交换自己的产品或商品，于是人类最初的旅游活动——经商旅行便产生了。可见，人类最初的旅行实际上远不是消遣和度假活动，而是由人们的现实主义及人们扩大贸易、扩大对其他地区的了解和接触的需要所产生的一种活动。

如果说原始社会末期剩余产品的出现为旅游的产生提供了必不可少的经济条件，商品交换的发展使人们外出经商旅行成为必需，那么，地理学和天文知识的萌发，则为人们外出旅行提供了可能。因为人类要想进行远距离的旅行活动，必须依赖于一定的地理学和天文知识，否则，就会迷失方向。

在原始社会末期，原始人已经掌握了一定的地理知识和天文知识。起初，原始人为了寻找食物或进行生产活动，必须熟悉周围的环境，记住自己求食地区山川草木的特点。当商品交换出现后，他们必须记住来回的路径和经过的地点，这样原始人的记忆力得到了提高。法国学者列维·布留利根据民族学者所搜集的材料认为："原始人最能干的就是有很强的记忆力，他们能够记住细小的一草一木，在茫茫的大自然中记住每一种东西的特点。凡是他们到过的地方，都能觅路而回，绝不会有迷路问津之事。在欧洲人一定会分不清东西南北的地方，他们都可以找到自己的来踪去迹。"一些旅行家的记载表明，许多原始人能在沙上、树皮或皮革上绘制简单的地图，各个地点都有一定的名称，而且有相当正确的比例。这说明人类在原始时代就已经掌握了一定的地理知识。最先被人们认识的是昼夜更替的规律，后来又逐渐认识了日月星辰，由此产生了"日"和"月"的概念，并能根据星辰的位置辨别方向。虽然从整体看，原始人掌握的地理知识和天文知识还相当肤浅，但这些知识的掌握，却为当时人们外出从事旅行经商活动提供了可能。

人类商务旅行产生于原始社会末期的推论可从中外古代神话传说中得到证实。中国古代文献很早就有了用以表达旅行意思的词汇，在距今4000多年前的甲骨文中，已有"游"字出现。在中国古代神话传说中，有许多人物都是旅行爱好者。中国很早就有"伏羲氏始乘桴"的传说。相传中华民族的始祖黄帝经常外出旅行，"作舟车以济不通，旁行天下"。为了旅行方便，他还在昆仑山建了一座庄严华美的行宫。与黄帝为敌的颛顼曾东达海岛，西至陇西，南抵交州，北至幽州，足迹遍及四方。

无独有偶，古代西方的神话传说中，也提到过不少爱好旅行的人物。在西方，有不少反映古希腊英雄时代即原始社会解体时期的"神话"和"英雄传说"的书籍。在这些神话传说中，虽然就主要内容而言，是关于开天辟地、诸神产生、神的谱系、人类起源和神的日常生活的故事，但也有不少反映人类旅行的内容和情节。因为这些神话传说不仅出现了大量反映旅行活动的词汇，如旅行、旅行者、航行、行船等，而且还有专门描述旅行的故事。根据古希腊罗德岛诗人阿波罗尼奥斯的长诗《阿尔戈船英雄记》描述，为了寻找到金羊毛，夺回属于自己的财产和统治权，一个名叫伊阿宋的人，走遍希腊各城邦，号召以丰功伟绩著名的英雄们与他同行乘船到遥远的科尔基斯作一次寻找金羊毛的旅行。神话传说中的人物与故事虽然属于虚构的范畴，但依然是远古时代人们现实生活在某种程度上的客观反映，它至少从一个侧面证明，随着原始社会末期生产力的提高以及由此而导致的产品剩余、商品交换范围的扩大，人类渴望了解远方世界外出旅行的天性得到进一步激发，旅行活动随之产生并频繁起来。

二、古代商务旅行

古代奴隶社会的商务旅行无论在古埃及，还是在古希腊、古罗马都呈现出较为活跃的迹象。

（一）古埃及的商务旅行

由于古埃及境内有尼罗河贯穿南北，而尼罗河三角洲上又有纵横交错的河渠，外部濒临海洋，加上地理位置得天独厚，介于印度洋与地中海之间，因此，古埃及商业在公元前2000年之前未有大发展，但此后即迅速增长而居首要地位。

在古埃及，无论是国内商务旅行还是国际商务旅行都相当发达。以物换物的商务旅行早在埃及原始社会末期已经存在，在古埃及巴达里铜石并用时代早期遗址中，人们发现了从努比亚输入的孔雀石，以及从西奈运来的铜和叙利亚输入的宝石与雪松。在古王国时期，国内上下埃及之间的贸易有了新的发展，谷物、食品、蔬菜以及手工业制品、装饰品都作为商品进行交换。商品交换形式虽然以以物易物为主，但固定充当中介的商品已经出现，如铜块。这一时期埃及对外商业往来也比较活跃，古埃及商人的足迹已抵达叙利亚、腓尼基，以及地中海的一些岛屿如克里特，但对外贸易常常带有掠夺性质，努比亚的黄金、塞浦路斯的铜、黎巴嫩的木材，都成为统治者的掠夺对象。埃及第三王朝法老斯尼弗鲁时期，一次就从腓尼基运回40船雪松；第五王朝法老萨胡拉对亚洲的商业远征，掳回了大量的货物，仅从蓬特就运回8万容器的药物和琥珀。

中王国时期，古埃及的商务旅行随着贸易的发展进一步活跃起来，古埃及商人与腓尼基、克里特等地的商贸联系进一步加强。

新王国时期是古埃及奴隶制经济的繁荣时期，商务旅行也达到相当的高度。当时国内贸易活跃，国外贸易范围扩大，金银、香料、木材、象牙这些东西方的商品在古埃及市场上均能见到，亚洲、欧洲的许多地方都有埃及商人涉足。据史料记载，在哈兹谢普鲁特皇后执政期间，大约公元前1490年，曾有一埃及海上贸易船队出红海到靠近亚丁湾的东非索马里沿岸蓬特开展贸易活动。在蓬特满载埃及所需的黑檀木、泻药、象牙、金子和其他珠宝等大宗商品而归，关于当时埃及航海贸易的盛况由此可见一斑。在埃及玛姆路克苏丹航海博物馆一楼，有一件巨型浮雕壁画复制品（原件在尼罗河上游卢克索神庙中），它描绘了公元前1486~前1468年第18王朝的五艘帆船，从尼罗河经过苏伊士古运河、大苦湖、红海，最后到达索马里贸易的情景。这幅浮雕壁画造型写实，极为细致地展示了当年海船的结构和设备，展示了海上贸易的场面。人们可以看到船上装载着牛、羊、猴子以及金银财宝，码头上水手们挑着树种、扛着粮包正走上甲板。

托勒密王朝时期，市场流通已主要由金币、银币、铜币作为交换中介，在亚历山大里亚等重要城市还出现专门兑换货币的机构，这大大方便了埃及商人进行远距离商务活动，国际商务旅行进一步发展起来。首都亚历山大成了当时国际贸易的中心。埃及玛姆路克苏丹航海博物馆二楼展出了一个反映公元前3世纪法罗斯古灯塔的复制模型。该模型展现了2000多年前亚历山大港的繁荣景象：海湾百舸争流，帆樯如云；在高耸云霄的灯塔导航下，一艘希腊式海船正鼓帆进港。当时，埃及商人携带粮食、纺织品、纸草、玻璃器皿和亚麻等，远销地中海各国，贸易范围到达非洲北部、爱琴海区域、小亚细亚沿岸和黑海沿岸等地。托勒密王朝的宫廷显宦也涉足商业贸易。芝诺文书曾证实阿波罗尼俄斯进行很多种商业活动，他在叙利亚的代理人就购进各种货物，包括铜、核桃以及奴隶。当时从埃及输出到地中海各国的货物有粮食、彩色玻璃、纸草、羊毛织物和亚麻制品等，品种繁多，其中粮食最为重要。由于萨尔马特人和高卢人侵入了黑海沿岸和色雷斯地区，这些地区粮食的输出遂大为衰减。从公元前3世纪初起，埃及就成了当时最大的粮食市场，也是东部地中海地区粮食的主要供应地。

同时，由于埃及在地理位置上得天独厚，介于印度洋与地中海之间，托勒密王朝又修筑了涅克索运河，把红海与地中海连接起来，打通了水路航运渠道，于是便可大量地输入阿拉伯的芳香物品、黄金和宝石，印度的象牙、珍珠、染料和大米，中国的丝绸等。埃及商人把这些奢侈品集中在亚历山大港以后，除了部分留作自己消费以外，又把其他部分转卖给整个希腊世界和西方各地，埃及王室还可从中赚取高额的利润。因此，这一时期的托勒密埃及在东西方贸易上扮演着十分重要的角色。

从人类交往的角度看，古埃及的商务旅行属于人类物质交往的范畴。这种交往对促进商品经济发展、世界市场形成以及人类社会文明的进步有着不可低估的作用。在埃及玛姆路克苏丹航海博物馆上古时代部分的结尾有一幅新创作的壁画，画上古埃及爱因斯哈门教堂的祭士向希腊哲学家柏拉图传经送宝，背景是地中海和古埃及海船。不知上古时代埃及使者和柏拉图是否真的有所交往，但画面的主题思想是令人信服的，它说明航海贸易的伟大历史作用，它将古埃及的文明传播到了欧洲，连柏拉图那样伟大的智者也得到了很大的裨益。

然而，值得指出的是，古埃及的商务旅行虽然发达，但与世界古代其他国家的商务旅行一样，也存在着一定的风险。一篇古王国与中王国之间编成的《一个能言善辩的农民的故事》，从一个侧面反映了这种风险。这个故事告诉我们：三角洲西部盐乡的一个农民，家中只剩下了26斗大麦，为了给孩子们弄点吃的东西，不得不到市场上去交换。农民用驴子驮运了他平日捞晒的食盐，狩猎来的飞禽走兽，剥下来的狼皮、豹皮，以及木料、植物等土特产品向京城走去。不料，途中被一个大臣的管家拦截住了。管家用一块大麻布铺在路上挡住去路，又不准农民从路旁的田里过去。正当农民争辩时，驴子吃了路旁田地上的庄稼，管家因此就把农民痛打一顿，并把驴子牵走，扣留了农民的货物。农民苦苦哀求10天，还是被赶走了。虽然故事的结尾是农民到京城上诉，能言善辩，终于博得国王的开心，使货物得到偿还，但它真实地反映了古埃及农民外出经商旅行的艰险。对于商人外出经商旅行的悲惨境遇，《阿赫托依的教谕》也有描述："旅行的商人顺流下航到三角洲去做买卖。当他工作过度，力不能胜时，蚊蚋害了他，沙漠中的蝇子使他处境可怜可悲。最后，还得了各种发炎的疾病。"

（二）古希腊的商务旅行

古希腊旅行活动也颇为丰富，既有古代较为流行的商务旅行、宗教旅行、航海探险旅行、求学旅行，还有其他古代国家很少见到的大规模移民旅行、政治流亡旅行，诚如《世界史纲》的作者断言："在希腊世界里，包括它的殖民地，私人旅行者可能已经相当普遍了。但是，私人旅行是件比较新颖的事。早期的史学家赫卡提阿斯和希罗多德旅行得很广。"

由于希腊是个典型的海洋国家，其东西南三面都濒临地中海，有着众多的岛屿、半岛和港湾，因此，自古以来海上商务旅行就特别发达。

在克里特文明时代，海外贸易已成为克里特岛的经济命脉。克里特商人携带商品，同爱琴海诸岛、小亚细亚、腓尼基、埃及以及西部地中海进行着密切的贸易往来。

在古希腊荷马时代，海上商业贸易进一步发展起来，美国得克萨斯大学深海考古研究所科学家在距离塞浦路斯20海里的海底发现了该时期古希腊沉船残骸，船上尚保留不少装载有希腊葡萄酒的酒瓮。这项发现不但证明《荷马史诗》中描述的古希腊英雄事迹的真实性，而且表明古希腊商人远洋航海贸易活动已经具有一定的规模。

在城邦时代，贸易的发展刺激了货币的出现。公元前6世纪初，希腊的一些重要的商业城邦开始有了自己的货币。贵金属不仅是铸币的原料，而且被用来制作装饰品。但由于希腊本土正好缺乏这种原材料，对于它的大量需求便成为激发对外贸易的一个重大契机。此后，商品交换在希腊便不止是经济生活的一种补充，更是维持城邦社会正常运转的必备前提，维护商路的畅通便不仅仅是城邦国家的偶然行为，而且是它的一个基本职能。

希波战争以希腊的胜利而宣告结束后，随着古希腊奴隶经济进入繁荣期，古希腊商务旅行也达到古典世界的最高峰。战胜波斯以后，希腊商人活动的范围空前扩大，大大推进了许多城邦国内外贸易的发展。当时，几乎每个城邦都有集市场地出售各种产品，海外贸易更为发达。希腊人的商业活动遍及地中海和黑海沿岸许多地方。他们将橄榄油、葡萄酒、陶器、金属制品和铜、铅、银、大理石等半岛盛产的商品运到黑海北岸、埃及、西西里、马其顿、波斯、迦太基，然后把埃及的粮食、黑海沿岸的牲畜和皮革、马其顿和色雷斯的木材、波斯和迦太基的毛毯、阿拉伯的香水、米利都的羊毛甚至大批作为商品的奴隶贩回雅典著名的国际商港——庇里犹斯港。

希腊被马其顿征服后，伴随着亚历山大的东征，在征服地区兴起了几十个新城市，它们既是统治当地居民的军事要点，又是希腊人经济活动的中心。许多随军远征到东方的希腊工商业奴隶主，在城市里或开设手工作坊，或经营商业，扩大了希腊与东方的经济联系。由于地跨欧、亚、非三洲的大帝国的建立，海道和陆路都极其顺畅，因此，希腊商人的商务活动也频繁起来，他们从外地输入的商品有阿拉伯的香料、塞浦路斯的铜、阿比西尼亚和印度的黄金、不列颠的锡、努比亚的象和象牙、西班牙的银、小亚细亚的名贵地毯乃至中国的丝绸。

古希腊商务旅行有一个突出的特点，即早期从事商务旅行活动者大多是没有政治权利的平民，后来他们与构成平民阶层的其他平民集团，如农民、手工业者联合起来，为争取政治权利与氏族贵族进行了长达数个世纪的斗争，最终借助梭伦改革跻身于工商业贵族的行列。而正是由于大量从事工商业的平民与贵族的存在，才使得古希腊如雅典的民主政治达到古代世界的最高峰，因为后者往往是民主政治改革的领导者，而前者则是民主政治改革的有力支持者和积极参与者。

（三）古罗马的商务旅行

古罗马时代是世界古代奴隶社会旅行与旅游的全盛时期，旅行活动异常频繁，类型多样，诚如当时一位叫做普鲁塔施的人说："世界的涉足者将他们一生中最宝贵的时间都花在旅行和船上了。"

由于古罗马建立了地跨亚、非、欧的大帝国，地中海成了帝国的内湖，加上"条条道路通罗马"的公路网络形成以及海上丝绸之路的兴起，罗马境内与境外国际商务旅行都比较活跃。

古罗马商务旅行始于"王政时代"，当时罗马人与移居意大利半岛的希腊人、迦太基人及族源不同、语言不同的翁布里来人、马尔西人、萨莫奈人进行商业交往活动。在共和制时代，罗马逐渐取得地中海霸权，被征服地区的赔款和掠夺来的大批金银的流入，促进了罗马商业的发展。当时，罗马商人活跃于提洛岛、巴尔干半岛、小亚细亚、高卢等地。提洛岛成为东部地中海重要的商业中心。

公元前1世纪罗马帝国建立，社会经济呈现出空前繁荣的景象。生产工具有了明显的进步，出现了带轮的犁、割谷器、水磨、复滑车和起重、排水器械；在农业方面，帝国统治下的埃及扩大了灌溉网和耕地面积，粮食生产大为发展。多瑙河沿岸一些行省成为罗马的新谷仓，高卢和西班牙以及爱琴海诸岛的葡萄、橄榄等的种植面积大为扩大；手工业的发展尤为显著，门类增加，产品种类繁多，技术分工细密，各地素享盛名的传统手工业得到复兴。罗马城的手工业行业多达80余种。高卢南部和莱茵河沿岸各地兴起了金属、纺织、制陶和玻璃行业，产品行销中欧、不列颠和西班牙。地中海东岸和北非一些古老城市的奢侈品贸易再度繁荣起来。农业和手工业的发达，促使帝国内外贸易也颇为繁盛，小亚细亚的毛毯、皮毛，腓尼基的染料，埃及的化妆品、麻纱畅销于罗马上层社会；罗马帝国统治下的意大利、希腊、高卢、北非来往商人络绎不绝，开始出现了银钱兑换商。随着经济的发展，罗马帝国境内新城市纷纷兴起。旧城市也富庶繁华，一度被夷为废墟的迦太基和科林斯也重获新生。罗马、亚历山大里亚一类大城市成为商品集散地和内外贸易枢纽。地中海因变成帝国的“内湖”而变得畅通无阻，外贸远达波罗的海、斯堪的纳维亚和印度、锡兰、中国。

据史料记载，在梯柏留斯统治的时期，有一个罗马商人首先作了一次从亚丁湾驶入大海的旅行，他乘夏季的西南季风，直达印度河口。公元50年左右，一个无名商人，比谁都勇敢，他命令舵手把稳了舵，水手们奋力操舟，便发现了一条扶亚丁湾以圆弧形（朝北弯）到达南印度沿岸的海上航线，他接近了印度最大的商业中心穆季里斯（今克朗甘诺尔）。

中国与罗马帝国之间的商旅交往较为活跃。据《后汉书·西域传》记载，和帝永元九年（公元97年）都护班超出使西域，遣副使甘英使大秦，但是没有达到目的地。“至桓帝延熹九年（公元166年），大秦王安敦遣使自日南缴外献象牙、犀角、玳瑁，始乃一通焉”。虽然因所献象牙、玳瑁等亦非意大利所出产，罗马史上又并无类似的记载，迄今仍有人对“大秦王安敦遣使”一事表示质疑，但也不能完全否定这一记载。很可能，这是罗马帝国的商人假借罗马皇帝的名义与中国政府的一次商业贸易。事实上，罗马帝国与汉代的商业贸易是有据可查的。19世纪，欧洲人曾在我国山西霍州灵石县掘得罗马帝国古铜钱16枚，为公元1世纪罗马皇帝提比略（公元14~37年在位）至公元2世纪马可·奥里略（公元161~180年在位）时代所铸。据中国文献记载，三国时代，孙权黄武五年（公元226年），大秦商人秦论从交趾来到东吴，受到孙权的接见，并且谈论有关大秦的风土人情。

罗马帝国与中国之间的贸易往来，就产品而言是非常丰富的。《魏略·西戎传》记载，当时西域市场上见到的各种毛织品以罗马数量最多，品种花色齐全。罗马的毛织褥用羊毛、木皮、野茧丝制成，有五色、九色甚至十色之多。但在中西贸易史上占有重要地位的则是中国的丝绸。它不仅出现在南亚、西亚的市场上，而且远销至希腊、罗马。罗马作家普林尼的《自然史》讲到中国的丝“织成锦绣文绮，贩运至罗马，富豪贵族之妇女，裁成衣服，光辉夺目”。罗马共和末期，恺撒皇帝经常穿着丝绸袍子看戏，被认为是过分的豪华。帝国时代提比略皇帝曾禁止男人着绸衣，但实际上不仅没有制止，丝绸反而越来越流行。公元380年前后的罗马，“服用丝绸，从前只限于贵族，现在已推广到各阶级，不分贵贱，甚至于最底层”。由于丝绸出自中国而著名，因此希腊罗马把中国称作“赛里斯”，即“丝绸之国”的意思。希腊文“赛里斯”一词来自“赛尔”，而“赛尔”则是中国“丝”字的音变。

罗马帝国与中国之间的商旅贸易往来，有力地促进了技术交流，据斯坦因的《西域考古记》记载，大秦的毛织品和织染毛织品的技术在西汉时已传入中国。在我国塔里木盆地的汉墓中就曾发现了具有希腊罗马式图案的毛织物。

（四）西欧中世纪的商务旅行

在西欧中世纪初期，由于构成人口主体的农奴没有人身自由和迁徙自由，加之社会动荡，商品交换极不发达，交通阻滞，因此旅行活动较少。进入中世纪中期之后，伴随西欧城市重新兴起和商品交换的发展，商务旅行也发展起来。中世纪晚期，西欧商品经济冲破了自然经济的藩篱，产生了拥有大量财富的城市贵族和具有一定自由权的市民与个体农民，西欧的商务旅行逐渐走向活跃。

尽管西欧中世纪早期商业活动不甚频繁，但从总体看，商务旅行始终是中世纪旅行的主要形式之一，并贯穿于西欧中世纪社会的始终。其标志有二：一是中世纪贸易集市的出现。进入中世纪之后，为了贸易而进行商务旅行已是司空见惯。商务旅行基础设施包括一些在战略要地的城镇举办大规模贸易的集市。举办贸易集市的日子在中世纪商人的日程安排中是至关重要的。这些贸易集市可能会持续几个星期，其间商人们大量地使用当地的住宿、餐饮与娱乐设施。最为著名的贸易集市之一就是位于法国南部莱茵河畔的波卡尔贸易集市，那里吸引了成千上万的游客。二是国际商业贸易通道——“丝绸之路”的出现。在中世纪，人类历史上最伟大的商务旅行线路——丝绸之路，达到了其鼎盛时期。这条线路尽管是以一种商品命名的，但它却成为欧亚大陆之间相互运送各种商品的通道。虽然“丝绸之路”这一称呼暗示着一条单一的线路，但实际上存在着起点和终点都各不相同的若干线路。

从西欧中世纪开端到16世纪末期，虽然居住在农业社区的人口很少流动，人们一般不会离开村子或本地区，但并不意味着这一时期没有商务旅行。有史料表明，即使在西欧城市兴起之前，西欧也还存在着大量的集市，如位于巴黎附近的圣·但尼集市，一年一度吸引着香客，其中有从远处来的临时买卖者。神圣罗马帝国皇帝查理曼曾命令其领地内的农奴“不许到集市上去游逛”。11世纪城市重新兴起后，伴随着工商业者的出现，西欧中世纪的商务旅行开始活跃起来。

西欧中世纪晚期的商务旅行概括起来主要有如下特点：

一是商旅频繁。可以说当时相望于道的大多是逐利天下的商人。在这些商人中，既有从事贸易的大腕商人，也有小本生意的布商马贩；既有道貌岸然的第二职业者传教士、神父，也有心术不正的冒牌货；既有王公贵族，还有打扮成一副商人模样无恶不作的强盗。甚至就连高高在上的国王也介入其中，如埃及苏丹萨拉丁到西欧去侦察形势，就是打扮成一个商人模样，并带着五个随从。他知道扮作商人不会有人怀疑，因为路上的商人太多太频繁。国王、神父、强盗都或真或假地加入到商旅之中，既是商旅频繁的结果也是商旅频繁的原因。

二是远距离的国际商务旅行发达。西欧各主要封建国家大多濒临海洋，凭着这种便利，西欧商人大多从事国际贸易。中世纪的商业，一开始就是在输出贸易的影响之下发展起来的。在中世纪西欧商业最为发达的两个地区——意大利北部与尼德兰，情况是一样的，远程国际贸易是推动商业发展的力量。在这些地区，人们所看到的商品都是外来品，其中香料是国际贸易的首要商品。在葡萄牙人发现新航路直接购买香料以前，从阿拉伯、印度、中国来的商队把大批香料运到叙利亚，西欧商人再从叙利亚把这些来自东方各国的商品运回西欧各国。对于这种频繁的国际商务旅行，成书于14世纪的《十日谈》也有较多的反映，据统计，书中涉及商务旅行有17处，出现频率最高，如书中提到埃及亚历山德利亚一个名叫阿克的地方，在那里举行一年一度的大集市，许多基督教和伊斯兰教的商人都要前去贸易，其中不少是从西西里、比萨、热那亚、威尼斯以及意大利各地来的商人。书中还有意大利商人到法国巴黎、英国、突尼斯等地经商的记载。新航路开辟后，促成了东西方直接贸易格局的形成，在西欧各国推行的“重商主义政策”影响下，西欧的国际商务旅行进一步扩大，并在地域上扩展到新发现的美洲，自17世纪中期近代社会产生之前，西欧商旅的足迹已遍及世界各地。

第二节 近现代商务旅游

当人类历史迈入近代社会之后，商务旅游在活跃的商品经济的刺激下发展起来，并在现代社会突飞猛进，呈现出繁荣的景象。

一、近代商务旅游的发展

近代商务旅游快速发展有着深刻的社会背景。首先，工业革命促进了商务旅游的发展。其次，许多欧洲国家建立了殖民地帝国，而这些殖民地创造了商务旅行需求，如实业家们需要从那些殖民地国家得到原材料，同时那里的民众又为商品成品提供了市场。最后，铁路的出现为商务旅行提供了更加便利的重要条件。

近代商务旅游兴起的标志是商业饭店涌现。商业性饭店因商业的需要一般设在城市，所以又叫城市商业饭店。主要经营对象是商务旅行者，如商业上的执行经理人员、工程技术人员和休闲的旅客。商业饭店客房及公用设施全，服务项目多，态度热情，服务周到，能够满足商人的各种需要。美国是当时世界上商业饭店最多、规模最大的国家，其著名的代表人物有被称为“现代饭店之父”的斯塔特勒和有美国“饭店业大王”之称的希尔顿。

美国人斯塔特勒是商业饭店的最早创建者。1908年，斯塔特勒在布法罗开办了一家以自己的名字命名的饭店，标志着美国饭店业新时期的到来。他宣称自己所建的斯塔特勒饭店是专为旅游者设计的，把“提供普通民众能付得起费用的世界第一流的服务”作为经营目标，为此，饭店的每套客房都设有浴室，提供通宵洗衣、自动冰水供应、消毒马桶座圈、送报上门和客房电话等服务项目，且价格低廉；他十分注重企业管理，采用科学管理饭店的方法，一反过去讲究豪华的做法，从饭店的实用性、舒适性和服务质量结合入手，在设备设施的设计和使用、员工的组织和安排以及成本和经营体制上推行效率主义的原则，从而大大降低了房价。他注重成本，采取薄利多销的经营方针，确立了控制成本的记账办法，注重设备设施建设，重视标准化、方便化、简朴化和实用性，并协助成立了美国饭店协会。同时，他将服务标准统一规范化，不论是在波士顿、克利夫兰，还是在纽约、布法罗，游客们都可以在当地的斯塔特勒饭店里享受到标准的服务。斯塔特勒卓有成效的工作，不仅使他的饭店迅速发展成为拥有10家一流饭店的连锁旅馆，被世人授予“世界旅馆皇帝”的美称，而且他自己也因此获得“现代饭店之父”的头衔。1954年10月，希尔顿用1.1亿美元的巨资买下了“斯塔特勒旅馆系列”。

兴起于20世纪初的商业饭店，与豪华贵族型饭店相比，具有如下特点：一是它面向的顾客是从事商务的客人，而当时的经商者尚属一般民众。因此不仅客源市场宽广，而且潜力巨大。二是在经营理念上体现出了薄利多销的经营思想。商业饭店为了实现大众所能负担的低价，一般实行成本控制型管理。三是“顾客第一”的服务理念初露端倪。商业老板倡导在一定的费用范围内为商务客人提供高质量的设施和服务。

会议旅游在今天被称为“旅游之花”，它已经成为现代旅游业中的支柱之一。但会议旅游早在近代已经开始。1841年托玛斯·库克包租火车组织的第一次团队旅游就是去参加禁酒大会。这次旅游活动被旅游学界视为近代旅游活动的开始，实际上它也是世界近代会议旅游的开端。

然而严格地说，1841年托玛斯·库克包租火车组织的第一次团队旅游由于并非出于商业目的，因而它还不是近代意义上的以商务为目的的会议旅游。真正意义上的会议旅游始于10年之后，即1851年第一次在英国伦敦举办的“万国博览会”。

博览会的雏形起源于中世纪欧洲商人的定期集会——集市。当时，集市的主要功能是初级商品的现场交易，人们注重的是为了满足生产活动和生活需要所进行的物资交换或单一商品买卖。进入19世纪，集市规模逐渐扩大，入市交易的商品种类和参加的人员越来越多，影响范围越来越广，集市期间的人文气氛越来越浓。大约在19世纪20年代，人们就把规模较大的定期集市称作博览会，并将其单一的商品买卖功能逐步扩展为物资的交流和文明成果的展示，人们关注的重点也随之从简单的商品交换、买卖关系演变为对生产技术的交流、文明进程展示和对理想的企盼。19世纪中叶，英国凭借工业革命的完成和殖民主义的扩展，成为欧洲乃至全世界的头等强国，为了显示其伟大和自豪，英国于1851年在伦敦海德公园内举办了“万国博览会”。为举办这次博览会，英国一改当时盛行的石头建筑风格，动用了整个英国工业界的技术和力量，耗用4500吨钢材和30万块玻璃，建成了一座长1700英尺、高100英尺的“水晶宫”（水晶宫于1936年被烧毁）。维多利亚女王始创了通过外交途径邀请各国参展的传统，接受邀请参展的10个国家，集中了1400余件各类艺术珍品和时尚产品向世人展示，最令观众瞩目的是引擎、水力印刷机、纺织机械等技术产品。自此，人类社会的交流形式完成了从低级阶段初级产品的简单交易到工业时代的技术交流和文明成果展示的重大转变。因为这一划时代的创举，伦敦博览会被世人确认为首届世界博览会。

世界博览会一开始就与旅游结下了不解之缘。如在第一届世界博览会160天的展期中，共有来自世界各地的商贸人员、社会名流和旅游观光人士约630万人次观赏。英国人自豪地把这次盛况空前的“集市”取名为Great Exhibition，意为“伟大的博览会”。以后前来参观博览会的人数逐年增加，到1867年法国巴黎世界博览会时，参观人数突破千万。

【相关链接】历届世界博览会（部分）

序号	年份	名称	序号	年份	名称
1	1851	伦敦世界博览会	20	1958	布鲁塞尔世界博览会
2	1853	纽约世界博览会	21	1962	西雅图21世纪世界博览会
3	1855	巴黎世界博览会	22	1964	纽约世界博览会
4	1862	伦敦世界博览会	23	1967	蒙特利尔世界博览会
5	1867	巴黎世界博览会	24	1975	冲绳海洋博览会
6	1873	维也纳世界博览会	25	1982	诺克斯维尔世界能源博览会
7	1876	费城世界博览会	26	1984	新奥尔良国际河川博览会
8	1878	巴黎世界博览会	27	1985	筑波世界博览会
9	1889	巴黎世界博览会	28	1986	温哥华国际交通博览会
10	1893	芝加哥世界博览会	29	1988	布里斯本国际休闲博览会
11	1900	巴黎世界博览会	30	1990	国际花与绿博览会
12	1904	圣路易斯世界博览会	31	1992	塞维利亚世界博览会
13	1915	旧金山巴拿马太平洋世界博览会	32	1992	热那亚国际船舶与海洋博览会
14	1926	费城世界博览会	33	1993	大田国际博览会
15	1930	列日产业科学世界博览会	34	1998	里斯本国际博览会
16	1933	芝加哥世界博览会	35	2000	汉诺威世界博览会
17	1935	布鲁塞尔世界博览会	36	2005	爱知世界博览会
18	1937	巴黎世界博览会	37	2010	中国上海世界博览会
19	1939	纽约世界博览会			

近代商务旅游与古代相比，具有以下特点：一是出行的方式不同。古代商人陆上出行主要依赖畜力交通工具或步行，水上则依靠自然力或人力作动力的帆船；近代则不然，陆上出行主要靠以机械作动力的汽车和火车，水上出行前期靠蒸汽船，后期则靠轮船。二是从事国际商务旅游的人数与规模差别明显。由于交通及其他因素的限制，在古代从事国际商务旅游的不仅人数很少，而且规模也小，如古代世界著名的国际旅行家，除少数人如马可·波罗的父亲、叔叔是商人，他们的出游带有商业性质外，其他人几乎都是宗教旅行家或探险旅行家，而马可·波罗一行只有3人。近代则不同，从事国际商务旅行的西方人，往往由商贸公司派遣，人数每次少则十余人，多则数十人。三是出行频率不同。古代的国际商务旅行因受交通工具速度较低的制约，就单个的商队而言，进行国际商务旅行的往往以月或年为周期，而近代则不同，因近代交通工具速度是古代的数十倍甚至上百倍，因此，出行频率大大加快。

二、世界现代商务旅游的突飞猛进

第二次世界大战结束后，世界经济的增长、交通运输工具的更新与进步、世界人口迅速增加、科学技术的发展、各国政府发展旅游业采取的支持态度和措施，所有这些都促进了世界近代旅游向现代大众旅游过渡。在大众旅游阶段，随着商务旅游需求的增加，商务旅游在世界范围内迅猛增长起来。

促进商务旅游在世界范围内迅猛地增长的主要原因有两个：一是商务旅游需求因素的增长；二是商务旅游供给因素的增长。正是这两者的合力才推动了商务旅游的增长。

从需求因素的角度看，二战之后，导致商务旅游供给因素增长最为重要的因素是世界经济的复苏与发展。据统计，以1979年的美元价值计算，战后，1949年的全世界生产总值为25000亿美元；至20世纪60年代末，则上升为年62000亿美元。几乎所有国家战后的经济增长速度都大大超过了战前的增长速度。经济的发展使得众多国家居民的家庭平均收入迅速增加，在那些原先经济基础就较雄厚的西方国家中更是如此。到20世纪60年代一些国家开始形成所谓的“富裕社会”。人们收入的增加和支付能力的提高对旅游的迅速发展和普及无疑起到极其重要的刺激作用。

表2-1　二战前后部分国家国民生产总值平均增长率变化情况（%）

国别	1913～1938年	1953～1973年
美国	2.0	3.5
英国	1.0	3.0
法国	1.0	5.2
日本	4.5	9.8

资料来源：王章耀等. 世界经济概论[M]. 中国人民大学出版社，1986.

除经济因素外，贸易壁垒的取消、全球自由贸易的增长以及国家间自由贸易同盟的建立，如欧盟和北美自由贸易协会等；全世界人口的急剧增加；需要通过商务旅行来销售其产品以及为客户提供支持的诸如信息技术等新兴产业的发展；世界上相对和平的环境使人们更愿意外出旅行；基于共同的兴趣、专业和爱好而成立的各类专业协会和社团的增加等等，所有这些都成了推动商务旅游在世界范围内迅猛增长的动力。

从供给因素的角度看，下列因素成了商务旅游在世界范围内迅猛增长的主要影响因素。

首先是战后交通运输工具的进步推动了现代商务旅游的大发展。第二次世界大战结束以来，铁路和轮船虽然在不少国家中仍为人们的重要旅行方式，但就世界范围讲，特别是在经济发达的工业化国家中，这些传统的旅行方式逐渐为汽车和飞机所代替。在欧美发达国家中，拥有小汽车的家庭比例不断增大，汽车开始大量普及。据有关资料统计，全世界的汽车注册数量从1970年的1亿辆增长到1987年的3.94亿辆。仅欧洲一地的汽车注册量在这段时间里就增长了一倍多（135%），从原来的6800万辆增加到1.59亿辆。另据经济合作与发展组织报道，私人汽车承担了80%内陆客运量（人/公里）。欧洲委员会有关《度假的欧洲人》的调查显示，私人汽车是最重要的度假交通工具，大约占了所有交通工具的58%。20世纪60年代，出现更大更快的客机，如喷气式客机，20世纪80年代和90年代，又出现了高速列车。所有这些，都推动了现代商务旅游的大发展。

此外，会展中心等专门机构的发展，为商务旅客提供专门服务的特殊中介公司和供应商的增加，目的地政府、会议局举办的各种营销活动，航空公司提供的商务舱产品等新型服务项目的出现，许多目的地卫生状况的改善等等，也都成为商务旅游在世界范围内迅猛增长的主要供给影响因素。

现代商务旅游具有如下特点：一是发展迅速。以中国为例，据有关部门的统计，中国每年以20%的速度增长。每年国际商务旅游支出超过357亿元，占亚洲商务旅游市场的17%。目前我国因公出境包括公务和商务考察的人数已占出国人数的53.3%；入境游客中商务会议旅游占39.9%；中国国内商务旅游支出则高达1700亿美元，约占国内整个旅游市场的30.5%。二是内涵广泛。商务旅游是指商务人士在商务活动过程中产生的所有旅游消费行为，除了传统的商贸经营外，还包括参加行业会展、跨国公司的区域年会、调研与考察、公司间跨区域的技术交流、跨区域的产品发布会、大型国际体育比赛、大型纪念或庆祝活动以及近几年兴起的公司奖励旅游等。三是利润可观。在所有旅游类型中，商务旅游利润率高达20%~30%，远远高于观光旅游6%的平均利润率。因此，各大旅行社也纷纷成立了专职部门细分商务旅游市场，如中青旅成立了国际会议展览公司，广之旅专门成立了商务奖励旅行服务部。据广东广之旅董事长郑烘介绍，每年来自商务旅游的收入以50%~80%的速度增长。四是专业公司运作。目前，国际上流行由旅行社安排商务活动，把企业的商务旅程交给专业的公司操作是必然趋势，国际上大的旅行社的主要业务都是商务旅游，从商务旅游上获得的利润也要高于其他旅游业务。

第三节　新世纪商务旅游面临的挑战及未来发展趋势

商务旅游在二战之后得到了快速的发展。进入21世纪之后，商务旅游从整体上来说处于一种积极活跃的状态，然而，该行业所面临的挑战也是显而易见的。约翰·斯瓦布鲁克和苏珊·霍纳预言："如果不能成功地积极应对，那么它们可能会给该行业的未来发展带来负面影响。"因此，如何应对新世纪商务旅游所面临的挑战，并确保商务旅游可持续发展，成了当今中外商务旅游工作者共同面临的新课题。

一、新世纪商务旅游面临的挑战

商务旅游作为旅游的细分市场之一，是指因直接工作需要及与其相关联的一切偶然性活动所引发的非自由支配的旅行，包括与每日商业运作及公司或组织会议相关联的旅行，同时也包括奖励公司杰出表现者的奖励旅游。进入新世纪后，商务旅游面临着诸多挑战。这些挑战主要来自六个方面，即全球一体化进程的加剧、金融危机以及由此引发的经济危机、商务旅游快速发展所导致的社会环境恶化、新技术革新的负面影响、跨文化特性所产生的负面效应、人力资源管理人才缺乏的制约。

（一）全球化的挑战与影响

全球化时代的到来，无疑对以商贸、会议、展览为中心内容的商务旅游，尤其是国际商务旅游的发展具有积极的促进作用，但越来越多的事例与现象表明，随着全球一体化进程步伐的加快，它也给商务旅游带来诸多负面影响，例如，在全球化快速发展的大背景下，一些国家、地区出现的“本土化”倾向和贸易保护主义的重新抬头，都不同程度地给商务旅游带来了一定的制约和阻碍。

以贸易保护主义对中国商务旅游的影响为例。自新贸易保护主义盛行以来，中国的国际商务旅游发展受到了相当大的制约与影响。这种制约与影响主要体现在如下几个方面。

一是我国企业频繁遭遇反倾销案件，不少企业蒙受巨额损失，从而减弱了企业发展商务旅游的能力。据有关部门统计，仅1995年~2005年，WTO成员向我国发起的反倾销、反补贴、保障措施和特保措施调查达到716次，涉案损失每年高达300亿~400亿美元。

二是与发达国家的贸易摩擦不断，高潮迭起，从而减缓了我国企业发展国际商务旅游的势头。2005年，美国和欧盟对我国纺织品实施特保措施，我国与发达国家的贸易摩擦达到了高峰。尽管通过反复磋商谈判，最终暂时平息了这场争端，但由于受“主动配额制”的约束，中国纺织品出口未能充分享受到纺织品自由贸易释放的市场空间，因而企业每年依然要蒙受巨额损失，这就大大制约了我国商务旅游可持续增长的势头。

三是我国商务旅游外部环境日益恶化，外部经济风险开始向宏观层面渗透。以中美贸易为例。2005年，中国对美贸易顺差达到了1142亿美元。针对中美贸易的巨额顺差愈来愈大，美国由对中国产品实施贸易制裁开始向人民币汇率、对华投资、技术出口等领域全面施压。此外，一些国家和地区如欧盟，在对中国产品频繁设限的同时，开始引导民众形成针对中国产品的“民间壁垒”。更有甚者，随着宏观层面利益冲突的凸现，国际上“中国威胁论”泛滥，并开始从发达国家向发展中国家蔓延，由贸易领域向经济、政治、军事领域扩散，从而使得我国商务旅游发展外部环境日趋恶化。

可见，在全球化背景下兴起的新贸易保护主义，不利于商务旅游的长期、稳定发展，是制约商务旅游可持续发展的障碍。在未来的岁月里，如何面对日益盛行的新贸易保护主义和不断变化的国际贸易环境，是世界各国发展商务旅游所面临的共同课题。

（二）金融危机的挑战与影响

20世纪90年代末以来，世界金融危机不断，先是1997年的东南亚金融危机，10年后即2007年夏天，又爆发了席卷全球的金融危机。世界金融危机以及由此而导致的世界经济危机，给依赖世界经济发展起来的国际商务旅游带来相当大的消极影响：一方面，发达经济体国家陷入衰退导致其对外投资和援助大幅减少；另一方面，发展中经济体国家的出口严重受阻。所有这些都给国际商务旅游的发展带来了不利影响。

美国作为金融危机的始作俑者，商务旅游遭受了重创。在狂卷美国的金融风暴影响下，各个公司大幅减少了商务会议，这就使得价值1750亿美元的美国商务会议业务遭到覆灭。为节省开支，出远门组织大型会议的企业明显减少。金融危机对商务旅游影响之大，就连美国商务旅行协会主席Kevin Maguire也深有感触，他说："我从事该行已经40年了，也从来没有遇到过这样的情况。这就叫做DDE，摧毁一切的多米诺效应。连出租车、花店，甚至餐馆和街头小贩都受到了影响。"另据世界最大的企业经理会议组织"国际专业人员会议"所做的调查显示：2009年全球会有64%的公司减少在会议上的花费，而这个数字在2008年8月份以来已经翻了一番。

金融危机对中国商务旅游也带来了较大的冲击。从国内商务旅游看，受全球金融危机的影响，以企业为主体的商务旅游活动，在2008年突然萎缩了下来。许多公司鉴于市况暗淡而主动取消出行计划，必须当面碰头开会的则改为视频会议，如国际IT业巨子Google集团，原本打算在三亚召开2009年的年会，最后就近选择在北京郊区的九华山庄举行，同时，将原定年终出游计划进行调整，国际游变国内游，国内游变郊区一日游，温泉一日游改KTV半天。据海南省旅游协会副会长房新海估计，今年来海南的商务旅游减少1／3以上。从国际商务旅游看，受全球经济增长放缓、国际经济环境不确定因素增多的影响，也呈现出发展放缓的特点。以2008年第104届广交会为例，尽管该会举办前采取了诸多应对危机的措施并实行了一系列重大改革，如对展期、展馆和展区等都作出了重大调整，但金融危机仍对本届广交会产生了巨大的影响。本届广交会到会境外采购商累计174562人次，与以前每届20万人次的海外客商相比，少了2万多人次；出口成交额累计315.5亿美元，出口成交同比下降17.5%。广交会是中国国际商务旅游的"晴雨表"，在国际金融危机的影响下，外来客商，尤其是欧美发达国家的客商明显减少以及成交量下滑，都表明我国的国际商务旅游正经历着金融危机的巨大冲击。

（三）环境的影响与挑战

商务旅游与其他旅游活动一样，其发展往往会给环境带来诸多负面影响。这些影响首先来自交通方面，如航空旅行中的污染与浪费燃料问题，商务旅游者使用交通工具在目的地活动以及在各目的地之间往返时私家车的使用，都会给环境带来不利影响。其次，各类商务旅游设施的不断增加，也会给城市环境带来巨大压力。最后，日趋发展的奖励旅游也会对脆弱环境产生影响。

面对商务旅游给环境带来的诸多不利影响，无论国际商务旅游组织者还是世界各国政府都采取了一些应对措施，如会议业的主要行业展会之一——EIBTM的主办者，多年来通过出版《环保目录》和资助"商务旅游中的绿色活动奖"来支持环保倡议；国际法规使航空公司做了大量的工作来降低其在环境方面的影响；在增设商务旅游设施如会议与展览中心时，世界各国都要求当地政府设计时必须要考虑到环境的保护问题；奖励旅游机构在筹划活动过程中也都时刻注意到了旅游对脆弱环境的影响。这些措施对改善商务旅游给环境带来的影响无疑具有积极的意义，但仍然存在许多问题，比如，在商务旅游活动中因私家车的广泛使用而带来的环境污染仍然是全世界范围内面临的一个大问题，因此，如何面对商务旅游给环境带来诸多不利影响并努力想办法解决之，还有大量的工作要做。如果商务旅游的环保成为越来越重要的世界性问题，那么，商务旅游企业就必须和公众及政府一起接受挑战，共同关注这一问题。

（四）新技术的挑战与影响

商务旅游处于技术发展的前沿，但是技术革新不只给商务旅游带来了机遇，同时也对它构成了一定的威胁（图2-2）。

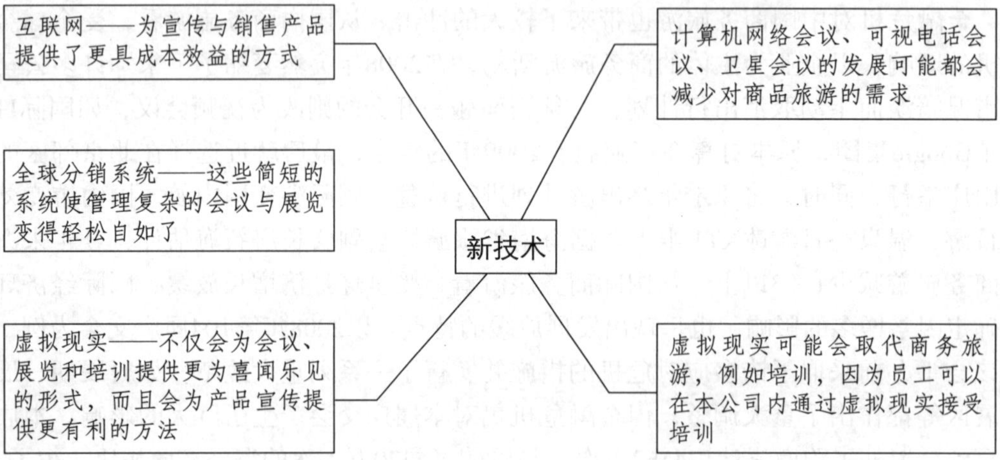

图2-2 新技术与商务旅游：机遇与威胁

从图2-2可知，技术革新对商务旅游的影响具有明显的双重性，它既会给商务旅游带来机遇，同时也对它构成了一定的威胁。

这种威胁除了图示中提及的总体情况之外，具体说来，还有如下一些威胁与影响：一是有些技术，例如互联网，或许有利于供应商与购买者，但是对中介公司却是一种威胁，因为它降低了对中介公司服务的需求。二是某些技术对某些部门来说十分重要，但是对其他部门来说却无足轻重。计算机网络会议与可视电话会议的发展与会议部门密切相关，但是对奖励旅游部门来说却无关紧要。三是和通常情况一样，决定性的问题是企业如何应对。凡是预见到了科技进步的影响并作出相应计划的企业，就有可能将这些科技发展转变成机遇，而凡是做不到这一点的企业，这些发展就会变成对它们的威胁。四是科技进步的速度以及发展的新特性可能会使当前的许多投资项目很快过时。这可能会使在更新速度较快的科技项目上投资过重的企业付出较大的代价。五是商务旅游未来的成功也有可能取决于那些目前科技水准尚无法跟上需求变化的领域。例如，如果我们不能用科技手段来解决机舱和机场的拥挤问题，那么商务旅游的未来就会受到限制。

（五）跨文化特性的挑战与影响

从需求方的角度来看，全球化与亚洲、非洲和南美洲的经济发展意味着商务旅游越来越成为真正意义上的跨文化活动，换言之，商务旅游，尤其是国际性的商务旅游越来越具有浓厚的跨文化特征。首先，商务旅游产品烙上了不同文化的烙印；其次，劳动力的国际性流动导致了商务旅游市场中真正意义上的多元文化劳动力的出现；最后，商务旅行者愈来愈趋于国际化。昨天的典型商务旅行者大都来自美国、德国或日本，今天更多的可能来自马来西亚、韩国或俄罗斯，明天可能会来自中国或巴西。

（六）人力资源所面临的挑战和影响

商务旅游作为劳动密集型的服务产业，其员工的素质，即人力资源，是其成功与否的关键因素。然而，由于商务旅游行业的分散性以及该行业兴起时间相对较晚，因而商务旅游的人力资源还面临着诸多挑战。

首先，商务旅游行业的培训与教育体系还不甚完善。从国际层面看，尽管在商务旅游行业培训与教育方面已经存在着几个出类拔萃的机构，如1970年成立的每年为专业会议主办者举办研讨会的“国际专业会议主办商协会（IAPCO）”、总部设在美国为会议专业人士提供广泛认可的国际会议专业证书的“国际会议专家协会”，以及1999年欧洲的4所大学与EMILG联袂推出的欧洲会议管理硕士学位课程。但从总体看，商务旅游行业的培训与教育体系还不甚完善，这不仅表现在培养商务旅游各个层次所需的人才之教育体系尚未建立起来，而且还表现在培训与教育所提供的内容尚未完善，如商务旅游行业的培训与教育内容应该包括一般员工的技能训练和经理人员的管理技能培训，但在实际操作时，往往因教师重理论轻实践、重学术轻技能而使得员工与经理人员技能未能得到行之有效的提高。

其次，尚未解决由谁来提供并管理商务旅游的培训与教育计划问题。就目前而言，商务旅游行业的培训与教育还处于一种较为混乱的状态，专业机构、专门的商业培训师、学校、学术机构都参与到了商务旅游的培训与教育中来，究竟该由谁或由多家合作来提供并管理商务旅游的培训与教育计划问题，迄今依然是国内外商务旅游同行面临的亟待解决而又尚未解决的问题。

最后，商务旅游管理人才缺乏。以中国会展业为例，改革开放以来，尤其是近几年，我国会展产业以年均20%以上的速度高速发展。各大城市纷纷将会展业列为优先发展的重要产业，出台各项优惠政策予以扶持，各会展城市对会展专业人才的需求更是与日俱增。然而，据国内某知名媒体2007年的调查，三大会展城市会展专业人才岗位需求与求职者的比例，上海是10：1、北京8：1、广州8：1，我国商务旅游管理人才缺乏由此可见一斑。

商务旅游在经过初期"井喷式"和"粗放式"的积聚发展之后，要保持其长期高速和稳定的发展态势，人才问题是最大的瓶颈因素。从国内外商务旅游的发展情况看，强大的发展态势都是以人才为保证的。尤其是进入以"知识经济"为标志的竞争时代之后，商务旅游行业的国际化竞争更加体现为会展人才的比拼和较量，因此，如何解决商务旅游人力资源问题，也是世界各国发展商务旅游所面临的挑战之一。

二、商务旅游的未来发展趋势

商务旅游的未来发展前景如何，学术界尚存争论。从目前看，学术界主要流行着两种截然不同的观点，一种观点认为商务旅游在未来也许不会像过去那样活跃。持这种观点者的理由是商务旅游会因某些替代品的出现而受到严重影响，即通过使用新的信息和通讯技术如可视电话会议和计算机网络会议以及虚拟现实来取代商务旅游，这将会减少商务旅游的总体需求。另一种观点则认为商务旅游在未来将依然保持快速发展的态势。在他们看来，新的信息和通讯技术虽然对商务旅游的未来发展产生一定的影响，但是商务旅游的社会化和人性化接触将会降低这一影响。

客观地说，就目前而言，要想对商务旅游的未来发展前景作出准确的预测并非易事，因为商务旅游是一个分散性强、结构复杂、受多种因素制约的行业，这些特点不可避免地影响了人们对其发展前景作出正确的评估。因此，上述观点究竟谁对谁错，目前还难以作出评判，诚如《商务旅游》的作者所言，"恐怕只有时间才能证明谁对谁错了"。

商务旅游在迈进新世纪之后，虽然因种种原因面临着诸多挑战，其未来发展前景也因各种不确定因素的制约以及商务旅游自身的特点而难以预料，但从历史的、动态的角度看问题，结合商务旅游现实发展情况，对商务旅游的未来发展趋势作一展望，还是既有必要也是切实可行的。

首先，从历史的、动态的角度看，发展始终是商务旅游的主流。自以商品交换为目的的商务旅行在原始社会向文明社会过渡的进程中产生以来，商务旅游的发展曾出现过不少波折，甚至在西欧社会里还出现过倒退现象，但在曲折中发展始终是商务旅游的主流。

其次，从需求的角度看，商务旅游的需求总量在未来社会将不断增加。尽管新技术对商务旅游的需求会产生一定的影响，但是商务旅游的社会化和人性化接触将会降低这一影响，并使商务旅游的需求总量不断增加。在未来社会里，商务旅游会呈现出诸多变化，其中商务旅游的社会化程度愈来愈高将是其重要的变化之一。这意味着商务旅游将成为一种大众化的社会活动，即使不是以商务为目的的旅游者，也有强烈的参与体验商务旅游活动的需求。例如，许多不带有商务目的的游客经常参与到各种类型的展览会、新闻发布活动甚至奖励培训活动之中，这将大大增加商务旅游的需求量。商务旅游的人性化也是未来社会商务旅游最重要的变化特征之一。商务旅游的人性化是指商务旅游活动愈来愈倾向于人际间的情感与交流，倾向于企业与企业、人与人之间的互利与合作，这是任何高科技产品都替代不了的。换言之，无论是可视会议还是计算机网络会议、虚拟现实以及其他替代品，都不会对商务旅游的总体需求产生太大的影响。相反，商务旅游的日益人性化将导致未来商务旅游总体需求量的增加。此外，随着愈来愈多的发展中国家经济的复兴与崛起，客观上也会刺激商务旅游总体需求量的增加。

最后，从地理分布看，商务旅游在未来将朝着多元格局的方向发展。自商务旅行产生以来，随着岁月的流逝，商务旅游的地理分布从许多方面来讲都发生了变化。在古代，商务旅游起源于亚洲、非洲和中东地区；在公元1000年至1900年期间，欧洲从总体来讲成了商务旅游发展的中心。进入20世纪之后，美国成了商务旅游最发达的国家，在全球商务旅游市场中占据极其重要的地位，并与欧洲共同主宰这个古老而又新兴的市场，直到20世纪末，亚洲的“四小龙”、日本、中东产油国，尤其是中国的崛起，才使这种欧美在商务旅游领域一统天下的格局得以打破，并逐渐呈现出商务旅游多元发展的格局。造成商务旅游朝着多元格局多向发展的原因在于：从历史的经验看，商务旅游的地理分布是一个动态发展的过程，其中心会随时间的推移而不断发生变化。从现实看，一方面，中国和世界上其他一些发展中国家，商务旅游方兴未艾，并呈现出强劲的发展势头；另一方面，欧美发达国家基于社会意识形态不可克服的内在经济矛盾和弊端，还会导致金融、经济危机周期性的发生，本国的商务旅游将不断受到重创，从而使欧美国家不可能重新获得它们曾一度拥有的主导优势。

综上所述，在人类社会昂首阔步迈进新世纪之后，作为与人类经济生活联系最密切、发展前景最诱人的商务旅游行业，因全球化经济、当代贸易保护主义以及其他一些不确定因素影响，正面临着前所未有的诸多挑战。如何应对新的挑战，仅仅靠发泄怨气或消极对待显然都是不可取的。只有从容应对、主动出击，采取合理而又科学的应对策略，才能化解商务旅游当前面临的各种危机与挑战。可喜的是，无论是发达国家还是发展中国家，都不同程度地认识到了新世纪商务旅游所面临的挑战，并采取了一定的应对措施。基于此，有理由相信，商务旅游在全球一体化趋势下、在人类交往越来越频繁的明天，将一如既往地保持原有的发展态势，活跃在人类社会的经济舞台上，扮演着促进社会进步与发展的重要角色。

【本章小结】

商务旅游是由商务旅行发展而来的。商务旅行产生于原始社会末期，它与国家的产生一样是历史发展到一定阶段的产物。商务旅游经历了古代商务旅游、近代商务旅游和现代商务旅游三个阶段，其各个发展阶段有着不同的特点。商务旅游作为始终活跃在人类历史舞台上一种特殊的旅游活动，在发展演进的过程中虽然呈现出曲折、跌宕起伏的历史轨迹，且在新世纪面临诸多挑战，但依然保持着发展的态势。

【思考与练习】

思考：

1. 商务旅行产生于何时？为什么？

2. 试比较古代商务旅游与近代商务旅游之异同。

3. 商务旅游在新世纪面临着哪些挑战？其发展趋势如何？

练习：

运用所学知识，对本地商务旅游所带来的经济、环境和社会影响进行调研，并写出评估报告。

●案例一：第一届世博会

背景：完成了工业革命的英国已经是世界上一流的强国，没有人怀疑英国的强大，因为强大而带来的巨大召唤力使英国举办了第一届世界博览会。维多利亚女王发出外交邀请信函，有10个国家接受了邀请。认真刻板的英国人动用了全国的经济力量，为第一届世界博览会布展。维多利亚时代的建筑风格是笨重的，多为庞大的石头建筑。在这次世界博览会上，英国人一改往日风格，在著名的海德公园内建造以钢和玻璃为主要建筑材料的水晶宫。大王莲的经络是水晶宫的建造灵感。水晶宫长1700英尺，高100英尺，耗用了4500吨钢材、10公顷的玻璃。

场地：水晶宫。这场博览会最具特色的建设非水晶宫莫属，该建筑由约瑟夫·帕克斯顿设计，由土木工程师William Henry Barlow从旁协助，用来作为该次展览的主要会场，也是当代一个对建筑物的大胆尝试。由铁为骨架，以完全来自伯明翰和其邻近城镇斯梅西克（Smethwick）的玻璃为主体，水晶宫建成之后果然一鸣惊人。这巨大的玻璃屋长约563米，宽约138米，从奠基到竣工费时仅9个月，这个建筑后来被移动并且重建于伦敦南区的塞登哈姆，这个地区后来因此被更名为水晶宫，估计有超过620万人次来参观。超过13000余件的展出品，上百万游客的来访促使英国迈向更强大的国际地位，在13000余件来自世界各地的展览品中影响世界很大的包括轨道蒸汽牵引机、高速汽轮船、起重机、厨具用品、铁制品，以及来自美国的收割机。展览品也有来自白人殖民地的，例如印度，或是新西兰、澳洲等移民地。许多涌入伦敦的游客来自欧洲各大城市，为之带来的获益相当可观，万国工业博览会收入净赚186000英镑，这笔款项后来被用于成立维多利亚与亚伯特博物馆，而科学博物馆与自然历史博物馆也都在该展览场所所在地南边建立，后来成立的英国大学也与其比邻。

意义：这次世界博览会不仅是一次"眼花缭乱，丰富多彩"的陈列，而且开创了今后数十年的自由贸易的先驱，向人类预示了工业化生产时代的到来，所有的展品均代表了现代工业的发展和人类的无限想象力。因此伦敦博览会被确认为现代意义上的首届世博会。水晶宫博览会成为20世纪科学与进步的巨大推动力，它的成功使以后的世界博览会与奥林匹克运动会一样成为全球规模的盛会，世界博览会因此被誉为"经济、科技与文化界的奥林匹克盛会"。

评论：当时这个展览带来很多争议，一些保守派人士担心大量的游客可能导致混乱甚至革命暴动，但是激进派人士，例如共产主义者代表人物卡尔·马克思视此博览会为一种对于商品资本主义式崇拜的象征。20世纪后，社会大众比较接受的说法是，万国工业博览会的本质在历史上代表着维多利亚女王的辉煌时代，一个工业、军事、经济高度发展的大英帝国。

【案例思考】

英国《泰晤士报》曾评论第一届世博会，说它是："创世以来全世界各族群第一次为同一目的而动员起来。"从商务旅游的角度，谈谈你对这句话的理解。

●案例二：美国1933年芝加哥世界博览会

名称：芝加哥世界博览会

举办年：1933年~1934年

主题：一个世纪的进步

主要展馆：旅游与运输馆（The Travel and Transport Building）、科学馆（Hall of Science）、各企业馆（Company Groups）。

早在20世纪20年代初，举办世博会的想法就为当时的芝加哥人津津乐道，但直到1927年，威廉·H.汤姆森接任芝城市长，1928年博览会委员会成立，世博会才真正被提上议事日程。

于1933年召开芝加哥世界博览会。该世博会是第一届有明确主题的世博会，这样的身份常使其成为世人眼中世博历史的另一种开端。"一个世纪的进步"作为官方正式名称，在1929年被确定下来，但早在构想阶段，以芝加哥在百年世纪中的科学进步与工业发展为主题的说法就已风靡一时。事实上，世博会主题的确立与当时美国一个名为国家研究委员会（The National Research Council）的团体密不可分。该组织成立于1916年，旨在促进科学、工业与军事领域的合作，当时少有人知，却在为世博会提供展示主题与策划中大放光彩，由其领导的科学咨询委员会提出世博会以科学进步为主线，配合科学运用于工业领域的种种发展为形式的出展思路，最终被采纳。由此，博览会向当时的工商业巨头敞开了大门，通用汽车、克莱斯勒、西尔斯百货（Sears）等纷纷获准建造各自展馆。企业馆以前所未有的气势登上世博会舞台，成为不可或缺的元素。

经济大萧条的时代背景往往是芝加哥世博会受后人关注的原因之一。而在当时，经济的不尽如人意却激发了世博会筹资更为灵活的生存方式。除了政府承诺的一部分资金扶持，组委会发行债券，并与食品、运输、娱乐等行业的15家提供商签订了赞助协议。自1928年4月起，主办方发起“博览会会员招募”活动，公众可用5英镑购买一个博览会会员的身份，享有免费进入会场的十次机会。这种发动民众的方式，又为其增添了60多万英镑的建设资金。

1933年芝加哥世界博览会展示世博会场址位于芝加哥城密歇根河畔的公园区。两个湖泊的划入，为随后的博览会入场设计提供了新颖的元素。在当时现代建筑思潮影响下，为了突出科学性，博览会场馆设计刻意避免了古典风格造型，并借鉴20年代巴黎城现代建筑风格，钢筋与墙板构成了建筑物的主体，外形上则以吊塔结构为主。具有代表性的“旅游与运输馆”就是由钢筋聚拢连接，构成12座钢塔，共同托起一个125英尺（38.1米）高的穹顶。圆顶具有伸缩缝，可根据天气升降达18英尺（5.5米）。大多数展馆都减少了窗的使用，虽然这在当时引起异议，但窗的缺失使展品免受日光照射，也提供了更多的内部空间。色彩的运用是1933年世博会建筑的一大亮点。一座展馆常常集中了黑、白、蓝、橙等多种元素，同时运用区间原理，主题相似的展厅采用一种颜色以便于观众选择游览线路。设计师Joseph Urban对23种颜色的大胆混搭，将色彩的融合发挥得淋漓尽致，也使得1933年的芝加哥城陷入一片炫目。正如之前筹划的那样，1933年芝加哥世博会的展品集中展示了科学在工业生产中的成果。工作中的炼油厂、电控拖拉机、牙膏装管线、面包生产线统统被搬到现场，参展商则运用电影、立体布景、露天表演等娱乐方式吸引目光。工业化的极致呈现一刻不停地挑战着世人对未来生活的设想底线，或许也触发了《摩登时代》等电影的创作构想。国外展商中，中国、捷克斯洛伐克、意大利、日本、瑞典、苏联拥有独立展馆。其间，按照各国城市风情建造的大型露天展园大受欢迎，“上海街”成了芝加哥城的街中街。许多国家纷纷设立了自己的展馆日，11月8日，为了庆祝禁酒日的结束，主办方向公众提供了大量免费饮品，一天中消耗1000桶啤酒、20万个三明治的纪录至今堪称世博会历史上的一大壮举。

1933年10月，主办方决定在第二年同期延续世博会的举办。而1934年这一季最大的惊喜莫过于福特馆的出现。900英尺（274.32米）的圆形大厅墙面上福特汽车装配线的精彩呈现，使人们相信，一种崭新的生活方式近在咫尺。“车行生活”的种种在每个人心中蠢蠢欲动。而凭借着平均每日70%的游客占有量，福特馆当之无愧地成为1934年最受欢迎的展馆。也是在这一季，世博会迎来了第1600万位参观者—— 一位来自芝加哥的两个孩子的祖母，这是她第50次参观本届世博会。

从各项运营指标上看，芝加哥世博会无疑是热闹而成功的，但也有人评价其吹响了工业时代机器代替人的号角。无论历史地位如何，1933年芝加哥世博会具备了构成影响力的诸多元素，贯穿始终的主题演绎、灵活有效的筹资方式、大胆的色彩化建筑、流线型的工业化设计、企业馆的大放异彩，无疑都是留给后世的话题。而对于当时的参观者而言，矗立在密歇根河畔的这些未来主义的建筑与设想也许能让他们暂时忘却现实的失业与窘困，或许他们也意识到正是这些工业化的庞然大物，在推进历史的过程中，将他们挤出了原有的社会角色。而也只有世博会能将这种历史的变奏定格成一场节日盛宴。

社会生产力水平越高，社会化生产的专业性就越强，社会生活的一切活动就变得更加有序。世博会在经历了近百年的演绎之后，开始成为有主题的世博会。要求参展者围绕一个共同的题目设计和创作自己的展品。会上展出的多是百年科技的成果，引人入胜的当数绚丽的霓虹灯景，而引起轰动的则是航空技术、有空调设施的新建筑等科技新成就。人们看到了一个世纪以来科技的巨大进步，备受鼓舞。从此以后，每一届世博会都确定了一个极富意义的主题。

【案例思考】

1. 为什么说芝加哥世博会是“一个世纪的进步”？
2. 芝加哥世博会把“旅游”作为主要展馆，分析世博会与旅游的关系。

第三章　商务旅游需求

【本章学习目标】

通过本章的学习，应掌握商务旅游需求的基本概念，了解商务旅游需求的层次与分类，明确商务旅游需求的结构，了解商务旅游者的旅游动机及决定动机的因素，把握商务旅游需求的规律、影响因素及需求的各种变化，掌握中国商务旅游需求现状与未来发展趋势。

【关键概念】

商务旅游需求　商务旅游者　商务旅游需求规律

第一节　商务旅游需求的层次与分类

商务旅游需求是指在一定时期内，一定价格上，商务旅游者愿意而且能够购买的旅游产品的数量，即商务旅游者对某一旅游目的地所需求的数量。在商务旅游领域，无论是需求的层次，还是所包含的类别都与其他旅游类型存在着较大的不同。

一、商务旅游需求的层次构成

商务旅游由顾客与消费者两大需求层次构成。对休闲旅游而言，顾客与消费者可以画等号，即顾客就是消费者，消费者就是顾客。而商务旅游则不然，除非是个体商务经营者，否则在绝大多数情况下，顾客与消费者不是同一个人，他们之间有着十分明显的区别，即顾客通常指的是公司老板，而消费者通常是由公司老板派出去进行实际商务旅游活动的人。

在商务旅游领域，如果不是个体商务经营者，顾客与消费者的区别主要体现在如下两个方面。

一是两者的构成主体不同。顾客是指那些决定雇员旅行或批准雇员旅行的雇主或赞助机构；而消费者则是那些实际上旅行并享受商务旅游服务的雇员。

一是两者的付费情况不同。顾客作为雇主或赞助机构，通常支付雇员或代表的费用；消费者则不然，他们作为被雇主或赞助机构派遣外出商务旅游的雇员或公司代表，通常无需自己支付旅行费用。

需要指出的是，虽然在商务旅游领域，大多数情况下，顾客与消费者不是同一个人，但也有顾客和消费者是同一个人或同一机构的例外，如一个国际协会会议的科学委员会可能既是顾客，同时也是消费者。他们决定会议的地点，支付出席会议的费用，然后出席会议并在其间享用各种各样的旅游服务。

二、商务旅游需求分类

商务旅游按旅游活动进行的时间划分，其需求内部存在两个类别，即闲暇时间进行的奖励旅游，以及在工作时间进行的会展旅游。

表3-1 商务旅游需求分类

产品类别	时间	经费来源
奖励旅游	闲暇	组织
会展旅游	工作	组织

奖励旅游与会展旅游虽然同属商务旅游的范畴，但两者相较，其需求特征有着较大的不同。

其一，出游的时间不同。奖励旅游是在闲暇时间出游；会展旅游则是在工作时间出游。

其二，直接目的与内容不同。企业组织奖励旅游的目的是提高企业的业绩，凝聚员工的向心力，塑造企业文化，最终达到提高生产力、促进企业良性健康发展的目的，突出“奖励”内容；会展旅游则是以公务事项为主，兼顾旅游“内容”。

其三，产品类型不同。奖励旅游与个人或家庭旅游对于旅游产品的需求类型一致，属于观光旅游产品类型，因而一次性购买率较高，很少有再访率。可见，在产品类型上，奖励旅游与会展旅游有所区别。

其四，受季节、气候及政治因素的限制较大。为达到良好的展示宣传与激励的效果，奖励旅游必然会考虑季节变化对景观的影响，从而会表现出一定的季节性，并且其旅游活动类型以观光游览为主。这一活动受这些因素的影响较为明显，故奖励旅游受这些因素的影响较会展旅游来说要更敏感。

其五，消费水平较高，但差异较大。有实力的大公司为奖励员工常常不惜血本，如一个豪华奖励旅游团的消费通常是一个普通旅游团的5倍；而实力一般的公司为奖励员工也舍得花钱，但由于经济条件所限，消费虽然比一个普通旅游团要高，但比豪华奖励旅游团的消费则要低得多。

其六，目的地选择不同。奖励旅游的目的地都是经过特别挑选，一般为本国人不易前往而且是必须耗费大量旅资才有可能前往的地方。商务旅游的目的地一般无需经过特别挑选，而是根据实际需要决定目的地。

第二节 商务旅游需求的结构

商务旅游领域行业的多样性，决定了商务旅游有着较为复杂的需求结构，与其他旅游类型一样，商务旅游需求也有着自身的规律。

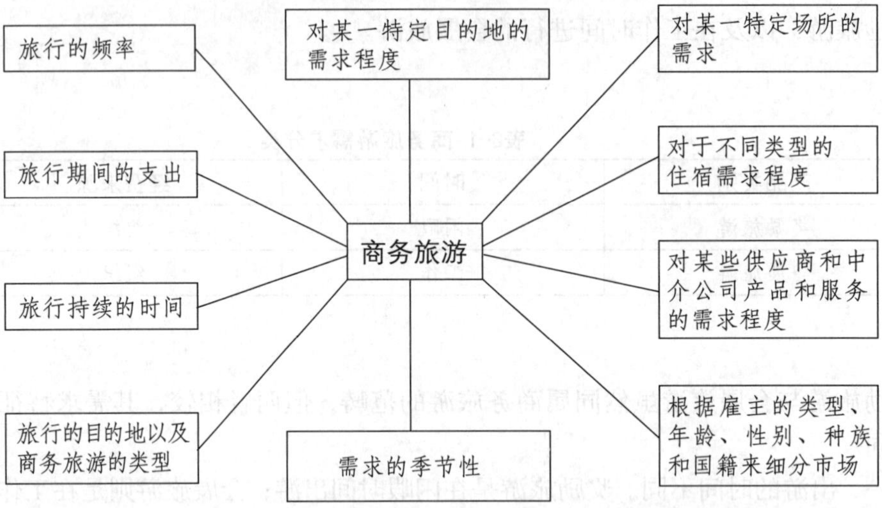

图3-1 商务旅游需求的结构要素

从图3-1可知，商务旅游需求的构成要素比较复杂，主要由如下十大要素构成：

一是旅行的频率，即单位时间里人们需要外出旅行的次数。如以“月”为单位，有的人每月需外出一次，有的人则两次，甚至更多。

二是旅行期间的支出。旅游需求与旅游产品价格的变化有着直接的关联。一般说来，旅游需求与旅游产品价格的变化方向相反，即旅游产品的价格越低，旅游需求则愈大，反之则愈小。

三是旅行持续的时间。旅行是在一定时空条件下进行的，旅行持续时间的长短主要取决于空间距离的远近以及活动内容持续的时间。

四是旅行的目的地以及商务旅游的类型。一般说来，旅行的目的地越吸引人，商务旅游的需求就越大；不同类型的商务旅游有不同的商务需求，如会议与展览、培训与新产品发布会、个体商务旅游与奖励旅游，它们各自具有不同的需求特点。

五是对某一特定目的地需求的程度也是不同的。比如，对外国客商来说，人们对作为中国对外贸易“晴雨表”的广交会的需求程度远远要高于“中国义乌国际小商品博览会”的需求程度。

六是需求的季节性。商务旅游需求具有明显的季节性。广交会为什么自举办以来到2008年一直在“春季”和“秋季”召开，就是出于季节的需要。但这种季节性随着商务旅游活动日益频繁而开始逐渐淡化。欧洲国家一般7月至8月不举办大型商务旅游活动，原因是这个季节是欧洲人休闲度假的季节。

七是对某一特定场所的需求程度也是不同的。无论是会议、展览，还是培训、新产品发布会、奖励旅游，它们都有各自所需要的特定场所，因而它们对某一特定场所的需求程度也是不同的。如上述商务旅游类型都需要会议室，但会议的需求程度最大。

八是对于不同类型的住宿的需求程度也不相同。如会展商务旅游者一般倾向于住城市商务酒店，而奖励旅游的游客则对乡村休闲度假酒店比较感兴趣。

九是对某些供应商和中介公司产品和服务的需求程度。在这一需求层次中，不同类型的商务旅游也呈现出明显的差异。就服务的需求程度而言，奖励旅游的游客对服务质量的需求最高也最苛刻。

十是根据雇主的类型、年龄、性别、种族和国籍来细分市场。在这一需求层次中，因为雇主的不同类型、年龄、性别、种族和国籍，因而商务旅游的需求有着明显的差异，而确定这种差异乃是细分商务旅游市场的前提。

第三节　商务旅游者的动机

商务旅游需求与动机密不可分。有什么样的旅游动机就会产生什么样的旅游需求。商务旅游者的层次不同，其旅游动机也存在着明显的差异。

一、顾客与消费者之间旅游动机的差异

约翰·斯瓦布鲁克、苏珊·霍纳在其《商务旅游》一书中，曾通过下列例子来揭示商务旅游不同领域里顾客和消费者之间存在的动机差异。

例一：一家英国的食品公司总经理为其公司在法国举办的商品交易会预订了一个展位。他希望以最低廉的费用来扩大该公司的知名度并增加在法国的销售额。他选择了“甲”先生来代表其公司参加这次交易会，因为“甲”先生能讲流利的法语。“甲”先生喜欢吃法式大菜，喝法国葡萄酒，因此将此次出差看作是一个用公司的钱来享受法国美酒佳肴的绝好机会。同时他还认为这是个与法国公司接触以便在法国找到工作的好机会。于是，他花费了很多的钱，但是却没有花多少时间来推销该公司的产品。

例二：游戏时间公司是一家较新的计算机游戏公司。该公司决定为员工组织一次奖励旅游以推动公司的团队建设并鼓励员工在将来更加努力工作。但是该公司并未将

这一设想告知员工，所以员工们以为这次活动是对过去工作的奖励。而实际上，员工们过去的工作并不是很出色。该公司的员工们把这次旅游看作是一次“免费的午餐”、一项福利，是一次由公司付费的游玩。毫不奇怪，此次奖励旅游并未取得效果。

例三：牛顿大学哲学学院的院长批准苏格拉底博士出席在亚科帕克举行的有关德国哲学家及其作品的国际研讨会。参加这次会议在一定程度上是为了促进苏格拉底博士属下学术队伍的建设，并使苏格拉底博士本人了解自己研究领域里的最新发展，同时也希望她能够借此建立更多的关系，并扩大其知名度。但是苏格拉底博士有自己的想法。她希望将出席会议的大部分时间用来与一位来自奈德·汉普顿大学的英俊男性哲学家在海滩上讨论沿海旅游的哲理。

以上三例表明，在商务旅游的不同领域里，顾客和消费者之间确实存在着动机方面的不同。

对于顾客和消费者来说，商务旅游动机的不同主要与不同类型的商务旅游有关。因为在不同的商务旅游领域里，如会议、展览和奖励旅游，顾客和消费者存在着不同的动机。

二、决定商务旅游者动机的因素

虽然从一般意义上说，旅游动机非常重要，但在商务旅游领域，它并非唯一重要的因素，以往的经验和看法也会成为一个影响行为的重要因素，如商务旅游者前往新目的地时，更愿意使用他们较为熟悉和满意的航空公司和饭店，因为这样会更有安全感。事实上，在商务旅游领域，旅游动机也并非决定因素，因为真正决定着一次旅行是否能够成行，往往是影响顾客行为的因素。这些决定因素是外在因素还是内在因素主要取决于顾客和消费者本身。

为了解释决定因素的含义，让我们来做一个假设：设想一位公司雇员希望参加在国外召开的一次专业会议。

首先，他或她必须让其公司老板相信参加这次会议所花费的金钱和时间是物有所值的。

其次，即使老板同意其参加会议，如果发生了下列两种情况，雇员还是无法如愿以偿：一是做出决定时，所有的航班或饭店或会议场所都已经全部预订出去了；二是其所在的公司财政状况日益恶化，因此公司决定削减旅行开支。

最后，即使旅行确实得以成行，也还存在着如下因素制约此次旅行：一是公司为旅行者提供的旅行费用的额度；二是会议期间目的地的天气情况；三是旅行者是否认识一些其他的代表；四是代表入住饭店的档次；五是在目的地逗留期间的花费。

第四节 商务旅游的需求规律

旅游需求规律，又称旅游需求价格规律，是指在影响旅游需求的其他因素不变的情况下，旅游需求与旅游产品价格的变化特点。

商务旅游需求具有一定的规律性。然而，要想揭示这种规律性，需要通过较为复杂的数学计算才能实现。就目前而言，有两种值得人们关注的揭示旅游需求规律的方法：一是从时间变化角度推导旅游需求函数；二是从空间变化的角度来揭示旅游需求规律。

第一种方法：根据旅游需求量随价格变化而变化的特点，从时间变化角度来寻求旅游需求规律，即随着时间的变化不断改变旅游区的门票价格，观察旅游者数量的变化，从而计算旅游需求函数（图3-2）。

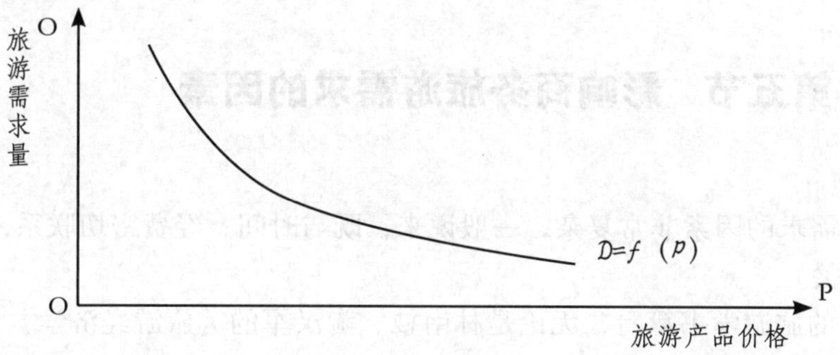

图3-2 旅游需求与旅游产品价格关系图

该办法虽然简单易行，但由于商务旅游目的地的门票价格具有刚性和稳定性的特点，因而旅游目的地经营者往往不会轻易改变旅游目的地的门票价格。这就决定了从时间变化的角度推导旅游需求函数具有一定的难度，可操作性不强。

第二种方法：从空间变化的角度来揭示旅游需求规律，即通过对空间距离变化导致的旅游者消费成本的变化进行分析来推导旅游需求函数。该办法的创新点在于：大胆地引进了国外广泛采用的“旅游成本法”。

该方法基于这样一种思路：由于空间距离的差异，不同区域的商务旅游者到同一旅游区进行旅游活动虽然支付的门票价格相同，但为同一旅游活动支付的复合成本不同。于是可以利用这种旅游复合成本在空间上的变化来替代旅游区门票价格在时间上的变化，进而通过计算旅游复合成本和旅游者数量之间的函数关系来表达旅游需求规律。

采用旅游成本法揭示旅游需求规律，其意义有三：一是利用出游率指标来表达商务旅游者的旅游需求，剔除旅游客源地人口数量因素的影响，更容易评价旅游目的地对客源地的影响。出游率越高，旅游目的地对客源地的吸引程度越高。二是引入旅游机会成本的概念，充分考虑旅游的时间价值。商务旅游活动占用了商务旅游者的时间，成为影响商务旅游者进行旅游活动的重要因素，把旅游的时间价值和旅游消费支出共同列入旅游复合成本能够更好地反映旅游者进行旅游活动而付出的代价。三是建立以旅游复合成本为自变量的关于出游率的旅游需求函数，具有技术上的可行性，可操作性强。

需要注意的是，一个商务旅游目的地往往由多个商务旅游区组成，应用本方法可以把商务旅游目的地作为一个整体来对待，即计算商务旅游目的地的旅游需求函数。在计算同一商务旅游目的地中某个旅游区的旅游需求函数时，要合理地确定商务旅游区在旅游者的目的地中的地位，对商务旅游者的旅游复合成本进行合理分摊，尽量减小因旅游复合成本分摊不当带来的误差。

第五节　影响商务旅游需求的因素

影响商务旅游需求的因素非常复杂，一般说来，既与时间、经费密切联系，也与旅游产品的价格相关。

从国内已出版的旅游学书籍看，无论是林南枝、陶汉军的《旅游经济学》[1]，还是李亚非的《旅游经济》[2]，在论及旅游需求的影响因素时，一般都认为：在其他因素不变的情况下，旅游需求与人们的可自由支配收入和余暇时间成正方向变化，而与旅游产品的价格成反方向变化。

一、影响商务旅游者需求的因素

从宏观的角度看，影响商务旅游者需求的因素既有主观因素，也有客观因素。

从主观的角度看，影响商务旅游者需求的因素主要有以下四方面。

一是受偏好，即对旅游产品的爱好程度影响。商务旅游目的地的选择虽然有可能是指令性的，也有可能是自主选择，但商务旅游者在选择目的地时，不是偏向于选择满足自身旅游需求的旅游产品类型所在的目的地，而是更注重选择拥有广阔发展前景，有利于打开市场，能获得更多利润的国家或地区。

①林南枝，陶汉军. 旅游经济学[M]. 天津：南开大学出版社，2005.
②李亚非. 旅游经济[M]. 北京：中国林业出版社，2001.

二是受"旅游预期"的影响。由于商务旅游者具有对价格的不敏感性和对服务要求的高标准性需求特征，加之商务旅游者对于旅游地的选择主要是看该地能否给自己的组织或公司的未来带来利润和发展空间，因此与个体或家庭旅游者因花费来源于自身而着重于对自身支付能力的考虑不同，商务旅游者所看重的主要是对旅游预期的效果，即着重于组织或公司未来好处的考虑。

三是受时间因素影响。与个人或家庭活动旅游受到可自由支配时间的约束不同，商务旅游者由于其旅游活动是在工作时间进行的，不会受闲暇时间的影响，其影响出行的时间主要是工作时间而非可自由支配的闲暇时间。

四是受公司财务能力的影响。由于商务旅游者花费来源于组织，因此他们能否出行主要取决于公司财务能力，这与个人或家庭旅游者能否出行取决于个人的支付能力有着明显的区别。

商务旅游者需求除受上述主观因素影响外，还在一定程度上受客观因素制约。影响商务旅游者需求的客观因素如下。

一是受目的地可进入性影响。可进入性一般指旅游景区（点）交通的通达性及壁垒设置情况，"即进入市场的障碍程度"。由于商务旅游者注重时效性，如果该地的进入性不强，对商务旅游者的出游积极性有消极影响。但如果目的地是指令的，则商务旅游者没有选择的余地，即使主观上较为消极，但实际上仍要前往。

二是受价格及相关品价格影响。由于商务旅游者认为旅游产品价高质高，价高更能显示该组织的经济实力，对于树立其组织形象也有好处，因此与个人或家庭旅游者容易受到价格及相关品价格的影响不同，他们不会轻易受到旅游价格及相关价格的影响，也不会像个人或家庭旅游者那样比较严格遵守一般需求规律，如当价格上升时，需求数量会减少。当旅游相关品价格上升时，如旅游保险费、胶卷费用等相关品价格上升会抑制个人或家庭旅游者的旅游需求。但商务旅游则相反，当出现价格高时，需求量反而上升，即出现旅游需求的范伯伦效应现象，也称"挥霍效应"（图3–3）。

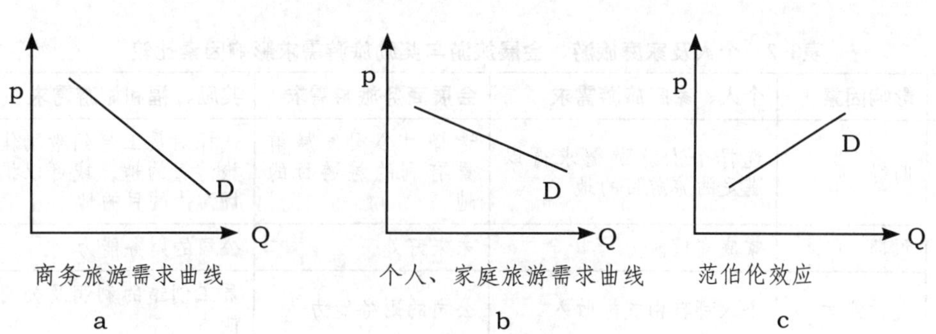

图3–3　三种旅游需求曲线示意图

资料来源：章怡，林刚，李丰生. 商务旅游需求影响因素分析[J]. 黄山学院学报，2005（4）.

二、影响商务旅游客源国和目的地需求的因素

商务旅游的需求还受商务旅游客源国和目的地诸多因素影响，这些影响概括起来有如下七方面。

一是受经济发展程度的影响。一般说来，较高的经济发展程度以及强大的经济会扩大需求，反之则会减少需求。如1998年和2008年的金融危机都对商务旅游客源国和目的地的商务旅游需求产生了相当大的消极影响。

二是受货币兑换率的影响。货币兑换率对商务旅游需求的影响包括两个方面：如果客源国的货币兑换率相对高于目的地，从而使旅行变得便宜，则会刺激客源国商务旅游需求，导致大量商务旅游者进入目的地；如果情况反之，则会出现相反的情况。

三是受政治稳定程度的影响。无论是客源国还是目的地，其商务旅游繁荣的程度都与政治稳定的程度密切相关。政治越稳定，客源国或目的地的商务旅游需求越大；反之则越少。

四是受生活费用的影响。由于旅游费用的高低对人们出行有直接的影响，因而目的地国较低的生活费用会有助于加强其吸引力，使客源国的人们愿意前往举办会议。

五是受联系密切程度的影响。客源国与目的地的经济、历史、文化联系越密切，双方进行商务旅游的可能性就越大。

六是受产业结构的影响——在某些行业、产品和服务方面有着共同利益的客源国和目的地国之间进行商务旅游的可能性会更大。

七是受政府有关贸易政策的影响——两国政府支持自由贸易的程度越高，两国之间进行商务旅游的可能性就越大。

三、不同类型的商务旅游需求影响因素比较

作用于商务旅游需求、个人及家庭旅游需求和奖励旅游需求的影响因素是不尽相同的，它们各有侧重，不能一概而论（表3–2）。

表3–2　个人及家庭旅游、会展旅游与奖励旅游需求影响因素比较

类别	影响因素	个人、家庭旅游需求	会展商务旅游需求	奖励、福利旅游需求
主观因素	偏好	选择个人旅游需求得以满足的旅游目的地	选择对公司发展前景有利的旅游目的地	选择对员工起到激励作用的旅游目的地，或可以扩大市场潜力的目的地
	预期	家庭支付能力	未来好处	公司的财务能力
	支付能力	个人可自由支配收入	公司的财务能力	员工创造的利润及公司财务能力
	出游时间	闲暇时间	工作时间	闲暇时间
客观因素	价格	旅游需求量与价格成反比	旅游需求量受价格影响不大，甚至出现范伯伦效应	旅游需求量受价格影响不大

（续上表）

客观因素	相关品价格	旅游需求量与价格成反比	旅游需求量受价格影响不大	旅游需求量受价格影响不大
	竞争者数量	竞争者数量较多时，会激励其旅游需求	竞争者数量较多时，会促进其旅游需求，但影响力不大	竞争者数量较多时，会激励其旅游需求
	可进入性	旅游需求量与可进入性强度成正比	旅游需求量与可进入性强度成正比，但指令性旅游中两者关系不大	旅游需求量与可进入性强度成正比

第六节　商务旅游需求格局的变化

进入20世纪90 年代之后，商务旅游需求的格局发生了诸多变化。这种变化主要体现在三个方面：一是商务旅游市场需求格局的变化；二是商务旅游需求地理分布的变化；三是不同行业领域对商务旅游需求程度的变化。

一、商务旅游市场需求格局的变化

从二战到20世纪末，虽然在多种因素的作用下，促进了全球范围内商务旅游需求的快速增长（图3-4），但在商务旅游市场需求领域，由于受经济发展程度以及经济体制影响，一直保持着相对稳定的状态，并未发生多大的变化。

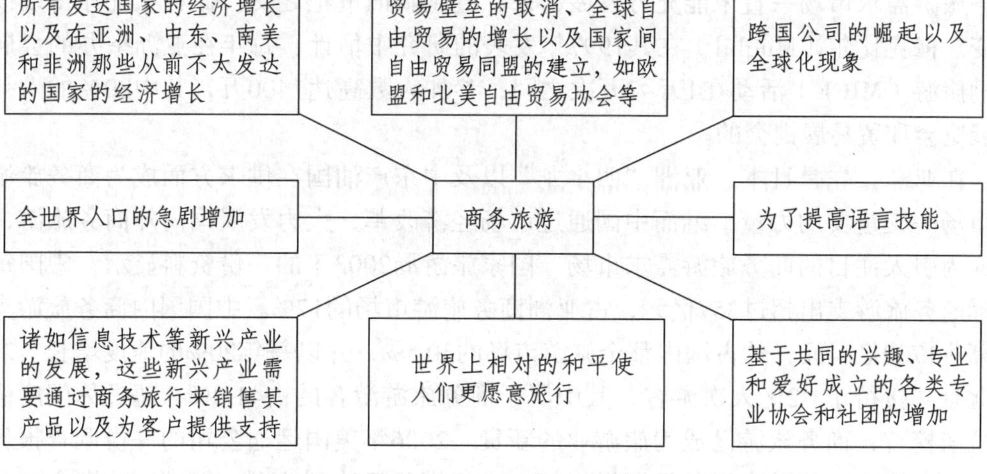

图3-4　1950年至2000年商务旅游增长的需求因素

然而，从20世纪末开始，商务旅游相对稳定的市场需求开始发生动摇，其细分市场开始呈现出不断扩大的趋势。下面以商务旅游者为例加以说明。

其一，东欧政治局势的变化，产生了一系列市场经济国家，从而孕育出一大批商务旅游者。

其二，亚洲“四小龙”、中国、印度等新兴工业化国家（地区）崛起，导致东亚地区的商务旅游者增多。

其三，随着世界范围内，尤其是发展中国家，如中国，女性从商、从政人数的不断增加，女性商务旅游者市场得以开拓。

其四，随着奖励旅游作为现代企业管理的重要手段愈来愈受到企事业单位的青睐，参加奖励旅游团的人数与日俱增，并成为重要的商务旅游细分市场。

其五，随着交通运输在世界范围内的进一步发展，如航空领域巨无霸飞机、铁路领域快速客车的出现，国际长距离商务旅游者越来越多，并有超越短距离商务旅游者之势。

二、商务旅游需求地理格局的变化

从地理分布的角度来探讨商务旅游需求，人们不难发现，随着岁月的流逝，商务旅游需求的地理分布始终是一个变量，其需求格局在不断地发生着变化。在古代，商务旅游起源于亚洲、非洲和中东地区；在公元1000年至1900年期间，欧洲从总体来讲成了商务旅游发展的中心。随后美国成为商务旅游需求极其重要的国家，直到今天世界商务旅游依然能感受到其重大的影响。

但当历史即将步入21世纪时，商务旅游需求的地理分布发生了深刻的变化，即愈来愈呈现出多元化格局。

（一）新兴商务旅游需求市场不断涌现

进入现代社会以来，由于受经济发展程度以及经济体制影响，亚洲和东欧地区的商务旅游需求市场一直未能充分发展起来，直到新旧世纪之交，此种状况才得以彻底改变。穆克比尔（Muqbil）在其1997年发表的研究中估计：每年在亚洲举办的会展和奖励旅游（MICE）活动在1万~2万次之间，参加人数高达1400万，其中80%的人是参观展览会和贸易展销会的。

在亚洲，先是日本、亚洲“四小龙”以及中东产油国在供求方面成为商务旅游需求市场一支重要的力量，继而中国通过市场经济改革，大力发展国内外商务旅游，很快成为引人注目的商务旅游需求市场。国家旅游局2003年的一份资料显示，中国每年国际商务旅游支出超过357亿元，占亚洲商务旅游市场的17%。中国国内商务旅游支出则高达1700亿美元，约占国内整个旅游市场的30.5%，并以每年20%的速度增长。2003年北京共接待了1.2亿人次游客，其中属于商务旅游游客的占41.2%，超过休闲度假旅游位居榜首，商务旅游已成为旅游业的新贵。2006年美国运通公司的一份调查报告也显示：中国商务旅游市场的发展潜力惊人，规模已经达到法国、德国等欧洲主要国家的水平，如果保持目前的增长幅度，将在今后5年内翻一番，成为世界第三大商务旅游需求市场。

此外种种迹象表明，南美洲和非洲的新兴发达国家的商务旅游需求市场经过多年的孕育，也已破土而出，逐渐发展成新的商务旅游需求市场。

（二）传统的欧美商务旅游需求市场开始趋向收缩

美国作为现代商务旅游高度发达的国家，自20世纪80年代以来商务旅游需求一直独占鳌头，但2007年爆发的席卷全球的金融危机对依赖经济发展起来的商务旅游产生了相当大的消极影响。

欧洲在世界商务旅游舞台上一直扮演着重要的角色。1998年，著名商务旅游学者奥布莱恩（O' Brien）发表了一篇有关1997年和1998年欧洲商务旅游市场情况的论文。该文虽然从收支的角度揭示了欧洲各国的商务旅游需求市场之间存在着一定的差异，如1998年欧洲商务旅游收入，西欧为1820亿美元，东欧为58亿美元；就商务旅游支出而言，1998年欧洲4个最大的商务旅游市场分别是法国、意大利、德国和英国；各国商务旅游支出所占全部旅游支出的百分比也各不相同，如德国占13%，土耳其则占37%，但同时根据1998年欧洲的商务旅游（国际和国内）占全世界商务旅游的47%，欧洲的商务旅游者大约占国际商务旅游者的17%，得出了欧洲商务旅游开始复苏，并逐渐成为商务旅游需求的重要地区之结论。

然而，2009年欧洲债务危机爆发，使得奥布莱恩这一结论几乎成为一句空话。一方面根据欧盟最新公布的统计数据，德国经济开始减速，英国、法国增长很慢，意大利、西班牙几无增长，葡萄牙和希腊经济仍在收缩，即使是经济体系相对强健的北欧国家经济也开始出现下滑；二是欧洲国家为应对债务危机，降低赤字，大力推行“增税”、“削减政府支出”、“打压民众消费力”等紧缩财政政策，如法国在2012年为确保主权信用AAA评级，出台了号称是1945年以来规模最大的财政紧缩政策。所有这些都对当前欧洲商务旅游需求产生了极大的负面影响，抑制了欧洲商务旅游需求的增长。

第七节　中国商务旅游市场

当中国旅游业以前所未有的速度发生日新月异的变化时，商务旅游作为旅游高端市场的主力军日趋显现出优势和潜力，商务旅游正成为一块利润丰厚的蛋糕，且极具成长性。中国宏观经济和政局的稳定发展为商务活动的活跃提供了良好的外部环境。中国商务旅游市场的发展潜力惊人，规模已经超过法国、德国，成为世界第三大商务旅游市场。另据2011年发布的《中国旅游业展望》报告预测，中国有望在2013年取代日本成为世界上第二大商务旅游市场。

【相关链接】中国或成为世界第二大旅游市场

最新发布的《中国旅游业展望》报告预测，中国有望在2013年取代日本成为世界上第二大旅游市场。根据国家旅游局的统计，排名前三位的客源国依次是韩国、日本和俄罗斯。在游客人数为50万以上的客源国当中，入境旅游人数增长最多的国家依次是蒙古国、俄罗斯和韩国。2010年，中国接待国际游客总人数创下历史新高，达到1.138亿人次，国际旅游收入增长15.5%，达到458亿美元。今后10年内，中国旅游业还有望直接创造1000万个新的工作岗位。根据亚太旅游协会发布的《2011年度亚太地区旅游监测报告》，中国在2010年接待的国际游客总数达1.138亿人次，同比上涨6%。2010年，中国接待的国际游客人数占整个东南亚地区的61%，占整个亚洲地区的58%。

资料来源：九网，admin 2011年09月22 。

一、中国商务旅游市场的构成

中国商务旅游市场呈现出“二元结构”之特点，即主要由两大块构成：一为国内商务旅游市场；二为国际商务旅游市场。

（一）中国国内商务旅游市场构成

一般说来，国内商务旅游市场由以下四个子细分市场构成：

一是一般商务旅游市场。从消费的角度划分，商务旅游者可以划分为普通商务消费者、白领阶层、白领以上阶层三大类。普通商务消费者主要由自费商务消费者如个体企业主构成。这类消费者的数量最为庞大，但是其商务费用的限额较低，是商务旅游的低端市场。他们要求的服务内容比后两种类型的消费者要少，他们通常只追求商务旅游的经济性和高效率。白领阶层是一般商务旅游市场的主体。这类消费者所注重的是体现所在组织的形象，通常对于他们在商务过程中的住宿、交通组织都有较高限额。但是，尽管他们消费额度受到一定限制，他们在消费总量上是最大的。他们要求在既定费用下服务的高效率、舒适完善、追求便利。他们希望得到商务过程中无缝隙的高效服务配合。最后一类是包括老板、很多高级经理人、CEO的白领以上阶层。虽然从对外服务需求程度（通常有内部人员负责，如秘书等）、频次以及绝对数量上来看，这类消费者并不是商务旅游市场的主流客户，但他们作为一般商务旅游市场的最上层，他们的行为代表了市场的一种时尚，且由于此类消费者的商务旅游费用是由组织无限制提供，因此他们关注的是与身份相适应的服务档次、享有的特权、周到细致的服务和效率，而对价格的高低漠不关心。

二是政务旅游市场。构成这一市场的消费者是政府公务员。中国拥有数百万公务员，属世界之最。由于在中国，每年的会议、视察、调研活动频繁，因而这是一个不容忽视的商务旅游市场，也是一个最值得关注的市场。该市场虽然由于种种原因，处于无组织的“散客”或封闭状态，但随着北京、上海明确出台了“国家机关、企业、事业单位和社会团体经审批获准的公务活动，可以委托旅行社安排交通、住宿、餐饮、会务等事项”的法规，这一市场也逐渐开放了。

三是学术旅游市场。学术旅游市场早已产生。近十几年来，在中国政府大力发展教育和科技的背景下，地区性和全国性的学术交流活动与日俱增，因而目前也迅速发展成为前景十分广阔的商务旅游市场。据中国万方数据公司统计，每年全国性学术会议在一千个以上。区域性学术会议更是不计其数。中国加入WTO以来，有大量的国际性学术会议转移到中国来举行。构成这一市场的中坚力量是科研人员和高校教师。由于这类消费者的经费通常是由所在的研究机构或者高校提供，因此，他们关注的是服务的质量而不是价格，因而这一市场的含金量很高，蕴藏着巨大的商机，但容易被人们所忽视。

四是其他商务旅游市场，如各种大型体育活动、庆典、纪念活动等。这个市场中参与者（如运动员）具有一般商务活动的性质，而参观者（精神参与）则具有休闲旅游的一些特点。因此，市场较为复杂，加上活动地点的全球变化，使得这个市场具有机会性的特征，难以把握。一般来说前者可以划入商务旅游的范围，后者通常与休闲旅游相结合，而并入休闲旅游的范畴。

（二）中国的国际商务旅游市场

中国商务旅游市场不仅包括国内的商务旅游，还包括国际商务旅游。

早期的研究认为：“商务旅游又叫商业旅游，是以经商为目的，把商业经营与旅行、游览结合起来的一种旅游形式。”但国际商务旅游在学界一直未予界定，直到2004年，在国际商务旅游产业峰会上，来自中国、美国、法国、澳大利亚等多个国家和地区的官员、旅游组织管理者就这一概念进行了广泛深入的探讨，首次推出“国际商务旅游产业”全新概念，并认定国际商务旅游“是指商务人士在商务活动过程中产生的所有旅游消费行为，除了传统的商贸经营外，还包括参加行业会展、跨国公司的区域年会、调研与考察、公司间跨区域的技术交流、跨区域的产品发布会、大型国际体育比赛、大型纪念或庆祝活动以及近几年兴起的公司奖励旅游等”。随着中国与国际社会经济、文化、教育联系的深入，这一市场在中国正在逐步扩大。

国际商务旅游市场形式和内容与国内商务旅游并无两样，只是消费者主要由出入境的跨国商务旅游者构成。在中国，从总体上来说，国际商务旅游的操作还是按照国际规范运行。但也呈现出如下特点：一是商务活动区域主要集中在北京、上海、广州三地；二是产品供给集中发展；三是竞争态势开始逐步显现出来。对于国际商务旅游市场，关键在于达到和形成流畅的服务链，形成合理的产业群，形成连动式的业务推进，形成比较深厚的经营内涵，达到高质量的国际旅游商务产品。

二、中国商务旅游市场特点

从旅游史的角度看，商务旅游市场始终是一个变量，并在不同历史时期呈现出不同的特点。就当前而言，中国商务旅游市场具有下列特征：

一是中国已成为世界商务旅游的新热点。国家旅游局发布的消息，从我国入境旅游市场的结构中分析，商务及会议旅游共占39.9%，已接近或超过一些发达国家的水平。近年来，中国在旅游基础设施建设方面成绩显著，与中国通航的国家越来越多，航线越来越长。中国相对齐备的涉外旅游服务系统也为商务旅游提供了便利。中国经济的发展以及在中国境内的各项展览、会议等都成为吸引商务旅游人士的重要磁石。据国际会议协会预测："中国有可能成为21世纪国际会奖旅游（会展旅游和奖励旅游的合称）首要目的地。"而中国加入 WTO、2008年奥运会及2010 年世博会的成功举办更为中国会奖旅游的发展提供了良好的契机。

二是市场规模逐年增大。我国拥有世界上最多的公务员，每年各种会议、视察、调研活动所产生的商务旅行形成了一个大市场。专家预测，如果全国4000万商务人士按每人每年平均出行3次计算，全年商务旅游总量可达1.2亿人次左右。国家旅游局2003年的一份资料显示，中国每年国际商务旅游支出超过357亿元，占亚洲商务旅游市场的17%，目前我国因公出境包括公务和商务考察的人数已占出国人数的53.3%；中国国内商务旅游支出则高达1700亿美元，约占国内整个旅游市场的30.5%，并以每年20%的速度增长。以北京为例，早在2003年，北京就已接待了1.2亿人次游客，其中属于商务旅游游客的占41.2%，超过了休闲度假旅游，位居榜首，商务旅游已成为旅游业的新贵。近几年来，虽然受金融欧债危机影响，中国的商务旅游也受到一定的影响，但依然保持发展的态势。根据亚太旅游协会发布的《2011年度亚太地区旅游监测报告》，中国在2010年接待的国际游客总数达1.138亿人次，同比上涨6%，国际旅游收入增长15.5%，达到458亿美元，中国接待的国际游客人数占整个东南亚地区的61%，占整个亚洲地区的58%。

三是以经济圈为核心的区域性集中的特点。如以首都北京为中心包括天津在内的以商圈、学术圈和政圈相结合的商务旅游区域；以上海为核心包括杭州、南京在内的长三角地区商务旅游区域；以广州为核心的珠三角地区商务旅游区域。

【相关链接】中国商务旅行市场2015年将超美国，跃居全球最大

中新社上海11月8日电 （记者 李佳佳） 美国运通8日在沪发布的《2011年中国商务旅行情况调查报告》称，2012年中国商务旅行市场仍将保持乐观态势，预计平均差旅增长将达到6%。至2015年，中国将超过美国，成为全球最大的商务旅行市场。

报告指出，在中国企业的差旅支出中，每100元人民币就有72元被投资用于业务的拓展与维护。此外，四成受访企业计划加强对海外业务的发展，也意味着未来国际商务旅行数量将有所增长。之所以做出上述积极结论，美国运通称主要源自于对中国经济基础的坚定信心，尤其是经济政策和金融市场的稳定性。

美国运通副总裁兼国旅运通商务旅行中国区总经理李马可表示，自2002年起，中国的GDP就一直保持着高速增长的态势，有数据显示，到2015年中国将全面超过美国成为全球最大的商务旅行市场，“我们对中国商旅市场的未来十分乐观”。

在报告中记者还发现，在中国，面对面的会议方式依旧是业务洽谈的重要组成部分。三成受访的中资企业表示，每年可能会举办4项或更多会展奖励旅游活动；而非中资企业，该比例仅为16%。此外，更多的企业开始使用旅行社，其原因是旅行社的服务覆盖全国范围，质量较高且具有价格竞争力，能够改善差旅成本管理。八成企业希望委托第三方管理其会展奖励旅游活动。今年已是美国运通第7次发布针对中国市场的商旅报告，报告针对上海、北京、广州三地的企业高管进行了调研，这些高管来自于211家中资机构和65家非中资机构，机构规模均在100人以上。

三、新世纪我国商务旅游市场面临的机遇、挑战与应对策略

在新世纪，我国商务旅游市场需求发展机遇与挑战并存，如何抓住机遇，迎接挑战，是当今我国商务旅游者必须解决的新课题。

（一）我国商务旅游市场面临的机遇

商务旅游市场需求增长与否，与国内外环境、经济发展状况、对外经贸交流、外资引进以及旅游业的发展态势等有着密切的关联。

在国际环境方面，商务旅游作为近20年来世界经济行业中发展最快的部门，也是最具发展前景的新兴经济体，被人们誉为“世界经济发展的助推器”。虽然进入新世纪之后，国际宏观环境的变化，如金融危机、债务危机不断，使得依赖世界经济发展起来的世界商务旅游受到巨人的打击，但任何事情都有其两面件。对中国而言，虽然在全球一体化社会的今天，任何一个国家的商务旅游在金融欧债危机的冲击下都不能独善其身，中国的商务旅游也不可避免地受到一定的影响，但这种影响远不如欧美大，这就客观上为中国发展国际商务旅游提供了良好的机遇。

在国内环境方面，为打造旅游强国，我国政府一直大力支持商务旅游。近几年来，一些地方政府也出台相关法规来促进商务旅游这一市场的发展。例如《北京市旅游条例》中第十三条规定：“国家机关、事业单位和社会团体经审批获准的公务活动，可以委托旅行社安排交通、住宿、餐饮、会务等事项。”《上海市旅游条例》中

第十八条提出："鼓励利用有关专业会议、博览交易、文艺演出、体育赛事、科技交流等活动，促进旅游业的发展。有关组织机构在协调安排年度展览计划时，应当优先考虑规模大、国际化程度高、对旅游业促进作用明显的展览项目。"第二十一条规定"国家机关、企业、事业单位和社会团体经审批获准的公务活动，可以委托旅行社安排交通、住宿、餐饮、会务等事项。"此外，政府还在完善基础设施、培养商务旅游人才、资金投入等方面做了大量工作，这为我国商务旅游市场发展提供了政策、人才和资金保障。

从我国经济发展的角度看，我国经济总量一直保持高速增长，早在2009年，中国的工业生产总值已超过日本，居世界第二位。另据中国国家统计局统计，2011年中国国内生产总值达到471564亿元。

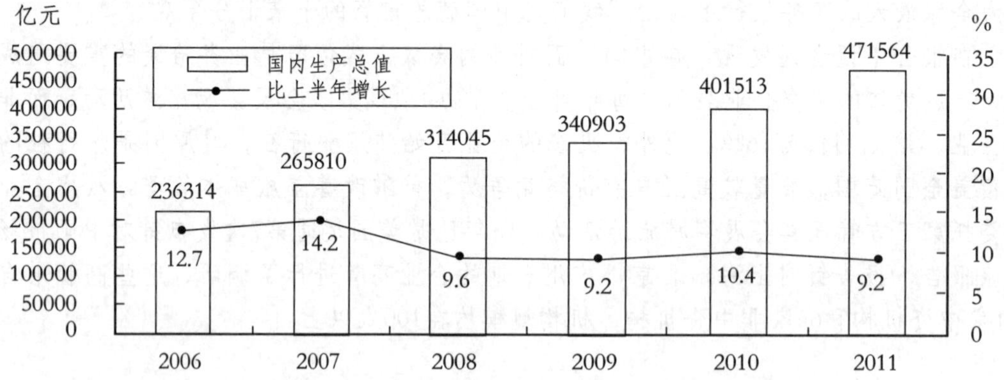

图3-5 2006~2011年国内生产总值增长图

资料来源：国家统计局网站，http://www.sina.com.cn，2012年2月22日。

经济总量保持高速增长，不仅为我国商务旅游的发展提供了良好的宏观经济环境，而且还为我国商务旅游市场内外扩张提供了内在的活力。2011年，国内全年社会消费品零售总额为183919亿元，比2010增长17.1%，扣除价格因素，实际增长11.6%。

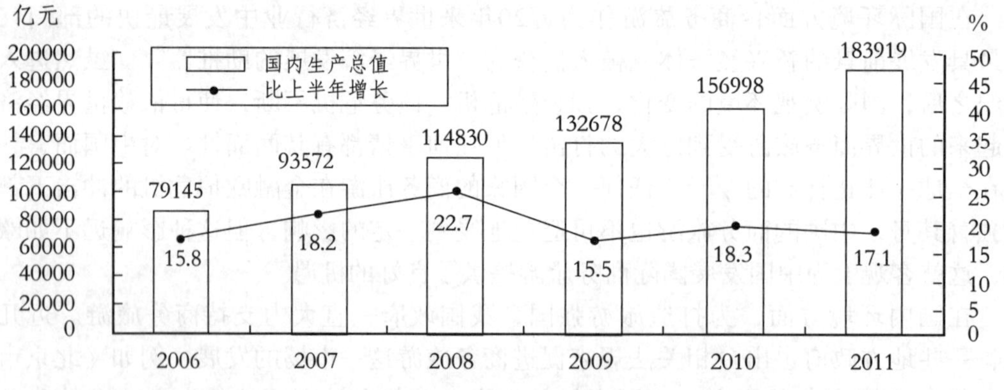

图3-6 2006~2011年社会消费品零售总额及其增长速度

资料来源：国家统计局网站，http://www.sina.com.cn，2012年2月22日。

经济总量高速增长，也必然刺激中国对外贸易的发展。在对外经贸交流方面，中国已经成为国际商务旅游的重要进出口市场。加拿大商务咨询有限公司驻华首席代表郭耀曾这样评价中国在国际商务活动中的重要性，他说："以前，没有去过中国度假就算不上一个真正的旅行者。如今，没有去中国开过会，就算不上一个好的生意人。"资本的嗅觉是灵敏的。面对中国这个大市场，国外的很多大旅行社都要来分一杯羹。美国运通、罗森·布鲁斯等全球较大的专业商旅服务公司已经相继涉足中国商旅市场。与此同时，国际知名的万豪、洲际等酒店管理集团也宣布进军中国商旅市场。国内的一些旅游服务企业如携程、e龙等也不失时机地推出了自己的商旅服务系统。据中国国家统计局统计，2011年，中国全年货物进出口总额36421亿美元，比上年增长22.5%。

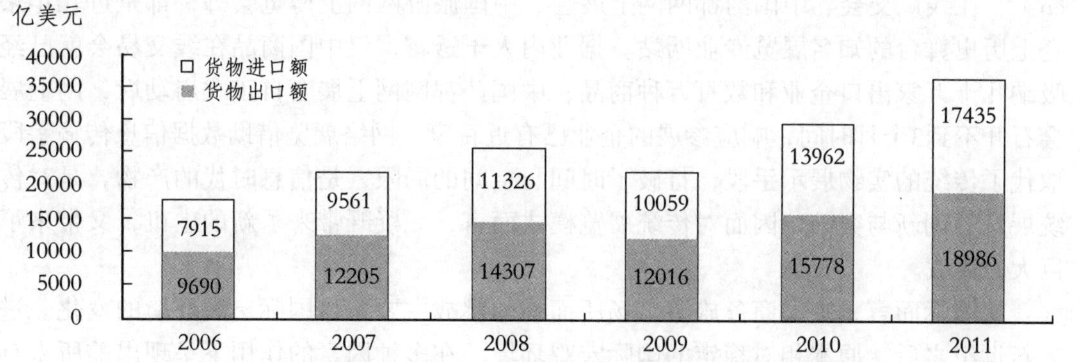

图3-7 2006~2011年货物进出口总额

资料来源：国家统计局网站，http://www.sina.com.cn，2012年2月22日。

与此同时，我国引进外资力度也不断加大，中国吸引外资居世界第二位，对外资的利用水平大幅提高。外资的大量进入，体现出中国经济融入世界经济一体化格局中的步伐加快，为我国商务旅游的发展提供了不断增长的发展空间。

旅游业良好的发展态势，对商务旅游的发展也产生根本性的要求。2011年，从全球看，中国已经成为世界旅游大国。中国已经是全球第三大入境旅游接待国，已经形成世界上最大的国内旅游市场。入境旅游人数1.35亿人次，入境过夜旅游者5758万人次，实现旅游外汇收入485亿美元。已有146个国家和地区成为中国公民出境旅游目的地。2011年人均出游率2次，国内旅游人数26.4亿人次。中国是亚洲最大的出境旅游客源国，2011年，中国公民出境总人数7025万人次。出境人员中，因私出境6412万人次，占出境总人数的91.3%。

（二）我国商务旅游市场面临的挑战

中国商务旅游虽然在新世纪依然保持着快速发展的态势，但由于商务旅游国际宏观环境的变化，如金融危机、债务危机不断等影响，使得依赖于世界经济发展起来的国际商务旅游遭到重创。在世界经济一体化的今天，中国不可能独善其身。中国的商务旅游市场同样面临着诸多挑战。这些挑战既来自国内，也来自国际。

就国内而言，商务旅游市场所面临的挑战主要来自网络市场对传统商务旅游市场的挑战。

在计算机技术的高速发展和广泛应用基础上，我们已经进入了网络时代。网络营销是市场经营的特殊形式，它的展开是通过网络在虚拟空间进行的。网络营销以互联网为媒介，打破传统时空观念，以新的方式、方法和理念实施交易活动，更有效地促成个人和组织交易活动的实现，较之传统的商务旅游营销市场有着无可比拟的优越性，因而在新世纪得到了快速发展，并对传统商务旅游营销市场提出了挑战，如自2003年网上展会兴起后，凭借其不受天气、交通、时间限制以及无需付出昂贵费用、观众可以自由地选择合适的时间在线观看不同的展览、提高观众观看展会的效率等优势，异军突起，一些展览专业网站纷纷涌现，如中国商品在线交易会（www.jyh.cn）、在线广交会、中国药都网网上展会、中国旅游网网上博览会等，都是近几年来登上历史舞台的知名展览专业网站。据业内人士透露，仅中国商品在线交易会就已经吸纳几十万家出口企业和数百万种商品；中国药都网网上展会自正式启动后，网上展会召开不到3个月时间，响应参展的企业已有近百家。网络展览借助数据信息传输手段取代了传统的实物展示手段，打破了时间与空间的局限，是信息时代的产物，是对传统展览的创新与突破，因而对传统展览模式而言，无疑既带来了新的生机，又带来了巨大的挑战。

就国际而言，中国商务旅游市场所面临的挑战主要来自国际宏观环境的变化。进入新世纪之后，原本相对稳定的国际宏观环境，在多种因素的作用下呈现出前所未有的变化，如世界经济领域各种危机不断、国际社会局部动荡不安、跨文化与本土文化冲突、技术的频繁革新等等，所有这些都对中国的商务旅游产生了巨大的影响。

以金融危机为例，2007年底全球金融危机爆发以来，构成中国商务旅游重要内容的会议旅游、展览旅游、奖励旅游均呈现出倒退、放缓的迹象。

众所周知，被称为“旅游之花” 的会议旅游在20世纪末在我国得到了长足的发展。然而进入新世纪之后，汹涌而来的全球金融危机浪潮的冲击却促使中国的会议旅游呈现倒退的迹象。以2008年上半年为例，1月份入境我国的会议商务旅游者人数同比增长95.29%，但到6月份同比增长则降至-4.01%（见表3-3）。另据2009年旅游行业研究报告显示，2008年1～12月，我国入境旅游呈现下降的态势，除了香港同胞之外，入境旅游的外国人、澳门同胞和台湾同胞与上年同期相比都有一定程度的下降。2008年1～12月，我国入境旅游累计人数为13002.74万人次，同比下降1.4%，增幅比去年同期下降了6.95个百分点。

表3-3　2008年1～6月入境我国会议商务旅游者人数同比增长表

月份	人数/万	同比增长/%
1	58.11	95.29
2	103.35	19.49

（续上表）

3	167.20	11.55
4	230.47	7.30
5	277.14	0.72
6	319.99	-4.01

资料来源：中经网数据有限公司，《2008年中国旅行业研究年度报告》，国家信息中心，http://www.cei.gov.cn。

此外，许多公司鉴于市况暗淡而主动取消出远门开会的计划，如国际IT业巨子Google集团，原本打算在三亚召开2009年的年会，最后就近选择在北京郊区的九华山庄举行，有的公司甚至把必须当面碰头开会的改为视频会议。

金融危机促使中国国际展览呈现出发展放缓的特点。新世纪此起彼伏的金融危机，不仅导致世界经济增长放缓，而且受国际经济环境不确定因素增多的影响，我国的国际展览也呈现出发展放缓的特点。以2008年“广交会”为例，尽管该会举办前采取了诸多应对危机的措施，并实行了一系列重大改革，如对展期、展馆和展区等作出了重大调整，但金融危机仍对本届广交会产生了巨大的影响。该年的“广交会”虽然被誉为历史上规模最大的一届，而结果却显示，此次广交会的采购商人数（见表3–4）、成交额皆不尽如人意（见表3–5）。

表3–4　2007、2008年广交会采购商人数比较

年份	采购商人数	
	春季	秋季
2007	192013	174562
2008	206749	189500

表3–5　2007、2008年广交会成交额比较

年份	成交额／百万美元		比前一年增、减／%
	春季	秋季	
2007	31550	9780	-5.5
2008	37450	73850	11.4

广交会是中国会展业的“晴雨表”，在国际金融危机的影响下，外来客商，尤其是欧美发达国家的客商明显减少以及成交量下滑，都表明我国的会展业正经历着金融危机的巨大冲击。

此外，欧洲债务危机使得世界经济难以在稳定中发展起来，制约着中国商务旅游的发展。

2009年12月8日，全球三大评级公司下调希腊主权评级，从而揭开了欧洲债务危机的序幕。翌年1月，葡萄牙、西班牙陷入危机，随即欧洲债务危机在整个欧盟蔓延开

来。欧盟作为世界上举足轻重的经济共同体，其时隐时现、时好时坏、不断蔓延升级的债务危机，不仅使得世界经济难以在稳定中发展起来，而且对依赖世界经济而发展起来的中国商务旅游产生了巨大的消极影响。以会展业为例，欧盟作为中国第二大贸易伙伴，其危机对中国会展业产生相当大的影响，即一方面欧债危机导致欧元持续贬值，直接降低了中国会展出口产品的竞争力；另一方面，为了缓解主权债务危机，欧洲各国不得不收缩财政政策，降低赤字在GDP的比重，缩小对中国的贸易逆差，减少对中国产品的需求，从而导致中国的会展外贸出口减少。

（三）新世纪中国商务旅游市场迎接挑战的对策

中国商务旅游国际宏观环境多重变化及其影响，对倚重国际经济发展起来的中国商务旅游提出了巨大的挑战。要想应对这一挑战，使迅速发展起来的中国商务旅游能尽快适应国际宏观环境的新变化，从而确保中国商务旅游在新世纪可持续发展，就必须从战略的高度内外结合，制定出合理而又科学有效的应对国际宏观环境变化的策略。

其一，提高认识，深入研究。

面对新世纪中国商务旅游国际宏观环境发生的种种变化，我们不能听之任之，更不能停留在简单肤浅或者单一片面的认识上，必须有一个全面而又深刻的认识，即一方面既要认识到经济全球化和一体化进程加快、自由贸易和新贸易保护齐头并进、新技术的不断发展与革新、本土文化与跨文化共生共长，对促进中国商务旅游具有一定的推进作用，从而抓住国际宏观环境变化带来的有利因素和机遇，为我所用，推进中国商务旅游的发展；另一方面，更要深刻认识到这些变化对中国商务旅游产生的负面影响以及由此带来的巨大挑战，从而制定出科学的、适应国际宏观环境变化的应对策略，确保中国商务旅游可持续发展。

新世纪中国商务旅游国际宏观环境呈现出十分复杂的特点，具体表现在如下三个方面：一是反映在地理层次之上的多层次性，即既有国际层面的宏观环境，也有全球层面的宏观环境；二是影响因素的多重性，即每一地理层次都包含着影响商务会展业宏观环境的政治、经济、社会和技术因素；三是国际宏观环境变化的不确定性。实践证明，提高认识只是应对国际宏观环境变化的第一步，要想制定出科学的应对策略，还必须针对新世纪中国商务旅游国际宏观环境复杂多变的特点进行科学分析和深入研究，即当中国商务旅游某一领域的国际宏观环境发生变化时，我们首先要分析它属于哪一地理层次，从而确定其对中国商务旅游影响的程度；其次要分析它属于哪一种类型的影响因素，从而制定出相应的对策；最后要分析它是否具有不确定性，以便确定其影响的时间和规模，制定出灵活的应变策略。为此，在新世纪里，我们有必要建立专门应对中国商务旅游国际宏观环境变化的科研机构，如“国家会展业环境研究中心”或“国家会展信息中心”，以便集聚一批高水平科研人员，适时收集相关信息，然后根据收集到的信息，深入研究中国会展业宏观环境研究的变化及其影响，适时制定应对国际宏观环境变化的策略。只有这样，我们才能在新世纪复杂多变的国际宏观环境中未雨绸缪，确保中国商务旅游可持续发展。

其二，宏观调控，扩大内需。

近几年来，为了应对我国外部环境的变化，中央出台了一系列宏观调控、引导与市场监管政策，如2008年11月5日国家出台的“扩大内需促进经济平稳较快增长”的政策。正是由于政府强有力的宏观调控、引导和推动，我国各类商务旅游企业适时利用国家支持服务业发展的政策，大力发展建设与商务旅游有关的基础设施、中介机构；利用国家加大金融对经济增长的支持力度之政策，有针对性地培育和巩固商务旅游消费增长点，才使得商务旅游企业化危为安。以“广交会”为例，自全球金融危机爆发以来，广交会组委会将目光投向国内市场，把“扩大内需”作为应对全球金融危机的重要手段，采取了一系列诸如调整展期、展馆、展区以及面向国内市场招商招展等有利于促进内需的措施，从而使得广交会在频频袭来的国际经济“寒流”中稳步发展。

其三，重视“个性化”需求。

随着社会的进步，人们越来越喜欢张扬个性，个性化的旅游产品也越来越受欢迎。目前在商务旅游市场也是以散客占多数，针对商务旅游者消费能力较强、对价格不敏感，以及消费结构比较集中和对现代办公用具需求较大的特点，中国的旅行社可提供一些价格相对偏高，但服务上极具特色和个性化的旅游产品，供其自由选择。同时须注意到文化差异对商务游客的影响，为不同文化背景的商务游客提供差异化、具有本土文化气息的商务旅游产品和服务，以充分满足游客的需求，从深度上提升我国商务旅游开发和接待的水准。

其四，全面介入企业的差旅事务。

商务旅游市场中的实际情况，使市场促销有别于一般旅游产品。商务旅游的购买者是企业，而消费者是员工，购消分离，这种属性决定了商务旅游市场开发的深层次目标并不在于代订机票、预订客房等表面文章，而要进入企业管理层面，通过调查企业的差旅管理政策并提出建议，制定合理的计划和管理流程，协助企业进行集团化采购并有效地控制成本，充当企业的战略伙伴和差旅顾问。其中促销的关键在于对企业的管理层进行促销。

其五，引进国外先进技术，推进商务旅游企业转型升级。

促进商务旅游企业的转型升级既是实现商务旅游企业创新发展、不断提升国际竞争力的前提，也是商务旅游企业应对国际宏观环境变化的重要举措。产业转型升级指的是产业结构高级化，即向更有利于经济、社会发展方向发展。会展业产业转型升级的关键是技术进步。目前我国商务旅游企业，如会展企业办会办展技术与先进国家相比尚存一定的差距。基于此，我们要在大力引进国外先进的办会办展技术的基础上，消化吸收，并加以研究、改进和创新国外先进的办会办展技术，建立属于自己的办会办展技术体系。此外，会展业产业转型升级必须依赖政府行政法规的指导以及资金、政策支持，需要把产业转型升级与职工培训、再就业结合起来。实践证明，转型升级对会展业应对宏观环境变化具有极其重要的意义。以2010年11月东莞厚街镇第24届“国际名家具（东莞）展览会”为例，东莞市政府针对目前欧美市场元气尚未复苏正是名家具新产品转战国内的契机，出台相关政策大力推进厚街家具产业的转型升级，并以“转内销”为突破口，大力推进家具创意产业的发展、优化当地产业结构等会展产业转型升级措施，取得了良好的效果。不仅在全球金融危机余波未尽、欧债危机紧随其后的背景下未出现任何倒退迹象，而且无论在参展商数量（935家）、展会规模（10个展馆）、面积（26万平方米）、接待全球专业买家人数（65700人）等方面都创下历史新高。

其六，走商务旅游企业创新的道路，大力培育品牌产品。

中国商务旅游企业应对国际宏观环境变化，必须走创新发展的道路。商务旅游企业的创新发展可从如下几个方面入手：

一是创新经营理念，把会展作为真正的产业来经营，在最大限度地满足参展商和观众需求的前提下，实现商务旅游企业综合效益的最大化；

二是创新运作模式，在组织方式或操作手段上进行变革，以适应新的市场形势；

三是创新产品，不断开发和大力培育商务旅游企业品牌；

四是创新营销模式，由传统的营销模式向多元化、多层次的营销模式转变；

五是创新服务方式，充分利用各种现代科技成果，为商务游客提供更科学、与日俱增的便捷的配套服务。通过多种创新，使得我国商务旅游企业无论在何种情况下都能始终保持吸引商务游客的活力。

应对国际宏观环境变化，大力培育商务旅游企业品牌也非常重要。就目前而言，虽然中国成功打造和举办一些品牌展会，但从总体上看，具有国际影响力、竞争力的品牌展会数量不多，因此，我们应充分利用中国各地悠久的历史文化氛围和强劲发展的经济优势，大力培育和扶持具有国际影响力的专业化优秀会展品牌，即一方面对已经成功举办多年且具有一定影响和规模的展览和节庆活动给予重点扶持和培育，使其进一步发展壮大，成为名副其实的地方品牌；另一方面，借助本地良好的区位和产业优势，在传统产业和新兴产业中挖掘新的展览题材，培育新的展览品牌。此外，还要主动出击，组织专门力量外出招商招展，依托国内外有权威的会展管理部门、社会团体机构、媒体网络渠道，通过赴国内外召开专题推介会、招商洽谈会等多种活动形式，有针对性地做好招揽展会的工作，努力争取有更多更好的国际展览和会议落户中国，从而提升中国会展业的品牌质量，增强我国会展业应对国际宏观环境变化的能力。

其七，进一步优化会展环境，实施会展培养与储备高端人才战略。

应对国际宏观环境变化离不开国内会展环境的优化，它是吸引会展业者前来参展参会的重要吸引力。优化会展环境要从两方面入手，即一方面要优化包括制度服务一流、政策指引、资金扶持、制度协调、法制规范在内的良好的会展市场“软环境”，另一方面还要创造“天蓝、水清、路畅、房靓、城美”的“硬环境”。以中国第一展“广交会”为例，面对全球金融、欧债危机的冲击，广州市“双管齐下”优化“广交会”会展环境。在优化会展市场“软环境”方面：政府建立了以广州外经委牵头的“广州市会展业管理领导小组”，负责会展业的管理和政策制定，先后出台了《关于加快会展业发展的若干意见》、《广州市展会知识产权保护办法》、《广州市会展业发展专项资金管理试行办法》等系列文件，加大了资金扶持会展业的力度，从而为广州会展业的发展提供了一流“软环境”；在优化会展市场“硬环境”方面：广州借助“亚运”契机，实施了“天更蓝、水更清、路更畅、房更靓、城更美”的“硬环境”优化策略，使得广州城市环境“十年一大变”完美收官，城市形象显著提升。诚如广州市海珠区人民政府徐咏虹区长在“2011年中国会展经济年度研讨会”上所言：“正是由于‘广交会’会展环境的进一步优化，中国第一展‘广交会’在全球各种经济危机不断的国际环境中依然显示出生命的活力。”在刚刚结束的“2011年中国会展经济年度研讨会”上，广州市被授予“2011年度中国会展业十佳品牌会展城市”，举办地海珠区被授予“国际展都”称号，这充分证明了进一步优化会展环境对于当前国内会展业企业应对国际宏观环境变化所具有的重要意义。

应对国际宏观环境变化还离不开实施会展培养与储备高端人才战略，因为只有具备高学历、高职称的高端人才，才能具有开阔的宏观视野、较高的研究能力以及提出应对国际宏观环境变化的有效策略。然而遗憾的是，尽管近年来中国会展教育和研究显得热热闹闹，但是高学历、高职称的高端人才进入会展教育和会展企业的人却非常少，此种状况既与我国会展业的快速发展不相适应，也难以应对日益复杂多变的国际宏观环境。因此，政府应对会展专业人才教育和培训相对滞后而会展经济繁荣的现状予以足够的重视，并加大这一领域的资金投入；各地会展业企业应抓住近几年会展教育和培训开始升温这一有利时机，采取各种有效措施吸引和招聘国内外会展专业高端人才。值得一提的是，一些一线城市如广州，已经意识到了实施会展培养与储备高端人才战略对于应对国际宏观环境变化的重要性，从2010年起，广州以入选“中国最具幸福感城市”为契机，重视吸引一流人才，构筑人才高地，从而吸引了一大批高端人才落户广州。目前，广州正在实施新一轮人才引进计划，期盼通过“万名留学人才引进工程”、“创新创业领军人才百人培养计划”吸引和集聚一批会展策划、会展设计、会展中介等高端会展人才、创新团队以及会展业领军人才。这为广州会展业从容应对国际宏观环境变化、确保可持续发展提供了重要的人才保障。

其八，走出去引进来，积极参与国际合作与竞争。

要想应对国际宏观环境的变化，还必须走出去，积极参与层次多样、内容丰富的全方位的国际合作，即既要加强与国际货币基金组织、欧盟国家的合作，携手应对解决金融危机、债务危机的挑战，又要加强与国际会展组织、协会合作，通过人员访问交流、培训等，吸收他国尤其是欧美发达国家应对国际宏观环境变化的成功经验和教训，还要加大与国际会展企业巨头合作办展、设立合资公司的力度，通过此种办法，引进国外跨国会展公司的资本、技术、管理、理念，熟悉国际竞争的“游戏规则”，提高应对国际宏观环境变化的能力。以南京会展业为例，近几年来，南京会展业加快了国际化合作的步伐，先后与德国斯图加特市、菲德烈斯哈芬市，荷兰鹿特丹市以及港澳台等国家和地区的会议展览业机构建立了长期稳定的合作关系，取得了良好的效果，在国际环境恶化的情况下，国际会展仍然取得巨大进展，仅2011年在南京合作举办的国际性展览就达14个。

全球金融危机不断以及由此而导致的世界国际会展业不景气，所有这些都必然促使国际展览巨头看好潜力巨大的中国会展市场，这就使得我国会展业在未来的发展过程中必然要面临激烈的国际竞争。基于此，中国会展企业只有通过“走出去”、“引进来”两种方式参与国际竞争，即一方面打开国门，引进国外跨国会展公司的先进技术与管理理念，另一方面我国的会展企业要勇敢地走出国门，积极地参与到国际竞争之中。虽然目前我国会展企业的整体竞争力还比较低，但只要我们选择合适的投资地区、合适的投资方式、比较有竞争优势的展览项目，并制定有效的国际竞争战略，那么在国际竞争之中不仅有可能取得成功，而且还能在竞争中迅速提升国际竞争力。

综上所述，进入新世纪之后，中国会展业外部环境正经历着剧烈的变化，且在诸种因素的作用下这种变化呈现出复杂性、不确定性、偶发性增多的特点，这对方兴未艾的中国会展业产生了极大的挑战与消极影响。我们只有在提高认识、深入研究的基础上，一方面采取宏观调控、扩大内需、产业转型升级、会展创新、培育自主会展品牌、优化会展环境以及培养与储备会展高端人才等策略，练好内功，从而增强中国会展业自身应对国际宏观环境的变化能力；另一方面中国会展业要坚定不移地走参与国际合作与竞争的道路，吸收他国应对国际宏观环境变化的成功经验和教训，与世界跨国会展公司联手应对国际宏观环境的变化，以确保我国的会展业在外部环境风险增加的情况下健康平稳发展。

【本章小结】

商务旅游需求的层次构成与其他旅游活动形式存在着较大的差异，这不仅表现在构成主体存在差异，还表现在旅游付费情况也截然不同。如按时间划分，商务旅游需求可分为奖励旅游和会展旅游。商务旅游需求与其他旅游类型一样，虽然有自身的需求规律，但其行业的多样性特征决定了商务旅游需求结构较为复杂。商务旅游动机在一定程度上决定了需求，决定商务旅游者动机的重要因素取决于顾客和消费者本身。揭示商务旅游的需求规律有两种途径：一是从时间变化角度推导旅游需求函数；二是从空间变化的角度来揭示旅游需求规律。影响商务旅游需求的因素与时间、经费、产品的价格密切相关。商务旅游需求的格局始终是一个变量，这种变化则呈现出一定的规律性，即围绕着市场、地域、行业的需求变化而变化。中国商务旅游虽然起步较晚，但发展迅速，进入新世纪之后，受国际宏观环境变化的影响，中国与欧美发达国家一样，商务旅游面临着诸多挑战，但只要我们从内外两个方面采取科学的应对策略，中国商务旅游市场前景依然光明。

【思考与练习】

思考：

1. 商务旅游需求层次中的顾客与消费者有何区别？
2. 决定商务旅游者动机的重要因素有哪些？
3. 个人及家庭旅游、商务旅游与奖励旅游需求影响因素有何不同？
4. 20世纪90年代之后商务旅游需求的地理格局发生了哪些变化？
5. 中国商务旅游在新世纪面临着哪些挑战？采取何种应对策略才能有效应对挑战？

练习：

在本地，选择其中一种商务旅游活动类型（会议、展览、奖励旅游等），对其市场需求情况进行实地调研，并写出调研报告。

●案例一：旅游业消费者的特征

人们购买旅游业的服务主要是从其他人那里获取信息。人们常常会向当地的亲戚或熟悉的人来打听目的地有哪家好的餐馆，这些熟悉的人中就可能有饭店前台员工或是门童。餐馆应该有意识地积极影响这些消费者可能接触的人。在一些大城市，专门有门童组成的组织，许多精明的餐馆寻求建立这样的俱乐部以便能让这些人体验餐馆的服务。

对服务的售后评价是相当重要的。服务的不可感知性使服务的售前评价非常困难。消费者可能向他们的朋友征求建议，但他们实际上还是用自己的亲身经历评价服务。客人的第一次接触只是试探性的，如果饭店或餐馆能够让他们满意，他们会再次光临。

消费者对旅游产品和服务的认识通常是以价格来作为质量高低的指示器。如公司的高级管理人员，由于日常的工作压力较大，在完成阶段性的工作之后，可能会去度假。在短短的三天假期中，他需要有豪华的居所、上乘的食品和服务。他预期每晚付175美元。他打电话给一家饭店，这家饭店提供85美元的特价。这是该饭店为吸引他而特意作出的折让。然而，现在这家饭店的价格降得太低了，对他来说已经不具有任何吸引力了。由于他以前没有入住过这家饭店，这样低的价格只能让他怀疑这家饭店的服务达不到他所期望的水平。同样地，当一个想品尝新鲜的海产品的人看到菜单上烤甲鱼的价格为7.99美元时，他会认为这是质量较差的冻鱼，因为新鲜甲鱼的成本至少应该是这个价格的两倍。用降价来刺激需求时，要特别注意不要引起消费者对产品和服务的错误预期。

当消费者购买旅游产品和服务时他们会意识到交易过程中存在的风险。消费者希望给他们的朋友和商业伙伴良好的印象，他们会带他们到自己去过的比较好的餐馆。消费者的忠诚会给予那些曾满足他们需要的餐馆和饭店。会议组织者是不会轻易改变接待饭店的，除非这家饭店的工作让他不满。

旅游产品的消费者在不满意的时候经常会自责。一位点了挪威海蜇虾的客人可能会对这道菜比较失望，但他不会抱怨，他只会责怪自己的错误决定。他喜欢他钟情的那家餐馆的烹调方法，但是他本应该知道这家餐馆不可能有同样的方法。当侍者征求他的意见时，他会回答“很好”。侍者也当然就认为那些不满意的客人没有抱怨。他们应该探求客人不满的根源，并解决它。如果侍者注意到某个客人没有享用他点的菜，就应该主动询问客人是否需要换一道菜，并且向他推荐一些能够节省时间的菜品。

资料来源：《旅游市场营销与策划》案例集，www.dadasou.com。

【案例思考】

商务旅游企业从业人员如何才能掌握消费者的消费行为特征?

●案例二：马里奥特的市场调研

有些商人可以不带运通卡，但是如果不带上玩具熊，他们是不会离开家的。这是马里奥特公司（Marriott）下属的Courtyard分部在对其顾客进行调查时发现的一个令人吃惊的事实。正如马里奥特公司国内公关部经理吉尔里·坎贝尔（Geary Campbell）所说的，在Courtyard，市场调研“对我们了解顾客的需求和需要是十分重要的。如果我们不进行调研，我们就不可能搞清楚实际情况”。

坎贝尔还说，调查也可作为一种营销工具，“它让媒体和消费者了解我们的顾客在做些什么，还可以使Courtyard这个品牌得到更多的认同”。

弗吉尼亚州麦克莱恩市的希夫里特公司（D. K. Shifflet & Associates of Mclean，Va.）对在过去12个月中至少做过6次商务旅行的300名Courtyard的顾客进行了调查。调查采用电话调查方式，问题共有30个，主要包括：旅行者在旅行期间是怎样和他们的家人及办公室进行联系的；为了使旅行生活能有在家的感觉，旅行者会怎样做或随身携带些什么。坎贝尔说：“我们还想搞清楚旅行者的一些习惯，诸如他们旅行时的习惯。”

有些调查结果是马里奥特公司事先预计到的。例如，调查发现58%的商务旅行者带有膝上电脑。有些发现出乎预料，如这些带有膝上电脑的人说，他们带电脑是为了玩游戏；同时有7%的商务旅行者说，他们旅行时带着玩具熊或其他玩具。

基于以上数据，Courtyard对营销方式作了调整。例如，由于很多商务旅行者都带有膝上电脑并可以上网，于是，马里奥特在网上为商务旅行者们提供了很多信息，其中包括标出旅店位置的地图及Courtyard进行的促销活动。调查还表明，很多商务旅行者希望能安静地休息，因此，Courtyard的大堂也取消了可能会打扰顾客的音乐和电视声音。

坎贝尔说，一些调查结果证实，商务旅行者希望的“并不只是前台人员微笑的面孔”，他们还希望能提前购买早餐和快速办理登记和结账手续。

通过市场调研，Courtyard识别出了商务旅行者的需要和需求，并且开办了能够使顾客成为回头客的服务。

由于商务旅行非常繁忙，所以Courtyard尽可能做到使旅行者住得方便和统一。正如坎贝尔所说："无论他们住在华盛顿特区的Courtyard，还是住在西雅图，他们都会有同样的经历，他们知道可以得到什么样的服务。"

马里奥特曾就其提供全方位服务的旅馆对顾客进行了调查，了解他们对中等价位旅馆的要求。在此项调查两年之后，也就是1983年，马里奥特推出了Courtyard品牌。坎贝尔说，Courtyard的主要顾客是商务旅行者。

通过市场调研，马里奥特不但设计出了像Courtyard这样的新品牌，而且还因其产品满足了不断变化的市场需求从而建立起了品牌权益。

资料来源：（美）小卡尔·迈克丹尼尔（Carl McDaniel，Jr.），罗杰·盖兹（Roger Gates）著；范秀成等译：《当代市场调研》，机械工业出版社，2000年6月，第2–3页。

【案例思考】

结合本案，思考市场调查对商务旅游企业有何重要性?

●案例三：广交会头悬汇率利剑　外贸企业谈汇色变

"什么？汇率？人民币再升值我们就要关门了。"一大早，在广交会的展位上忙着摆设产品的福建一家民营外贸企业的工作人员匆匆地结束南都记者的提问。"什么都在涨，可买家却一直在压价，这日子没法过了。"他摆摆手，转身又忙活开了。

这些起早贪黑、兢兢业业忙碌着的民营外贸企业都揪着心：9月份，内外需疲态有所显现，进出口增速的回落均超出市场的预期，本想着在广交会上冲刺一把，可上周三美国参议院通过的《2011年货币汇率监督改革法案》要求人民币汇率升值，给四季度的外贸形势蒙上一层阴影。

"2008年国际金融危机发生时我跟大家讲，在寒冬来临时我们要充满信心，迎接春天。现在遇到困难，我们仍然要充满信心，坚信困难难不倒我们。"国务院总理温家宝亲临本届广交会现场并给企业家们打气，他表示，将保持人民币汇率基本稳定，避免给外贸企业造成过大冲击。

比2008年更艰辛

"我们对美国的出口比较大，光两个产品就将近9000万美金。汇率的变动对出口企业的压力是绝对很大的。目前我们国内倡导转型升级，我们企业实际上正在朝这个方向努力，但转型升级需要时间，如果汇率升值过快，会让很多出口企业休克。"宁波永发集团总经理徐普南向南都记者表示："现在企业的经营环境比2008年还要艰辛。"

这是一家国内最大的专业生产保险柜的企业，2008年金融危机以来，销售增速不减反增，并收购了多家欧美的渠道公司，逆市扩张。但即便是这种具有一定国际竞争优势的企业，现在也感到寒冬即将来临，徐普南说："今年业绩预计增长28%，但利润的增长只有3%，因为利润中最大的一块被汇率升值吃掉了，统差数据约为3.2%。此外，劳工费用和材料费用也在增长，现在工厂的经营环境越来越恶化。"

这源于他对欧美消费正在大幅萎缩的警觉。"欧美的银行现在不是惜贷，而是直接收贷，将贷款强制性收回，这让欧美的老百姓不得不捂紧口袋，国外消费受到巨大的抑制，国内出口产品自然产能过剩。"徐普南说，正是由于此前收购了欧美公司，所以他对这些情况比较了解。"目前我们国内倡导转型升级，我们企业实际上正在朝这个方向努力，但转型升级需要时间，更需要资金。我们每天上千万的研发投入，钱从哪里来的？还不是我们企业自己赚出来的。如果让企业利润再削薄的话，更加无力去投研发，怎么谈转型升级？这是个一系列的问题。"

不单单是徐普南，南都记者在广交会现场了解到，不少企业家均认为汇率的大幅波动将可能导致企业大批"休克"。广州一家从事纺织服装外贸的大型公司负责人向南都记者表示："汇率升值过快，对中国倚重的出口经济绝对是致命的打击，因为我们还没有准备好，还没有棉衣，最多只是有一张毛毯。迅速入冬，可能会冻死一堆人。当然，有些企业可能已经有毛衣了，有些企业可能毛毯厚一点，不至于被冻死，但亦不免被冻伤。"

3%~5%的汇率升幅之忧

在15日广交会开幕的第一天，尽管已是午餐时间，广交会多处参展商入口仍排着数百米的长龙。在全球汇率暗战的当下，广交会这种国际性规模的贸易平台的地位愈发凸显。对众多的外贸企业而言，这不仅仅是争取订单促进销售的平台，更是外贸企业彼此互通信息，观测外汇政策的窗口。

"为了能在这届广交会占有一席之地，我们申请的企业超过了2000家，而最终只有66%的企业如愿。"广交会现场，宁波市外经贸局一位负责人向南都记者表示，这次共有1337家企业通过了广交会组委会的资格审核，这个规模在全部50个交易团中位居第六，在计划单列市中居第一位。

他介绍说："美元在宁波外贸企业对外结算币种金额中占97%以上，人民币兑美元升值直接影响到企业收汇利润，人民币兑美元汇率快速升值，往往导致企业在出口订单时预计有利润，而实际收汇时却无利润甚至亏损。"以上半年宁波出口额286.1亿美元和人民币兑美元升值2.3%静态计算，如无其他锁定汇率措施，折合人民币后的收入将减少43亿元。

事实上，早在去年第107、108届和今年上半年的109届广交会上，南都记者就从众外贸出口企业获悉，如果人民币兑美元升值5%，那么企业利润将消失殆尽。以每月出口货值3000万美元为例，人民币兑美元升值2%则意味着企业每月要承担净损失60万美元。

"通过跟其他省份一些公司的交流，我们认为年底汇率会到6.2%左右，大约升值2%，一下子升值3%~5%的可能性不大。除非有重大事件发生。"徐普南说，汇率的升值对中国传统经济的打击是致命的，不单单是企业利润的流失，出口企业本身的利润都是微薄的，汇率升值超过3%~5%，就会把中国企业的利润全洗光。

尽管可能性不大，但这种忧虑的情绪正在蔓延。一个激发这种情绪的引火索是：13日，就在15日广交会开幕的前夕，美国联邦参议院以63比35的投票结果通过《2011年货币汇率监督改革法案》，要求对中国操控人民币汇率实施制裁。“国家允许汇率慢慢升值，让企业有充足的时间进行转型，这是对的。现在我们国家强大了，也没有必要那么在乎外界施加的压力。”一家从山东赶来的参展商如此向记者表达他的期望。

活下去比什么都重要

熙熙攘攘的广交会上，中国外贸企业的展位上各种产品琳琅满目，这一切繁华的背后是参展商忐忑的心。“企业现在应该囤点粮，准备过冬。”徐普南向南都记者表示：“我对我的团队说，我们把既有的业务做扎实，活着比什么都重要。”

汇率若大幅升值，中国外贸企业将如何应对？接短单、涨价成为诸多参展企业的选择，但这并非易事。广交会的参展商们普遍担心人民币升值步伐会因此加速，由此也影响到了对产品出口价格的心理预期。事实上，不少参展商虽然打算上调价格，但他们亦承认，欧美经济自金融危机以来复苏缓慢，客户对价格也颇为敏感。

“我们打算把价格提升10%。因为这一年来，我们没对产品提过价，而人民币兑美元已大幅升值。不提价，利润都快没了。”野马电池公司销售经理严波意说，“从最近跟客人沟通的情况来看，客人允许我们提价，但幅度可能没那么高。”中国最大的冷柜出口商星星集团外贸公司总经理陈海明则称，在美国参议院通过人民币汇率法案后，他已向美国主要的采购商提出，2012年一季度的订单价格要在目前基础上上涨3%，以冲抵未来6个月人民币升值的预期，但这一提价要求还未完成，有待再次协商。

且不论提价能否成功，订单的减少更为迫切。海关总署13日公布我国9月份贸易情况显示，9月出口环比增长弱于历史同期，特别是我国对于欧盟出口增速同比从上月的22%回落到9月的9.7%，这表明8月以来欧债危机深化引发的欧盟经济下滑已经开始影响我国出口。中金证券一份报告指出，外需继续走弱，四季度出口面临更大挑战。中国PMI新出口订单指数虽然在9月出现季节性回升，但仍大幅低于历史均值，而OECD综合领先指标近期继续回落，预示未来数月出口增速可能继续下降。

资料来源：亿钢网·行业资讯（www.steelgm.com），2011年10月17日.

【案例思考】

以本案为例，试分析偶发性因素对商务旅游市场的影响。

参考文献

[1] 陈彦霖，鲍富元. 电子商务模式下旅游市场发展影响因素分析[J]. 中国商贸，2011（3）.
[2] 陈玉，朱亚东. 浅谈旅游网络消费者旅游需求特征和营销方式[J]. 旅游纵览，2011（7）.
[3] 商务旅游市场竞争旅游市场，数字图书馆 http://dris.hust.edu.cn/view/1055819675.html.

第四章 商务旅游供给

【本章学习目标】

通过本章的学习，应了解商务旅游供给的类型及其特点；掌握个人商务旅行、会议代表、参展商及奖励旅游参与者的供给网络；明确中介公司在商务旅游供给系统中扮演的角色及其作用；掌握目的地各种供应商、国外商务旅游供应商及其他服务的供应商不同的功能和运作模式。

【关键概念】

商务旅游供给网络 中介公司 商务旅游供应商 供应商运作模式

第一节 商务旅游供给的类型及其特点

供给是商务旅游体系中极其重要的环节。它涉及不同类型的供应商，并且每一类型的供应商都有其专门的供应渠道，因而它是一个非常复杂的系统。

商务旅游供给类型的划分角度不同，类型也不同。商务旅游供给的特点很多，其中最为重要的特点是复杂性。

一、商务旅游供给的类型

对商务旅游供给类型的划分，目前主要有三种划分方法：

一是按地域空间划分。按此方法划分，可以将供给分为三大类，即那些在目的地经营的企业、在客源地或市场经营的企业以及在两者之间区域经营的企业。

二是按专业性质划分。按此方法划分，可将商务旅游的供给划分为必要类供给，其服务为所有商务旅游类型所需要，如交通；非必要类供给，其服务主要是用来烘托产品或体验，但并非属于必不可少的部分，如酒吧和娱乐；专类供给，其服务主要针对特定的商务旅游类型，如为会议旅游服务的会议场所等。

三是按商务旅游构成要素划分。按此方法划分，可将商务旅游的供给分为四种类型：一是公司、协会、国有部门在内的购买者；二是中介公司和专门机构，如商务旅行社等；三是供应商，如场所、交通、住宿等；四是辅助性服务供应商，如为商务旅游业提供行业媒体、行业贸易展销会、专业机构、咨询机构和培训等各种类型的服务商。

二、商务旅游供给的特点

从对商务旅游供给类型的划分中，人们不难看出商务旅游供给的复杂性。这种复杂性不仅体现在商务旅游的供给涉及不同类型的供应商，还体现在商务旅游供给的地理分布上。

商务旅游供给地理分布的复杂性主要表现在如下两个方面：

一是商务旅游的供给在世界范围来说是不一致的。一些国家和地区如美国、加拿大、澳大利亚、新加坡、中国香港以及许多欧洲国家，由于那里有着良好的国内和国际入境或者出境商务旅游市场，因而商务旅游的供给非常发达，而在一些比较贫穷和发展中国家，如非洲和一些亚洲国家，商务旅游的供给不仅不发达，而且还相当欠缺。虽然在这些国家中，或许有一些国家的度假胜地有着较为稳定的供给，因而这些度假胜地的商务旅游开展得不错，如印度尼西亚得天独厚的度假天堂巴厘岛，就因奖励旅游等商务旅游活动而享誉世界，但是从总体看，印度尼西亚的商务旅游层次仍然较低。

二是商务旅游的供给具有国际性，可以穿越国界，如在“甲”国的中介公司可以与在“乙”国的经营场所和住宿的公司联手合作。这种情形在所谓的发达国家和不太发达国家之间尤为明显。这种国际性特征使得商务旅游供给的复杂性更显突出。

第二节　不同类型商务旅游的供给网络

不同类型商务旅游，如一次个人的商务旅行，会议代表、参展商及奖励旅游参与者的供给网络也必然存在着一定的差异。换言之，每一种类型的商务旅游都有其专门的供给网络。

一、个人商务旅行的供给网络

就一次个人商务旅行而言，其专门的供给网络主要涉及三个层次。

第一个层次供应商是公司内部的旅行部门或者是中介公司，它们主要通过互联网等为个人商务旅行者提供各种各样的商务旅游信息，如会议、展览、奖励旅游的举办信息、交通票价信息、住宿餐饮信息等等。它们是促使个人商务旅行者能否顺利成行的前提。

第二个层次的供应商主要是出行途中的交通工具供应商，如航空、铁路、海运、公路，它们是促使个人商务旅行者实行空间移动、最终到达目的地必须依赖的工具。

第三个层次的供应商是目的地的交通、住宿、餐饮及场所供应商。它们主要为个人商务旅行者解决生理和工作需要，是促成商务旅游活动顺利进行的基本条件。

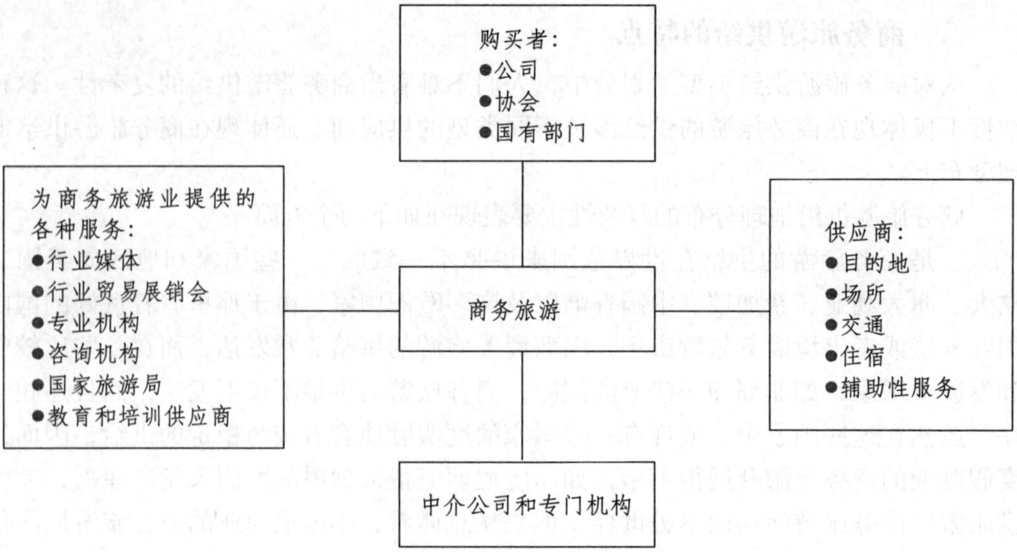

图4-1 四种类型的商务旅游供应商图

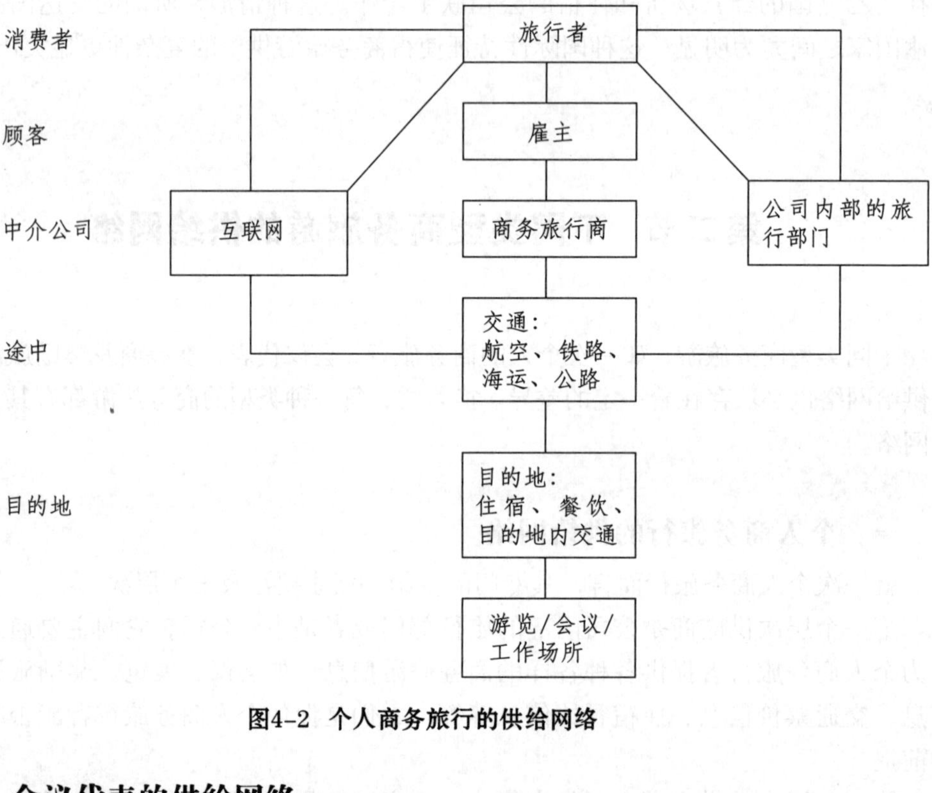

图4-2 个人商务旅行的供给网络

二、会议代表的供给网络

会议代表虽然也有自己的专门供给网络，但他们与个人商务旅行者供给网络有着许多相同之处，如他们与个人商务旅行者一样，也需借助交通工具才能到达目的地，也需借助住宿餐饮等设施满足生理的基本需求。

会议代表与个人商务旅行者供给网络之间的主要区别有四点：

一是从供给网络层次看，参加专业会议代表的供给网络层次要比商务旅行者供给网络层次多；

二是为他们提供需求信息的并非中介公司提供的互联网，而是主办会议的协会；

三是他们的旅行和住宿餐饮往往通过旅行商或举办单位来安排；

四是他们的工作场所（会议场所）比较固定。

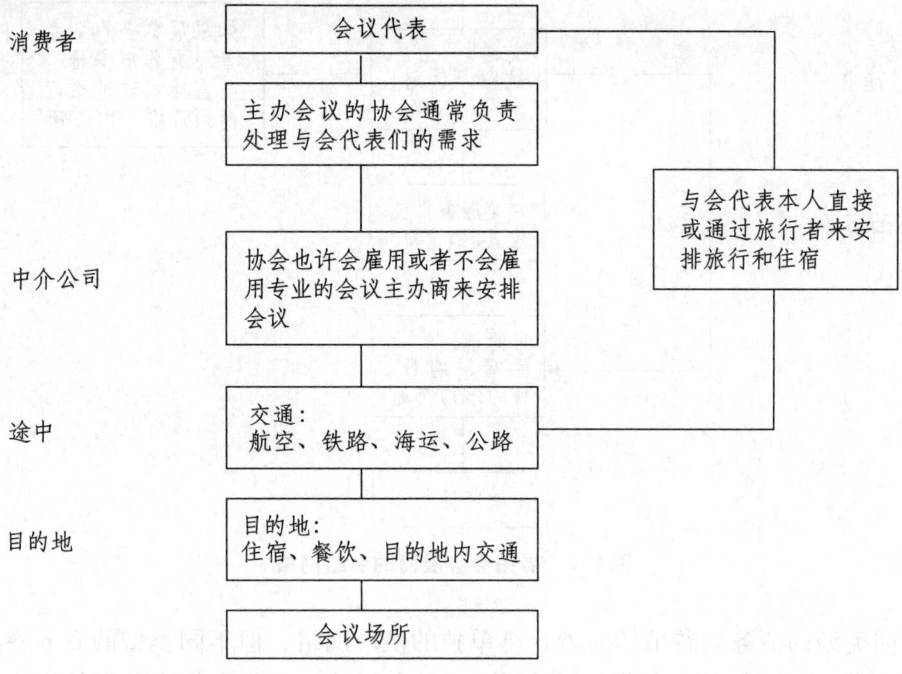

图4-3 会议代表的供给网络图

三、参展商的供给网络

参展商的供给网络（图4-4）与会议代表供给网络大致差不多。他们之间的差异主要表现在如下几个方面：

一是所借助的中介公司不同。前者是展览会主办者，后者则是主办会议的协会。

二是具体场所不同。前者是展览场所，后者则是会议场所。

四、奖励旅游参与者的供给网络

奖励旅游参与者也有自己专门的供给网络系统，并与其他类型的商务旅游者的供给网络存在着下列差异：

一是所借助的中介公司不同。奖励旅游参与者的中介公司不同，一般是奖励旅行商或公司内部的旅行部门，而非展览会主办者或主办会议的协会。

二是所需要的场所不同。奖励旅游参与者既不需要展览场所，也不需要会议场所，他们有时需要的是高档次的休闲或度假场所。

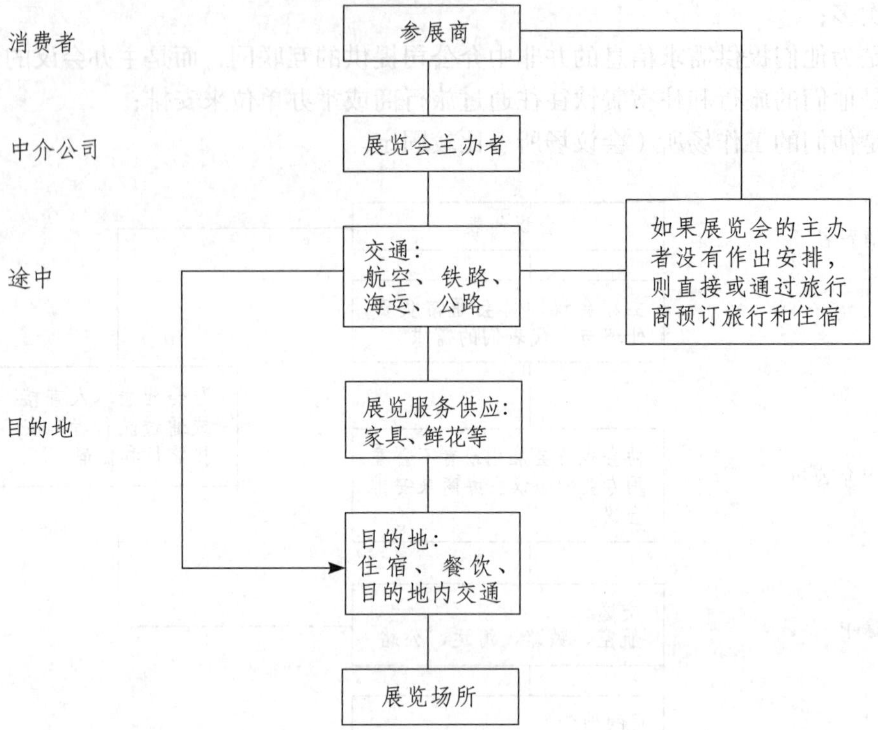

图4-4　展销会参展商的供给网络

不同类型的商务旅游虽然有着自己单独的供应网络，但不同类型的商务旅游者与休闲游客在如下三个方面有着共同的供应系统与设施：一是它们有共同的供应系统，如饭店和航空公司同时满足商务旅客和休闲旅客的需求；二是旨在吸引休闲游客的景点也可以为商务旅游活动提供服务，如公司的招待活动等；三是休闲旅客与商务旅客使用的交通运输基础设施通常是一样的，如机场和道路。

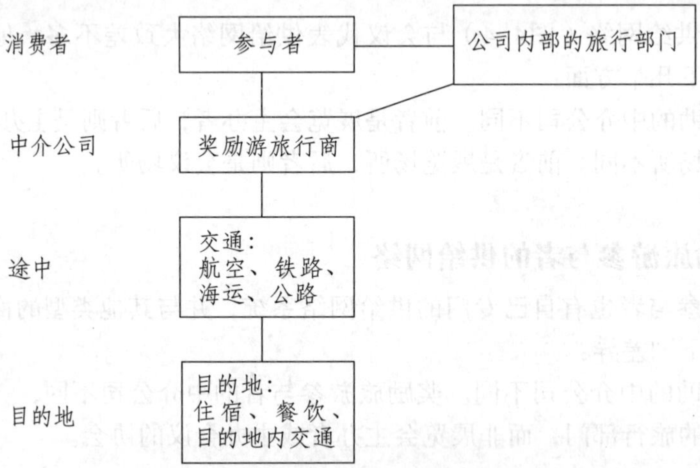

图4-5　奖励旅游参与者的供给网络

第三节 商务旅游中介

在商务旅游供给系统中，有一些扮演着“中介角色”的专项公司，这些中介公司在商务旅游活动中发挥着桥梁作用。

一、商务旅游中介的类型

在国外，从事商务旅游的中介公司主要有如下几种类型：

一是专业会议主办商。专业会议主办商在商务旅游供给中所起的主要作用是主办一次完整的会议或仅负责该会议的某些方面，如为会议场所提供资金，安排财务事宜或组织社会活动。

二是寻找会议场所的公司。此类公司负责为各类会议、培训、新产品发布会寻找会议室。

三是负责会议准备的公司。此类公司专门负责会议、培训、展览、新产品发布会等的实际策划，包括灯光、特殊效果以及音响设备等。

四是奖励旅游公司。此类公司专门负责为客户组织奖励旅游团队。

美国运通公司是世界上著名的从事奖励游旅的公司。该公司于1915年设立了旅行部。1916年，旅行部组织了一个规模很大的奖励旅游团，其中包括分别前往远东地区与阿拉斯加的旅游客轮和前往尼亚加拉大瀑布及加拿大的包价旅游团。1922年，美国运通公司开始经营通过巴拿马运河的环球客轮旅游。在整个20世纪30年代，美国运通公司开始实施大规模的国内奖励旅游业务计划，公司创办著名的乘火车前往美国西部地区旅游的“旗帜旅行团”，项目包括交通、住宿、游览观光和餐饮等内容。第二次世界大战结束以来，美国运通公司获得了巨大发展，现已成为世界上最大的旅行和金融集团。除了旅行部和旅行支票部之外，美国运通公司还设有银行部、投资部和保险部。另外，美国运通公司发行的信用卡是国际上使用的主要信用卡之一。

我国现今开展奖励旅游业务的都是一些大型的旅行社和旅游公司，如神舟国际海外旅游公司、广之旅成立的奖励会展旅游拓展部、上海春秋国旅的会议展览公司、中国旅行社的会议奖励旅游部等。可以说，我国奖励旅游的发展还是处在一个初期探索阶段。

五是目的地管理公司。此类公司专门为会议、奖励旅游、展览、新产品发布会等商务旅游活动充当地面接待员，负责目的地方面的实际安排。

六是接待公司。主要负责为会议、展览、新产品发布会等提供招待和娱乐工作中单一的活动或作为其他活动的一部分。

七是商务旅行社。主要负责为从事个人商务旅行的商务旅客提供旅行社服务，包括交通预订和住宿服务。

八是展览商。主要负责主办展览与预订。世界著名的展览商有德国科隆国际展览公司、英国励展博览集团等，中国著名的展览公司有中国国际展览公司、雅森国际展览有限公司等。

二、中介公司在商务旅游供给中的作用

中介公司在商务旅游供给中具有极其重要的作用，下面以“专业会议主办商”在商务旅游中的作用为例予以说明。

专业会议主办商所提供的服务可谓五花八门，主要涉及如下内容：一是准备工作，包括协助会议竞标、确定会议目标、有关会议税务方面的咨询、初拟计划大纲、起草收入与支出预算、建立组织结构等；二是宣传与联络，包括开展宣传活动、市场营销与公共关系、联络大会发言者、与航空公司联系、洽谈会议场所、与主办委员会举行会谈、与制作公司联系等；三是财务服务，包括融资咨询如预先筹资、赞助、展销、贷款注册费用、记账和控制银行账户、收入与支出账目等；四是提供服务人员、场所，包括提供现场工作人员、秘书以及办公设备、新闻办公室；五是提供种类设施，包括设计和印制大会的会标、礼品与会议辅助用品、保险、餐饮、装潢与布景、电子短信系统、标志、安保视听设备、同声传译、会议录音、翻译会议文件、可视电话会议等；五是提供额外服务，如住宿、预订游览活动等。

目前，许多企业都开始越来越多地雇用专业会议主办商来管理其商务旅游活动。之所以如此，原因在于专业会议主办商可以为他们提供各种服务，并达到提高会议水准、节省成本和减少会议费用之目的。如世界著名的“国际专业会议主办商协会（IAPCO）”在其宣传雇用专业会议主办商的手册中，揭示了专业会议主办商举办会议的优势和所起的这种作用：

一是专业会议主办商拥有人力资源、技术资源以及多年来建立起来的各种关系。

二是具有使用有限的资金来产生专业效果的经验和技能。

三是节约企业员工的大量宝贵时间。

四是专业会议主办商从项目的策划开始就会坐下来与客户讨论其各类目标。

五是专业会议主办商可以帮助确定对于成功来说至关重要的决策并就如何实现这些决策提出建议。

六是客户仍然负责项目的具体内容，但是专业会议主办商可以在管理项目过程中提供全面的行政与技术支持。

七是大多数专业会议主办商还可以为会议代表提供住宿预订服务。在一些国家该项服务的费用是由饭店支付的佣金来冲抵的。

八是收费灵活。专业会议主办商既可采用按照预算的一定百分比收费，也可能是以劳务费的形式收费。劳务费包括专业会议主办商所付出的人力与时间费用。举办会议的实际成本，其中包括信函和电话等费用，通常是另外收取。包括劳务费在内的所有费用都将会打入会议预算。

九是减少会议实际开支。使用专业会议主办商的各项服务看起来似乎十分昂贵，

但是企业如果考虑到自办会议所需花费的大量人工和时间、专业会议主办商的专门知识意味着客户可以避免浪费钱财这些因素，专业会议主办商还可以建议融资或预先筹资的来源以及策划时间充足的情况下协助确定潜在的赞助者，那么，旨在创收的会议利润实际上都增加了。

十是最终的结果将是一次达到国际会议主办水准的大会。

第四节 商务旅游供应商

在商务旅游领域，存在着各种功能不同的商务旅游供应商，如目的地供应商、场所供应商、交通供应商、住宿供应商和辅助性供应商等。这些不同类型的供应商在商务旅游供给中发挥的作用尽管不尽相同，但每一种供应商都是商务旅游供应链条中极其重要的一环，如果缺少了任何一环，都将导致商务旅游活动难以展开。

一、目的地供应商

每一次商务旅行都有着一个或若干个目的地。目的地有着各种不同类型的划分方式，可以是中央政府与地方政府的行政区分，也可以从地理特征甚至是客户看法的视角来区分。

（一）目的地的分类

目的地是指一次商务旅行想去的地方，是一个为商务旅行者提供所有或大部分他们所需要的景点和服务的地方。许多目的地为增强其魅力，都有自己的昵称，如纽约就被称为“大苹果”。虽然没有多少地理方面的意义，但这些“昵称”却有可能成为强有力的营销工具。

目的地与场所有着明显的区别。前者是一个区域而后者只是这个区域中的一个地点。目的地提供几乎所有旅行者所需要的服务，场所则是提供一种或若干种旅行者所需要的服务。但是，由于大型景点和度假综合设施力图使自己本身成为目的地并提供商务旅游者需要的所有服务，两者之间的界限已变得模糊不清了。例如，美国的中央公园（Central Park）、地中海俱乐部（Club Med）和巴黎迪士尼乐园（Disneyland Paris）等都力图成为会议和奖励旅游团队的“目的地”。

目的地的类型可从不同的角度划分。如从季节的角度划分，可分为全年适宜的目的地和季节性很强的目的地；从距离角度划分，可分为短距离目的地和长距离目的地；从历史的角度划分，可分为新建立或近期建立的目的地和具有吸引和接待商务旅客历史的目的地；从市场的角度划分，可分为完全或主要是吸引国内市场的目的地和完全或主要是吸引国际市场的目的地；从目的地地理等级的角度划分，可分为作为奖励旅游目的地的地区、国家和国内市场的目的地及乡村、城镇或城市度假地；从目的地吸引物的角度划分，可分为主要由于拥有诸如会展中心等专门设施而吸引商务旅游的目的地和主要由于诸如交通便利和气候等地理因素而吸引商务旅游的目的地。

（二）目的地产品

与其他所有的旅游产品一样，目的地产品由各种各样的有形及无形的要素构成。不同的是，商务旅游的目的地产品并不是一件产品，而是可供商务旅客选择的各种单一产品的总和。

目的地就像是一个自助工具箱，供商务旅游者随意自选物品来构筑其产品或体验。然而，由于种种原因，目前还很少有人针对商务旅游者对目的地的看法进行研究。但是，我们绝不应该低估下面两种因素对有关会议、展览及奖励旅游决策所产生的影响：一是商务旅游目的地产品各要素之间的高度相互依赖程度，如果某一个要素出现了问题，那么整个产品都将会失败。例如，如果预订接送会议代表去景点参观的大轿车没有来，那么，就算有一个非常好的会议场所以及一系列绝佳的社交性游览参观活动将要接续，也不会为他们带来一次成功的会议体验。二是无形产品要素对于目的地的成功至关重要。因为一次商务旅行活动是否成功，往往由消费者的看法决定，而消费者的看法主要涉及目的地是否安全和稳定、环境和氛围是否良好、各类服务的效率与可靠性如何等无形产品要素。

二、场所供应商

商务旅游场所指举办商务旅游活动如会议、展览、培训、奖励旅游或新产品发布会的地方。商务旅游场所可以被划分为不同的类型。从用途上可划分为专用场所和非专用场所；从地域空间上可划分为城市场所与非城市场所；从规模上可划分为大型场所与小型场所。此外，还有住宿场所与非住宿场所、一般场所与特殊场所。

需要指出的是，上述不同的场所还可细分为各种小场所，如饭店存在着不同类型的饭店场所，其中包括市中心饭店、位于主要道路两旁的“汽车旅馆”、位于海边的度假饭店、位于乡村的“乡间别墅”饭店。

进入新世纪以来，为使所举办的商务旅游活动与众不同，商务旅游场所正在发生某些新的变化。

其一，特殊场所愈来愈受到人们的青睐。如主办商正在越来越多地寻求非同寻常的场所，这一类场所可能会包括：运动场所，如高尔夫球场、足球场以及可以举办声势浩大活动的赛马场等；历史性建筑，如古堡和豪华宅邸；各类主题公园；交通设施，如游船、渡轮和火车等；博物馆。这些特殊场所虽然存在着诸多不足，如现场住宿设施不够、训练有素的员工相对缺乏、设施的数量与类别有限、技术与视听设备不足、可进入性不强或不适合使用、非同寻常的体验过后就不再需要了等等，但从积极的角度来看，这些特殊场所也具有一般场所不能比拟的优势，如价格相对便宜，提供友好优质的服务，有适合举办小型会议的各类设施，可以满足购买者个性化和寻求与众不同场所的需要，使商务旅游者能获得一次不同凡响、值得回忆的体验等等。

其二，专门场所不断增加与翻新。商务旅游的增长促使世界各国的国有部门和私营部门投资兴建新的专门会展场所。例如，《会议与奖励旅游》在其有关2000年国际会议展览会的报道中详细介绍了全世界50多个专门建造的大型场所的开业或重新装修情况。世界上最大的国际展览场所“广州国际会展中心”也是近年才全部竣工的专门会展场所。

其三，综合性商务旅游场所不断涌现。一些大型酒店既是住宿场所，同时也是会议场所和展览场所，如2007年借鉴美国拉斯维加斯威尼斯人大酒店的理念建立起来的澳门威尼斯人大酒店，拥有3000间豪华套房、大运河购物中心设有350间高级零售店以及驰名国际的特色餐厅和娱乐设施，并配备广达10万平方米的会议、展览中心，全面迎合各类大小规模的活动。无论是私人商务会议，还是容纳5000人的豪华宴会，或是全球大型展览会，这里都能提供广阔空间和完备设施，同时配合高度灵活和优质的服务水平。总投资31亿元的广州白云国际会议中心则是以会议为主体，配套展览、商业、酒店等设施的大型综合性会议中心。

最后，专门场所具有多功能的活动空间。最近十年来，一些专门建造的场所，在设计时充分考虑了多功能的活动空间，如法国里尔大会堂拥有一个5000个座位的大礼堂以及3.2万平方米的展览面积。

三、住宿供应商

“住”是旅游六要素之一。虽然在从事商务旅游活动过程中，有些商务旅客会住在朋友和亲戚家里，但对绝大多数商务旅客来说，住宿设施是他们从事商务旅游活动必不可少的设施。

商务旅游者的住宿设施并不仅仅是指宾馆、饭店，其中还包括大学学生宿舍、分时共用住宅、自炊式住宅、青年旅社、游船等。

商务旅游者的住宿设施在最近十年也发生了如下一些新的变化：

一是住宿设施既可以是睡觉的地方，也可以是从事商务旅游活动的场所，如会议、展览场所等。

二是出现了一些新颖的商务旅游住宿形式。如瑞典的冰雪旅馆（Ice Hotel）、挪威洛佛顿岛（Lofoten Island）的渔夫小旅馆（Rorbue）以及爱尔兰的马车旅馆（Horse-drawn Carriage）等。

三是在野外举办的培训或奖励旅游活动中，也许不会提供正式的住宿设施，因为期望参与者自己去试图“生存”，或者参与者只是简单地住在帐篷里。

四是住宿供应商提供越来越多的各种设施来吸引商务旅游者，如连锁饭店在客房内安装宽带网、设立商务中心和各种类型的会议室等。

五是建设一些服务一流、极负盛名的住宿设施，以吸引商务旅游者。

四、交通运输供应商

作为使商务旅行者完成空间移动、顺利到达目的地，并使他们可以在目的地自由移动的交通运输，对于商务旅游来说也至关重要。

交通运输设施虽然多种多样，但所有类型的交通运输设施都可以用于商务旅游行业，这些运输设施既包括航空运输工具，如定期航班、私人飞机、短程出租飞机、包租直升机等；也包括定期火车、蒸汽机车等铁路运输工具，公共汽车、出租车、私人轿车等公路运输工具，以及轮渡、游船等水路运输工具。

需要特别一提的是，上述交通设施在商务旅游活动中不仅仅是一种从甲地移动到乙地的交通工具，它还有两个重要的商务旅游功能：一是成为一个场所，如法国国家铁路局提供的列车会议室；航空公司为方便商务客，在飞机上设有专门的休息室和舱内计算机接入端口等。二是成为商务旅游社交活动的核心要素，比如，与会代表可乘坐任何一种交通工具游览观光目的地风景和参加社交活动。

五、辅助供应商

商务旅游活动的展开，除了依赖目的地、场所、住宿、交通运输供应商外，还需要一系列其他辅助性供应商。《商务旅游》一书列出了30多种辅助性供应商，综括起来主要有如下几大类型：

一是为商务旅游活动提供各种设计与制作服务的供应商。如设计师、展品摆放设计公司、展览制作商、会徽制作商、印刷公司、礼品及纪念品供应商、标志制作商、入场券制作公司等。

二是为商务旅游活动提供生活、娱乐、旅游需要的供应商，如餐饮供应商、娱乐公司、家具出租公司、导游等。

三是为商务旅游活动提供音响、声、光等多媒体需要的供应商，如视听设备供应商、计算机出租公司、互联网接入服务商、灯光效果专家 、摄影师等。

四是为商务旅游活动提供保险、安全、物资供应需要的供应商，如保险服务公司、安保公司、货物发运商、烟火供应商、鲜花供应商等。

五是为商务旅游活动提供销售与人员需要的供应商，如直接销售公司、口译和笔译人员、演讲公司、招聘公司及临时人员供应公司、培训专家、可视电话会议专家等。

六是商务旅游活动提供咨询与研究需要的供应商，如公共关系咨询公司、商务旅游研究机构等。

第五节 服务类供应商

商务旅游活动的开展与完成，还离不开那些为整个商务旅游提供其他服务的供应商，即商务旅游的服务机构。这些服务机构的运作模式如何，将对商务旅游活动的成功开展产生极大的影响。

一、商务旅游行业协会：占主导地位的服务类供应商

在商务旅游领域，服务类供应商虽然很多，但占主导地位的服务类供应商只有一个，那就是行业协会。

商务旅游行业协会是指由商务旅游行业的经济组织以及相关单位自愿组成的，以增进会展业共同利益为目的，在政府、企业、市场之间起中介服务作用的、非营利的社会团体组织。

（一） 国际性的商务旅游行业协会

随着商务旅游在世界范围内的快速发展，近十多年来，这一领域里的专业机构——行业协会的数量大大增加了。

从国际层面看，涉及全球范围的重要国际性商务旅游行业协会有如下七个，它们是国际专业会议主办商协会（International Association of Professional Congress Organizers，IAPCO）、国际会议专家协会（Meeting Professional International，MPI）、国际展览管理协会（International Association for Exhibition Management，IAEM）、全球展览业协会（The Global Association of the Exhibition industry，UFI）、国际会议中心协会（Association International des Palais de Congrés，AIPC）、国际会议大会及协会（International Conference and Convention Association，ICCA）、国际会议观光局协会（International Association of Convention and Visitor Bureaux，IACVB）、奖励旅游主管协会（Society Of Incentive Travel Executives，SITE）。

国际专业会议主办商协会成立于1968年。该协会每年举办一次重要的研讨会并出版一系列刊物。其宗旨是：使专业会议主办商的作用得到进一步的承认；保持较高的专业水准；研究行业所面临的问题；提供可以交换相关经验的论坛；与其他相关机构建立联系。

国际会议专家协会成立于1972年，总部设在美国达拉斯市。其欧洲分部设在比利时的布鲁塞尔。其会员均衡地分为策划商和供应商，以国际会议专家协会的欧洲会员为例，它包括28%专业会议主办商、18%的公司客户、15%的饭店、9%的会议中心、7%的协会、7%的目的地管理公司、6%的会展与观光局，其他占10%。该协会为会员创立了广为认可的教育项目，其中包括会议管理文凭。该协会为其会员提供资源数据库，每月出版一期行业刊物并力图在会议行业获得更大程度的认可。

国际展览管理协会成立于1928年，总部设于美国达拉斯。该协会与全球展览业协

会在国际展览界均享有盛誉，被认为是目前国际展览业最重要的行业组织，两者现已结成全球战略伙伴，共同促进国际会展业的发展与繁荣。

国际展览管理协会以促进国际展览业的发展与交流为己任，每年定期举办国际展览界的交流合作会议、短期提高课程及专题会议，出版相关刊物和买家指南，提高展览组织者的管理水平。

目前中国内地有近10家专业展览机构获准成为国际展览管理协会成员，但其中绝大部分是大型会展中心，专业展览公司只有寥寥几家。

全球展览业协会是迄今为止世界展览业最重要的国际性组织。该组织的前身“国际展览联盟”（法文为：Union des Foires Internationales，UFI），1925年在意大利的米兰成立，总部设在法国巴黎。最初由欧洲的20家展览公司组成。2003年10月20日开罗第70届会员大会上，该组织决定更名为全球展览业协会，英文名称为The Global Association of the Exhibition industry，但仍保留法文UFI的简称。全球展览业协会作为世界领先的博览集团和展览中心的协会，在73个国家的170个城市拥有297个会员和18个联盟会员。全球展览业协会还拥有40个协作会员，以各国的全国性会展行业协会为主。如美国的国际展览管理协会、中国的展览馆协会和深圳市会展业协会等。作为展览行业的国际性协会，全球展览业协会的目标是通过其会员的活动促进国际贸易的发展。对国际性展会进行权威认证是全球展览业协会的核心任务。经全球展览业协会认可的展会是高品质贸易展览会的标志。全球展览业协会会员每年举办4000多个国际、国内及地区性展览会或贸易博览会，总展出面积超过5000万平方米，参加这些展会的参展商超过100万，观众人数超过1.5亿。当前，全球展览业协会成员所拥有展览中心可供出租的展览面积高达1200万平方米以上。

奖励旅游主管协会成立于1973年，一直在努力宣传奖励旅游并提高其专业水准。该协会资助相关的研究并为教师提供教材。

上述例子表明，在商务旅游领域，除奖励旅游主管协会只与一个类型的商务旅游相关外，其他机构所涉及的范围则非常广泛。虽然专业机构的一个主要目标就是要使商务旅游或至少是某一商务旅游类型得到承认，然而，这些机构的分散性也许是该行业获得政府决策者承认的一个障碍。

（二）地区性的商务旅游行业协会

一些介于全球与国家之间的地区性商务旅游行业协会，如亚洲会议观光局协会（Asian Association of Convention and Visitor Bureaux，AACVB）、欧洲会议城市联合会（European Federation of Conference Towns，EFCT）、欧洲协会主管联谊会（European Society of Association Executives，ESAF）等，作为商务旅游的专业性服务机构，也在地区性商务旅游的供给中发挥着重要的作用。

（三）国家及地方商务旅游行业协会

从各个国家的层面看，商务旅游领域里的专业行业协会的数量也越来越多，并日趋完善。

早在1998年，英国有关商务旅游的专业协会就已达7个，其中比较重要的有英国专业会议主办商协会（Association of British Professional Conference Organizers，ABPCO）、英国旅行商协会（Association of British Travel Agents，ABTA）、英国会议目的地协会（British Association of Conference Destinations，BACD）、英国展览承包商协会（British Exhibition Contractors Association，BECA）、英国入境旅游经营商协会（British Incoming Tour Operators Association，BITOA）、英国展览业联合会（EFI）；美国则有贸易展览会参展商协会（The Trade Show Exhibitors Association，TSEA）；瑞士则有瑞士贸易交易会和展览协会、瑞士交易会协会；新加坡有新加坡会议展览协会（SACEOS）；中国香港有香港展览会议协会（HKECOSA）等。

在中国，国家级的商务旅游行业协会有中国展览馆协会（简称：中国展协）。该协会于1984年6月在国家民政部登记注册成立，是我国目前唯一的全国性展览行业组织，为国家一级社团，也是全球展览业协会的国家级会员。业务主管单位是国务院国有资产监督管理委员会。

中国展协主要由展览主办机构、展览场馆、展览中心、展览工程公司、展览运输公司、展览媒体、高等院校、展览科研机构以及与展览行业相关的且具有法人资格的企事业单位自愿参加组成。目前会员单位已近200家，分布在29个省（区市）、70多个城市，其中以区域性展览协会、各行业协会名义加入的团体又包含了各自的几十家乃至上千家会员，会员单位业务范围涵盖了整个会展产业链。

为适应我国展览业快速发展的形势，应对国际展览界的竞争与合作，根据业界的普遍意见，经国务院国资委和国家民政部批准，中国展协会设立组展专业委员会、展览工程专业委员会、展览理论研究专业委员会。中国展协正逐步成为全国性展览行业协会。

中国展协自成立以来，积极为业界服务，为会员服务，提供政府与业界信息和交流的平台，得到业界的赞许和认可。中国展协主办了《中国展览》杂志，成功组织了不同主题的论坛活动，单独或与北京大学共同组织了多期中国会展业培训班，多次组织意在加强协会内部联系与沟通的联谊活动等。

中国展协的发展战略为：积极发展会员，注重吸收展览组织者、展览工程及相关服务的企事业单位入会；努力为会员办实事，向会员及业界提供多元化的服务；与教育科研机构紧密合作，共同做好业内培训，提升业界专业人才素质；积极组织国际间的交流与合作；构筑展览信息和知识的传播平台，以求业内的共同发展。

此外，在中国的某些国家级行业协会之下，还设立了与商务旅游相关的行业协会，如中国信息协会国际会展部，就是国家发展和改革委员会人事司和民政部批准成立的中国信息协会所属的具有商务旅游重要职能的部门。国际会展部根据中国信息协会的宗旨及任务，积极开展国内外的各项交流与合作。通过组织国际展览、国际会议，开展信息咨询等活动，为政府、企业、社会提供信息服务，并组织承办协会下达的会展任务；自主开发、策划及与相关单位机构合作举办各种会展活动，配合协会工作任务的落实。

值得一提的是，中国不少省、市成立了商务旅游行业协会，如上海市会展行业协会、广州市会展行业协会等；这些行业协会往往由本市从事会议、展览及相关业务的企事业单位自愿组成，是具有广泛代表性的新型行业协会。值得关注的是，中国的地方性商务旅游行业协会还呈现出区域合作的趋向，如随着粤港澳三地整体经济合作势头的加强，三地会展业间的合作进一步扩大。建立合作机制，从而促进区域内会展业的发展，已成为一种新的发展趋势。

二、其他服务类供应商

商务旅游实践证明，为商务旅游活动提供服务的机构不仅仅是行业协会，国家旅游局、行业期刊、咨询与教育机构也是为商务旅游提供服务的重要机构。

大多数国家现在都设立了通常由国家资助的国家旅游局（National Tourism Organization，NTO）。许多国家旅游局现在都设立了商务旅游部。2000年6月出版的《会议与奖励旅游》报道说，在50个主要的国家旅游局中，31个设立了专门的会议与奖励旅游部，其作用是通过咨询、宣传手册、广告宣传、研究以及有益的接触将新的商务旅游活动吸引到本国来。

在中国，虽然国家旅游局并未像其他国家一样设立商务旅游部，但不少地方的旅行社下设了商务旅行部。

在商务旅游领域，无论在国际上还是在各个国家内部，都有自己的行业媒体为供应商、买方和中介公司提供信息。据罗杰斯1998年统计，世界上共有24种主要的国际会议行业期刊，其中15种是在英国发行的，4种是在美国发行的，2种是在意大利发行的，另外3种分别是在法国、西班牙和德国发行的。中国商务旅游领域各行业媒体期刊在新世纪也得到了快速发展，如综合性期刊有《商务旅行》，商务旅游领域各行业期刊有《中国会展》、《中国对外贸易·中国展览》、《商务奖励旅游》、《饭店现代化》等。商务旅游各行业期刊在为供应商、买方和中介公司之间的信息通畅起到了极其重要的作用，而且对促进商务旅游理论和实践的发展具有积极的推动作用。

在信息高度发达的今天，任何商务旅游活动的展开，都离不开信息的获取，这就使得商务旅游咨询空前地活跃起来。这些咨询一般包括：有关商务旅游新设施的设计咨询与可行性研究、有关目的地和业务的市场营销建议、有关人力资源管理战略以及奖励旅游活动的建议、有关培训的咨询等等。

随着商务旅游的快速发展，教育在商务旅游中的作用越来越突出。具体表现在三个方面：一是由商务旅游的快速发展而导致的商务旅游管理人才的缺乏，使得教育必须承担起商务旅游人才培养的重担，为各行业机构提供合格的商务旅游毕业生；二是针对商务旅游领域相当一部分从业人员未受过正规专业教育这一现实，教育机构必须承担起培训这部分人的任务，通过讲授商务旅游各专业课程，提高他们的业务水平与工作能力；三是针对商务旅游理论滞后于商务旅游实践这一现状，教育机构还必须为商务旅游行业承担研究任务并提供咨询。

第六节 国外商务旅游供应商的运作模式及其启示

商务旅游供应商有其自身的运作模式。下面拟以会展行业协会为例，对商务旅游供应商的运作模式进行系统的分析。

一、国外会展行业协会的运行模式

就会展行业协会的运作模式而言，国外主要有“水平运作模式”、“垂直运作模式”、“综合运作模式”三种类型。

“水平运作模式”以美国为代表。该模式由于产生的背景动力源自企业本身，即是会展企业在发展过程中，碰到同行业内部价格上的相互倾轧与产品质量问题时，会展企业组织出于维护自身利益和市场秩序的需要，才被迫产生组建行业协会，如美国国际展览管理协会（International Association for Exhibition Management，IAEM）就是在这种背景下成立的行业协会，因而该模式除了具有较强的民间性、管理自由放任、规范宽松等一般特点外，还有一个最为重要的特点，那就是企业自主推动。政府对于行业协会采取既不干预也不予资助的政策。行业协会为企业提供技术与信息服务，协调政府、企业、消费者之间的关系，同时实力强劲的行业协会如美国商会及美国制造商协会与联邦政府、议会都保持密切联系。当政企发生矛盾时，这些行业协会组织寻求议会的支持与介入，按照长期以来美国人所推崇的以对立制衡原则处理政府与行业协会的关系。

“垂直运作模式”以日本和德国等国家为代表。该模式产生的背景源自日本和德国政府的机构改革与职能调整，是政府职能剥离出一些职能转交给行业协会的产物，因而这是一种政府行政作用参与其中、大型会展企业起主导、中小会展企业广泛参与的行业协会模式。其突出特点是强调政府的推动作用，对内是政府机构，对外是民间团体。在该模式下，行业协会具有庞大的组织机构和较高的组织化程度，协会的覆盖面广，政府与行业协会是一种合作协调关系。

“综合运作模式”以法国、瑞士、中国香港为代表。该模式是企业和政府合力推动的产物，政府与会展企业在组建协会的过程中都倾注了大量的精力，因而其产生既不是企业自主推动也非政府主导的结果。在该模式下，行业协会与政府的关系非常密切，如香港的香港展览会议协会（HKECOSA）的主要职责是配合政府宣传，把香港建成亚太展览之都，提供业务培训以提高行业水平，为会员单位制造商机，增强会员之间的联络，代表行业向媒体和政府表达统一意见等等。

二、国外会展行业协会运作模式的启示

国外会展行业协会的运作模式，对我国还不成熟的会展行业协会建设具有重要的启示作用，其中一些先进的经验也值得我们借鉴。

其一，作为会展行业协会运作基础条件的组织结构值得我们借鉴。如在日本和德国盛行的 “垂直运作模式”，具有鲜明的体系化和层次化的特征，每一层次的行业组织有相应的活动范围和明确的职能分工，有机联系构成一个有序的、分工协作的行业组织体系。在日本，全国的行业组织可以分为行业协会和商会。行业协会，包括由经营活动地域性很强的中小企业组成的地方行业协会和国际化的大企业组成的行业协会，也称卡特尔组织；商会，按层级分为地方商会和全国性商会及专门从事劳资关系问题的雇主协会。各地方性行业协会须加入地方商会，而重要的大行业的卡特尔组织、雇主协会及各地方商会都要加入全国商会以代表整个工商界。这种组织结构具有明显的行政特点，它使各行业内部、行业与行业之间、大企业与小企业之间、工业与商业、金融业之间以及整个经济界与政府、社会之间形成一个通畅的对话渠道和有效的利益协调机制。

其二，组织功能多样化。会展行业协会运作的核心要素是组织功能的多样化。以德国的会展协会为例。德国会展协会的功能主要有：一是为会员提供展会信息。德国的行业协会致力于行业内的频繁交往，向会展企业提供各类信息，积极协助成员开拓国际市场，特别是在办展时间和地点等方面，德国行业协会拥有相当大的发言权，没有行业协会的支持，展览公司无法深入了解行业动态及开展对参展商和专业观众的营销工作。二是行业组织对会员实行全方位的服务，如法律援助、教育培训、调解纠纷、对外交流、协调产品（服务）价格或产量、企业的规划与发展环境、信誉共享等等。三是会展行业协会还是会展的主办者，例如，法兰克福的德国通讯和娱乐电子工业协会是每两年一届的柏林国际电讯展的主办者，柏林展览公司只是该展的承办单位。

其三，协调行业协会与政府的关系。政府是会展行业协会发展的外部组织，处理好行业协会与政府的关系是确保行业协会职能建设的关键因素之一。会展协会的发展需要政府去推动，并依靠行业协会的自律、自治实现行业资源的有效配置。美国行业协会是水平型的运作模式。在该模式之下，政府通过实行“贸易展认证”计划和“国际购买商项目”等措施，实现对展览会质量和组展水平的监督，从而使贸易展览成为促进美国企业发展的重要手段。如美国展览管理协会与政府管理机构紧密结合，在协调行业发展、对展会进行资质评估以及进行展览专业人才培训等方面发挥着不可忽视的作用。

其四，良好的企业关系。会展行业协会服务的第一对象是会展企业，因此，与企业建立良好的关系是会展行业协会运作的最终目的 。无论是水平运作模式的会展协会，还是垂直运作模式的会展协会，它们与会员的关系都非常密切，除了为企业提供技术支持、培育和开拓产品市场（如展览会、展销会）外，还开展国内外管理与技术交流、传递与沟通信息（如编办协会通讯和书刊）、培训技术与管理人员、推广介绍名牌产品等。通过行业协会提供的各种各样的服务，从而达到使企业降低生产成本、提高管理能力、最大限度地获取经济效益与社会效益的目的。

可见，在世界会展业比较发达的欧美国家，商务旅游行业协会在规范市场秩序、维护行业健康发展等方面发挥着重要的作用。在经济全球化和中国经济日益开放的背景下，中国的商务旅游的行业管理应该借鉴世界会展发达国家的经验，实现会展业的跨越式发展。

【本章小结】

商务旅游供给是商务旅游体系中极其重要的一环。商务旅游供给类型呈现出多样性特点，而不同类型的供应商，都有其专门的供应渠道，不同身份的商务游客，其供给网络虽然都离不开交通、住宿、餐饮、互联网等这些必要的供应设施，但也存在场所、中介公司、交通工具、宾馆选择等不同。中介公司虽然与纯粹的商务旅游供应商有所区别，但它在商务旅游供给系统中所起作用是不言而喻的。目的地各种供应商、国外商务旅游供应商及其他服务的供应商不仅在功能上存在差异，而且在运作模式上也不尽相同。

【思考与练习】

思考：

1.商务旅游供给有何特点？

2.参展商与会议代表的供给网络有何异同？

3.商务旅游者的住宿设施在最近十年发生了哪些新的变化？

4.辅助性供应商有哪些？它们在商务旅游活动中的作用如何？

5.国外会展行业协会运作有哪几种模式？各有何特点？这些运作模式有哪些先进经验值得我们借鉴？

练习：

选择你所熟悉的某个会展行业协会，调查其履行职能的情况，并针对其存在问题提出改进对策。

●案例一：假日酒店改变了世界酒店业

第一家假日酒店创建于1952年。创始人威尔逊先生第一个将特许经营方式引入酒店业，在不到20年的时间里把假日酒店开到了1000多家，业界评价他“改变了世界酒店业的发展史”。尽管假日酒店现已归属于英国BASS集团，但它却是第一家经营规模达到10亿美元的酒店集团，并以持续创新的形象铭刻在酒店业的发展史上。

假日酒店一开张就充满了创新之举。首先，它定位于中等价位并提供高标准服务，为旅行的人们提供了一个有着家一般感觉的休闲场所，使他们不必面对汽车旅馆要么昂贵要么肮脏的两难选择。在酒店内部，开设了餐厅、游泳池并提供会议设施，客房里安装电话、电视和空调，停车场免费提供，儿童免费入住，这种种前所未有的举措令当时美国酒店业耳目一新。

20世纪50年代末，威尔逊先生发现仅靠他个人的力量不足以实行大规模扩张，于是他采用特许经营方式出让品牌使用权，让投资者自行兴建酒店并经营，这给酒店业的发展提供了一条全新的思路。假日酒店借美国当时州际高速公路系统全国伸展的东风，利用特许经营的方式在美国各地开办连锁店，并走向世界。一个世界级的酒店集团从此迅速成长。

60年代，威尔逊成立"酒店服务中心"，鼓励受许方到服务中心购买以实现酒店装潢上的统一。假日酒店还率先采用电脑联网预订系统，随后同行纷纷效仿，又一次引领业内潮流。

70年代，假日酒店在电话局买下1-800-Holiday Inn特别号，为所有拨打这一号码的电话集中付费，将其服务水准上升到一个新的高度。从此，免费电话800由假日酒店开始向全世界推广，并在今天成为衡量服务周到与否的一个标准。

进入80~90年代，假日酒店利用高新技术创新，一次次带动酒店业发展的脚步。他们第一个使用佣金集中付款系统、LANmark综合酒店电脑管理系统，并提供互联网预订服务。在服务设施方面，假日酒店首先开设了市内娱乐中心、电子游戏厅、儿童套房等。

假日酒店的持续创新给了它永久的活力和极高的声誉，在酒店业中传为佳话。

【案例思考】

酒店是商务旅游重要的住宿供应设施，假日酒店是如何通过不断改进和更新酒店设施来吸引商务客人从而走向成功的？

●案例二：商务会展减少酒店价格跳水，星级酒店降价两成

随着北京进入盛夏，受各类商务活动、大型展会数量减少的影响，北京的酒店价格跳水不少。

由于北京在七八月份没有大型展会及大型商务活动，商务市场预订情况平淡，四、五星级酒店房价均有大幅降低，同时出租率都有降幅。高星级品牌酒店降价幅度大约在25%~27%（基础房型为准），例如位于燕莎地区的某外资五星级酒店降幅26%，位于王府井地区的某外资五星级酒店降幅24%等；而部分三、四星级降幅在6%~15%不等，例如位于燕莎地区的某三星级酒店降幅12%。二星级酒店价格保持不变或略有提高。但暑期将对二、三星级酒店的预订会有一定促进作用，预订量平稳，价格调整不大。

业内人士表示，在此期间，国内大中型城市的高档商务酒店价格均有普遍下调，例如在上海，出现了酒店房价和出租率双双下降的情况，部分高星级品牌酒店的降价幅度大约在15%。

不过受到暑期旅游的支撑，一些旅游城市和景点的酒店价格还比较坚挺，比如西北地区进入传统旅游旺季，乌鲁木齐、西宁、敦煌等旅游地区的酒店资源可能会比较紧张，甚至还会出现价格上涨的情况。他预计，进入9月份，随着高温天气的结束、商务活动增加，各地的高档酒店将逐步回调价格。

【案例思考】

影响商务旅游供应商价格的因素有哪些？

●案例三：一个优秀员工的魅力

在1992年，一个饭店集团经营着67家这种类型的连锁店。其中一家并不符合集团大多数饭店漂亮精巧的形象。这是一家建于伦敦的古老小饭店，名叫帕克罗伊尔，该饭店集团在伦敦购买了另一家名字相似的饭店，叫肯星顿—帕克罗伊尔。

要想重新装修帕克罗伊尔饭店的建筑使其与集团的风格相吻合是不大可能的。因此，他们决定将其出售，并尽可能说服顾客下次光顾肯星顿—帕克罗伊尔饭店，这是很难办到的，因为老帕克罗伊尔饭店有一大批坚定忠实的追随者，他们已经是该饭店多年的老客户。如果事实上是建筑的本身吸引和留住客人，那么要使顾客转向新的饭店，集团将会面临很大的困难。

在12个月之内，老帕克罗伊尔饭店90%的顾客转到了肯星顿—帕克罗伊尔饭店，这个结果很惊人。这在很大程度上要归功于一个人，詹姆斯·米拉，老帕克罗伊尔的服务台接待员。当詹姆斯转到肯星顿—帕克罗伊尔饭店，很大比例的客人也跟着一起去了。詹姆斯的超人之处在于他的个性很独特。他热情洋溢，但更重要的是，他热爱他的顾客，能够记住他们每个人的名字。他对他们很尊敬很热情，一有机会就问候他们的家人，询问他们的业余爱好。他是个完美的服务台接待员。

想象一下，当你走进一家你一年多没去的高级酒店，服务台接待员叫着你的名字欢迎你再来，你会怎么想？

【案例思考】

饭店是商务旅游重要的供应设施，试分析员工素质与工作态度对饭店服务企业的重要性。

●案例四：戴尔怎样采购

戴尔采购工作最主要的任务是寻找合适的供应商，并保证产品的产量、品质及价格方面在满足订单时，有利于戴尔公司。采购经理的位置很重要。戴尔的采购部门有很多职位设计是做采购计划、预测采购需求，联络潜在的符合戴尔需要的供应商。因此，采购部门安排了较多的人。采购计划职位的作用是什么呢？就是尽量把问题在前端就解决。戴尔采购部门的主要工作是管理和整合零配件供应商，而不是把自己变成零配件的专家。戴尔有一些采购人员在做预测，确保需求与供应的平衡，在所有的问题从前端完成之后，戴尔在工厂这一阶段很少有供应问题，只是按照订单计划生产高质量的产品就可以了。所以，戴尔通过完整的结构设置，来实现高效率的采购，完成用低库存来满足供应的连续性。戴尔认为，低库存并不等于供应会有问题，但它确实意味着运作的效率必须提高。

精确预测是保持较低库存水平的关键，既要保证充分的供应，又不能使库存太多，这在戴尔内部被称之为没有剩余的货底。在IT行业，技术日新月异，产品更新换代非常快，厂商最基本的要求是要保证精确的产品过渡，不能有剩余的货底留下来。戴尔要求采购部门做好精确预测，并把采购预测上升为对购买层次进行考核，这是一个比较困难的事情，但必须精细化，必须落实。

“戴尔公司可以给你提供精确的订货信息、正确的订货信息及稳定的订单。”一位戴尔客户经理说，“条件是，你必须改变观念，要按戴尔的需求送货；要按订货量决定你的库存量；要用批量小，但频率高的方式送货；要能够做到随要随送，这样你和戴尔才有合作的基础。”事实上，在部件供应方面，戴尔利用自己的强势地位，通过互联网与全球各地优秀供应商保持着紧密的联系。这种“虚拟整合”的关系使供应商们可以从网上获取戴尔对零部件的需求信息，戴尔也能实时了解合作伙伴的供货和报价信息，并对生产进行调整，从而最大限度地实现供需平衡。

给戴尔做配套，或者作为戴尔零部件的供应商，都要接受戴尔的严格考核。

戴尔的考核要点如下：

其一，供应商计分卡。在卡片明确订出标准，如瑕疵率、市场表现、生产线表现、运送表现以及做生意的容易度，戴尔要的是结果和表现，据此进行打分。瑕疵品容忍度：戴尔考核供应商的瑕疵率不是以每100件为样本，而是以每100万件为样本，早期是每100万件的瑕疵率低于1000件，后来质量标准升级为6—igma标准。

其二，综合评估。戴尔经常会评估供应商的成本、运输、科技含量、库存周转速度、对戴尔的全球支持度以及网络的利用状况等。

其三，适应性指标。戴尔要求供应商应支持自己所有的重要目标，主要是策略和战略方面的。戴尔通过确定量化指标，让供应商了解自己的期望；戴尔给供应商提供定期的进度报告，让供应商了解自己的表现。

其四，品质管理指标。戴尔对供应商有品质方面的综合考核，要求供应商应“屡创品质、效率、物流、优质的新高”。

其五，每3天出一个计划。戴尔的库存之所以比较少，主要在于其执行了强有力的规划措施，每3天出一个计划，这就保证了戴尔对市场反应的速度和准确度。供应链管理第一个动作是做什么呢？就是做计划。预测是龙头，企业的销售计划决定利润计划和库存计划，俗话说，龙头变龙尾跟着变。这也就是所谓的“长鞭效应”。

迈克尔说过，供应商迟一点，意味着太迟了。这说明了戴尔对供应商供货准确、准时的考核非常严格。为了达到戴尔的送货标准，大多数供应商每天要向戴尔工厂送几次货。漏送一次就会让这个工厂停工。因此，如果供应商感到疲倦和迷茫，半途而废，其后果是戴尔无法承受的，任何供应商打个嗝就可能使戴尔的供应链体系遭受重创。然而，戴尔的强势订单凝聚能力又使任何与之合作的供应商尽一切可能按规定的要求来送货，按需求变化的策略来调整自己的生产。

在物料库存方面，戴尔比较理想的情况是维持4天的库存水平，这是业界最低的库存纪录。戴尔是如何实现库存管理运作效率的呢？第一，拥有直接模式的信用优势，合作的供应商相信戴尔的实力；第二，具有强大的订单凝聚能力，大订单可以驱使供应商按照戴尔的要求去主动保障供应；第三，供应商在戴尔工厂附近租赁或者自建仓库，能够确保及时送货。

戴尔可以形成相当于对手9个星期的库存领先优势，并使之转化为成本领先优势。在IT行业，技术日新月异，原材料的成本和价值在每个星期都是下降的。根据过去5年的历史平均值计算，每个星期原材料成本下降的幅度在0.3%～0.9%之间。如果取得一个中间值的0.6%，然后乘上9个星期的库存优势，戴尔就可以得到一个特殊的结构，可以得到5.5%的优势，这就是戴尔运作效率的来源。

戴尔很重视与供应商建立密切的关系。“必须与供应商无私地分享公司的策略和目标。”迈克尔说。通过结盟打造与供应商的合作关系，也是戴尔公司非常重视的基本方面。在每个季度，戴尔总要对供应商进行一次标准的评估。事实上，戴尔让供应商降低库存，他们彼此之间的忠诚度很高。从2001年到2004年，戴尔遍及全球的400多家供应商名单里，最大的供应商只变动了两三家。

戴尔也存在供应商管理问题，并已练就出良好的供应链管理沟通技巧，在有问题出现时，可以迅速地化解。当客户需求增长时，戴尔会向长期合作的供应商确认对方是否可能增加下一次发货数量。如果问题涉及硬盘之类的通用部件，而签约供应商难以解决，就转而与后备供应商商量，所有的一切都会在几个小时内完成。一旦穷尽了所有供应渠道也依然无法解决问题，那么就要与销售和营销人员进行磋商，立即回复客户，告知这样的需求无法满足。

“我们不愿意用其他人的方式来作业，因为他们的方法在我们的公司行不通。”迈克尔说。戴尔通过自行创造需求的方法，并获得供应商的认同，已经取得了很好的成绩。戴尔要求供应商不光要提供配件，还要负责后面的即时配送。对一般的供应商来看，这个要求是“太高了”，或者是“太过分了”。但是，戴尔一年200亿美元的采购订单，足以使所有的供应商心动。一些供应商尽管起初不是很愿意，但最后还是满足了戴尔的及时配送要求。戴尔的业务做得越大，对供应商的影响就越大，供应商在与戴尔合作中能够提出的要求会更少。戴尔公司需要的大量硬件、软件与周边设备，都是采取随时需要就随时由供应商提供送货服务。

供应商要按戴尔的订单要求，把自己的原材料转移到第三方仓库，而这个原材料的物权还属于供应商。戴尔根据自己的订单确定生产计划，并将数据传递给本地供应商，让其根据戴尔的生产要求把零配件提出来放在戴尔工厂附近的仓库，做好送货的前期准备。戴尔根据具体的订单需要，通知第三方物流仓库，通知本地的供应商，让他把原材料送到戴尔的工厂，戴尔工厂在8小时之内把产品生产出来，然后送到客户手中。整个物料流动的速度是非常快的。

【案例思考】

1.戴尔的采购从哪些方面反映了产业购买者的共同行为特征？

2.假设你所在的公司是一家大型展览企业，现在打算将xx企业由潜在客户变为现实客户，请你为自己的公司提出一套能够实现这一目标的方案。

参考文献

1.金辉. 抓手在哪里：上海都市商务旅游[J]. 国际市场，1998（3）.

2.John Swarbrooke， Susan Homer. Business Travel and Tourism[M]， Elsevier Ltd.， England， 2001.

第五章 商务旅游企业的宏观环境

【本章学习目标】

通过本章学习，了解商务旅游宏观环境的概念及特点；掌握商务旅游宏观环境的地理构成要素以及不同空间层面的政治、经济、社会和技术环境要素；掌握不同类型商务旅游企业所面临的宏观环境因素及其环境对商务旅游企业的影响。

每一个商务旅游企业都有着独特的宏观环境，这些宏观环境因素对商务旅游产业有着相当大的影响，有些因素甚至会促进或制约商务旅游企业的可持续发展。因此，只有对未来的宏观环境变化作出准确的预测，并能够最有效地针对这些变化做好准备的企业，才能在未来的竞争中获得成功。

【关键概念】

宏观环境 地理构成要素 政治环境 经济环境 技术环境

第一节 商务旅游企业宏观环境的界定及其特点

在商务旅游领域，任何一个商务旅游企业都存在着影响其市场和发展的各种因素，这就是所谓的“商业环境”。商业环境一般由微观环境和宏观环境构成。

一、商务旅游企业宏观环境的界定

商务旅游的微观环境是指那些距离企业“较近的”因素。这些因素主要包括商务旅游各种类型的供应商，如目的地供应商、场所供应商、交通供应商、住宿供应商、辅助性供应商和服务类供应商等，以及商务旅游中介公司，如商务旅行社、商务旅游有限公司等。

商务旅游的宏观环境主要指那些更广义的、距离企业“较远”的因素。这些因素包括分布于各级地理层面的政治环境、经济环境、社会环境和技术环境。

商务旅游的宏观环境与微观环境的差异主要有三：一是从空间的角度看，两者存在着差异。商务旅游的微观环境因素主要存在于本地区，而商务旅游的宏观环境因素则不同，其既存在于本地区，又存在于国家甚至国际和全球层面上。二是从可控的角度看，两者也截然不同。由于构成商务旅游微观环境的因素距离企业比较近，因而商务旅游的微观环境是商务旅游企业可以控制的因素，如一个商务旅游企业参加展销会，既可以在选择在A酒店预订房间，也可以在B酒店或C酒店预订房间；既可以订10

间房，也可以预订15间房。商务旅游的宏观环境则不然，由于其超越国界、洲界，商务旅游企业都无法控制它们，如政治环境领域发生战争或军事冲突、环境领域贸易保护主义盛行或经济危机爆发、社会环境领域出现环境保护问题等，这些都是任何一个商务旅游企业都不能控制的因素。三是从影响的角度看，两者对商务旅游企业影响的程度也不尽相同。商务旅游微观环境因素虽然对商务旅游企业的发展有着一定的影响，如某一商务旅游企业与某一长期合作的商务旅游供应商关系恶化，就会有碍其发展，但这种影响只是短暂的，且非常弱小，因为商务旅游供应商众多，可以很快重新找到合作伙伴，从而使这种影响很快消除。商务旅游发展史已经证明，宏观环境商务旅游企业影响不仅时间较长，而且非常大，如1998年的东南亚金融危机和2008年的全球金融危机，都使不少商务旅游企业遭到重创。

二、商务旅游企业宏观环境的特点

商务旅游企业宏观环境具有地理分布呈层次性、结构要素呈复杂性的特点。

从商务旅游企业宏观环境的地理分布看，政治、经济、社会和技术因素以不同的方式存在于本地、地区、国家、国际、全球的层面上（图5–1）。

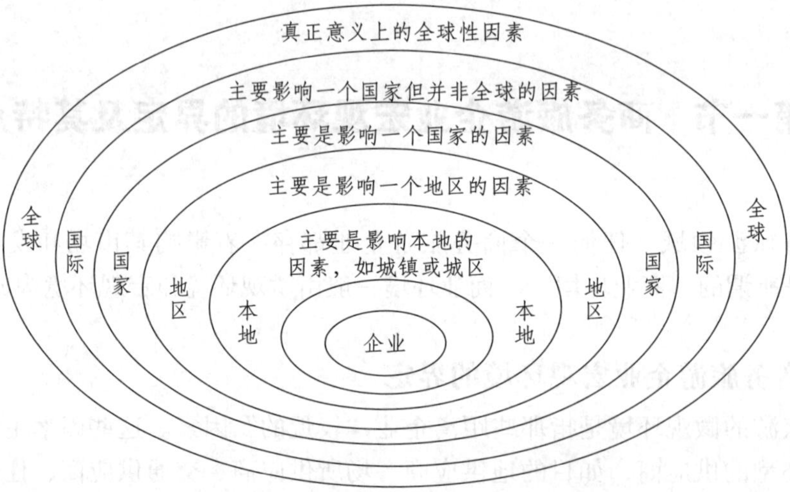

图5–1　商务旅游企业宏观环境的地理分布

在宏观环境的五个地理层面中，不同层面的政治、经济、社会和技术因素对商务旅游企业影响是不同的。

在全球层面，对商务旅游企业产生重要影响的因素有三：一是政治因素，如战争；二是经济因素，如全球金融危机；三是技术因素，如跨越国界的互联网。

在国际层面，影响商务旅游企业的重要因素主要是经济因素，如是否建立如欧盟那样的“统一市场”。

在国家层面，影响商务旅游企业的重要因素主要是政治因素，如国家重视商务旅游，出台各种刺激商务旅游发展的政策与法律，就会促进其发展，反之则相反。

在地区层面，影响商务旅游企业的重要因素主要是经济因素，如地区政府对商务旅游基础设施的资助与投入程度如何，直接影响到商务旅游的发展前景。

在本地层面，影响商务旅游企业的重要因素主要是社会因素，如本地政府重视环境保护，颁布有关餐馆卫生标准的规章制度等，则会吸引商务旅游者前往，促进当地商务旅游发展。

商务旅游企业宏观环境还呈现出非常复杂的特点。这种复杂性特点主要体现在它的构成要素上（图5-2）。

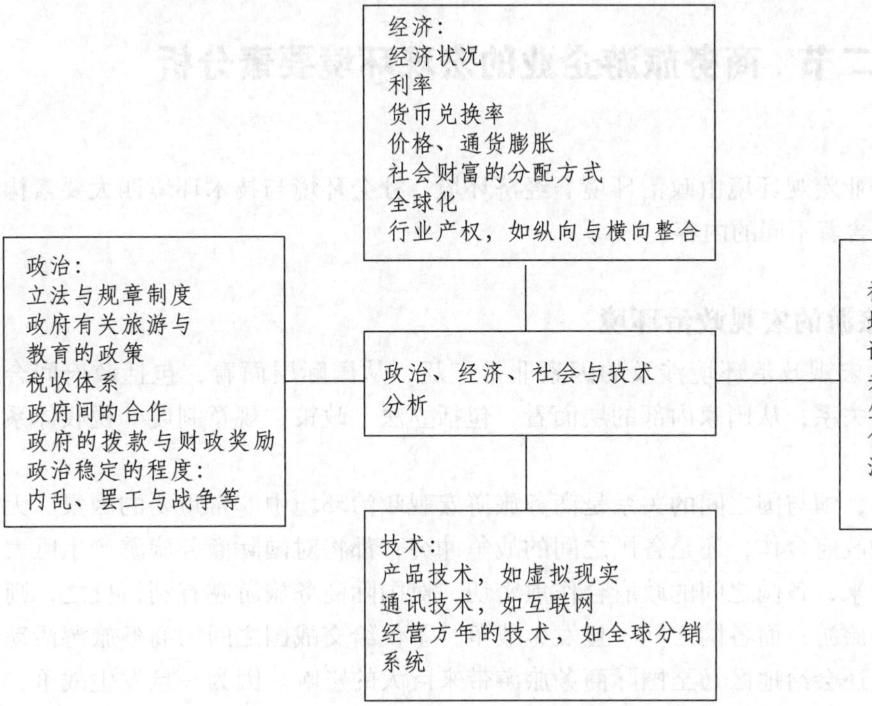

图5-2 商务旅游企业宏观环境的构成要素图

此外，商务旅游企业所面临的宏观环境因素也非常复杂，如一个会议中心所面临的并非宏观环境中的一个因素，是宏观环境中的不同的3个因素（图5-3）。

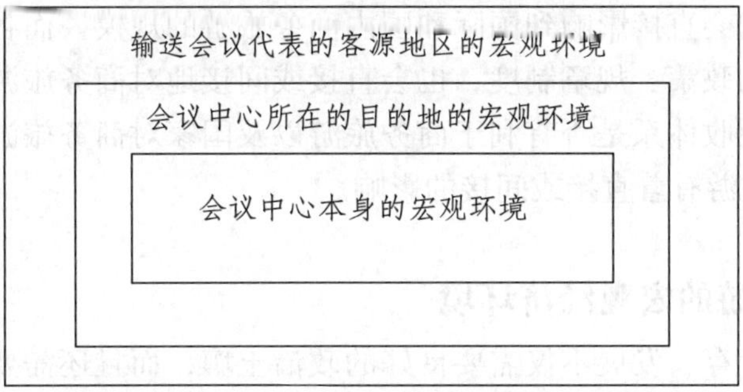

图5-3 一个会议中心所面临的3种宏观环境

从现实情况看，一个会议中心所面临的宏观环境因素更为复杂。其一，一个会议中心的“客源地区”可能会包括几个不同的国家，其中每一个国家都有其不同的全国性宏观环境；其二，在客源地区和目的地之间还存在着一个“中转地区”，即会议代表前往目的地旅途中经过的地区，而中转地区有着自身的宏观环境，也会对旅行者产生影响；其三，会议中心的宏观环境与其所在目的地的宏观环境之间部分是重叠的，但两者的宏观环境仍然是不同的。

第二节 商务旅游企业的宏观环境要素分析

商务旅游企业宏观环境由政治环境、经济环境、社会环境与技术环境四大要素构成。各个要素包含着不同的内容。

一、商务旅游的宏观政治环境

商务旅游的宏观政治环境涉及的因素非常广泛，从国际层面看，包括政府间合作、国与国之间关系；从国家内部的层面看，包括立法、政策、规章制度、税收体系以及财政等因素。

在国际层面，国与国之间的关系是商务旅游宏观政治环境中非常重要的因素。无论是各国之间的政府合作，还是各国之间的战争冲突，都将对国际商务旅游产生巨大的影响。一般说来，各国之间的政府合作愈密切，对国际商务旅游越有利，反之，则有害于国际商务旅游；而各国之间一旦发生战争，不仅给交战国之间的商务旅游活动带来重创，而且还会给地区乃至国际商务旅游带来巨大的影响。因为一旦发生战争，一则会发生资本大量外逃现象，影响商务旅游市场；二则外国人不敢跟交战国签合同，导致商务出口严重萎缩；三则工业部门尤其是军工部门全速运转，第三产业和轻工业萎缩；四是商务会展活动减少甚至停滞。

在国家内部层面，一个国家的立法，如关于贸易的立法、出入境的立法、关税政策的立法等等，都会直接影响到国际和国内商务旅游的规模。而各国制定的各种各样的有关商务旅游的政策、规章制度，也会直接或间接地对商务旅游的开展产生一定的影响。而各国的税收体系是否有利于商务旅游以及国家对商务旅游的财政支持程度如何，也都对商务旅游有着直接或间接的影响。

二、商务旅游的宏观经济环境

商务旅游的生存、发展不仅需要良好的政治土壤，而且还需要良好的经济环境。商务旅游的宏观经济环境从全球和国际的层面看，主要涉及全球经济一体化和世界经济发展状况；从国家内部的层面看，则既包括国内的经济状况，也包括银行利率、货币兑换率、商品价格和通货膨胀、社会财富的分配方式以及行业产权。

在全球和国际的层面，全球经济一体化是商务旅游，尤其是国际商务旅游宏观经济环境中极其重要的因素。商务旅游发展的历史已经证明，在全球经济一体化的背景下，世界商务旅游获得了前所未有的大发展，成为世界旅游业的半壁江山。作为国际层面商务旅游宏观经济环境另一重要因素的世界经济发展状况，也对世界商务旅游产生了巨大的影响，尽管这种影响具有双重性，即在世界经济发展状况良好的情况下，会促进世界商务旅游的发展，反之则会阻碍商务旅游发展。

在国家内部的层面，商务旅游的宏观经济环境因素，除了内部经济发展状况这一重要因素外，如一个国家内部经济形势的好与坏会促进或阻碍商务旅游发展，银行利率、货币兑换率、商品价格和通货膨胀、社会财富的分配方式以及行业产权也都是商务旅游的宏观经济环境不可或缺的因素。如银行利率的高低会刺激或削弱人们的消费，进而影响到商务旅游产品的出售；国与国之间的货币兑换率会影响到两国之间的商务旅游交往，商务旅游客流量会向货币兑换率低的一方流动；商品价格高或者通货膨胀会给商务旅游带来消极影响；社会财富的分配方式不合理，造成贫富分化严重或导致购买力下降的人群增多，会对商务旅游带来不利影响；行业产权是纵向还是联合，也会影响到商务旅游的发展。

三、商务旅游的宏观社会环境

商务旅游要想生长，还需要肥沃的社会土壤滋养。商务旅游的宏观社会环境包括地理人口的变化，也包括环境、生活方式等，而这三者既体现在全球和国际的层面上，也体现在国内的层面上。

地理人口的变化是商务旅游宏观社会环境的第一要素。商务旅游活动的主体是人，因此，商务旅游的规模如何，能否快速发展，归根到底取决于人口数量。因为人口的数量越多，商务旅游需求越大，而需求越大，商务旅游越呈现出活力；反之，如果人口的数量减少，商务旅游需求随之下降，商务旅游就会出现萎缩或倒退。除奖励旅游外，商务旅游主要在城市展开，前者对自然环境的要求相当高，而后者则对卫生环境、安全环境、交通环境有着较高的要求，因此，自然环境或社会环境的好坏直接影响到商务旅游活动的开展。人们的生活方式如消费方式、需求方式等，也对商务旅游活动有着直接或间接的影响。

四、商务旅游的宏观技术环境

现代商务旅游发展除了依赖政治、经济和社会环境之外，还必须有技术环境因素。商务旅游的技术环境因素包括产品技术、通讯技术和经营方面的因素。

随着现代科学技术的发展，越来越多的科技成果被应用于商务旅游领域。这表明，现代科学越发达的地区和国家，制造或模拟商务旅游产品的技术越高，就越能吸引更多的商务旅游者。如商务旅游产品厂家，通过计算机虚拟技术，将产品的构造、性能、特征、优点等进行演示，从而达到吸引商务旅游者之目的。

商务旅游的发展还离不开互联网等现代通讯技术，通讯技术越发达的地区和国家，商务旅游的技术环境越优越，商务旅游就越发展，如欧美地区，现代商务旅游之所以最早在这些地区发展起来并逐渐走向欣欣向荣、蒸蒸日上的发展道路，很大程度取决于这些地区和国家发达的现代科学技术以及良好的商务旅游技术环境。同样的道理，中国等发展中国家，商务旅游之所以在最近十年有了长足的进展，互联网等现代通讯技术在这些国家的发展与普及，无疑起了非常重要的作用。

现代科学技术的发展也极大地促进了商务旅游产品销售方式的变化，由于互联网具有多重功能，即既可以提供信息、预订服务，还可以提供购买机会，因而是商务旅游产品销售重要的全球分销系统。现代商务旅游发展演进的历史已经证明，建立在互联网平台上的全球分销系统，无论对国内商务旅游还是对国际商务旅游，都具有极其重要的影响。事实上，在当今世界里，任何形式的商务旅游产品，要想大规模地跨地区、跨国界进行销售，都必须借助全球分销系统这一重要的分销渠道，否则商务旅游产品将不能形成规模销售效应。

第三节　不同类型商务旅游企业的宏观环境

商务旅游是一个涉及不同领域的行业。既然商务旅游是一个由多行业构成的旅游业，这就决定了它必然具有诸多不同类型的企业，而这些企业由于在商务旅游中的性质不同，因而所处的宏观环境也必然不同。

一、航空公司的宏观环境

作为商务旅游供给要素之一的航空公司，有着其独特的宏观环境，但由于航空公司有国营和私营之分，因而两者宏观环境最重要的因素仍然存在着一定的差异（表5-1）。

表5-1　国营与私营航空公司宏观环境中最重要的因素比较

名称	宏观环境中最重要的因素
国营航空公司	有关公共事业部门应该给予航空公司多少财政支持的政治决策； 有关航空公司所有制结构的政治决策，如向私人投资者出售股票或完全私营化； 各主要市场的经济状况
私营航空公司	各主要市场的经济状况； 有关环境和其他经营方面的立法； 所有制趋势及战略联盟的发展

从表5-1可知，尽管国营航空公司与私营航空公司属于同一类型商务旅游企业地，但由于两者性质不同，两者的宏观环境仍然存在着一定的差异。

首先，市场的经济状况虽然对两者都有影响，但影响的程度是不同的。例如当经济状况恶化时，两者的命运可能会截然不同，就私营航空公司而言，由于它不能像国营航空公司那样在市场中得到政府的支持，很有可能陷入破产的窘境，而国营航空公司则会在政府的全力支持下继续生存。

其次，有关公共事业部门的决策对国营航空公司影响重大而对私营航空公司则无任何影响。因为前者的发展有赖于这些部门的财政支持，而后者则不可能得到他们的支助；同样，有关环境和其他经营方面的立法对私营航空公司影响甚大，立法对其有利则会推动其发展，反之，则影响其发展。

最后，所有制趋势及战略联盟的发展对私营航空公司也有比较大的影响。如果所有制朝着私有制方向发展，则会带动私营航空公司发展，否则，则会阻碍其发展。而对国营航空公司而言，其性质决定了无论所有制朝着哪种方向发展，都不会对其造成任何影响。

二、饭店的宏观环境

饭店一般可分为大型跨国连锁饭店和小型独立饭店，虽然这两者都属于商务旅游供应设施之范畴，但由于经营规模与性质不同，它们之间的宏观环境也存在着一定的差异（表5-2）。

表5-2 跨国连锁饭店与小型独立饭店宏观环境中最重要的因素比较

名称	宏观环境中最重要的因素
跨国连锁饭店	各主要市场的经济状况以及连锁饭店集团拥有的饭店所在目的地的经济状况； 文化差异导致的不同国家市场的不同消费行为； 不同的国家司法体系，从就业法到税收到所有制体系等； 全球分销系统的发展
小型独立饭店	主要目标市场的经济状况； 国家有关从就业到食品与卫生等方面的立法； 商品与服务的价格，通货膨胀的程度； 国内的利率及其对投资决策的影响

首先，两者所面临的经济环境在地域上存在差异。跨国连锁饭店由于规模大、跨国经营，因而所面临的经济环境既包括带有国际性特点的经济状况，也包括带有饭店所在目的地之国家的经济状况。而小型独立饭店则不同，其主要经济环境为目标市场，这些目标市场一般位于该饭店所在的国家里。

其次，两者所面临的社会环境不同。这种不同主要表现在如下三个方面：一是顾客消费行为不同。跨国经营的连锁饭店，往往受不同国家、不同民族的文化差异的影响，因为文化上的差异会导致不同国家市场的不同消费行为，从而影响到商务旅游消费；小型独立饭店在本国内经营，不会受到因文化上的差异而导致的不同消费行为的影响。二是所面对的司法环境不同。跨国连锁饭店所面对的是不同的国家司法体系；小型独立饭店所面对的则是本国有关从就业到食品与卫生等方面的立法。三是就业与税收环境不同。跨国连锁饭店所面对的是不同国家税收政策和就业法；小型独立饭店所面对的是本国的从业税收政策和就业法。

最后，两者所面临的技术环境不同。跨国连锁饭店要想实现跨国经营，必须借助互联网、全球分销技术，因此，对高科技环境要求较高；小型独立饭店主要针对本地商务旅游者经营，既不用借助互联网促销，也不用依赖全球分销技术平台，因而无高科技环境要求。

三、专门中介公司的宏观环境

不同的专门中介公司，尽管在政治、经济宏观环境方面大致相同，如奖励游旅行社与新产品发布会主办商，其经营业绩的好坏都依赖目的地的政治状况是否稳定与客源地区的经济状况是否景气，但两者经营的内容不同，其宏观环境中的重要因素也不尽相同。就奖励游旅行社而言，除政治、经济宏观环境之外，其宏观环境中的最为重要的因素有二：一是人力资源管理的新理念；二是有关奖励旅游的税收政策。新产品发布会主办商宏观环境中的最为重要的因素则是可以用于新产品发布会的新型通讯与娱乐技术。

第四节　宏观环境对商务旅游企业的影响

无论是宏观环境中的政治因素、经济因素，还是社会因素与技术因素，都会对商务旅游企业产生一定的影响。这种影响既体现在经营、营销方面，也体现在人力资源与财务方面。

一、宏观环境对商务旅游企业经营的影响

商务旅游企业经营与宏观环境因素有着密切的关联，政治因素往往会对商务旅游企业经营产生多元的影响；经济因素直接制约着商务旅游企业经营的规模与效益；环境和技术因素则会影响到企业的经营方式。

宏观环境中的政治因素对商务旅游企业经营的影响是多方面的。比如，一个地区或国家的政治局势是否稳定，会对该地区或国家的商务旅游企业的经营状况产生影响，如稳定，则会为商务旅游企业经营提供良好的外部环境，从而促进商务旅游企业经营朝着良好的方向发展，否则，则会抑制其经营发展；又如，有关法律会影响商务

旅游企业的经营程序。在今天，各国政府以及各个国家内部都非常重视健康和安全的法律，这就使得商务旅游企业必须改变传统的生产经营在前、产品质量改善在后的经营程序，实行先重质量而后进行生产的经营程序。

宏观环境中的经济因素对商务旅游企业经营的影响非常明显。因为经济形势的好坏，直接影响到商务旅游企业经营的规模与效益。如进入20世纪90年代末以来，世界金融危机不断，先是1997年的东南亚金融危机，十年后即2007年夏天，又爆发了席卷全球的金融危机。世界金融危机以及由此而导致的世界经济危机，给依赖世界经济而发展起来的国际商务旅游带来相当大的消极影响：一方面，发达经济体国家陷入衰退导致其对外投资和援助大幅减少；另一方面，发展中经济体国家的出口严重受阻。这些都给国际商务旅游的发展带来了不利影响。

宏观环境中的环境因素对商务旅游企业经营的影响，主要体现在经营方式上，因为社会对环境问题的关注将会直接影响企业经营方式的变化。如为了保护环境，商务旅游企业必须改变传统的粗放式的经营方式，朝着现代化、集约化、集团化的经营方式发展，以提高企业对环境保护的能力。

宏观环境中的技术因素对商务旅游企业的经营方式也有着直接的影响。如世界通信技术的发展会对商务旅游企业经营方式产生极其巨大的影响，即促使商务旅游企业经营方式朝着高科技含量愈来愈高的方向发展。以我国会展旅游为例，为了适应国际上对远程视频会议、接待设施的科技含量和技术能力需求增长的趋势，上海将会搭建数字会展、电子化服务的平台，全面提升上海会展从统计、展示到交易、竞会、办会一条龙服务的高科技含量作为重点项目加以发展。

二、宏观环境对商务旅游企业营销的影响

宏观环境中的政治、经济、社会和技术因素都不同程度地影响着商务旅游企业营销。

从政治因素看，各个国家的立法及其规章制度会对商务旅游企业的市场营销产生影响。例如，某一个国家的政府采取贸易保护主义的立法或政策，则会对该国商务旅游企业的市场营销产生负面影响；反之，则会产生积极影响。

从经济因素看，经济局势会影响市场需求的水平，从而促使各个国家的商务旅游企业纷纷改变营销策略和手段。2007年夏天全球金融危机爆发后，受其影响，世界商务旅游呈现出明显下滑的迹象。为消除金融危机带来的损失，增加商务旅游市场需求，世界各国一方面为节省开支，出远门组织大型会议的企业明显减少；另一方面不少企业在优化传统营销策略和手段的同时，纷纷采用新的营销策略和手段，如在金融海啸期间，鉴于电子商务交易增长速度加快、电子商务网站备受中小企业追捧、使用电子商务的线上中小企业在全球经济危机下的存活率要高出传统线下企业5倍的新形势，有着“中国第一展”之称的中国广交会，搭建“在线广交会”平台，加速实行电子化商贸推广，取得了良好的效果，第105届 “在线广交会”累计意向成交额达5.7亿美元。

从社会因素看，人们追求健康生活等新的生活方式，会对商务旅游需求产生影响，并使开发新产品成为必要。如为满足人们追求健康生活等新的生活方式需要，人们一方面开发了“商务专业培训游”、“大型会展节事观摩游”等高端商务旅游产品，另一方面又开发了如奖励旅游采用邮轮包船游、超级球迷观战游等特殊体验的商务旅游新产品。此外，针对商务旅游与休闲旅游的联系日愈密切这一新趋势，大力发展具有中国传统文化特色的旅游文化创意新产品，开发所谓另类旅游新景观，也是吸引商务旅游者的重要方式，前者如张艺谋的“印象系列”旅游文艺演出，后者如北京的798艺术中心，都深受中外商务旅游者的喜爱。

从技术因素看，互联网等通讯技术可以被用作营销手段。由于互联网具有多重功能，既可以提供信息、预订服务，还可以提供购买机会，因而成为商务旅游产品销售的重要渠道。

三、宏观环境对商务旅游企业人力资源管理的影响

宏观环境中的各种因素，对商务旅游企业的人力资源管理也有着不能忽视的影响。

从政治因素的角度看，一个国家的法律会影响商务旅游企业劳动力的管理，如在中国，法律规定男女平等，这就意味着就业机会均等。

从经济因素的角度看，经济形势与发展状况如何，将会影响到劳动成本。一般说来，经济形势与发展状况良好，劳动成本则相对较低，反之则高。

从社会因素的角度看，社会对残疾人的关注程度如何，会直接影响到有关招聘员工的政策。对残疾人关注程度越高，有关招聘员工的政策向残疾人倾斜的可能性就越大，反之则越小。

从技术因素的角度看，任何一项新技术的引进，都意味着需要培训员工，因为只有经过系统的培训，才能使员工掌握新技术。

四、宏观环境对商务旅游企业财务管理的影响

宏观环境中的各种因素，也从多方面影响着商务旅游企业财务管理。

政治因素对商务旅游企业财务管理具有一定的影响。如商务旅游企业的某些项目也许可以获得政府的财政奖励，从而使该项目的资金有望得到保障。

经济因素对商务旅游企业财务管理的影响主要体现在两方面：一是银行的利率影响商务旅游企业的投资决策；二是经济局势影响企业所购买的商品与服务的成本。

社会因素会对商务旅游企业财务管理的影响主要体现在：人口变化也许会影响商务旅游企业劳务市场并导致劳动成本的增加或降低。

技术因素对商务旅游企业财务管理的影响在于：商务旅游企业需要投入资金引进新技术，以提高自身的竞争能力。

综上所述，商务旅游的宏观环境无论在地理分布上还是在内涵上都呈现出较为复杂的特点，不同类型商务旅游企业所面临的宏观环境因素存在着明显的差异，商务旅游的宏观环境对商务旅游企业有着多方面的影响。因此，科学预见商务旅游宏观环境的变化，并采取有效应对措施，方能确保商务旅游的可持续发展。

【本章小结】

商务旅游的发展离不开宏观环境。宏观环境由全球、国际、国家、地区、本地区五个地理层次构成。宏观环境构成不同，地理层面的政治、经济、社会和技术因素对商务旅游企业的影响也不尽相同，而不同类型商务旅游企业，如航空公司、饭店、专门中介公司等所面临的宏观环境因素也存在着较大的差异。任何一种宏观环境因素及其变化，都直接或间接地对商务旅游企业经营、营销、人力资源和财务管理产生一定的影响。

【思考与练习】

思考：

1.商务旅游宏观环境的地理层次分布如何？它们之间存在着何种联系？

2.宏观环境由哪四大因素构成？你认为其中哪种因素是商务旅游宏观环境中最重要的因素，为什么？

3.不同类型商务旅游企业所面临的宏观环境因素有何不同？跨国连锁饭店集团的宏观环境为何要比小型独立饭店的宏观环境更为复杂？

4.宏观环境对商务旅游企业有哪些影响？

练习：

为你所熟悉的商务旅游企业建立一个当前的以及10年后可能面临的宏观环境模型，并比较两个模型之异同。

●案例一：战争对黎巴嫩旅游业的影响

2003年初以来，黎巴嫩接待的外国游客数量不断增加，宰牲节前后更是达到高潮，在贝鲁特商业街区和旅游景点，到处是身着传统阿拉伯服装的异乡游客。

据统计，2003年造访黎巴嫩的外国游客中，来自海湾国家，包括科威特、沙特和阿联酋的游客异乎寻常地多，截至2月中旬，入境人数已超过10万，比往年同期增加了50%以上。据黎巴嫩官方和媒体分析，“9·11”恐怖事件后，国际形势的变化，特别是近来美国对伊拉克可能开战，以及海湾国家居民对战争以及战后形势变化的担忧，是近来黎巴嫩旅游业不断升温的根本原因。

伴随大批外国游客的蜂拥而至，不仅黎巴嫩的旅馆、餐饮和零售生意异常兴旺，众多海湾阿拉伯居民纷纷在黎巴嫩购置房产，大有久居梁园的架势，就连贝鲁特名牌大学，甚至中学的招生也显得比往年红火。因为，临时移居黎巴嫩的海湾阿拉伯游客大多拖家带口，他们的子女需要读书，而黎巴嫩历来在中东阿拉伯国家中享有教育中心的地位。

据统计，目前贝鲁特附近80~120平方米一套的普通公寓，单价6万至8万美元最受欢迎。黎巴嫩旅馆行业工会认为，一旦美国对伊开战，这股购房热还将迅速升温。一些精明的海湾房地产投资商则争相购买贝鲁特郊区背山面海风水地皮，兴建旅馆、餐馆。

实际上，自从“9·11”恐怖袭击事件后，海湾游客造访黎巴嫩的人数就在持续增加。据黎巴嫩旅游部的统计数字显示，2001年黎巴嫩接待外国游客的数量比上年增加了13%，2002年同比又增加了20%，使当年来访的外国游客数量自20世纪90年代初内战结束以来首次超过百万人次（不包括回国探亲的海外黎侨和叙利亚人）。

根据2003年初以来外国游客来访的上升趋势，旅游部估计2003年外国游客数量可望再次增加20%以上，超过120万人次。兴旺的旅游业无疑将对拉动黎巴嫩经济起到积极作用。

【案例思考】

为何战争会导致黎巴嫩旅游业升温？此案例说明了什么问题？

●案例二：美国遭遇恐怖袭击事件对全球和我国入境旅游市场的影响

一、"9·11"事件对美国旅游业的影响

2001年9月11日在美国发生恐怖分子劫持飞机撞击世贸大厦和五角大楼的事件。"9·11"恐怖袭击事件使美国旅游业遭受了前所未有的重创，尽管恐怖事件发生在东海岸，但位于西海岸的加州却是重灾区。因为旅游业是加州的经济支柱之一，该州2000年一年接待外国游客640万人，占全国的1/4，旅游收入高达70亿美元。洛杉矶会议与访问者接待局的负责人迈克尔·克林斯19日对记者说："要问现在的国际旅游业状况如何？它停止了！" 日本是加州旅游最大客源国，但也是这次旅游订单退订数量最多的国家。洛杉矶日本旅游局的经理滕本说，它在9月份原计划接待8000个日本旅游团，但在恐怖事件后这些团全部取消了。更糟糕的是，10月份和11月份的旅游订单也撤销了一半以上。

由于外国游客急剧减少，许多旅馆和旅游胜地都感到了极大的压力。在洛杉矶市中心主要接待日本游客的纽奥塔尼饭店，目前的客房入住率仅为25%，而往年这时是75%。专家认为旅游业这次遭受的损失超过了第一次海湾战争的冲击。

世界闻名的赌城——拉斯维加斯平均每年接待大约3600万游客，其中外国游客占13%，这次也受到冲击，许多外国旅游团也退了订单。会议访问学者接待局的发言人罗布·鲍尔斯说，与海湾战争不同的是这次打击是"心理打击"，负面影响需要一年的时间才能消除。外国游客急剧减少，大量旅游计划被取消，旅游业均叫苦不迭。

二、对全球旅游业的影响

美国遭恐怖分子袭击事件，既给了美国旅游业一次重大打击，也波及到了英、法、德、日、澳、加等发达国家。这一事件对全球旅游业产生了重大影响。美国、加拿大旅游业是直接受害者，各国纷纷取消前往两国的航班和旅行团队。当时由英国出发前往美国、加拿大的航班全部取消，近期由英国赴美国和加拿大的旅行团也全部取消。9月30日以前，德国几个大旅行社去往美国和加拿大的旅行全部取消。日本大量赴美航班被取消，许多旅行社赴美旅游团无法成行。受此事件影响，巴基斯坦、阿富汗及中东个别国家，也遇到了与英、法、德等发达国家大量取消旅行团相同的情况，如英国前往中东的部分航班被取消。德国部分去丝绸之路旅游的客人，担心通过中东、巴基斯坦、阿富汗等敏感地区，已取消旅游预订。旅游安全一直是旅游者关注的焦点，恐怖活动给全球旅游者的心理投下了阴影。这次利用交通工具制造的恐怖事件，也增加了人们对旅游交通工具特别是对乘坐飞机的不信任感，进而影响旅游动机的形成和旅游行为。另外由此次事件所引发的原油价格上涨，会增加飞机、船舶以及汽车等交通工具的运营成本，直接导致各国居民外出旅游费用的上升，对全球旅游业造成的影响将是长期的。

三、对我国入境旅游的影响

此次事件对我国入境旅游也带来了直接影响。当时受取消航班的影响，美国来华入境旅游人数大幅度下降，受事件直接影响的个别专业团体退团。交通公社中国旅行大阪支店取消了两个原定去中国的旅游团。但其他国家和地区来华旅游团没有发生大规模退团事件。中国香港地区往内地的团队没有受到影响。这一事件短期内对中国入境旅游市场的影响不会太大。中国旅游的安全性，使得部分原本打算赴美国的日本等国旅游者转向中国，这也是中国旅游业的一个机遇。

美国作为我国入境旅游第四大客源国，吸引美来华旅游人数是营销管理者的一个重大问题。美国的入境旅游、出境旅游和国内旅游均会受到旅游者对安全的担忧和全球经济的影响，其他国家的来华旅游业将受到连带影响。

【案例思考】

运用国外著名的政治、经济、社会与技术分析（PEST Analysis）法，结合案例，分析恐怖袭击事件对我国商务旅游有何影响。

●案例三：中国受金融危机影响不大只是谎言

全球经济危机来临的时候，中国顷刻就变成了“救世主”，我们真的就很安全很强大吗？我们真的有足够的力量来挽救这即将落魄的世界吗？当然，中国经济的飞速发展是不可否认的，更不能认为西方政客对我们的夸奖毫无根据。但是我们到底处在什么样的位置，这是一个亟待我们自问并清醒认识的问题。我们的经济实力还非常有限，尤其是在这场危机中我们并未幸免。中信泰富就达200亿港元的损失，从长三角到珠三角，大批中小企业的倒闭，无数IT电子企业的裁员，几大石油巨头澳元巨亏的传闻……为应对这些不利影响，央行两个月内3次降息，出口退税的大范围调整……显然，中国已经清楚地认识到，先救的应该是自己。

上海一角，影响逐步显现

上海，作为中国进出口之窗，首先感受到了金融危机的影响，据数据统计，上海市共有进出口企业5万余家，其中出口企业1.7万家。今年以来，世界经济明显放缓，外需紧缩对上海市进出口带来较大影响。今年前三季度，上海企业进出口总值占全国进出口值的比重由去年同期的13.1%降至12.6%。上海海关官员在对相关企业的调研中发现，受人民币升值、美国次贷危机导致需求下降以及原材料上涨等因素影响，上海外贸行业所面临的利润下降、出口难等诸多问题正日益突出。而更多的研究人士也表示，金融危机对上海挑战远大于机遇。

外国媒体称金融危机累及中国出口企业

如果真像某些网友说的因中国好面子而要硬撑起这片天，要注意国际地位和形象，那么外国人看危机对中国的影响似乎就会更客观一些。英国《卫报》日前对中国的出口形势做了这样的描述：“从去年开始，中国的外贸出口就因为成本上涨和人民币升值受到困扰，现在，全球金融危机的爆发又给中国的出口贸易增加了一道新的难题。在今年上半年，中国的中小型出口企业因为成本和汇率问题已经出现了倒闭高潮。这在玩具制造业表现得尤为明显。与此同时，本来利润就不高的纺织企业的利润也在进一步下滑。现在，由于受到金融危机影响，来自美国和欧洲的订单因为需求萎缩而不断减少。根据贸易协会的统计，到明年1月底，深圳、广州和东莞地区的4.5万家工厂将会有9000家关门。”我想，这在外贸企业来说感受应该是最深的，看来无订单的日子势必会越来越严重!

广交会即将闭幕，感受如何?

从广交会一期、二期参展回来的企业来看，境况似乎不太理想，接触到的很多企业都表示此次广交会很失望，回来后的心情更是难以调适，至于未来的走势大家都比较缺乏信心，多数抱以观望的态度。那么如期开展的第三期又是什么样一个情况呢?

第三期广交会是我国重要的出口产品纺织服装、鞋类首次在琶洲展馆展出。受加工贸易政策调整、人民币升值和金融风暴的影响，我国纺织服装的出口增速今年一直呈下降趋势。昨日，一些参展商表示，这届展会的人气很差，比上届还要少两三成，“一个上午只能拍乌蝇”，明年纺织品出口“负增长”几成定局。昨日下午2时左右，在琶洲展馆内看到，三期的人气明显不如一期、二期。根据大会统计，截至11月1日，到会采购商为142271人，而往届广交会都吸引约20万采购商参加。

金融危机对你的影响真的不大吗?有个朋友的回答让我记忆深刻：“不!影响很大，因为我只是一个普通的老百姓!我不是有钱人!”

资料来源：锦程物流网，www.jctranc.com，2008年11月7日，作者：菲比。

【案例思考】

始发于美国的金融危机为何会对中国商务旅游业产生影响?

●案例四：欧债危机对泰国旅游业和工业园的影响

据泰国《世界日报》6月26日报道，泰国评级和信息服务公司（TRIS）董事经理汕迪，就欧债问题对泰国上市公司信用评级影响接受记者采访时表示，仍无法评估欧债危机形势严重到何种程度，但总的来说，本公司的上市公司客户财务和信用评级仍未受到影响，因与欧洲直接交易的泰国民间公司数量较少。汕迪表示，如从两方面分析欧债危机影响，可分为对实际部门（Real Sector）和金融部门（ Financial）的影响进行分析，因为目前为止泰国与欧洲的进出口只占总进出口的10%，比例不大，重要性有限。

对金融部门影响方面，欧债危机会影响外国资金的流入与流出，每次发生危机，资金总会从发生危机的国家出逃，流向风险更少的国家，所以估计此次资金将流向东盟地区，可能最初表现为资金流出，而流入资金规模不会大至令人担心的地步，因为估计泰国央行会加强监管。不过，重点是如果资金流出过快，对经济规模较小的国家如泰国，肯定会是一场灾难。

汕迪指出，如果在行业层面应对欧债危机影响，首当其冲的是旅游业和酒店业，但这种影响是间接的，因为欧债危机导致旅游兴致减少。旅游业总是遇上种种问题，而且复苏缓慢，最近的影响问题就是国内特大洪水。尤其是酒店业，为吸引游客而降低房价促销，至今仍无法将房价调到应有的水平，使得泰国五星级酒店房价低于新加坡、马来西亚，在曼谷的酒店尤其如此，但是在普吉岛等旅游地区的酒店则没有此问题。经营多种业务的大酒店因实力雄厚且有其他收入来源受影响不大，但是对依靠客房收入为主的酒店则造成严重冲击。

在与酒店经营业主交流中了解到，酒店行业对欧债危机并不感到十分担心，因为泰国是世界性旅游胜地，而且泰国旅游花销水平不贵，世界各地游客都喜好来泰国旅游。TRIS认为，自国内发生恶性政治事件后，酒店业靠低价促销吸引游客，且一直未能将客房价格回调至适合水平，因此对酒店收入有所影响，需要进一步跟踪关注。

受欧债危机影响的第二大行业应该是工业园，但受中期影响。因为欧债危机解决不好会影响到世界经济形势，导致企业暂时搁置投资计划，虽然泰国的海外直接投资（FDI）主要来自日本而非欧洲，也会出现这种情况。对于工业园区经营最大的变化因子是洪水问题，如果再次遭受洪水，就算工业园的防洪设施能有效地抵御洪水，但工业园内的工厂也无法正常生产，从而损失商机，导致企业放缓投资或决定迁移厂址。

泰国2012年下半年发展形势，仍需关注欧洲形势、国内政治局势。TRIS作出三种情况预期，包括如国内政治不发生混乱、欧债危机影响不严重，估计泰国经济可应对影响，经济增长率约为4%~5%；如果政治因素或欧债因素任何一种影响严重，泰国经济仍然可增长但增幅减少，达不到4%~5%的水平；但假若国内政治和欧债因素同时恶化，泰国经济就算不出现负增长但也无法实现增长。

资料来源：新华网，www.news.cn，2010年6月4日，作者：王军强。

【案例思考】

结合本案例，谈谈欧债危机对中国商务旅游有何影响。

参考文献

[1]王巧玲. 金融危机对中国旅游业的影响[J]. 合作经济与科技，2009（12）.
[2]王军强. 欧债危机对中国经济的影响及启示[J]. 现代商业，2012（2）.

第六章 商务旅游的物质基础设施

【本章学习目标】

通过本章学习，了解商务旅游物质基础设施的宏观与微观分类；掌握商务旅游各类设施细分；了解商务旅游物质基础设施的设计范围、便利性、环保性和多功能性目标；明确制约商务旅游物质基础设施设计的各种因素。

【关键概念 】

商务旅游物质基础设施 商务酒店设施 商务会议设施 商务展览设施

商务旅游物质基础设施是开展商务旅游活动的重要载体。良好的物质基础设施不仅是确保商务旅游活动顺利开展的前提和基础，也是吸引商务游客的重要吸引物。

第一节 商务旅游物质基础设施的分类

由于商务旅游活动涉及的领域非常广泛，因而其基础设施也呈现出复杂多样的特点。

一、商务旅游物质基础设施总体分类

从总体上看，商务旅游物质基础设施可分为三大类：专供商务旅游员工使用的物质基础设施、供商务旅游活动使用的物质基础设施以及与休闲游客共用的物质基础设施。

（一）专供商务旅游员工使用的物质基础设施

此类物质基础设施主要有专用培训中心，如展览培训中心、会议培训中心、奖励旅游培训中心等。建造此类物质基础设施旨在提高商务旅游从业者的业务素质，培养高质素的商务旅游员工。

（二）供商务旅游活动使用的物质基础设施

此类物质基础设施既有综合性质的会展中心，也有饭店多功能厅，亦有单一性质的如展览中心、会议中心等。

综合性会展中心。综合性会展中心是指既可从事展览活动也可进行会议活动的商务旅游物质基础设施。如广州国际会议展览中心就是集会议与展览功能于一体的综合性会展中心。该中心兼备会议、展览、商务洽谈、演示、表演、宴会、新闻发布以及大型集会、庆典等功能，是对外贸易、商务交流、科技展示的理想场所。

饭店多功能厅。在现代社会，为适应商务旅游快速发展的需要，一些国际性的大型饭店往往设有既可从事展览活动也可进行会议活动的功能厅。如建筑面积达104万平方米的威尼斯人大酒店，就是一个集博彩、会议、展览、购物、体育、综艺及休闲为一体的多功能酒店。

展览中心。展览中心是指以从事展览活动为主要功能的商务旅游物质基础设施。如广州交易会旧馆（流花展馆）就是属于此种类型的设施。它除了举办展览外，一般都不具备会议等商务旅游活动之其他功能。

会议中心。会议中心是指以从事会议活动为主要功能的商务旅游物质基础设施。如于2007年落成的广州白云国际会议中心，就是典型的以从事会议活动为主要功能的会议设施。

（三）与休闲游客共用的商务旅游物质基础设施

商务旅游与休闲旅游虽然在目的上存在不同，前者以商务活动为主要目的，而后者则以休闲为主要目的，并且两者在主要活动内容和性质上也存在着根本的差异；但两者在物质基础设施的使用上却有着相通之处，如两者都使用交通设施火车站、公路、机场、港口设施和住宿设施酒店、饭馆等。

二、商务旅游物质基础设施的细分

将商务旅游物质基础设施分为三大类，这仅仅是大体上的划分，其商务旅游物质基础设施的多样性决定了商务旅游物质基础设施还可细分下去。

（一）饭店细分

饭店作为住宿餐饮设施，自古至今就在商务旅游活动中扮演着极其重要的角色。从早期客栈到18世纪后期欧美国家开始出现一些规模较大、档次较高的饭店，世界饭店发展经历了客栈时期、大饭店时期、商业饭店时期、现代新型饭店时期四个阶段。今天世界饭店已经呈现出多姿多彩的景象。就商务旅游住宿餐饮设施而言，一般可分为如下几种类型。

1. 市中心饭店

市中心饭店一般位于城市交通方便、人员流动大、商业繁华的地域。这些住宿餐饮设施大多数以XX宾馆命名，只有少数冠以商务酒店的名称。但无论以何种称谓，其客人都以商务游客为主。如早在1999年，上海商务游客占外来游客的比例就达56.6%。

2. 汽车旅馆

汽车旅馆，原文来自英文的Motel，是motor hotel的缩写。Motel是 motor 和 hotel 的合成词，即汽车旅馆。

汽车旅馆是一种“乘汽车旅行者利用的饭店”，它是随着私人汽车的增多与高速公路网的建成而逐渐产生的一种住宿设施。汽车旅馆主要建在地处城市边缘主要公路或高速公路沿线或市郊，提供免费的停车场，出入方便，客人住宿手续简便，服务项目有限，价格也很低廉。著名的假日集团是以汽车旅馆起家的国际饭店联号，而国际最佳西部旅馆联合体（Best Western International）、六元汽车旅馆（Motel6）、特佳8号汽车旅馆（Super8 Motel，Inc.）等等都是非常成功的国际汽车旅馆集团。

汽车旅馆与一般旅馆最大的不同点，在于汽车旅馆提供的停车位与房间相连，一楼当作车库，二楼为房间，这样独门独户为典型的汽车旅馆房间设计。1952年，美国人凯蒙·威尔逊开设了第一家汽车旅馆，这种自助式的廉价汽车旅馆一问世就受到了驾车旅游者的热烈欢迎。特别是法国雅高集团（Accord）的“一级方程式”廉价汽车旅馆自1985年开张后，在短短的15年里就在全球开设了1000家分店，取得了巨大的成功。廉价汽车旅馆采用标准化的建造模式，内部省掉了一切顾客不需要的设施和豪华装饰，以减少成本费用，以最低的价格向驾车的商务旅行者和度假家庭提供廉价的住宿服务。开车旅行、住廉价汽车旅馆如今已成为西方人的一种生活习惯。据有关数字显示，西方国家90%以上的驾车旅游者喜欢投宿汽车旅馆，尤其是廉价汽车旅馆，这反映出人们对廉价汽车旅馆的喜爱程度。

在日本，在中国台湾，汽车旅馆有时候是“情人旅馆”的代名词。台湾汽车旅馆非常重视内部设计，内部设计形式多样，独具一格。

在中国，一是私家车的迅速增加和自助旅游的蓬勃发展，自驾车出游已成为旅游的一道亮丽风景线。但是，与之配套的经济型酒店、停车场所、维修中心、医疗点等的缺位，为驾车出游带来了困扰，而汽车旅馆恰恰是这些需求的提供者，汽车旅馆呼之欲出。二是全国性公路网为汽车旅馆的发展搭载了支持平台。2003年底，我国高速公路总里程达3万公里，居世界第二，仅次于美国。到2008年奥运会为止，又建成“五横七纵”快速国道主干线网。这一系统将连接全国所有的100万人口以上的特大城市和93%的50万人口以上的大城市，基本形成全国公路主骨架系统。三是政府对旅游业的支持成为汽车旅馆发展的坚强后盾。目前各级政府大力推动旅游开发，鼓励居民旅游消费，并在加大国内旅游促销和市场秩序规范方面投入了大量的人力和财力，保障了国内旅游市场的活跃。汽车旅馆作为应运而生的旅游业设施，顺应了形势的发展，必将成为政府旅游发展规划中重要的项目，得到各种优惠政策。四是传统饭店业的困境为汽车旅馆提供了发展空间。自1998年全行业亏损以来，我国饭店业在不断地调整行业结构，寻求新的增长点。目前旅游市场需求明显地呈现出多样化、个性化态势，因此注重市场需求的细分化，通过开发个性化产品和提供个性化服务来赢得目标顾客，将是旅游饭店业选择的方向，而汽车旅馆则开辟了饭店业专业化经营的新领域。

虽然，大力发展汽车旅馆的条件在我国已经成熟，但汽车旅馆业在中国还没真正兴起，还是一片未被开垦的处女地。我们经常可以看到的是在主要公路干线两旁分布着的所谓“汽车旅馆”，它们中的大部分是农民开办的“夫妻店”，此外还有一些集体企业投资建设的招待所，根本不是现代意义上的“汽车旅店”。这些店规模小、位置分散，既不卫生又不安全。此外，2003年出现的真正以汽车旅馆冠名的旅馆——上海的“莫泰168”，虽然不同于西方汽车旅馆的形式和功能，但实际上是连锁商务酒店。

过渡性是我国汽车旅馆最大的特点，主要体现在两个方面：一是定价高。汽车旅馆的主体价格一般徘徊在300元左右，少数特价在稍低于200元的水平上。在我国拥有私家车的家庭一般都是高收入家庭，汽车旅馆在定位消费者方面考虑到我国特有的现象，在服务设施和产品设计上比较贴近中高档的消费水平，价格也往往较高。二是消费群定位广泛。以上海“莫泰168”为例，一直以来入住率均在90%左右，客源80%左右都是散客，自驾车客人所占的比例低于50%。但是从汽车旅馆的受欢迎程度远远高于其他经济型饭店来看，此时汽车旅馆的建设可能在战略决策上定位更倾向于培育市场，是一种过渡形式。

针对我国汽车旅馆发展现状及其特点，拟采取如下策略加以提高：

一是加强内部管理，提升服务水平。我国汽车旅馆针对的“有车族”或租车的“有本族”们多是小康线以上的人群，汽车旅馆的设计走向更贴近这些都市新贵们的生活方式和情趣品位。设施要简而不陋，服务少而不差，形成汽车旅馆的特色，这也是经营成功的秘诀之一。正如《洛杉矶时报》在发布调查结果时所说：喜欢MOTEL6汽车旅馆的旅游者，追求的不是那些附加性设施与服务，但他们绝不想住年久失修、肮脏不堪的客房。

二是以增值服务扩展汽车旅馆的发展空间。汽车旅馆与加油站的合作是假日集团的成功之作。在我国，中石油、中石化还分别引入专业汽修企业“桑普”、“AC德科”，也打算在远郊的加油站增加汽车旅馆，实现联营。开办汽车旅馆还可以带来许多连带的效应，如可以利用网点众多的优势开展异地还车租赁业务，再如开办汽车美容业务，开展零售汽车配件等服务。

三是加强宣传力度，提高消费者认知度。汽车旅馆在我国数量很少，在数量规模上很难取得宣传优势，除了靠自身力量探索各种渠道外，联合汽车旅馆进行整体形象宣传，印制与分发公路与旅行指南，与国内各种汽车俱乐部以及旅行社等等组织各种驾车活动，增强汽车旅馆和驾车一族的接触，扩大汽车旅馆的知名度，提高驾车客人的入住，有效利用停车场地及维修设备，使得汽车旅馆标准设施最优化利用。

四是加强管理。汽车旅馆自身作为新生事物，在管理上暂时还没有形成成熟模式，需要加强理论研究和实践摸索，尽快形成汽车旅馆特有的管理模式，为实现集团化经营打下坚实的基础。

3. 酒店自助式公寓

酒店自助式公寓最早起源于19世纪中后期的欧洲，是当时旅游区租给游客供其临时休憩的物业，此种物业的客人虽然只是作短暂的休息和停留，但是提供给他们统一的上门服务，所以既有酒店的性质，又相当于个人的“临时住家”，这就形成了酒店式公寓的雏形。不久以后，此种物业在欧洲越来越多，服务也越来越周到，深受广大消费者的好评，并在美国得到了长足的发展，逐渐形成了一个成熟的产品。在中国酒店式公寓是一个舶来品。经过多年的发展，中国的酒店式公寓自身也发生了变化，类型也开始细分，目前市场上一般有3种：带租约的产权式酒店（Property Hotel），只提供服务的服务式酒店公寓（Service dapartment），出售按照时间划分产权的分时度假产品（holiday ownership）。根据发展商发展思路的不同和业主的投资方式不同，同一类型也发生了变化，酒店式公寓与公寓式酒店，香港多称为服务式住宅，都是提供类似居家的格局以及酒店式的服务。在格局上，通常除了一般酒店的卧室与卫生间外，还有厨房、客厅甚至书房等；而在配备上，也提供一般酒店没有之诸如厨具、微波炉、影碟机等设备。此外，亦提供类似酒店的服务，诸如入住与退房登记、家居清洁、送餐、衣服洗熨、叫醒服务等。两者主要的差别在于产权与经营管理的模式。

酒店式公寓是由开发商将酒店的每套客房分割成独立的产权出售给买主，并聘请专业的酒店管理公司负责经营与管理。买主拥有产权，所以可自住、可出租、可转售。一般买主都是收取租金以换取长期的投资收益，或是出售以赚取差价。而公寓式酒店指按公寓式分隔出租的酒店，简单地说，就是设置于酒店内部，以公寓形式存在的酒店套房，其产权一般由酒店经营者所有，经营与管理模式也与一般酒店无太大差异。

目前市场上存在较多的是产权式酒店和可自助式酒店式公寓。

一般说来，在相同档次的房型与设施的基础上做比较，酒店式公寓的租金较一般酒店便宜，而公寓式酒店与一般酒店无异。

4. 主题公园相关的饭店

如巴黎迪士尼公园有饭店7所：迪斯尼饭店、纽约饭店、新港湾俱乐部、红杉树饭店、沙伊安饭店、圣菲饭店、戴维·克劳奇特牧场。这些饭店都是商务游客喜爱的饭店，它们为巴黎迪士尼公园发展商务旅游立下了“汗马功劳”。

（二）专用会议中心的细分

专用会议中心是专门用于举办会议的场所，一般可作如下细分：一是在规模上可分为大型、中型和小型的会议中心。大型会议中心又可分为国际超大型和国家大型会议中心。广州白云国际会议中心总建筑面积27万平方米，主体建筑包括2、3、4号楼三栋会议展览中心和1、5号楼两栋五星级标准的东方国际会议酒店，当属国际超大型会议中心。北京人民大会堂属于国家级大型会议中心。在中国省、地市级的会议中心一般属于中型会议中心。县级以下的会议中心一般都属于小型的会议中心。二是在结构上可分为有大礼堂的会议中心与备有小会议室的会议中心。三是在功能上可分为备有会议设施的会议中心与那些备有展览设施的会议中心。

（三）展览中心细分

展览中心是指主要用来举办展览的场所，按照规模一般可作如下细分：即超大型、大型、中型和小型展览中心。

世界四大展览中心当属国际超大型展览中心。它们是德国汉诺威展览中心、广州国际会议展览中心、德国法兰克福国际展览中心和德国科隆展览中心。

德国汉诺威展览中心（Hannover Exhibition Center）目前是世界上最大的展览中心。这座世界最大的展览场拥有完美的基础设施和艺术级的技术手段。它为2.6万余位展商和230万观众的年流量而设计。整个场地占地100万平方米，共27个展馆，室内展览面积达到49.8万平方米。最新落成的27号展馆位于展场西南角，展览面积为3.193万平方米，造价6140万欧元。8、9、13号馆和26号馆的建筑风格独特。展场内值得一提的建筑还有：面积达到1.6万平方米木结构的“EXPO Canopy”，建于1958年并于2000年世博会期间装修一新的标志性建筑“Hermes Tower”，以及“Exponale”这个欧洲最大的人行桥连通城市高速路和8号馆。除了室内展览空间，展场还提供5.8万平方米的室外展览面积。

法兰克福展览中心是世界第三大展场，由10个展览厅组成，占地面积47万平方米。室内展场32.1万平方米，室外展厅9万平方米。每年，这里都会举办50多个展览会，其中汽车展、春秋两季消费品展都是世界同类展中最大的。

德国科隆展览中心目前是世界第四大展览中心。科隆展览中心的展馆总面积为28.6万平方米，其品牌展包括：国际饮食博览会、世界影像器材博览会、国际家具博览会、国际五金商品博览会以及休闲园艺庭院、办公用品展等等。科隆展览中心共有员工450人，160个工作人员在世界各地工作，每年营业额为2.06亿欧元。

大型展览中心。日本东京国际展览中心、中国香港国际会展中心属于此类展览场所。

东京国际展览中心。东京国际展览中心又被称为“Tokyo Big Sight”，建成于1996年的东京国际展览中心是日本规模最大、技术最先进的展览中心。整个展览中心面积24.3万平方米，建筑面积14.1万平方米、展览面积8万平方米。主要展览厅位于西厅和东厅内。西厅有四个展览区，被设计为小型展览区。邻近的室外和屋顶展区也可根据需要用于展览。东厅有六个展览区，两边各三个，由长廊相连，可变成一个大型展区。塔楼中有规模不一的会议室。最大的国际会议厅可容纳1000人。配置有一个250英寸高清晰度的录像放映机、音响灯光设施、会议系统、高新视听系统和8语同声翻译器。东京国际展览中心采用最新的视听和数据信息传送系统来连接展览厅和会议中心。计算机系统可处理输入、输出并提供展览信息、会场信息、地方交通及天气、新闻等其他信息。具体设施包括：大型屏幕安装在入口广场，播出大量与展览有关的图像资料；大型电子信息牌，展览中心的主要通道安有六个大型电子信息牌，起着引导观众的作用；小型电子信息牌，展览中心内有67个小型电子信息牌，向观众指引馆内设施及地方交通。展览组织者也可将此用作消息发布栏；演播室，由一楼的演播室控制整个视听信息。此外，还设有接待室、会客室、餐厅、休息室、购物中心等。

香港会议展览中心（Hong Kong Convention and Exhibition Centre，HKCEC）位于香港湾仔。

香港会议展览中心主要设施包括5个展览厅，总面积4.6万平方米；2个会议厅，总面积6100平方米；2个世界级会议厅前厅；2个演讲厅，面积800平方米；52个会议室，面积6900平方米；7家各式中西餐厅，座位1800个。此外，还有办公室大楼、商场、银行、商务中心等相关设施。

香港会议展览中心新翼坐落在面积为6.5公顷的填海人工岛上。有三个大型展览馆，提供2.8万多平方米的展览面积，可容纳2211个标准展台；又有不同大小的会议厅房共占地3000平方米，以及一个面积4300平方米的会议大堂。在此大堂举行会议可容纳4300人，用来举行宴会则可招待3600名宾客，是全球最大的宴会厅之一。

香港会议展览中心曾作为多项世界性展览和会议的主要场地，除了1997年7月1日香港回归大典亦在此举行外，其他亦包括1997年世界银行年会，2000年亚洲电讯展等。2005年世界贸易组织部长级会议亦以香港会议展览中心作主要场地。香港会议展览中心可供租用总面积为63580平方米，每天访客流量可达14万人。会展中心有架空行人道连通邻近的湾仔商业区，附近的公共交通工具包括有巴士、渡轮、地下铁路等。

香港会议展览中心独特的飞鸟展翅式形态，也给美丽的维多利亚港增添了不少色彩。会展由香港贸易发展局拥有，并由新创建集团的全资附属机构——香港会议展览中心（管理）有限公司管理。

中小型展览中心。无论在国外还是在国内，中小型的展览中心在数量上都比较多。与大型展览中心相比，中小型展览中心不仅在规模上、功能上无法与大型展览中心媲美，而且在客源方面也不如大型展览中心广泛。前者的商务游客一般来自国内，后者的商务游客则既有国内的也有国外的。

第二节　商务旅游物质基础设施的设计

商务旅游物质基础设施的设计对确保商务旅游活动成功有着极其重要的意义，因为无论是商务旅游物质基础设施的便利性、环保性，还是多功能用途，都对吸引游客具有巨大的影响。

一、商务旅游物质基础设施的设计范围

商务旅游物质基础设施的设计范围，无论是展览中心还是会议中心，都包括如下五个方面。

（一）主建筑以及结构

其中包括主建筑坐落地点、主建筑规模的大小、采用何种建筑材料、内部结构和外部造型如何等等。如香港会议展览中心坐落于景致迷人、名闻中外的湾仔北岸维多利亚港，主建筑采用多种高科技建筑材料，其中会展2期的屋顶以4万平方英尺的铝合金造成，拥有30米高玻璃幕场，内部结构复杂，拥有大礼堂、会议厅及大展厅多个，外部造型奇特，形状似一只飞鸟。

（二）内部的装修和设施的配备

如白云国际会议中心内部的装修不仅非常精美，而且内部设施也非常齐全，除了拥有包括餐饮、零售点、美容美发中心及卫生间等一般商务游客必需的设施外，该中心还设有供游客锻炼的游泳池、健身中心和网球场，供游客享受口福的经营澳味葡菜的澳门街和品尝名菜的红馆，供游客娱乐的白云世纪俱乐部，供游客购买烟酒、食品、日用品、礼品等的轼雅轩（轼雅）精品店和花艺店，为游客提供旅行、票务服务的东方国际旅行等等。

（三）场地的整体布局

如白云国际会议中心的整体布局是：从基地与鸣泉居及白云山的大环境入手，力求创造景观式建筑布局，将白云大道下沉穿过会议中心用地，并在其顶上设计会议中心气势宏伟的礼仪入口广场，使会议中心与鸣泉居的外部空间在此自然贯通，并与白云山（云溪生态公园）连成一个有机整体。主体建筑会议中心沿白云新城东西轴线居中布置，与礼仪入口广场共同组成了宏伟、庄严的建筑空间。展览、商业等建筑位于机场东路一侧，与白云新城文化广场相对应，而两座配套酒店分别位于用地北侧的东西两边，与北部的五星级酒店（拟建）形成整体组群关系。

（四）辅助性服务设施

无论是展览中心还是会议中心，在设计时都会考虑到设立诸如停车场等辅助性服务设施。这些辅助性服务设施主要是为商务游客进入提供方便。如广州国际会展中心停车场就是该中心的亮点之一。这个拥有2000多个泊车位的停车场，位于会展中心地下层部分，距离地面有4.8米深，整个建筑面积大约为12.9921万平方米，其中南侧设计为大型的室内停车场，总面积可达到4.9917万平方米，设计有1800个停车位，足够届时各路展商停车使用。在会展中心建筑物周围的空地上还将专门设计大约400个室外停车位供工作参展车辆使用。

（五）标志系统的建立

标志系统设计，简单地说就是立一些牌子诱导车流、人流，其内容主要包括信息指南及引导标志牌。对于大规模公共建筑来说，要使来者能够知道“我在哪里要去何方”，解决人的这种本能上的需求，必须建立标志系统。

标志系统设计在国外已经较为成熟，虽说很多小规模建筑的标志系统设计可以由建筑师按个人喜好独自完成，但大规模的设施还是应由专业设计公司来承担。对今后日益增多的诸如会展建筑、机场建筑及车站等大规模设施的建设，哪怕是事前给予一点点的考虑并稍加留意，其建筑的最终完成度都会迥然不同，成功的话可为建筑增添色彩。

在中国，无论是业主还是建筑师通常会在建筑施工接近尾声时突然意识到标志系统策划的重要性，很多情形是将标志系统设计省略而直接委托施工厂商进行突击性施工，其结果常常导致标志系统因缺乏通盘考虑而不成系统、与建筑空间效果不匹配、完成度低（偷工减料）等弊病。

国外已积累了相当丰富的构建标志系统的经验，并在实证研究的基础上形成了一套完整的设计体系。其设计原则大致有以下四点。

一是层次性。通过系统的构成实现多层面性，即在该告知的场（层面）提供该告知的信息，不能多也不能少，要恰到好处，太多了会淡化主题，太少了又起不到作用。

二是视觉性。按照观看距离参数指标（远距离视觉识别、中距离视觉识别、近距离视觉识别）设置标志的尺寸与形态，使标志易看易懂。

三是连续性。要一环紧扣一环地形成系统，并保持一定间隔中信息的连贯性，实现在移动中渐变。

四是不喧宾夺主性。为追求纯粹的建筑空间效果而尽可能少设或不设置标志是一种潮流，但大规模人流集结设施则不可不设。要实现建筑空间的连续性，标志系统不应喧宾夺主，应甘当配角。

依据上述设计原则，展览中心或会议中心设计应从宏观出发构筑完整的标志系统。下面以广州国际会议展览中心工程为例，对其完整的标志系统设计进行分析。

广州国际会议展览中心工程的标志系统在设计上首先是从宏观入手，对如何提高街区全体的功能性进而提升周边街区形象注入了心机。具体手法是：在明确周边街区性格的基础上将标志系统、照明、街道附属设施等作为一个综合的街道景观进行通盘考虑，在向会展中心移动的过程中使各个要素显在化。其次，在充分把握设施功能、流线及动线前提下，构筑一套完整的系统。这些系统包括：（1）按结合点的重要程度及所提示信息量的多少设定大、中、小三个不同的层次。（2）行动起始处东入口平台设为大结合点，以光屏显示等提供综合信息。（3）在入口大堂，设置中结合点并重复大结合点信息起完备作用。在2层及4层珠江散步道东西长轴上的远距离视觉可识别处按一定间隔设置信息指南结合点，以缓解来馆者对长距离空间所存有的心理不安。（4）注意提前提示上下移动处的信息（电梯、水平扶梯、楼梯等）。（5）提供近距离的信息指南及引导标志。这样，与整个建筑设施的空间相匹配的信息指南及引导标志系统被构筑，来馆者可清楚地知道自己在哪里，将要去何处。

标志系统的造型设计应尽量做到与主体建筑相协调，具体地说，要考虑到周边环境及用途，在构成上分为车辆系列、步行者系列、具有象征意义的构筑物系列三个体系，谋求造型上的统一，做到一体化设计。

这种一体化设计的前提要求与建筑的设计构思相吻合。如广州国际会议展览中心建筑设计以“珠江母亲河畔吹来的轻‘飘’和谐之风”作为寓意主题，浮游着的柔软的屋顶创造出珠江两岸未曾有的壮丽景观。信息指南及引导标志牌在设计上以“穿透性”、“浮游性”、“柔和性”等设计关键词贯穿始终，暗示“风”这一透明要素，表现一种看不见的“空气”之柔和。同时，又以“先进性”、“庆典性”等设计关键词为依托，表现人流聚集欢庆的这一国际化信息发送设施的性格。另外，在造型设计上要吻合功能，对标志牌视认性的大小、设置位置、可变性及适应国际化等方面给予充分考虑。一个具备统一构思、各结合点的造型要素较为完善的系统就得以实现。如广州国际会议展览中心标志系统的造型设计就充分考虑了上述要素，设计出了完善的标志系统①。

二、商务旅游物质基础设施的设计目标

在对商务旅游物质基础设施进行设计的过程中，人们总是力求达到一些设计目标。这些目标既有经济的、美学的、安全的、环保的目标，也有便利性、功效性、多功能性等目标。

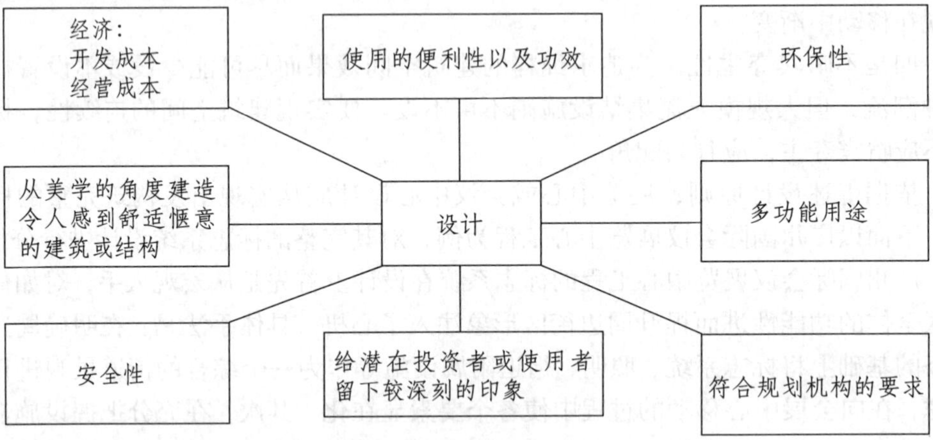

图6-1 设计目标

虽然客观地说，上述每一个目标都非常重要，但限于篇幅，在此我们仅对最为重要的便利性、环保性以及多功能用途目标进行讨论。

（一）便利性设计

何谓便利性设计？便利性设计就是要确定使用群体以及他们特殊的需求，然后在预算范围内通过设计来满足他们的需求。便利性设计的作用非常巨大，它不仅有助于确保消费者满意，而且能使消费者再次惠顾成为可能。

对商务旅游物质基础设施而言，不同类型的设施，其便利性设计内容也有所不同。如会议中心与展览中心便利性设计内容就存在着一定的差异。

会议中心便利性设计内容应该包括如下内容：

1. 交通便捷。如尽量靠近市中心，离火车站、机场比较近，会议中心附近有地铁口、停车场，容易进出且十分安全。

2. 进出方便。会议中心各个方向的路标标得十分清楚，建筑的设计便于大批人流的快速进出，大礼堂的入口标志很醒目，通向大礼堂的坡度很小，十分便于轮椅使用

①谢少明，（日）日比谷宪彦．广州国际会议展览中心标志系统设计[J]．建筑学报，2004（2）．

者通行，每个楼层都有为轮椅使用者准备的设施，大门都是自动的，便于携带沉重行李的代表们进出，电梯可以通往所有的楼层。此外，还设有为方便外国客人的标志和便于视觉障碍者的盲文标志。

3. 用餐方便。里面设计配备的餐饮点可以让人们迅速解决饥渴问题。所有的会议场地或会议室离餐饮点不超过3分钟步行距离。

4. 便于各种活动展开。建筑的每个部分都设有明确无误的标牌，问讯处设在门口附近，紧挨着衣帽间，设置许多安全门以防备火警或其他紧急情况的发生，将一些平坦的室内空间加以隔断来满足不同规模的小组进行“分组活动”的需要，每个会议室以及大礼堂都安装了电磁感应圈系统以方便听觉不好的代表，为活动的主办商和新闻发布会提供了充足的办公室。

5. 便于外界联络。室内设有许多电源插座以及计算机接入端口。

6. 便于节能。所有的会议室都采用自然光，这样既经济，也不会损伤代表们的眼睛。

7. 便于存放行李。在大礼堂的入口处设行李存放处。

8. 便于“应急”。设多个卫生间，且所有的会议场地或会议室离卫生间不超过60秒的步行距离。

展览中心便利性设计内容除了包括交通便捷、出入方便、用餐方便以及便于各种活动展开外，展览中心便利性设计的重点还有四：一是要有更多的多用途展览空间、便于参展商和供应商运送沉重的展品设施以及供观众亲身体验的展区；二是在展品入口处需要设置大量的电梯；三是设计者需要确定展览大厅里不会出现昏暗的角落以及不合适使用的地点，因为主办商很难将这些地方推销给参展商；四是针对展览会有可能吸引成千上万观众这一特点，在进行便利性设计时，应该充分考虑道路的便利性、停车场以及靠近火车站等至关重要的因素。

总之，商务旅游物质基础设施便利性设计，应遵循人性化设计理念与原则，从商务游客的需求出发，尽量满足不同需求不同类型的商务游客的需要。

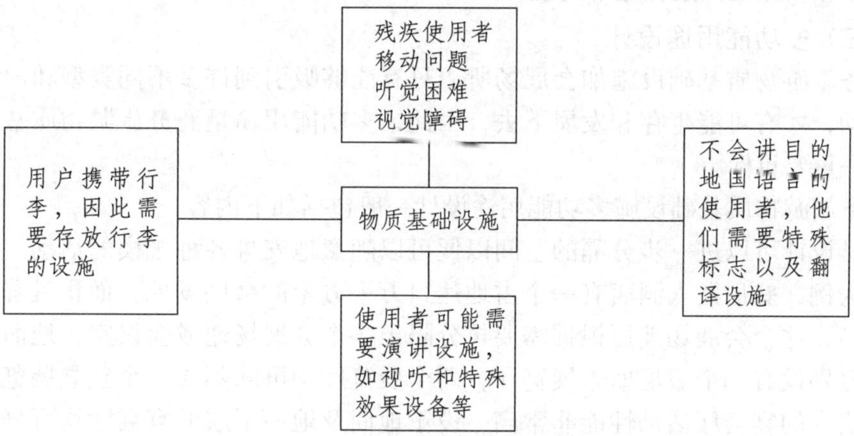

图6-2 具有不同需求不同类型的使用者

要想确保商务旅游物质基础设施便于使用，我们必须做到如下几点：

一是确定使用群体以及他们特殊的需求。诚如图6-2所示，不同的消费群体，其需求截然不同。只有确定了使用群体，并了解了他们的特殊需求，才能设计出具有鲜明便利性特点的商务旅游物质基础设施。

二是在预算范围内通过设计来满足消费者的需求。

三是行业参与设计。确保商务旅游物质基础设施便于使用的最佳途径之一就是让商务旅游行业和消费者参与到设计过程中来。这样做的好处在于：让这些利益相关者参与到设计过程之中并认真地对待他们的看法，这对商务旅游物质基础设施便利性设计具有重要的意义。

（二）环保性设计

随着人们对环保关注的程度愈来愈高，环保性自然而然地成了商务旅游物质基础设施设计的又一重要目标。在世界任何一个国家，无论是设计机场，还是设计饭店、会议中心或展览中心等，都对环境问题具有很高的敏感度。

商务旅游物质基础设施环保性设计应考虑的问题很多，至少涉及如下几个方面：

一是场地。场地最好选用已开发过的场地，如现有的建筑或废置的场地，而不应选择绿地、生态系统极其脆弱或属于动物栖息地的场地。此外，场地应尽量靠近公共交通设施，以减少使用私人交通工具的必要性。

二是规模。商务旅游物质基础设施规模的大小应与地点、周边环境相适应。

三是形式与外观。注重美感，与当地风格浑然一体，为市容增辉添彩。

四是材料。尽量使用再生材料，如被拆除建筑使用过的旧砖等。

五是场地的布局与景观美化。尽量通过美化景观和使用绿地以使建筑的外观变得柔和宜人。尽量使用本地植物来美化景观以使建筑轮廓变得十分柔和，不过度开发场地。

六是设施与服务。限制停车场的规模以鼓励人们使用公共交通工具，通过景观设计或地下停车将停车场“隐藏起来”。

七是其他环境敏感问题。如设计能够确保最大限度地利用自然光而不是依赖人工照明，能够确保最大限度地节约能源。

（三）多功能用途设计

商务旅游物质基础设施如会展场所，只有能够吸引到许多不同类型和规模的商务旅游活动，才有可能生存和发展下去，因此，多功能用途是商务旅游物质基础设施设计的又一重要目标。

商务旅游物质基础设施多功能用途设计一般包括如下内容：

一是设计可以进一步分隔的空间以便可以随意地安排各种规模的活动。以威尼斯人酒店为例，威尼斯人酒店有一个占地达11万平方米的会展场地，面积是香港会展中心的两倍，这个会展场地可根据需要再分隔出多个会展场地或会议室，地面楼层以及上层又分别设有一个威尼斯人展览厅，两个展览厅均可间隔成三个独立展览厅；威尼斯人酒店内的宴会厅活动性能非常高，设于地面及地面下层的宴会厅均可分间成多个小型会议室，地面层更设有4间行政会议室，而两个楼层的7个宴会厅最多可提供92间小型会议室，上层设有面积达6500平方米的威尼斯人宴会厅，是场内最大的独立式宴会厅，此厅也可分间成12间中型会议室。灵活的会议及展览设施，能轻易作出配合，满足不同规模活动的需要。

二是设计不带固定座位或带有固定座位但可以移动的空间，既可以用于举办会议，也可以用于举办展览和酒水招待会等。在威尼斯人酒店，有一个可容纳1.5万人的威尼斯人综合馆，该馆是全澳门最大的单一室内活动场馆（以座位计算），也是一个带有固定座位但可以移动空间的多功能场馆。它既可以举行世界级体育赛事如世界顶级球赛，也可举办大型演唱会和其他娱乐活动，如综合馆首次投入运作便举行了两场NBA赛事，首场奥兰多魔术队对中国男篮明星队，第二场克利夫兰队对奥兰多魔术队，这是首次世界级篮球赛事于澳门举行，往后更邀得多位国际歌手于馆内举办演唱会，当中包括Beyond以及Black Eyed Peas，2007年除夕由Pussycat Dolls（小野猫）举行的新年倒数演唱会，2008年日本三大天后即滨崎步、安室奈美惠及幸田来未获邀到综合馆演出。

但需要指出的是，尽管设计灵活、功能用途广泛的商务旅游物质基础设施如会展场所是大势所趋，因为它能够吸引许多不同类型和规模的商务旅游活动，从而维持自身的生存和发展，但是，设计多功能用途的商务旅游物质基础设施也会带来一些问题：首先，会展场所经常会被用于商务旅游活动以外的目的，有时需要在几个小时之内变换功能。这对设计师们来说是真正的挑战。其次，创造多用途空间的需要有时也会带来潜在的问题，例如，假设一家饭店的会议场所有两个会议室，其中第一会议室是用于开会的。毗邻的第二会议室通常也是用于开会，但是现在却被清空，用来作为在第一会议室开会的代表们的自助午餐场所。这样在第二会议室准备自助午餐时，将会打扰在第一会议室开会的代表们。

三、制约商务旅游物质基础设施设计的因素

尽管商务旅游物质基础设施的建设者和设计师们总是想尽办法力图设计出最便捷、最环保、具有多功能的商务旅游设施，但无论设计师们打算完成什么样的设计，他们都会面临一些制约因素，其最终设计方案也只能是一种在理想设计方案与这些制约之间选择的折中方案。

如图6-3所示，制约商务旅游物质基础设施设计的因素主要来自如下四个方面：

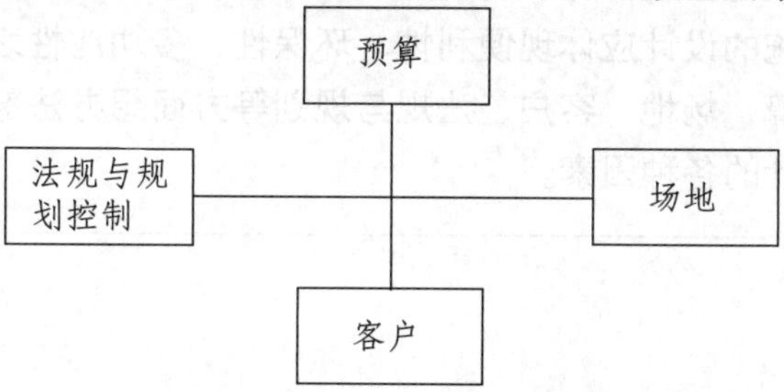

图6-3 制约设计的各种因素

一是受预算的制约。所谓预算，是根据工程量，按照工程项目单价（主材、辅材、人工）一项项计算出来的。就商务旅游物质基础设施而言，预算将会限制建筑场地的质量与面积、建筑与结构的规模、材料的选用、外观质量以及家具和内部装修的质量等。

二是受建筑场地的制约。设计有可能会由于场地的规模与形状、污水排放的质量、以前的使用情况、遗留下来的问题以及交通的便利程度等因素而受到限制。

三是受客户的制约。这里的客户指要建筑商务旅游物质基础设施的人们。不同的客户由于文化背景、爱好不同，经验各异，这些因素将会影响他们的看法并会决定他们如何要求设计师去工作。

四是受法规与规划控制的制约。这种制约主要包括两个方面：一是分区法与建筑控制法在内的规划法规将会影响到设计的方方面面；二是建筑场地上有公认的历史建筑或者属于自然保护法规保护的地区，也会对设计产生重要的影响。

综上所述，商务旅游依赖于各种各样复杂的物质基础设施，良好的设计对于所有的商务旅游物质基础设施的成功，具有至关重要的意义。就未来商务旅游物质基础设施的发展趋势看，似乎存在着一种不可调和的矛盾，即一方面随着全球化进程的发展，物质基础设施国际化与标准化的速度似乎也在不断地加快；另一方面可持续发展的理念又要求人们在设计和建设物质基础设施时强调地方独特性和本地特色的重要性。这就需要产生这样一种设计风格，即以丰富的想象力竭力将本地传统的建筑要素和建筑材料与现代设计理念和建筑技术结合起来的设计风格，唯有如此，才能克服物质基础设施国际化与标准化带来的风险，使商务旅游物质基础设施的设计和建设朝着健康的方向发展。

【本章小结】

物质基础设施是促成商务旅游顺利开展的重要保证。从宏观层面看，商务旅游物质基础设施可分为三大类型，即专供商务旅游员工和旅游者使用的物质基础设施、供商务旅游活动使用的物质基础设施及与其休闲游客共享的物质基础设施；从微观层面看，商务旅游住宿设施、会议设施和展览设施呈现出复杂多样的特点；商务旅游物质基础设施的设计应体现便利性、环保性、多功能性之特征，但要实现这一目标，必须从预算、场地、客户、法规与规划等方面想办法努力克服制约商务旅游物质基础设施设计的各种因素。

【思考与练习】

思考：

1.商务旅游物质基础设施可分为几大类？为什么所有会议中心或展览中心必须建立标志系统？

2.为什么商务旅游物质基础设施的设计目标要突出便利性、环保性与多功能性？

3.制约商务旅游物质基础设施设计目标的因素有哪些？

4.全球化背景下的国际化与标准化速度的加快会给商务旅游物质基础设施的设计带来何种负面影响？如何才能消除这种影响？

练习：

1.对你所熟悉的一处商务旅游物质基础设施的标志系统进行调查，并写出带有建设性意见的调查报告。

2.就近考察一个会议中心或展览中心，并写出一份“便利性”评估报告。

●案例一：国家工程银质奖得主——白云国际会议中心

广州白云国际会议中心坐落于著名风景区白云山西北隅，邻近广州体育馆，与鸣泉居度假村隔路相望。机场东路、白云大道、地铁2号线等多条主要干线环绕会议中心而过，20分钟可达国际机场，距市区繁华的商业中心亦只需12分钟车程。会议中心内绿树环抱，碧草如茵，鸟语花香，一片祥和安宁之象，仿如世外桃源。既选其近城市之便，亦取其恬静幽雅之适，实乃广州市区内能让阁下虽身在城中亦享自然园林之清幽，最豪华高雅的会展商旅度假酒店。

该项目由广东省、广州市及广州越秀集团共同出资，由广州白云国际会议中心项目建设办公室负责建设。总建筑面积31.6万平方米，总投资约31亿元，白云国际会议中心由A、B、C、D、E共五栋单位工程及市政道路、外网工程组成。五栋建筑分成两个功能区，其中B、C、D三栋为会议中心建筑，A、E两栋为配套酒店。会议中心设有65间大小会议室，包括2500座、1200座、500座及250座国际会议厅及大中型会议室；设有7000平方米展览厅，1000人宴会厅。配套酒店部分，其中A栋12层，E栋11层，设1110间客房，共1602个床位。工程于2006年1月15日开工，2007年4月22日完成竣工验收和移交越秀集团投入使用，项目质量目标优良，获得“国家优质工程奖”。

本工程建筑方案采取了创新的“自然景观与城市编织交融”的设计理念，秉承尊重自然的原则，挖掘所处特殊位置的潜力，诠释白云山与城市的“对话”，将自然景观与城市交融，把该项目设计成为“山中之城”。“山中之城”以城市设计理念为中心，将会议中心结合到白云山公园和未来的白云新城具有开放的视觉和实际联系的整体系统之中。该建筑能让白云新城的居民隔着会议中心仍能看到白云山的做法，体现了设计者“以人为本”的考虑。建筑独特的东西走向“视觉通廊”设计，是设计中最为突出的特点，通廊使人们在新城中随时可以观看来自白云山上的自然风光，东西走向的通廊还为会议中心的自然风降温提供了条件。

“山中之城”的设计体形由五个自由曲面体并排而立，设计理念独特、造型美观新颖、现代气色浓厚、功能合理、特色鲜明、整体性强，在国内少见。建筑外墙使用片状红砂岩的设计理念来自南越王墓中的石铠甲，石铠甲由900多片石片连缀组成，十分精致，会议中心外墙采用了约50万片的片状红砂岩拼接而成，整体效果很震撼。

建筑单体设计采用“模块式”内部结构体系，更显独特新颖。会议中心整体采用了多项国内外新技术，是一个高科技、智能化、生态化、集成化的大型系统工程。

【案例思考】

广州白云国际会议中心为何能获得国家优质工程银质奖？

实务篇

第七章 商务旅游产品营销

【本章学习目标】

通过本章学习，应了解商务旅游产品的分类与特点，了解商务旅游产品的价格构成，把握商务旅游产品营销模式，掌握形式多样的营销策略，了解商务旅游产品分销与促销的区别，掌握中国商务旅游产品开发与营销策略。

【关键概念】

商务旅游产品 价格构成 营销模式 营销策略

第一节 商务旅游产品

产品是市场的核心要素。商务旅游产品属于旅游产品的范畴，但又有自己的特点。

一、商务旅游产品的界定与分类

（一）商务旅游产品的界定

旅游产品是一种综合性产品，包括吃、住、行、游、娱和购六大要素。旅游产品是指由旅行社或旅游经营单位设计，为满足不同的旅游者在整个旅游活动中对游览、食宿、交通、娱乐、服务等项目的需求而组合的产品，即旅游目的地向游客提供一次旅游活动所需要的各种服务的总和。

按照传统的旅游产品划分方法，旅游产品可以分为四种类型：观光旅游产品（自然风光、名胜古迹、城市风光等）、度假旅游产品（海滨、山地、温泉、乡村、野营等）、专项旅游产品（文化、商务、体育健身、业务等）和生态旅游产品。如果按照这种划分，商务旅游产品当属专项旅游产品。

（二）商务旅游产品分类

商务旅游产品的构成要素非常复杂，对一个商务旅游者而言，其所需要的旅游产品涉及到交通运输、旅游机构、住宿、目的地、场所、售后服务等方面。

为商务旅游者提供方便的交通运输产品，包括两大要素：一是前往目的地的交通工具，如私人轿车、长途客车、火车、飞机、轮船、高速公路、铁路、机场和水路集散站等；二是在目的地内的交通工具，如私人轿车、出租车、公交车和地铁。

为商务旅游者提供信息服务的旅游机构产品，既有旅行社、会议、展览主办商等中介公司，也有商务旅游供应商。

为商务旅游者提供住和吃的产品主要包括如下内容：一是住宿设施，如客房设施；二是客房服务；三是饭店的公共区域；四是地点。

商务旅游目的地产品主要包括两个方面：一是为商务旅游者进行各种商务活动提供的配套服务产品；二是适应商务旅游者休闲需要的休闲产品。

场所，如会议、展览、新产品发布会等，也是商务旅游者必须购买的产品，此类产品规模的大小、位置的优劣、设施的好坏，都直接影响到产品的价格。

售后服务作为旅游产品往往被人们所忽视。其实，在现代商务旅游产品各要素中，售后服务这一旅游产品越来越为商务旅游者所重视，例如，在会议或展览结束后为与会者或参展商提供与会者或参观者的名单，把与会者提交的大会论文整理出版成论文集或把参展商的展品摄像并做成光碟，所有这些举措都将对商务旅游者产生极大的磁力。

二、商务旅游产品的性质及其特点

由于商务旅游的多样性，我们很难简单地概括商务旅游产品的性质。比如说，单独出差的商务旅游者会将自己经常使用的交通和住宿等服务以及旅游目的地提供的一般设施视为商务旅游产品，而参加会议的团体商务旅游者则有可能将会议中心本身视为商务旅游产品中最重要的环节。同样，参展商最看重的可能是展览设施。

然而，虽然我们难以简单地概括商务旅游产品的性质，但我们还是可以推断出商务旅游产品的某些特点。

其一，商务旅游产品销售的多元化特征。在商务旅游产品构成要素中，其中一些要素可以单独销售，如出售给单独商务旅行者的饭店客房或航空公司的机票，但也可组合出售，如在有些情况下，中介公司为消费者同时组合产品的各种要素，如包价奖励旅游。

其二，商务旅游产品的构成要素独特。在商务旅游产品构成要素中，有的与商务旅游关系密切，有的则与商务旅游没有多大关系。以会议中心为例，在会议中心产品中，除了设施、品牌知名度、服务要素与商务旅游有关系外，其他构成要素很少或者说没有联系。因此，对类似会议中心这样的产品进行营销时，需要综合所有这些要素来为顾客创造一次令人满意的体验。

其三，商务旅游产品的复杂多样性。即使是同一类商务旅游产品，也会因为一些公司千方百计使本公司的服务与其他同行的服务有所不同而变得复杂化。比如说，对于商务旅行者来说，饭店的客房不仅仅是个睡觉的地方，而且还应该是办公室的延伸。《商务旅行家》1999年4月发表了一份调查，对一些世界顶级的饭店作了比较，发现这些饭店为商务旅行者提供的产品无论名称还是客房标准方面都存在较大的差异，如凯悦饭店为商务旅客提供的产品名称叫商务计划，产品的具体内容包括每间客房配备一张大办公桌，配有传真机、有电脑接口的电话线及较好的照明，免费拨打本地0800电话及信用卡查询电话，24小时打印、复印和办公用品服务。洲际饭店为商务旅客提供的产品名称叫商务客房，产品的具体内容包括卤素台灯和咖啡机等设施。万豪饭店为商务旅客提供的产品名称叫工作客房，产品的具体内容包括工作客房配备综合工作区，其中包括一张书桌和移动写字台，桌面上安装两个电源插座和调制解调器插孔，还配有可移动工作灯和人体工学座椅。喜来登饭店为商务旅客提供的产品名称叫智能客房产品，具体内容包括所有的客房都配有传真机、复印机、打印机并配有调制解调器插孔的双向扬声电话、大型办公桌、便于使用的电源插座、可调节台灯和人体工程学座椅。其他的服务包括为早上退房的客人提供热咖啡和点心、当日报纸以及为客人传递接收到的信息等（商务旅行家，1999）。

其四，商务旅游产品以满足游客需要为主要目标。为商务旅行者提供服务的那些公司总是千方百计地使本公司的服务与其他同行的服务有所不同，以期获得竞争优势。如饭店为商务旅行者提供的客房不仅仅是个睡觉的地方，而且还应该是办公室的延伸，又如航空公司为了吸引商务旅行者而设立专门的商务舱。

三、商务旅游产品与休闲旅游产品的联系

商务旅游产品虽然有自己独立的特点，但与其他旅游产品如休闲旅游产品有着诸多共同之处。这些共同点主要表现在如下几个方面：

其一，从有形产品与无形产品所占比例看，后者大于前者。旅游产品是以目的地活动为基础的有形和无形产品的要素组合，与其他旅游产品一样，商务旅游产品虽然存在着一些有形产品，但大部分是无形产品。如一个会展商务旅游者，在参展的过程中所使用的会展场所是有形产品，而该场所为其提供的服务以及管理等是无形产品；在业余时间旅游的过程中所看到的美丽风景是有形产品，而其在旅游时感受到的当地文化、民俗风情、所受到的热情服务等是无形产品。可见，从体验的角度看，旅游本来是一种无形产品，是人的一种心理感应。

其二，从产品要素组合和相互关系看，两者都由交通、住宿以及餐饮等不同的产品要素组合而成，且两者产品的各要素之间均存在着相互依赖的关系。例如，如果飞机晚点，那么旅行者也许就无法使用预订的饭店服务了。

其三，从所购产品的所有权看，两者的大多数购买只赋予消费者共同使用权，如消费者必须同他人共同使用飞机、饭店和餐馆等，并且无权限制他人的使用。此外，大多数购买只赋予消费者临时的使用权，如他们只能在特定的日期乘坐特定的航班，或者在特定的一段时间内住在饭店里。

其四，从消费产品的程序看，两者的消费者都必须前往产品所在地，而不是将产品送到消费者那里。

其五，从消费者的角度看，两者都是一种体验性产品。无论是商务旅游还是休闲旅游，其消费者的旅游体验都经历了三个阶段，即活动发生之前的“预期阶段”、活动发

生过程中的“消费阶段”和活动发生之后的“回忆阶段”。此外，两者的消费者的旅游体验都由如下两组要素构成，即由供应商决定或影响的要素，如饭店的会议室；与不是由供应商决定或影响但却足以影响此次经历的要素，如天气以及去机场的道路状况等。

第二节 商务旅游产品价格

价格也是商务旅游市场营销组合的构成要素之一。旅游价格是旅游经营者和旅游消费者双方是否交换成功、旅游产品的使用价值和价值是否能够实现的重要因素。商务旅游产品价格属于旅游产品价格的一种类型，但它比一般旅游产品的价格呈现出更加复杂的特点。

一、旅游价格的构成与分类

旅游价格是旅游者为了满足旅游活动的需要所购买的旅游产品的价格，是旅游产品价值的货币表现形式，是旅游产品价值、旅游市场的供求和一个国家或地区的币值三者变化的综合反映。在市场经济中，一方面旅游活动的商品化是必然结果，旅游者食、住、行、游、购、娱等需求必须通过交换活动，通过支付一定的货币量才能获得满足。另一方面，旅游经营者在向旅游者提供旅游产品时，必然要求得到相应的价格补偿，于是在旅游者与旅游经营者之间围绕着旅游产品的交换而产生了一定货币量的收支，这就是旅游价格。从旅游经营者的角度看，旅游价格又表现为向旅游者提供各种产品和服务的收费标准。

旅游价格主要以两种形式存在于旅游市场：一为单项旅游产品，二为组合旅游产品。

单项旅游产品是指旅游者在旅游活动中所要涉及的住宿、餐饮、交通、娱乐、购物等当中的某一项，由成本和盈利两部分构成。

成本是生产单位产品所需费用的总和，旅游产品的生产成本包括三部分内容：第一部分是提供旅游服务所凭借的旅游接待设施设备、交通运输工具、建筑物以及各种原材料、燃料、能源等的成本；第二部分是旅游企业从业人员的工资，它们是旅游从业人员提供劳务的价值补偿，是活劳动的耗费部分；第三部分是旅游企业的经营管理费用，是企业在生产经营活动中必须支付的一定费用。需要指出的是，旅游产品价格中的生产成本，是指生产同类型旅游产品的社会平均成本。生产同种类型旅游产品的众多企业中，由于各种各样的原因，他们所生产产品的个别劳动耗费是不一样的，导致旅游产品的价值有高有低，但在市场上，价格中的生产成本只是该产品一定时期内的社会平均成本。

盈利是旅游产品价格扣除成本的剩余部分，是旅游从业人员为社会劳动新创造的价值部分。它包括向政府交纳的税金、贷款利息、保险费用和旅游产品经营者的利润。税金是纳税人依法向国家纳税的金额，利润则是企业获得的收入中扣除成本、税金、贷款利息及保险费后的余额。一般情况下，利润与价格是成正比的，价格水平越高，企业所获得的利润就越多。

组合旅游产品又称线路旅游产品。该产品是旅游经营者，如旅行社把多个单项旅游产品组合在一起提供给旅游者的，其价格是由购进成本加上旅行社的自身经营成本和利润构成。其中，旅行社在组合旅游产品时，用于购买各单项旅游产品的费用之和，称为旅行社的购进成本或代办费。由于这些交通费、餐饮费或住宿费是由旅行社批量代办的，所以旅行社的购进费用总是要比旅游者分别、多次购买后的总费用低。

二、 商务旅游产品的价格特点

与其他旅游产品价格比较，商务旅游产品价格有着诸多自身的特点，这些特点既体现在它的复杂性，也体现在地域差异上，还体现在价格波动、市场价值的价格销售等方面。

其一，商务旅游产品价格的复杂性。商务旅游产品价格最为突出的特点是它的复杂性。造成这种特点的主要原因在于商务旅游产品价格具有综合性的特征。

其二，从地域空间的角度看，同一种商务旅游产品的价格在不同的地域呈现出差异。如同一种产品的价格在世界各地之间差异很大。据《商务旅行家》杂志调查显示：在赫尔辛基，有500人参加的一日无住宿会议需要9745英镑，其中包括场地租金、午餐、两次会议间休息时的茶水或咖啡费用以及所缴纳的税费；可是同样的会议在哥本哈根则需要1.91万英镑（商务旅行家，2000）；同样，即使在同一个国家的不同地区之间也可能存在着巨大的价格差异。例如，在中国，中西部与东部、东南部，内地与香港、澳门的商务旅游产品价格就存在着较大的差异。

其三，商务旅游价格是波动的。大多数商务旅游消费者并没有按实际标价付费，在饭店住宿和购买机票方面尤其如此。如在广州，商务旅游者在广交会期间所付的酒店房费比日常门市价要高出2~3倍，有时甚至高达5倍，但在平时他只需付酒店客房门市价的50%~80%就行。

其四，商务旅游价格打折的做法相当普遍。这种打折往往随着季节性、业务量或顾客是否经常使用某项产品或服务等标准而打折。

其五，商务旅游产品的一些要素会以低于市场价值的价格销售。例如，一些城市为将会议吸引到本地来举办，给本地区带来间接效益，将会议场所以低廉的租金甚至是零租金出租给会议主办商。

其六，商务旅游价格受目的地的各类要素影响。目的地通常不会因为游客进入其所属的旅游胜地、城市或地区以及使用那里的设施，如海滩、公园甚至气候等而向他们收取费用。但是目的地的各类要素有可能会是影响选择会议举办地点或包价奖励旅游地点的重要因素。

第三节 商务旅游产品营销

商务旅游产品既有与其他旅游产品相同的营销模式，也有自己独立的产品营销模式，其营销策略也是如此。

一、商务旅游产品营销模式

与其他旅游产品一样，商务旅游产品也有多种营销模式。其中最为常见的有直销模式、品牌营销模式、文化营销模式、网络营销模式、全球地方化营销模式、体验式营销模式等等。

（一）直销模式

直销是指以面对面且非定点的方式销售商品和服务，直销者绕过传统批发商或零售通路，直接从顾客处接收订单。在非直销模式中，有两支销售队伍，即制造商到经销商，再由经销商到顾客。而直销模式是通过简化、消灭中间商，来降低产品的流通成本并满足顾客利益最大化需求。

商务旅游企业或公司要进行直销，首先必须透彻研究顾客需求，而不是竞争对手，通过细分市场和提供异质化产品来切入市场；其次要增加直销的触角，与顾客保持互动，如网上直销、电子商务、DIY订单接纳、电话直销等；再就是要有科学管理直销团队的方法，确保销售团队高效运转。

直销最关键的环节是减少流通环节，提供满意产品。通过DIY接受订单，采用OEM虚拟经营，贯彻6∑原则，采用C to P（公司对个人）或P to P（个人对个人）的服务模式不断丰富直销的内涵。在充分了解国家法规、市场特性的情况下采用合理的直销方法，不纯粹模式化，从而为直销企业永续经营保驾护航。

【相关链接】安利公司的直销模式

安利的销售模式是多层次直销，简单地说，就是“人员直销，多层次奖金制度”。做安利的收入情况是：

（1）20%顾客服务奖；

（2）3%~21%销售提成（另加3%~6%浮动奖金）；1%领导奖，下面一个团队一个月销售额达8万元提成可以得到1%的奖金，下线的下线的团队达到8万可获得提成；

（3）银章（也就是高级营业主任DD），月收入6000~8000元；

（4）金章，月收入10000元以上；

（5）翡翠，月收入2万~3万，年底分红33万；

（6）钻石，年底分红79万；

（7）行政钻石，年底分红150万；

（8）2、3、4、5钻，收入比钻石翻倍；

(9) 皇冠，怎么也几百万上千万的收入吧。

1995年，安利模式在内地传销大军的肆虐下被曲解了。在政府传销禁令下，安利变革了新的营销模式，在按照直销法规要求全面完成服务网点核查报备等法定程序后，安利（中国）于2007年8月1日起在获批直销经营许可的地区正式启动直销业务。此时的安利已建立“直销、店销、经销”的营销模式，与安利海外模式大相径庭。于是，我们看到安利在各地不断地开店铺，电视里也播放着安利广告。

（二）品牌营销模式

品牌营销是指企业通过利用消费者的品牌需求，创造品牌价值，最终形成品牌效益的营销策略和过程。世界著名广告大师大卫·奥格威就品牌曾做过这样的解释：“品牌是一种错综复杂的象征，它是品牌属性、名称、包装、价格、历史声誉、广告方式的无形总和。品牌同时也因消费者对其使用的印象，以及自身的经验而有所界定。”品牌营销的关键点在于为品牌找到一个具有差异化个性、能够深刻感染消费者内心的品牌核心价值，它让消费者明确、清晰地识别并记住品牌的利益点与个性，是驱动消费者认同、喜欢乃至爱上一个品牌的主要力量。

当前，商务旅游产业正经历从卖方市场转变为买方市场，产业增长方式从数量规模型向质量效益型转变。在这种变革过程中，品牌作为一种重要力量，对商务旅游市场作用巨大。一个有影响力的品牌可以征服消费者，取得越来越大的市场份额，这种现象已在家电、服装等领域中充分表现出来，未来的商务旅游市场也离不开这一品牌制胜的市场竞争规律。在中国，能与国际商务旅游企业竞争的品牌还不多，如在会展业，已经成形的知名会展有广交会、药交会、红方块科博会等，因此，就商务旅游企业而言，眼下最为重要的是创造和培育出更多的品牌，并形成以品牌形象和价值为核心的竞争力，这样才能使品牌营销实实在在运转起来。

（三）网络营销模式

网络营销，是指企业以电子技术为基础，以计算机网络为媒介和手段，进行各种营销活动的总称。

随着时代的进步、互联网的快速发展和激烈竞争，网络营销在当今社会愈发重要起来，也更加成为企业生死的重要命脉，进而带动营销的拓展。

随着互联网技术的不断发展，网络营销也在商务旅游企业如会展业悄然兴起，并发生了深刻变化。目前会展网络营销方法有很多，最常见的有搜索引擎、网络广告、文章信息的发布、邮件营销、会员制营销、病毒性营销等等。由于网络营销可以快速提高企业形象，增加企业知名度，给企业带来巨大的无形资产和大量的客户群，因此，会展业对互联网的重视程度也逐步加深，不仅通过网络进行广泛展览宣传，而且在网络上和参展商、专业观众进行互动式交流，及时发现服务中的缺陷并迅速改进；开辟网上展览业务，用专业的“展务通”为参展商和专业观众的洽谈、交易提供全天候的纽带服务，以个性化的产品、方案与服务来提高客户满意度，改善市场销售状况，有效降低渠道成本，提高企业盈利能力。

目前，不少国外著名展览公司，如德国慕尼黑展览公司、法国爱博展览集团、美国克劳斯展览公司等大力抢占中国市场，竞争非常激烈，在此种情况下，正处于预成熟期的中国展览业的展会运作应以市场为导向，以参展商和专业观众需求为导向，更加注重网络营销，只有这样才能在竞争中立于不败之地。

（四）文化营销模式

文化营销指的是企业（或组织）以文化为主体进行营销的行为模式。有道是："言之无文，行而不远；企之无文，行而不久。"意即在企业发展过程中，缺少文化营销是难以取得长足发展的。文化营销强调企业的理念、宗旨、目标、价值观、职员行为规范、经营管理制度、企业环境、组织力量、品牌个性等文化元素，其核心是理解人、尊重人、以人为本，调动人的积极性与创造性，关注人的社会性。商务旅游企业以及它们所进行的活动与文化紧密相联，无论是在某一国家举办大型国际会议如奥运会、博览会，还是举办大型展览如广交会，都深深烙上了举办国家文化的烙印。

商务旅游企业运用文化营销模式，应该凸显"两化"，即个性化（企业自己的声音）、人性化（符合、满足人的精神需求）和"三性"，即社会性（充分挖掘社会文化资源并回归社会）、生动性（营销技术要灵活、创新、形象、易传播）和公益性（营销活动必须对社会公众有益，将文化有机融进营销，就像将钻石镶进白金戒指，形成1+1>2的社会价值）。

（五）全球地方化营销模式

信息技术的飞速发展，全球一体化进程的推进，催生了全球地方化营销模式。全球化营销是指在各国市场具有相似性和规模经济性的前提下，采用统一的标准化营销策略进行营销；地方化营销则是指针对各个地方市场的不同需求量身定制相适应的营销策略进行营销。两者结合构成全球地方化营销模式，这是一种"全球化思考、地方化行动"的战略营销模式。

商务旅游企业，尤其是国际商务旅游企业，运用此模式进行产品营销，能获得良好营销效果。要想获得全球地方化营销的成功，第一步也是最关键的一步就是仔细研究各个市场，找出不同市场的共性与差别。但在不同国家实施时应作适当的调整，从而满足各个市场的不同要求以占领更多的市场。以宝马为例，宝马集团在经过周密的市场调研后，把顾客要求分为三大类：一类是对每个国家的细分市场中的所有驾车人都同等重要的特性，即全欧洲通行的要求；二是对某个国家的所有驾车人都同等重要的标准，这样就形成了国别差异；三是对所有国家中某些驾车人同等重要的特性，由此构成了不同的目标群体。接下来，宝马针对以上三个分类分别采用提供统一的欧洲式样、量国裁衣和因人着色三种不同的策略，大大提高了宝马品牌在欧洲市场上的竞争力。后来，宝马公司又将全球地方化营销模式运用到了北美市场和日本市场，也同样获得了巨大成功。

中国地域广阔，人口和民族众多，各地经济发展不平衡，这不仅为全球地方化营销提供了良好的平台，而且全球地方化营销还大有进一步演变为全国地方化营销的趋势。

（六）体验式营销模式

体验营销是指企业通过采用让目标顾客观摩、聆听、尝试、试用等方式，使其亲身体验企业提供的产品或服务，让顾客实际感知产品或服务的品质或性能，从而促使顾客认知、喜好并购买的一种营销方式。这种方式以满足消费者的体验需求为目标，以服务产品为平台，以有形产品为载体，生产、经营高质量产品，拉近企业和消费者之间的距离。

在传统的营销理念中，企业只强调“产品”，但是合乎品质要求的产品，消费者又不一定满意。现代的营销理念强调客户“服务”，然而即使有了满意的服务，顾客也不一定忠诚。未来的营销趋势将崇尚“体验营销”，企业只有为客户造就“难忘的体验”，才会赢得用户的忠诚，维持企业长远发展。

从宏观上看，体验式营销是社会高度富裕、文明、发达的产物。从微观上看，体验营销的兴起是由于企业对产品及服务在质量、功能上已做得相当出色，以至于顾客对特色和利益已经淡化而追求更高层次的“特色和利益”，即“体验”。

一般来讲，体验可分为两类：一种是消费者在其心理和生理上独自的体验，即个人体验，例如感官、情感、思考；另一种是必须有相关群体的互动才会产生的体验，即共享体验，例如行动、关联。五种体验模块在使用上有其自然的顺序：感官—情感—思考—行动—关联。“感官”引起人们的注意；“情感”使体验变得个性化；“思考”加强对体验的认知；“行动”唤起对体验的投入；“关联”使得体验在更广泛的背景下产生意义。

体验式营销可用于商务旅游中的展览旅游和奖励旅游，如在汽车展中，商务客人可进行体验式车驾。实践证明，体验式奖励旅游深受游客的欢迎。

二、商务旅游产品营销策略

商务旅游产品营销策略是指商务旅游企业为取得产品营销预期成果而采取的一些营销措施与技巧，它是各种营销方式的具体运用。任何一项成功的营销都是灵活巧妙地运用营销策略的结果。一个优秀的营销员必须熟悉各种营销措施与技巧，学会在各种情况下正确运用营销策略，以达到自己的营销目标。

商务旅游产品营销策略与其他任何一种产品营销策略一样，种类繁多，作用各异。归纳起来主要有如下几种。

（一）差异化产品营销策略

差异化产品营销策略，是在市场细分的基础上，针对目标市场的个性化需求，通过品牌定位与传播，赋予品牌独特的价值，树立鲜明的形象，建立品牌的差异化和个性化核心竞争优势。其核心思想是“细分市场，针对目标消费群进行定位，导入品牌，树立形象”。依靠差异化营销策略取得成功的案例很多，如2007年寒假，国内

PC老大联想启动差异化营销策略。联想主打“组合拳”，将“用户体验”理念彻底地深入到产品营销各个层面，展开以“创逸生活，引领非凡体验”为主题的体验活动和“创意+动力 笔记本冬季大促销”活动相结合，以体验营销方式结合产品促销，吸引消费者参与，并借互动活动，促使消费者接受品牌传递的信息，结果大获成功。

（二）创新营销策略

营销创新是指根据营销环境的改变，或者根据预见的将会发生的变化，结合企业自身的资源条件和经营特色，寻求营销要素某一面或某一系列的变革或突破，且这些变革和突破是竞争者从未使用过的或在特定市场中是崭新的，能否最终实现营销目标是衡量营销创新成功与否的标准。商务旅游企业营销创新策略一般包括理念创新、主体创新、手段创新和内容创新。这四个方面是相辅相成的，其中，理念创新是基础，手段创新是关键。营销创新离不开创新理念的指导，只有在新的理念指导下，营销活动才有可能突破传统的、不适应新形势的新模式，比如，展览活动只有树立“从服务参展商到服务观众”、“从国内营销到全球营销”、“从大众营销到品牌营销”的新理念，才能使展览企业在变化中成长。营销主体创新内容包括：紧密型的董事形式或松散型的联合形式、大力宣传自身的办展环境、加深人们对展览营销主体的认识等。营销手段创新指的是采取一些新颖的营销方法以吸引那些早已对常见的营销手段司空见惯的受众，如运用网络营销、目的地营销、整合营销、一对一营销等各种新技术和新的理论研究成果，创造性地运用常见的营销手段，如展览公司为招徕观众可将发邀请函给相关专业领域内人士的常用办法，改为与旅行社、体育场等合作，以商务旅游作为卖点，在邀请函中附加特别内容，以求抵消远途劳顿的负面效应，从而提高观众前来观展的兴趣。营销内容创新可从强调服务、主题创新、产品创新等方面运作，以达到企业赢利之目的。

（三）渠道扁平化营销策略

在竞争日益激烈、买方驱动的市场中，商务旅游企业不仅应通过渠道扁平化获取成本优势，还必须通过实现渠道扁平化来加强对目标市场的了解和控制，增强企业的竞争能力，因此，渠道扁平化已成为本土企业的必然格局，依靠单一渠道制胜的时代已成为过去。渠道扁平化营销策略是指商务旅游企业通过多元化渠道，在适当的时间，把适量产品送到适当的销售点，并以适当的陈列方式将产品呈现在目标市场的消费者眼前，以方便消费者选购。娃哈哈公司创立之初，限于人力和财力，主要通过糖烟酒、副食品、医药三大国有商业主渠道内的一批大型批发企业，销售公司的第一个产品儿童营养液。随着公司的稳健发展和产品多元化，其单一渠道模式很快成为企业的销售瓶颈，于是娃哈哈尝试建立“联销体”制度。首先，娃哈哈自建销售队伍，拥有一支约2000人的销售大军，隶属公司总部并派驻各地，负责厂商联络，为经销商提供服务并负责开发市场、甄选经销商。其次，娃哈哈在全国各地开发1000多家业绩优异、信誉较好的一级代理商，以及数量众多的二级代理商，确保娃哈哈渠道重心下移到二线、三线市场。这充分保证了娃哈哈渠道多元化战略的实施。最后，娃哈哈针对多种零售业态，分别设计开发不同的带有“复合”性质的营销渠道模式：对于机关、学校、大型企业等集团顾客，厂家上门直销；对于大型零售卖场及规模较大的连锁超市，采用直接供货；对于一般超市、酒店餐厅以及数量众多的小店，由分销商密集辐射。这种“复合”结构既能够有效覆盖，又能够分类管理，有利于在每种零售业态中都取得一定的竞争优势。娃哈哈通过与代理商之间建立一个共同经营产品的渠道体制，从而使厂家、经销商到终端每个环节的利益和义务都得到明确，大大促进了公司的快速发展，堪称由单一化渠道成功转型为多元化渠道营销战略的典范。

（四）低成本营销策略

低成本营销，顾名思义就是力争用尽可能小的投入来获取最大可能的产出回报，让有限的资金通过营销手段和市场资源的充分整合，裂变成巨大的核能效应。市场作为一只看不见的手，时常处在不断变化、跌宕起伏的状态之中。如进入新世纪之后，繁荣的商务旅游市场由于2008年的金融危机风起云涌，在全球经济低迷的状况下，几家欢乐几家愁。资本雄厚的商务旅游企业或许可以一掷千金，呼风唤雨，而“家境清贫”的商务旅游中小企业要想突围摆脱困境，办法只有一个，那就是推行低成本营销策略。谷歌（Google）在上世纪末，只是一个只有十几个员工的小企业，短短十年时间，它成为了全球市值最高的互联网公司。谷歌取得巨大商业成就的原因很多，其中坚持“用户低成本营销”的策略为顾客提供信息服务，乃是其取得成功的重要原因之一。

（五）功效优先策略

功效优先策略指的是在营销时要优先考虑产品的质量及功效优化。营销实践已经证明，任何营销要想取得成功，首要的是要有一个功效好的产品。因此，市场营销第一位的策略是功效优先策略，即要将产品的功效视为影响营销效果的第一因素，优先考虑产品的质量及功效优化。由于国人购买动机中列于首位的是求实动机，因此，此策略更适合在中国商务旅游企业中运用。

（六）价格适众策略

价格适众策略包含的内容有三：一是产品的价值要与同类型的众多产品的价位相当；二是确定销售价格后，所得利润率要与经营同类产品的众多经营者相当；三是产品的价位要得到产品所定位的消费群体大众的认同。产品的价格定位，也是影响营销成败的重要因素。中国消费者普遍都有求实、求廉的心理，追求“物美价廉”的消费观，价格高低直接影响他们的购买行为，因此，此策略也适合中国商务旅游企业在实际的营销活动中运用。

（七）品牌提升策略

品牌提升策略是指通过改善和提高影响品牌的各项要素及以各种形式的宣传提高品牌知名度和美誉度，从而达到促进品牌销售更上一层楼的销售策略。提升品牌，既要求量，同时更要求质。求量，即不断地扩大知名度；求质，即不断地提高美誉度。

（八）终端包装策略

终端包装策略是根据产品的性能、功效，在直接同消费者进行交易的场所进行各种形式的销售宣传。终端包装形式多样，既可采取在终端张贴介绍产品或品牌宣传画的销售形式；也可在终端拉起宣传产品功效的横幅、悬挂印有品牌标记的店面牌或门前灯箱、广告牌等；还可对终端营业员进行情感沟通，影响营业员，提高营业员对产品的宣传介绍推荐程度，因为调查显示，20%的保健品购买者要征求营业员的意见。

（九）网络组织策略

网络组织策略，就是根据营销的区域范围，建立起稳定有序的相互支持协调的各级营销组织。众所周知，我们已经进入了网络英雄时代！不少企业依靠网络营销赚了大钱，例如，深圳红叶杰科技有限公司董事长李贵宾听了网络营销课程后深受启发，回去后立刻实践了学到的3招：首先做了百度和谷歌推广，其次向B2B行业网站推广，最后建立自动成交型网站。没想到就是这简单的3招给其公司带来了革命性的改变！之前集硅胶和硅橡胶的研发、生产、销售于一体的科技公司的外贸业绩是零，用了这3招之后，在两年多的时间里，该公司产品出口65个国家和地区，外贸业绩至少翻了20倍！如在俄罗斯只投入2万的网络推广费，1年就能带来4000多万订单。特别是2008年金融危机的时候，该公司外贸业绩反而提升了300%！到2010年左右，该公司通过网络累计接单已超过两个亿！实际上，该公司之所以能施展出这三招，至关重要的是建立了规模适度而且稳定的营销网络组织。

（十）动态营销策略

商务旅游与其他旅游活动一样，其市场构成要素总数是处在不断的变化之中，因此，在营销活动中有必要运用动态营销策略。动态营销策略是指要根据市场中各种要素的变化不断地调整营销思路，改进营销措施，使营销活动动态地适应市场变化。动态营销策略的核心是掌握市场中各种因素的变化，而要掌握各种因素的变化则先要进行调研。

（十一）产品生命周期营销策略

产品生命周期营销策略是指根据产品生命周期不同阶段的特点进行产品营销。

在产品生命周期的萌芽期，商务旅游企业针对顾客不了解新产品这一特点，应采取下列措施进行营销；广告宣传重点介绍产品的性能和特点；产品销售选用较高信誉的中间商代理，并采用度销试用、上门推销、节日推销等方式；产品定价要么定高价，以先声夺人，要么以低价渗透；目标市场的选择采取无差异的市场营销方法，以探求市场需求和潜在的客户；产品生产应进一步优化产品设计和加强管理，以提高产品质量和降低成本。

在产品生命周期的成长期，商务旅游企业针对顾客对产品基本熟悉这一特点，应采取下列措施进行营销：广告宣传以宣传产品转为宣传商标为主，以树立产品的市场品牌形象；产品销售重点放在不断开辟新的市场、寻求新的客户上以扩大市场份额；

产品定价采取降价销售方式或者在提高产品质量的基础上提高价格，以避免竞争降价给企业带来损失；目标市场的选择宜采用差异和集中性营销策略，以满足不同细分市场的需求，巩固市场地位；产品生产立足于提高产品质量，降低成本，提高产品功能，增加新的规格、款式，以满足顾客的不同需求；做好售后服务，以优质服务吸引顾客和赢得市场。

在产品生命周期的成熟期阶段，商务旅游企业针对产品性能、质量大幅度提高而市场趋于饱和、利润开始下降这一特点，应采取下列措施进行营销：广告宣传变以往产品和商标的宣传为企业形象宣传，提高品牌竞争力；产品销售应以厂家直销、上门推销等方式为主，同时加强售后服务，增加服务项目和质量；产品定价以低价销售为主，以廉取胜；目标市场选择应采取差异性和集中性市场营销策略；产品生产应注重改变产品性能，根据消费者的质量评判标准而变化，提高质量，做到精益求精，降低成本以取得价格竞争优势，创新产品性能以取得产品的竞争优势。

在产品生命周期的衰退期阶段，商务旅游企业针对产品不能满足顾客的需求、销售量明显降低、价格大幅度下降，利润很少甚至亏损这一特点，应采取及时降价销售原有的产品延缓销售量下降的速度，并开发或升级换代产品等措施，以确保企业生存下去。

（十二）营销进攻方略

在当今竞争激烈的社会里，营销活动不可避免地会遇到竞争对手，要想战胜对手，使企业能够生存和发展下去，必须掌握最基本的营销进攻方略。一般说来，企业的营销进攻方略可从如下几个方面入手：一是知己知彼、百战不殆。与竞争对手过招，知己知彼是关键。企业要尽可能多地获取竞争对手的信息，分析竞争对手的优劣势，以便制定进攻策略，寻找对手的薄弱环节进行进攻。二是以强攻弱、集中攻击。商战与打战一样，要讲究兵法艺术，集中优势兵力，各个击破，要在竞争对手控制的市场选择集中性攻击策略。三是快速强攻、先发制人。企业无论是在产品的卖点、媒体资源还是渠道、终端上，都要先声夺人，先发制人，才能以势压倒竞争对手。四是避实就虚、攻击软肋。与竞争对手进行交锋时，要避开正面的交锋，避其锋芒，趁虚而入，有力打击对手。五是抢位营销、量力而行。营销与作战道理一样，进攻要量力而行。唯有如此，才能让优势最终转化为胜势。

总之，商务旅游企业的成功与否，很大程度上取决于营销策略的运用。任何一种商务旅游产品要想有效地销售出去，必须运用合适的、有效的营销方法和策略，才能更好地宣传自身的产品并尽可能多地生产销售出去。商务旅游企业所生产的新产品一般属于特殊的服务产品，而服务产品的诸多特性，决定了在产品营销中必须运用相应的营销策略与技巧。

第四节 商务旅游产品分销与促销

分销与促销是构成商务旅游市场营销组合的要素之一。虽然两者有所区别，但随着同时提供信息和购买机会的互联网的出现而界限变得越来越模糊。

一、商务旅游产品分销

分销相对于批发是一个时髦的概念。分销和批发是相对的，是从管理和计划的角度对商家的定义。所谓的分销是分着来销。分销这一概念考虑到了销售过程中下家的情况，已经不是盲目销售，而是有计划地销售。分销商是指那些专门从事将商品从生产者转移到消费者的活动机构和人员。

（一）分销的渠道

分销渠道一般有五种形式：生产者消费者、生产者零售商消费者、生产者批发商零售商消费者、生产者代理商零售商消费者、生产者代理商批发商零售商消费者。

影响分销渠道选择的因素有四：一是产品因素，包括产品的价格、产品自然生命周期、产品的体积和重量、产品的式样和花色、产品的技术复杂程度和服务要求、产品与人民生活相关程度、产品的市场生命周期；二是市场因素，包括潜在消费者数量的多少和地区分布、消费者购买模式和习惯、市场规模和发展趋势、零售商规模大小和购买数量、市场上竞争者使用分销渠道的种类、季节性和节日产品；三是企业自身因素，如企业自身的条件、能力和需要；四是社会环境因素，即政治、经济、自然环境以及国家的有关法律、法规，是选择分销渠道时必须考虑的。

（二）商务旅游分销的渠道

商务旅游分销渠道与其他旅游形式一样，有直接渠道与间接渠道、长渠道和短渠道、宽渠道和窄渠道、多渠道和单一渠道之分。但不管其分销渠道如何多种多样，分销渠道策略一般有如下三种形式：

一是广泛分销策略。生产者尽可能多地通过那些负责的、能胜任的批发商、零售商或代理商推销其产品，尽量使产品能广泛地和消费者接触，方便消费者购买。

二是有选择的分销渠道策略。生产者在特定的市场里选择几家批发商或零售商经销其产品，如采取特约经销或代销形式把经销关系固定下来。

三是独家经营的分销策略。生产者在特定的市场区域内仅选择一家批发商或零售商经销其产品，双方一般要协商签订独家经销合同，规定经销商不得经营竞争者的同类产品，生产者不得把同类产品委托当地区域内的其他经销商经营。

（三）商务旅游分销的特点

商务旅游分销与其他旅游类型的旅游形式相比，其特点有如下两点。

一是分销与商务旅行者购买所需产品的方式有着密切的关联，即一方面顾客既可以购买全套旅游产品（如包价奖励旅游），也可以购买单独的旅游产品（如机票、场所或住宿等）；另一方面顾客既可以直接购买产品，也可以间接购买产品，即借助于专业中介公司的服务购买产品。

二是分销和促销之间的界限变得越来越模糊。正如发生在其他旅游领域里的情况那样，互联网已开始在商务旅游的分销领域里发挥着重要的作用。由于互联网可以同时提供信息和购买机会，所以营销组合中的2P即分销和促销之间的界限变得越来越模糊了。

（四）分销的作用

做好分销，并保持分销流程一体化、科学化运作，是当今市场营销制胜的关键。

比如分销巨人“宝洁”公司，在中国乃至世界的成功，很大程度上归功于其分销及其分销一体化的成功。

在实际的分销过程中，宝洁公司非常注重分销过程的网络化、系统化、统一化与标准化，并把建立具有分销力、执行力、深入细分的分销网络作为首要工作目标。因为宝洁明白，一流的产品、一流的服务、一流的品牌策略、一流的品牌形象，如果没有与消费者沟通的分销渠道或接触机会，销售额将永远是零。此外，宝洁公司在执行分销一体化策略的过程中不仅把分销商看成是客户，同时更把分销商看成是一个分销平台，并通过人性化的分销模式，为其培训销售代表，这为宝洁公司的一体化分销与一体化执行提供了必要的基础。

二、商务旅游产品促销

对于促销，不少人往往将其等同于营销。其实，促销只是营销的外在形式，是市场营销诸多组合要素中的一部分。

商务旅游产品的销售离不开促销。在商务旅游领域，无论是供应方还是中介方，无论是商务旅游企业还是公司，都会综合运用促销方法制定其促销策略。

（一）互联网促销

现代科学技术的发展极大地促进了商务旅游产品销售方式的变化。由于互联网具有多重功能，即既可以提供信息、预订服务，还可以提供购买机会，因而成为商务旅游产品销售的重要渠道。现代商务旅游发展演进的历史已经证明，建立在互联网平台上的全球分销系统，无论对国内商务旅游还是对国际商务旅游，都具有极其重要的影响。事实上，在当今世界里，任何形式的商务旅游产品，要想大规模地跨地区、跨国界进行销售，都必须借助全球分销系统这一重要的渠道，否则商务旅游产品将不能形成规模销售效应。2000年，《会议和奖励旅游》杂志发表的一份读者调查显示，已经有35%的读者愿意通过互联网预订旅行和住宿，15%的人认为会议场所的网址为会议主办商提供了最有价值的信息。根据艾瑞咨询跟踪研究和统计，2007年中国网上旅行预订市场规模达22.7亿元，相比2006年增长47.5%，2008年将突破36亿元。

商务旅游业借助电子商务能够提供相应的自订行程、自助价格旅游服务。互联网的特性可以非常方便地为以自助旅游为主的商务散客提供个性化服务。互联网的兴起给商务旅游业带来了新的契机，网络的交互性、实时性、丰富性和便捷性等优势促使传统旅游业迅速融入网络旅游的新浪潮。国际互联网络的出现和迅速发展为商务旅游业的有效促销提供了最便捷的技术保障。商务旅游者通过互联网与网站取得沟通，在网上安排自己的旅游路线，提出所需的交通方式和住宿条件等，然后由网站按照其需要安排好具体行程。在利用闲暇时间旅游的过程中，商务旅游者也不再完全依赖传统的导游陪同，而是通过互联网与网站联系，随时随地获得网站为不同旅游者提供的个性化服务。这不仅可以避免参加旅行社组团旅游时游客要在各景点间匆匆浏览且时常"挨宰"的问题，也可以解决自助旅游中吃、住、行等方面的困难，并降低旅游费用。旅游经营机构通过互联网络可以及时了解旅游者的消费意向，有针对性地向老客户、新客户、潜在的旅游消费者、旅游批发商、旅游代理商提供旅游产品和消费信息，能够做到了解同行、竞争对手、相关行业的发展动向，并获得旅游者对旅游促销、旅游产品、旅游价格、旅游服务等方面的信息反馈。

（二）广告促销

由于广告促销通过介绍商品和服务，把有关信息传递给目标市场的消费者，希望消费者引起注意，加深对商品的认识，形成好感并产生兴趣，激发购买欲望，增强购买信心，从而有效地促进商品的销售功能，因而不少商务旅游企业都把广告宣传作为重要的促销手段。

广告促销策略一般分为四种类型：馈赠型、直接型、示范型和集中型。

1. 馈赠型广告促销策略

馈赠型广告促销策略大致可分为赠券广告、赠品广告、免费试用广告等。

赠券广告：利用报刊向顾客赠送购物券。报刊登载商店赠券，赠券周围印有虚线，读者沿虚线将赠券剪下即可持券到商店购物。赠券一般优惠供应商品。

赠品广告：将富有创新意识的，与促销商品相关的广告小礼品，选择时机在较大范围内，赠送给消费者，从而引起轰动效应，促进商品销售。如可口可乐公司制作一种印有"Cocacola"字样的小型红色手摇广告扇，选择亚运会时机赠送给观众，顿时观众席上成了一片"Cocacola"的红色海洋，极大地促进了商品销售，而每把手摇扇的成本只有0.2元。

免费试用广告：将商品免费提供给消费者，一般让消费者在公众场合试用，以促进商品宣传。例如日本东京PI广告社，设计出一项新颖的试用广告，向车迷们免费出借全新名贵跑车。每辆跑车在不同部位按照所出广告费多少贴上企业的名称。车迷们在规定时间开着车子到事先指定地点亮相替企业做广告，产生了不同凡响的广告效应。

2. 直接型广告促销策略

直接型广告促销策略大致可分为上门促销广告和邮递广告两种。

上门促销广告指促销人员不在大众媒体或商店做广告，而是把商品直接带到用户门口，当面向用户作产品宣传，并给用户一定的附加利益的一种促销方法。这种促销广告能及时回答顾客的问题，解除顾客的疑虑，直接推销产品。

邮递促销广告指促销人员在促销期间将印有“某商品折价优惠”或“请君试用”等字样，并备有图案和价目表之类的印刷品广告，通过邮局直接寄到用户家中或工作单位的一种促销方法。为了减少邮递促销广告的盲目性，企业平时要做经常性的资料收集工作，掌握用户的姓名、地址和偏好，双方保持一定形式的联系，提高用户对企业的信任感。

3. 示范型广告促销策略

示范型广告促销策略可分为名人示范广告和现场表演示范广告。

名人示范广告是让社会名人替商品做广告。例如上海蓓英时装店有一天挂出两条特大号牛仔裤，打出“欢迎试穿，合身者本店免费奉赠以作纪念”的广告词，消息传出，观者如潮。当天下午两位巨人光顾，试穿结果恰好合身，老板欣然奉赠。这两位巨人并非别人，乃是我国篮坛名将穆铁柱和郑海霞。这个精心设计的名人示范广告，产生了轰动效应。

现场表演示范广告是选择特定时间和地点，结合人们的生活习惯，突出商品的时尚功效，作公开场合的示范表演。例如日本索尼公司于1979年开发出带立体声耳机的超小型放音机的新产品，起名为“步行者”（Walkman）。当时日本盛行散步、穿旱冰鞋锻炼等室外健身活动。为了增强宣传效果，索尼公司利用这种流行的生活习惯，特地作现场表演。公司请来模特儿，每人发一台“步行者”。模特儿头戴耳机，脚登旱冰鞋，一边愉快地听着音乐，一边悠闲地在公园里往来穿行，模特儿的现场表演给公园里的游客留下了深刻的印象。此后“步行者”销售量直线上升，起到了特殊的广告效应。

4. 集中型广告促销策略

集中型广告促销策略的特点是利用大型庆典活动、赞助公益事业、展销会、订货会、文娱活动等人群集中的场合进行广告宣传。例如，1993年春，国际奥林匹克运动委员会检查团来北京考察申办奥运会情况，《人民政协报》有一则标题为“国际奥委会考察团今日到京”的广告，接着是“××公司预祝北京申办2000年奥运会成功”。这则广告给媒体受众留下深刻印象。

商务旅游企业利用广告这一手段促销，要想取得成功，必须做到如下几点：

一是做好决策。策划者在做广告宣传时，必须进行以下五项主要决策，即所谓的“5M”：① Mission任务，即广告促销的目标是什么；② Money金钱，即有多少钱可供花费；③ Message信息，即应传递什么信息；④ Media 媒体，即应使用什么媒体；⑤ Measurement测量方法，即应如何评估广告效果。

二是做好广告。广告本身不仅要做得富丽堂皇、光彩夺目，而且内容要吸引人的眼球，它既要告知消费者购买商品所能得到的好处，又要给予消费者更多的附加利益，以激发消费者对商品的兴趣，在短时间内收到即效性广告效果，从而推动商品销售。

三是运用好广告促销策略。广告促销策略是在一般营销策略的基础上，利用各种推销手段，在广告中突出消费者能在购买的商品之外得到其他利益，从而促进销售的广告方法和手段。

（三）宣传手册促销

宣传手册是商务旅游企业展示其产品内容、功能特色和灵魂的东西。因此，发放宣传手册，使游客对产品有一个直观的了解，是吸引游客非常重要的促销手段。

为了达到促销目的，宣传手册的设计要突出两点：一是要突出吸引力；二是要体现出“宣传”二字，不仅宣传其公司的产品和特色，还要介绍公司的历史渊源。如一个展览中心的宣传手册，应该以宣传展厅产品为主，通过对展厅图片进行不同方式的编排来吸引顾客，从而使人产生一种共鸣，从视觉上给人一种美的享受，通过简易的设计手法使得整个版面非常大气、空间感十足，以此在大众心目中树立一种真实的可以信赖的美好的展览中心形象。

宣传手册的内容要突出主题，如“绿色奥运”宣传手册，紧扣“绿色”这一主题，从奥林匹克运动与环境、绿色奥运在中国、绿色奥运宣传教育、绿色奥运与生态北京、公众参与绿色奥运五个方面，揭示奥林匹克运动与环境的关系，阐述中国政府对北京的环境承诺、绿色奥运理念，介绍绿色奥运宣传教育的方式方法，并提出打造绿色奥运与生态北京的具体措施以及如何发动公众参与绿色奥运的构想，对宣传绿色奥运起到了非常好的作用。

（四）行业期刊促销

行业期刊在促销产品方面也起着举足轻重的作用。随着商务旅游在世界范围内的快速发展，近二十年来，涌现出不少商务旅游行业期刊，其种类之多，可以与任何一个旅游类型相媲美。这些期刊有的针对某一个领域，比如说在展览领域，中国就有《中国会展》、《中外会展》、《第一会展》、《展贸通》、《广州会展》、《会展财富》等杂志；有的则针对全球，如《会议与奖励旅游》，就是一份面向全球的商务旅游杂志；有的针对某一个大地区，如《亚太会展与奖励旅游》，主要关注亚太地区，“刊登有关商务旅游行业的最新动态、评论以及来自公司购买者的观点，而且会经常性地刊登一些专访和案例分析”；有的则针对一个国家，如《中国会展》；有的则针对某一小地区，如《广州会展》、《澳门会展》等。由于在商务旅游行业，消费者总是在不断地寻求有关新产品和新服务的信息，而商务旅游行业期刊在消费者、产品供应商和中介公司的沟通方面具有桥梁作用，因此，在行业期刊无论是刊登新产品还是提供新服务的信息，都将对商务旅游产品的销售产生巨大的作用。

（五）个人销售促销

个人销售在商务旅游促销过程中也具有一定的重要作用，因为商务旅游是一个非常依赖人际交往技巧和互相信任的行业。个人销售主要涉及以下几个方面：一是商务旅游场所向购买者销售其产品和服务；二是航空公司和饭店向购买者和中介公司销售其产品和服务；三是奖励旅游旅行社和专业会议主办商向潜在客户销售其服务；四是电话销售与面对面的洽谈。

此外，进行销售增值推广，如给商务客房升级、展览场所打折等，也会对商务旅游促销产生一定的正面影响。

总之，商务旅游企业要想快速高效地销售产品，必须全方位地综合运用各种促销手段，即除了利用互联网等高科技手段和传统的广告宣传促销外，还必须根据商务旅游的行业特点，采取发放宣传手册、运用行业媒介等其他促销手段，从而使消费者能够记住各种品牌。

第五节 中国商务旅游产品市场开发与营销策略

中国商务旅游产品市场虽然呈现出规模巨大、市场稳定、利润丰厚、发展前景诱人的特点，但与世界发达国家相比，中国商务旅游产品市场还未完全成熟，还存在诸多不足，因此，面对中国商务旅游产品市场竞争逐渐升温的趋势，采取有效的市场开发与营销策略，不仅显得必要，而且迫在眉睫。

一、中国商务旅游产品市场开发存在的问题

就目前而言，中国商务旅游产品市场开发仍然存在下列不足。

（一）促销的力度不够

据世界旅游组织的统计，在欧美发达国家，促销投入约占国家旅游管理机构预算的56%以上。1995年，世界各国旅游管理部门总预算达到22亿美元，但促销总预算却达到12亿美元。我国用于这方面的支出十分有限，仅为周边国家的十分之一，甚至几十分之一，在一些经济不发达的地区，由于经费有限，不但无法开展对公众有影响的宣传促销，甚至连一般宣传品的供应都难以保证，极大地制约了商务旅游客源的持续增长。

（二）缺乏相关的政策法规

为了发展商务旅游中的会议旅游、奖励旅游业务，许多国家和城市纷纷立法，并采取倾斜政策，如对符合规定标准的会议组织者和计划者给予税收优惠，提供免签证等。而我国至今还没有系统完备的会议旅游、奖励旅游之法律。此外，旅游行业管理不顺，政府旅游主管部门与其他部门未进行很好的沟通协调，同时国家缺乏有关促销、税收、签证等直接影响会议旅游和奖励旅游的政策法规。

（三）缺乏市场专业人员和信息来源

商务旅游市场专业人员是商务旅游市场网络的支柱。其素质的好坏、专业水平的高低直接影响到会议旅游与奖励旅游的审办、组织、接待的成败。由于会议承办有

限，主办者为争取主办权必须经过激烈的竞争，因此大多数国家需要的都是训练有素的会议专家。在我国，这方面的专业人才少，水平参差不齐，信息来源渠道狭窄，会议信息高速公路等先进技术和设备尚未普及。

（四）对市场研究不足

商务旅游，尤其是会议旅游产品已成为许多国家和地区旅游业发展的巨大动力，不仅受到政府和主管部门的高度重视，而且还引起了学术界的广泛关注，如国外已有涉及商务旅游市场的专著问世。但在我国，自新世纪以来，尽管许多旅游企业尤其是政府主管部门对商务旅游表现出较大的关注，但由于种种原因，还尚未引起学术界足够的重视，这可从迄今国内尚无一本有关商务旅游市场营销的专著出版得到证实。在一些地方，商务旅游市场营销还缺乏相应的研究和规划。理论是实践的先导，因此，商务旅游市场营销研究的匮乏，直接影响了商务旅游市场的开发。

二、中国商务旅游产品市场开发

中国商务旅游的发展，必然会推动商务旅游市场的开发，而要想开发好中国的商务旅游产品市场，需要采取一定的策略和技巧。

（一）明确市场开发目标，实现经营角色的转换

一般的旅游市场，其购买者和消费者是同一个群体，但商务旅游市场则不同。绝大多情况下，商务旅游的购买者和消费者是分离的，即商务旅游的购买者是企业，而消费者却是企业的员工。这种属性决定了商务旅游市场开发的深层次目标并不在于代订机票、订房等表面文章，而是进入企业管理层面，通过调查企业的差旅管理政策提出建议，制定合理的计划和管理流程，协助企业进行集团化采购并有效地控制成本，即充当企业的战略伙伴和差旅顾问。

市场开发的本质目标决定了企业在开发商务旅游产品市场时要综合考虑两个方面的需要。首先是企业管理者的需要；其次是商务旅游者的需要，即站在企业管理者的角度为商务旅游者提供满意的服务。为此，经营商务旅游的企业必须转变角色，从商务旅游产品的组织者和提供者转变为企业开展商务旅游的顾问，要在商务旅游活动中尽可能地融入该企业的理念和管理目标，以便在维护双方共同利益的同时谋求长期合作。

（二）了解市场属性，避免市场开发走入误区

商务旅游所表现出来的观光性、季节性、消费的差异性等属性，对商务旅游发展有现实的指导作用，辨析这些属性至少可以避免商务旅游市场开发走入误区。

商务旅游是建立在商务活动基础之上的一种具有工作性质的专项旅游形式。商务旅游作为一种专项旅游，就目的而言，虽然不同于一般的观光休闲旅游，但从旅游内容上说，“商务旅游是一种非观光型消费”的说法仍值得商榷。

英国伦敦一所独立的市场调研公司“The Practice”的调查结果显示，在商务活动

期间，商务旅客舒缓疲劳最常见的方法就是观光，这类商务旅客约占人数的67%，这种现象在德国、中国内地和台湾更为明显，分别达到了85%、80%和82%。可见，在实践中商务旅客的观光消费需求仍然十分强烈。

商务旅游季节性不强，是相对于观光度假旅游市场的强季节性而言的，实际上商务旅游也有季节性，如展览会和奖励旅游。根据英国展览协会的调查，3~6月与9~10月是展览会举办的旺季；而12月至次年1月与7~8月则是淡季。而奖励旅游，其本质上是对企业自身而非对员工的奖励，为了达到良好的展示宣传与激励的效果，奖励旅游必然会考虑季节变化对景观的影响，从而会表现出一定的季节性。

事实上，大多数专项旅游都是在观光旅游和度假旅游等常规旅游基础上的提高，无论如何发展，多数情况下这些专项旅游都无法剥离与常规旅游的关系，只是侧重点有所不同而已。“The Practice”以及英国展览协会的统计资料已经证明了这一点。因此，在组合商务旅游产品时仍然需要注重观光型旅游产品，特别是城市内以及城市周边的观光型旅游产品。

在商务旅游的季节性方面，除了对旅游旺季进行必要的人为规避之外，商务旅游尤其是可以自主决定出游时间的团体性商务旅游，如奖励旅游等，应多集中在旅游旺季前后或是旅游平季。

（三）细分市场，科学定位

商务旅游具有高消费性，其消费额通常是非商务客的2~3倍，甚至达到5倍。然而商务旅游不等于贵族旅游，商务旅游的客源市场是有层次性的。

从地域的角度看有国际商务旅游者与国内商务旅游者；从企业的角度看有大企业的商务旅游者与中小企业的商务旅游者；从身份地位的角度看有大老板、CEO、职业经理人与白领。他们消费的层次性十分明显。

商务旅游的层次性，尤其是在市场和客源群体方面表现出来的层次性，是商务旅游企业进行市场开发和定位的重要基础。国际商务旅游市场和国内商务旅游市场在发展层次上有差异性：大企业和小企业开展商务旅游虽然有类似的基本要求，如健康的资金流通、统一的开支、优惠的价格等，但事实上大企业的商务旅行目的与小企业有很大的差异，这些差异必须被充分认知。同时，对客源群体的分层越细，越有利于企业市场定位，从而针对市场设计出适销对路的商务旅游产品。

（四）把握发展趋势，有效开发商务旅游市场

商务旅游产品市场的发展趋势是商务旅游企业发展的指示器。如商务旅游中购买者和消费者分离的现象，使商务旅游者的消费模式和需求有别于一般的非商务旅游者，但在另一方面这也使成本成为商务旅游购买者关注的焦点。美国运通公司最近发布的全球旅游趋势研究报告显示，尽管目前全球经济景况处于历史新低，但全球商务旅游成本仍然持续上升。这种情况下，商务旅游的理念发生了转变，最为明显的就是单纯的奖励旅游市场逐渐衰微，综合性的奖励旅游市场和会展旅游市场发展迅速。把

握商务旅游发展的这些趋势无疑是我国商务旅游市场开发成功的关键之一。

（五）区别对待，针对性开发市场

在中国，国内商务旅游产品市场与国际商务旅游产品市场存在着明显的差异，需要区别对待，根据具体情况，进行针对性开发。

国内的商务旅游产品市场存在明显的分级化现象：进入我国市场的大部分外资企业、跨国公司属于成熟的商务旅游市场范畴，部分大型民营企业和国有企业正在积极发展商务旅游，而国内其他的绝大部分企业还缺乏明确的商务旅游观念。因此可以说，外资企业、跨国公司、部分大型民营企业和国有企业是我国目前商务旅游市场的主体，应该进行积极的开发；而对于其他类型企业的商务旅游产品市场，则需要一定期限的培育过程。

在开发国际商务旅游产品市场时，一方面必须注意到文化差异对商务旅游者的影响，为不同文化背景的商务旅游者提供差异化、具有本土文化气息的商务旅游产品和服务，以充分满足游客的需求，从深度上提升我国商务旅游开发和接待的水准。一项针对商务旅游者的市场调查表明：国际商务旅游者的需求明显受各国文化差异的影响，从而在服务的选择和旅游需求方面表现出很大的差别。如欧洲人比较喜欢以免费早餐作为他们最喜爱的酒店增值服务；美国人、墨西哥人倾向于有上网设施；而亚洲人则比其他各国受访者更重视商务中心设施；巴西人喜欢逛商店；至于在健身中心最有可能遇到美国人和加拿大人。

国际、国内商务旅游发展所处阶段不同，市场开发手段和策略也应该有所区别。在世界发达国家，国际商务旅游市场起源较早，且发展已经成熟，如美国早在20世纪二三十年代，用来作为企业管理手段的奖励旅游就已经兴起，奖励旅游观念已经被绝大多数企业所接受；而在我国，真正的奖励旅游却是20世纪八九十年代随着外资企业大规模进入中国市场才出现的。就目前而言，国内的不少企业还没有奖励旅游的意识。面对这种差距，我国在开发奖励旅游市场的时候，其手段和策略也应该有所区别。

客观地说，对于趋于成熟的国际商务旅游市场，我国虽然缺乏相应的软件和硬件条件，但我国丰富的旅游资源、庞大的商务市场有着巨大的吸引力，在开发国际商务旅游市场时，应该充分发挥这些优势，全面参与到竞争中去，并在实践中学习先进的经营模式、管理理念及技术。

（六）认清促销对象，避免盲目促销

商务旅游市场中购买者和消费者分离的实际情况，使商务旅游市场促销有别于一般旅游产品的促销。

据统计，美国的商务旅游开支已经成为位于工资之后的第三大企业开支，日益庞大的商务旅行和娱乐财政支出，使企业的管理者越来越关注所付出的金钱的有效性和回报性。

一般而言，商务旅游的消费者会根据自己的意愿选择商务旅行的方式、时间长短和消费水平，而这些安排往往效率不高并有浪费现象。所以现在的商务旅游的决定权一般是企业，而不是商务旅游的具体消费者。为此，商务旅游市场促销的关键很大程度上并不在于对商务旅游的消费者进行促销，而在于对企业进行促销，在于对企业的“实权派”人物进行促销。

三、中国商务旅游的产品市场营销策略

商务旅游是旅游市场上的高端产品。面对迅速发展的商务旅游产品市场，以及国外旅行社强有力的竞争威胁，国内经营商务旅游的企业应积极应对，采取有效的营销策略。

（一）塑造企业形象，增加吸引力

企业形象是产品形象、服务形象、员工形象、企业外观等整体实力和综合素质的反映，也是影响企业竞争优势的重要因素。在我国，还存在着商务旅游企业缺乏个性、企业形象雷同之不足。因此，我国的商务旅游企业必须想办法改变此种状况，树立鲜明的企业形象。具体做到如下三点：一是设计自己独特、寓意深刻的标志，向公众展现企业理念、企业特征和企业精神面貌，使社会公众对其产生完美一致的印象和亲切感；二是树立现代经营理念，提高科学管理的水平，建立优秀的企业文化；三是重视市场调查、公关宣传、促销活动等，充分向社会展示企业实力。

（二）以满足顾客需求为出发点，立足CS营销

CS营销是一种新型营销理念，也称顾客满意营销。它是商务旅游企业通过对顾客需求和偏好的分析、理解来调整和安排企业的业务流程，提供令顾客满意的产品和愉悦的消费体验，达到提高商务旅游企业竞争优势之目的。

实施CS营销首先要推行产品整体策略。商务旅游产品是商务旅游者在游览过程中所需产品和服务的总和。一般由如下三部分构成：一是核心产品，它包括订房、订票、订车、会议接待、观光旅游等基本服务。商务旅游核心产品是形成顾客满意的基础。二是形式产品，它包括服务质量、产品特色、品牌形象等。三是附加产品，如咨询服务、优惠条件、信息提供等。商务旅游形式产品和附加产品则是构成产品差异化的条件，是吸引顾客的独特因素和营造竞争优势的手段。实施产品整体策略，既可以通过严格的质量管理保证向顾客提供商务旅游核心产品，又可以通过形式产品和附加产品创造差异化，从而提高顾客满意度，扩大企业市场占有率。

实施CS营销还要注意妥善处理顾客不满。由于商旅产品最重要的特点之一是注重声誉和品牌，而顾客不满将会给商务旅游企业的声誉和品牌带来消极的影响，因此，商务旅游企业有必要设立专门的顾客意见处理部门，发现问题及时予以纠正。这种高效畅通的顾客意见反馈机制的建立，既有助于维护商务旅游企业的声誉，对提高商务旅游企业的竞争优势也具有积极的意义。

（三）为创造顾客价值，实施“一对一营销”

所谓“一对一营销”，是指商务旅游企业对每个顾客提供量身定做的服务和产品。该营销手段由于具有针对性、体贴化和精细化之特点，因而能够提供因人而异的商旅产品和服务，从而创造更多的顾客价值。

实施“一对一营销”，体现在产品策略上就是要求商务旅游企业针对顾客个性化需求增强这一消费特点，与顾客共同设计旅游产品，配合商务旅游者的日程需要，使其商务活动和观光游览圆满结合。

实施“一对一营销”，体现在价格策略上就是要求商务旅游企业在制定价格时，要充分考虑顾客差异化、商旅产品的个性化和非标准化，使其价格具有一定灵活性。

实施“一对一营销”，体现在促销策略上就是要求商务旅游企业把促销重点放在与顾客双向沟通上，以网络促销为主，充分利用网络媒体、网络广告和旅游网站，向顾客传递和展示符合其个性化需求的信息，并且更准确地了解顾客需求，实现与顾客的双向沟通。

实施“一对一营销”，体现在渠道策略上则要求商务旅游企业为准确地把握顾客需求，要尽量采取直接销售渠道，减少分销层次，降低销售费用和成本。此外，还可充分利用网络的优势来协调商旅产品在供求上的时空矛盾，开拓新型的销售渠道。

（四）实行关系营销，维系顾客忠诚

关系营销是旅行社通过建立和维系与消费者以及其他相关群体及个人之间的长期良好关系，充分利用和强化各种形式的关系网络来展开的营销活动。实行关系营销，对商务旅游企业与重要顾客建立长期的令人满意的业务关系，维系顾客忠诚度，具有非常重要的意义。

1. 常客营销

常客营销是营销策略的初级表现形式，是指商务旅游企业向经常购买或大量购买商务旅游产品的顾客提供奖励。奖励的形式多种多样，既有折扣、赠送商品和奖品，也有累计积分奖励、消费点数返还等。由于该营销规划容易为竞争者所模仿，因而推行时要注意建立顾客忠诚，还要注意提高旅行社的服务水平。

2. 俱乐部营销

俱乐部营销是指建立顾客俱乐部，把购买一定数量产品或支付会费的顾客吸收为会员，并为会员提供各种特制服务，如优先入住、优惠价格享受等。由于用该方法可以使旅行社与顾客保持更为紧密的联系，因此，它既可培养顾客对商务旅游企业的忠诚，又能宣传商务旅游企业的产品和服务。

3. 顾客化营销

顾客化营销是一种高层次的伙伴式关系营销，是根据每个顾客的不同需求制造产品并开展相应的营销活动。顾客化营销是商务旅游企业在了解单个顾客需求的基础上，为商旅顾客提供更加个性化和人性化的产品和服务。这是一种双赢的营销手段，

顾客通过选择适合自己个性的商务旅游产品满足了自己的需求，而企业则通过提供个性化和人性化的产品和服务加强了竞争力。

4.品牌营销

推行品牌营销、走品牌经营之路，是商务旅游企业提高竞争力的前提。商务旅游企业只有通过打造现代商务旅游市场品牌，才能塑造中国商务旅游形象，以品牌开拓市场，提高市场占有率。具体做到：一是在品牌形象上要塑造独特的品牌形象和个性，使品牌形象鲜明，充满活力，成为商务旅游产品情感化、人性化、个性化的象征；二是在品牌定位上要打破经营范围局限，如旅行社不能只是订房、订票、订餐之类的中介服务提供者，而要定位于企业的差旅顾问；三是在品牌管理上要加强企业员工的素质，提供优质产品和服务，鼓励产品创新，实行科学管理，使品牌能集中体现旅行社的经营管理、产品质量、营销能力、销售服务；四是在品牌推广上要及时将品牌信息传递给消费者和公众，通过媒体宣传、公关活动扩大影响，提高产品和企业的知名度和竞争力。

【本章小结】

商务旅游产品是商务旅游市场的核心要素。商务旅游产品属于专项旅游产品的范畴，其构成要素涉及交通运输、旅游机构、住宿、目的地、场所、售后服务等方面。价格也是商务旅游市场营销组合的构成要素之一。商务旅游产品价格属于旅游产品价格的一种类型，但它比一般旅游产品的价格呈现出更加复杂的特点。商务旅游产品营销模式多样，营销策略更是五花八门，只有掌握基本的营销模式和营销策略，商务旅游企业才能发展壮大。商务旅游产品分销与促销，两者虽有所区别，但随着同时提供信息和购买机会的互联网的出现而界限变得越来越模糊。中国商务旅游产品市场与世界发达国家相比尚未完全成熟，因此，面对中国商务旅游产品市场竞争逐渐升温的趋势，必须采取适合中国国情的市场营销策略。

【思考与练习】

思考：

1.商务旅游产品营销有何特点？产品的价格构成如何？

2.商务旅游产品有哪些营销模式？

3.商务旅游产品有哪些营销策略？运用这些营销策略对商务旅游企业取得成功有何意义？

4.试分析商务旅游产品分销与促销之差异。

5.面对迅速发展的商务旅游市场和外来竞争，中国商务旅游营销策略应作哪些改变？

练习：

对你所在城市或地区的商务旅游市场开发与营销情况进行调查，并写出调查研究报告。

●**案例一：海尔洗衣机“无所不洗”**

创立于1984年的海尔集团，经过20多年的持续发展，现已成为享誉海内外的大型国际化企业集团。1984年海尔只生产单一的电冰箱，而目前已拥有包括白色家电、黑色家电、米色家电在内的96大门类15100多个规格的产品群。海尔的产品出口到世界160多个国家和地区。2003年，海尔全球营业额实现806亿元。2003年，海尔蝉联中国最有价值品牌第一名。2004年1月31日，世界五大品牌价值评估机构之一的世界品牌实验室编制的《世界最具影响力的100个品牌》报告揭晓，海尔排在第95位，是唯一入选的中国企业。2003年12月，全球著名战略调查公司Euromonitor公布了2002年全球白色家电制造商排序，海尔以3.79%的市场份额跃升至全球第二大白色家电品牌。2004年8月号《财富》中文版评出最新“中国最受赞赏的公司”，海尔集团紧随IBM中国有限公司之后，排名第二位。

冰箱、空调、洗衣机等产品属于白色家电。作为在白色家电领域最具核心竞争力的企业之一，海尔有许多令人感慨和感动的营销故事。

1996年，四川成都的一位农民投诉海尔洗衣机排水管老是被堵，服务人员上门维修时发现，这位农民用洗衣机洗地瓜（南方又称红薯），泥土大，当然容易堵塞。服务人员并不推卸自己的责任，而是帮顾客加粗了排水管。顾客感激之余，埋怨自己给海尔人添了麻烦，还说如果能有洗红薯的洗衣机，就不用劳烦海尔人了。农民兄弟的一句话，被海尔人记在了心上。海尔营销人员调查四川农民使用洗衣机的状况时发现，在盛产红薯的成都平原，每当红薯大丰收的时节，许多农民除了卖掉一部分新鲜红薯之外，还要将大量的红薯洗净后加工成薯条。但红薯上沾带的泥土洗起来费时费力，于是农民就动用了洗衣机。更深一步的调查发现，在四川农村有不少洗衣机用过一段时间后，电机转速减弱、电机壳体发烫。向农民一打听，才知道他们冬天用洗衣机洗红薯，夏天用它来洗衣服。这令海尔集团首席执行官张瑞敏萌生一个大胆的想法：发明一种洗红薯的洗衣机。1997年海尔为该洗衣机立项，成立以工程师李崇正为组长的4人课题组，1998年4月投入批量生产。洗衣机型号为XPB40-DS，不仅具有一般双桶洗衣机的全部功能，还可以洗地瓜、水果甚至蛤蜊，价格仅为848元。首次生产了1万台投放农村，立刻被抢购一空。

一般来讲，每年的6~8月是洗衣机销售的淡季。每到这段时间，很多厂家就把促销员从商场里撤回去了。张瑞敏纳闷儿：难道天气越热，出汗越多，老百姓越不洗衣裳？后来经调查发现，不是老百姓不洗衣裳，而是夏天里5公斤的洗衣机不实用，既浪费水又浪费电。于是，海尔的科研人员很快设计出一种洗衣量只有1.5公斤的洗衣机——小小神童。"小小神童"投产后先在上海试销，因为张瑞敏认为上海人消费水平高又爱挑剔。结果，上海人马上认可了这种世界上最小的洗衣机。该产品在上海热销之后，很快又风靡全国。在不到两年的时间里，海尔的"小小神童"在全国卖了100多万台，并出口到日本和韩国。张瑞敏告诫员工说："只有淡季的思想，没有淡季的市场。"

在西藏，海尔洗衣机甚至可以合格地打酥油。2000年7月，海尔集团研制开发的一种既可洗衣又可打酥油的高原型"小小神童"洗衣机在西藏市场一上市，便受到消费者欢迎，从而开辟出自己独有的市场。这种洗衣机3小时打制的酥油，相当于一名藏族妇女3天的工作量。藏族同胞购买这种洗衣机后，从此便可以告别手工打酥油的繁重家务劳动了。

在2002年举办的第一届合肥"龙虾节"上，海尔推出的一款"洗虾机"引发了难得一见的抢购热潮，上百台"洗虾机"不到一天就被当地消费者抢购一空，更有许多龙虾店经营者纷纷交定金预约购买。这款海尔"洗虾机"因其巨大的市场潜力被安徽卫视评为"市场前景奖"。5月，是安徽当地特产龙虾上市的季节，龙虾是许多消费者喜爱的美味。每到这个季节，各龙虾店大小排档生意异常火爆，仅合肥大小龙虾店就有上千家，每天要消费龙虾近5万斤。但龙虾清洗难的问题一直困扰着当地龙虾店的经营者。因为龙虾生长在泥湾里，捕捞时浑身是泥，清洗异常麻烦，一般的龙虾店一天要用2至3人专门手工刷洗龙虾，但常常一天洗的虾不及几个小时卖的多，而且人工洗刷费时又费力，还增加了人工成本。针对这一潜在的市场需求，海尔洗衣机事业部利用自己拥有的"大地瓜洗衣机"技术，迅速推出了一款采用全塑一体桶、宽电压设计的可以洗龙虾的"洗虾机"，不但省时省力、洗涤效果非常好，而且价格定位也较合理，极大地满足了当地消费者的需求。过去洗2公斤龙虾一个人需要10~15分钟，现在用"龙虾机"只需3分钟就可以搞定。

"听说你们的洗衣机能为牧民打酥油，还给合肥的饭店洗过龙虾，真是神了！能洗荞麦皮吗？"2003年的一天，一个来自北方某枕头厂的电话打进了海尔总部。海尔洗衣机公司在接到用户需求后，仅用了24小时，就在已有的洗衣机模块技术上创新推出了一款可洗荞麦皮枕头的洗衣机，受到用户的极力称赞，更成为继海尔洗地瓜机、打酥油机、洗龙虾机之后，在满足市场个性化需求上的又一经典之作。明代医学家李时珍在《本草纲目》中有一则"明目枕"的记载："荞麦皮、绿豆皮……菊花同作枕，至老明目。"在我国，人们历来把荞麦皮枕芯视为枕中上品。荞麦皮属生谷类，具有油性，而且硬度较高，如果不常洗或者晒不干则容易滋生细菌，但荞麦皮的清洗与干燥特别费劲，因为荞麦皮自身体积微小，重量极轻，很难晾晒，如果在户外晾晒更容易被风刮走。荞麦皮的清洗和晾晒问题就成了荞麦皮枕头厂家及消费者的一大难题。海尔开发的这款既可以家庭洗衣，又可以用来洗荞麦皮枕头的“爽神童”洗衣机，除了洗涤、脱水等基本功能外，还独有高效的PTC转动烘干、自然风晾干两种干燥技术，同时专门设计了荞麦皮包装洗涤袋，加上海尔独有的“抗菌”技术，非常圆满地解决了荞麦皮枕头的清洗、干燥难题。

专家指出，目前洗衣机市场已进入更新换代、需求快速增长期。始终靠技术创新领先市场的海尔，通过多年以来的技术储备和市场优势的积累，在快速启动的洗衣机市场上占尽先机。世界第四种洗衣机——海尔“双动力”是海尔根据用户需求，为解决用户对波轮式、滚筒式、搅拌式洗衣机的抱怨而创新推出的一款全新洗衣机，由于集合了洗得净、磨损低、不缠绕、15分钟洗好大件衣物、“省水省时各一半”等优点于一身，迎合了人们新的洗衣需求，产品上市一个月就创造了国内高端洗衣机销量、零售额第一名的非凡业绩，成为国内市场上升最快的洗衣机新品，在日前刚刚结束的第95届法国列宾国际发明展览会上一举夺得了世界家电行业唯一发明金奖。

赛诺市场研究公司2004年4月份统计数据显示，海尔洗衣机市场份额继续高居全国第一，尤其在我国华北、东北、华东、西北、中南、西南6大地区市场上分别稳居第一，且与竞争对手的距离进一步拉大。在西北地区，海尔洗衣机的市场份额已接近40%，超出第二名近3倍；在其他5大地区，海尔洗衣机的市场份额也都有明显上升，均超出了第二名近两倍。

资料来源：市场营销策划案例经典大全

【案例思考】

海尔采取了哪些营销策略使之成为享誉海内外的大型国际化企业集团？

●案例二：大出预料

日本一家“家庭服务公司”一夜之间关门倒闭，宣告破产。这家公司主要经营“寄存食品”，即把各种食品集于一箱，“寄放”在顾客家里，顾客不必先付钱，却可随意取用，一个月后结算一次。这是一种方便顾客的推销方法，并且填补了日本经营方式中的空白。经营伊始，公司从上到下，人人都觉得这个主意新鲜而富有创意，为老百姓着想，一定能成功。经理也兴奋不已，身先士卒，顽强维持自己的业务。一箱又一箱的“寄存食品”走进了数以百计的家庭，茶叶、速食面、味精、糖、醋、油……应有尽有，质量上乘。一个月后，用作投资的300万日元化成了箱箱食品，分居在各家各户。公司开始派员逐家检查存货，收回款项，补充食品，可结果却令人大失所望。送去的食品箱都原封不动。公司顿时陷入困境。几个月后，公司囊空如洗，不得不黯然关门。这家公司为什么会遭此惨败呢？就在于他们没有做到准确地分析顾客的心理，投其所好。日本妇女婚后大多呆在家里，处理家务，带养孩子，生活颇为单调。逛街购物虽辛苦，但在她们的眼里并非一项负担，而是一种乐趣，因为这样能使她们涉足外部世界，呼吸新鲜空气，猎取轶闻趣事。所以，她们并不欣赏“家庭服务公司”的这种做法。

【案例思考】

该公司经营失败的原因是什么？

●案例三：福建惠泉公司的营销策略

（一）市场定位

惠泉公司总经理郭振辉坚信，企业要想在现代市场竞争中获得较高的利润率，必须走差异化之路，提供特色化的产品或服务，找准自己的市场定位。惠泉公司主要是通过以下两种手段来使自己的产品与竞争者的产品相区别的。

1. 品种和质量

1995年，惠泉公司成为啤酒行业全省首家、全国第三家通过ISO9002国际标准质量保证体系和中国方圆标志产品质量双认证的企业，这使惠泉啤酒长期以来保持了很高和很稳定的产品质量。1997年9月，经福建省科委鉴定：酿造技术属国内先进水准，产品质量达到国内领先水平。近年来，惠泉公司不断加大科技投入，始终坚持每年推出 2 种以上新产品。如1994年承接省科委重点科研项目小麦啤酒的研制，历时三年完成，填补了福建省空白，1998年向全国推出后，即以其独特的风味成功地领导了市场潮流。1999年又推出 500ml 装第二代小麦啤酒，该种啤酒以优质的小麦芽为主要原料（啤酒原料中小麦芽占 50%以上），采用国际先进的酿造技术精制而成，色泽金黄、清亮剔透、泡沫洁白持久，融合了芬芳浓郁的小麦特殊香气和清爽的酒花香，口感更加醇厚爽润，营养大大优于普通啤酒。2000年推出的惠泉千禧啤酒，也受到消费者喜爱。

2. 产品形象

惠泉公司认为，成功品牌的形象不是来自它本身，而是有意识地塑造的结果。为此惠泉公司较早地导入了VI系统。早期使用的产品标志为“KS”，即“惠泉”的英文意译“kindness spring”的前两个字母。到1995年改为以双箭为主体的标志，该标志取材于“惠泉”首字拼音字母“H”，形似双箭，又似麦穗。事实证明，新的产品形象更具视觉冲击力，易让消费者和经销商产生正面联想。惠泉公司还是全省啤酒生产企业中第一家在福建电视台做广告的企业；2000年它们又不惜重金在中央电视台做了主题为“有实力当然有魅力”的广告；此外，在福州至厦门的近300公里高速公路两旁，在目标市场所在城市的繁华路段都有惠泉大型路牌广告，广告诉求点是“惠泉，实力派”；惠泉公司还在2000年赞助了华侨大学篮球队参加第二届全国大学生篮球联赛（CUBA），华侨大学篮球队力挫群雄，最终闯入总决赛并获得冠军，中央电视台曾就此做过专题报道。

（二）营销组合策略

1. 产品策略

惠泉公司以科技创新为先导，根据产品生命周期理论，不断推出新产品。如1998年向全国推出的小麦啤酒，风味独特；1999年全省首家推出的500ml装第二代小麦啤酒，口感更加醇厚爽润，营养大大优于普通啤酒，经过有关部门鉴定，产品质量达到国内领先水平；2000年推出的惠泉千禧啤酒，更是受到消费者喜爱。目前，惠泉公司啤酒系列包括三个包装形式共二十多个品种。在容量上，有640ml瓶装、500ml瓶装、300ml瓶装；瓶子的颜色有绿色、无色、褐色三种；酒瓶上的标签在保持了惠泉产品基本标志和形象的情况下，图案、文字、颜色又大同小异。

2. 价格策略

惠泉啤酒系列的价格一直处于中高档，总体来说，高出同类产品的50%甚至更多，这也是惠泉公司吨酒利税居于全国同行前列的主要原因。尽管价格较高，但仍然长期保持零库存。

3. 渠道策略

惠泉啤酒不断积极调整销售网络建设，实行“多中减少，无中增有”的营销策略。“多中减少”即采取联合经营或集中经营，改变以往松散型为集约型，化小户为大户，坚决清除影响市场稳定和发展的客户，每箱啤酒价差达18元，有效地控制了市场内耗竞争，与经销商荣辱与共、利益共享，增强了经销商信心。“无中增有”即积极开发新的市场，确定新的经销大户，让产品销售不断扩大。在市场地理分布上，惠泉主要实行“以城市为中心，以县城为据点”的战略，并设立各个区域的办事机构，监督、引导和服务市场，使惠泉啤酒的整体市场处于良好的受控状态，使企业生产经营真正融为一体，达到以销售指导生产，以生产推动销售的目的。值得一提的是，惠泉公司曾规定经销商在经营惠泉啤酒时，只能将啤酒销售给酒店、宾馆、夜总会等经营场所，而不能批发给个体经营的小规模“夫妻店”。

4. 促销策略

惠泉公司销售部陈经理认为，以优质产品扩大销售本身就是最好的促销，促销贯穿在产品开发、设计、生产、包装、售后等一系列过程中，而不是单纯的广告、销售促进等所谓狭义的促销，这种“以质量为先导”的经营理念为惠泉啤酒赢得了美好的形象和无限的赞誉。除此之外，惠泉公司也采用如下一些狭义促销方式。

（1）福建电视台、中央电视台以及目标市场所处的地方电视台的电视广告，福建高速公路旁和目标市场所在城市的繁华路段大型路牌广告；

（2）开盖有奖活动，即打开啤酒瓶，在瓶盖内写有中奖的金额；

（3）质量恳谈会，邀请政府机构如工商、税务、技术监督、质量管理等部门以及新闻机构，经销商代表，消费者代表，民意领袖等有关人员聚集开会，会议首先由惠泉公司总经理简要汇报一下公司在过去一年内所取得的成绩，然后再重点介绍在质量管理上所采取的手段，取得的成绩和存在的不足，主要议题是恳请各位代表对惠泉公司在质量管理以及其他方面提出宝贵的意见和建议；

（4）为教育、医疗、赈灾、公益活动捐资也是惠泉公司一贯的主张和行为；

（5）赞助华侨大学篮球队参加全国大学生篮球联赛。

（三）市场拓展策略

几年前，惠泉公司的高层管理者在洞察福建省内市场竞争态势和自身的优劣势之后，果断作出开拓省外市场的决策，他们通过深入的市场调查，决定选择江西市场为突破口，主要原因是：

1. 江西本省内啤酒企业规模小，无龙头企业；
2. 外省品牌较少且未形成垄断；
3. 江西消费者还没有明显的品牌偏好；
4. 地缘优势。

惠泉啤酒在进入江西省市场后，经销商和消费者反应强烈，销售势头强劲，市场占有率迅速提高，成为江西省啤酒市场省外的第一品牌。江西省的一些啤酒生产企业主动提出联营、合并或转向经销惠泉啤酒，江浙市场的开发也算顺利。但在进军上海市场时就遇到了麻烦，以至于设在上海的办事处仍在做更为深入细致的市场调查研究，为制定合适的市场策略提供依据。

九点整，总经理郭振辉宣布销售会议正式开始。面对着下属们一张张充满自信的脸，他顿时信心倍增："千里之行，始于足下。"凭借着优质的产品和完备的营销计划，惠泉人一定会走出福建，走向全国的。

【案例思考】

从市场营销学的角度分析惠泉啤酒公司是如何在竞争激烈的啤酒行业中脱颖而出的？

参考文献

1. 李立，张仲啸. 论商务旅游市场的特点及营销策略[J]. 桂林旅游高等专科学校学报，2000（2）.
2. 阎友兵. 浅论我国商务旅游开发[J]. 资源开发与市场，2000（4）.
3. 高爱民. 关于中国商务旅游问题的若干思考[J]. 北京第二外国语学院学报，2002（6）.
4. 李志新. 浅谈会展营销策略[J]. 科技资讯，2012（6）.
5. 刘永炬. 新产品营销[M]. 京华出版社，2006.

第八章 商务旅游管理

【本章学习目标】

通过本章学习，应了解商务旅游人力资源管理的内容及特点；掌握国内外商务旅游从业人员的培训、学历教育的现状及其特点；掌握新世纪条件下商务旅游市场营销管理策略；了解商务旅行社差旅管理的现状及其未来发展趋势；明确奖励旅游与现代商务旅游企业管理的关系，并能把握其在商务旅游企业中的地位与作用。

【关键概念】

人力资源管理 市场营销管理 差旅管理 奖励旅游

第一节 商务旅游人力资源管理

人力资源作为商务旅游管理的重要内容，在商务旅游快速发展的今天，日渐成为制约商务旅游企业经营发展的主要因素之一。商务旅游人力资源涉及的内容非常广泛，既涉及工作的性质、类型，也涉及从业人员的工作条件与薪酬、技能的掌握、培训与教育等各个方面。商务旅游的产业属于劳动密集型服务产业的范畴，因此，其从业人员的素质如何，即人力资源，直接关系到商务旅游的成败。

一、商务旅游工作的性质与类型

商务旅游工作的性质与类型是人力资源的重要内容，因为一方面员工必须以工作为前提，另一方面员工的素质只有在工作中才能得到体现，因此，在探讨商务旅游从业人员的素质之前，有必要搞清楚商务旅游工作的性质与类型。

（一）商务旅游工作的性质

商务旅游工作必须以商务旅游作为“核心工作”内容，因此，一般说来，商务旅游工作的性质就是为商务旅游企业或商务旅客提供各种服务。

由于商务旅游是一种非常复杂的活动和领域，因而其工作性质具有复杂性的特点。

首先，不同工作与商务旅游相关的程度不同，换言之，为商务旅游企业或商务旅客提供服务工作的企业，其工作的核心不一定是商务旅游。根据约翰·斯瓦布鲁克、苏珊·霍纳的研究，一般情况下，只有交通、饭店等受雇于旅游业内的企业或奖励旅行、会议制作公司等受雇于专门为商务旅游提供服务的企业，其工作的核心才是商务旅游；而鲜花供应商、专业视听公司等受雇于商务旅游以外的企业，其工作的核心不一定是商务旅游（图8–1）。

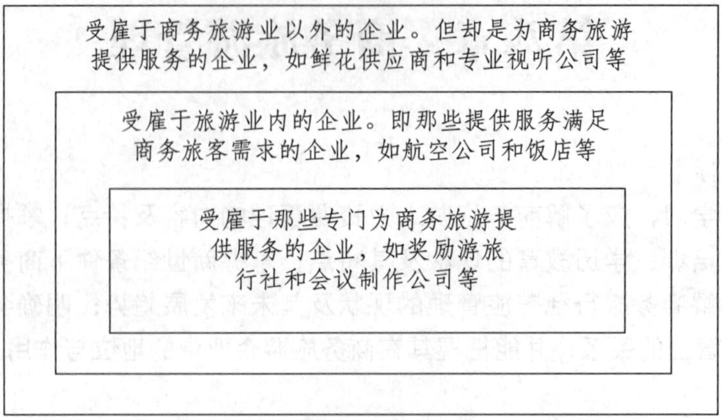

图8-1 不同工作与商务旅游相关的程度

其次，商务旅游工作类型多样。如根据商务旅游的构成要素来划分工作，商务旅游可分为购买服务工作、中介服务工作和供应服务工作三大类型；如根据工作内容来来划分工作，可分为商务旅行工作和商务旅游工作（图8-2）。

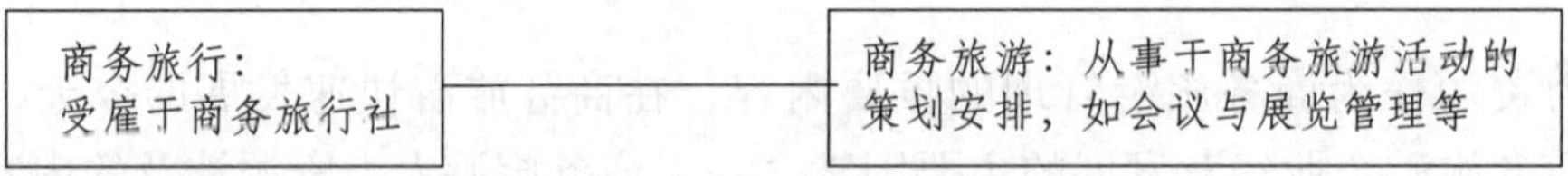

图8-2 商务旅行与商务旅游

（二）商务旅游工作的类型

商务旅游领域内的工作类型复杂多样。约翰·斯瓦布鲁克、苏珊·霍纳在通过对各类广告招聘的研究后指出："很显然，（商务旅游领域内）存在着许多其他工作类型，但是这些广告显示出商务旅游行业中工作的范围。"

在英国，一个企业活动制作公司一次性招聘的工作职位就高达16项：

（1）负责管理技能的展览主任；

（2）负责营销的商务经理；

（3）负责各种经营活动的经营经理；

（4）负责活动策划与技术制作的高级制作经理；

（5）推销和管理私人聚会及活动的活动策划经理；

（6）负责具体销售业务的企业销售经理；

（7）策划和实施销售推广活动的营销经理；

（8）特殊活动策划的项目经理；

（9）负责展览的具体举办工作的主办经理；

（10）现场活动制作人；

（11）负责主办全欧洲信息技术行业展览的特殊活动策划专家；

（12）协助负责行政管理技能的会议助理；

（13）会议策划人；

（14）财务经理；

（15）助理制作人；

（16）自由职业者；

在商务旅游领域内，占有主导地位的工作类型，主要有销售和营销、特殊活动主办工作、客户联络等。同时，需要指出的是，商务旅游领域内每一项工作都可能需要雇用更多的人来为客户提供实际的服务，如餐馆服务员、接待员、视听技术员、厨师和保安人员等。

二、商务旅游从业人员

商务旅游行业中的从业人员有着自身的特点，他们不仅数量多，还具有年轻化、从事该职业时间较短、女性居多、多职业化和薪酬较高等特点。而这些特点又决定了其从业人员必须掌握一定的适合其专业需要的技能。

（一）商务旅游从业人员的基本特点

商务旅游在世界范围内的快速发展因其工作类型丰富的特点，决定了商务旅游行业中的从业人员数量之多是其他行业不能比拟的。虽然由于种种因素的制约，我们难以知道世界上商务旅游从业人员的具体数字，但从商务旅游在世界旅游业中所占份额达1／3以上来看，还是可以断定商务旅游从业人员的数量是相当庞大的，且呈现出数量不断上升的趋势，如据不完全统计，2007年，中国仅在会展行业从业的员工就有近百万人。

人员构成呈现出复杂的特点。商务旅游企业一般由“二级”人员构成：第一级为管理层。管理层的高层包括总经理、副总经理、总经理助理；中层主要由部门经理组成；低层为分部门经理。第二级为被管理层，由人数众多的员工构成。

在国外，如英国，管理层的构成相当复杂，尤其是管理中层，其构成复杂的程度令人咋舌（表8–1）。

表8–1 英国里甘与迪恩和莱斯特公司的中层管理人员构成一览表

名称	职责	年薪（英镑）
展览主任	展览管理	5万
商务经理	销售	3.5万
经营经理	经营活动	2.8万
高级制作经理	策划	3万
活动策划经理	聚会及活动	2.5万
企业销售经理	销售	2.7万

（续上表）

名称	职责	年薪（英镑）
营销经理	策划和实施销售	2.5万
现场活动制作人	具体活动制作	2.8～4.5万
项目经理	项目策划	2.5～3万
主办经理	展览主办	2.6万
会议制作人	策划主办	2.5万
特殊活动策划专家	特殊活动策划	2.7万
会议助理	协助经理工作	1.7
财务经理	财务管理	2～2.5万
助理制作人	协助制作人工作	1.7万
会议策划人	策划	2.4～3万

从商务旅游的从业人员年龄看，呈现出普遍年轻化的特点。2000年1月，《会议与奖励旅游》发表的一项调查显示，在商务旅游领域，从业人员相对来说比较年轻，如在英国，从事会议与奖励旅游工作的从业人员，1／3是在30岁（含30岁）以下，只有13%的人员年龄超过50岁。在中国，情况也大致相似，如在广州。

从从业时间看，商务旅游工作者从业时间普遍较短。2000年1月，《会议与奖励旅游》的调查显示，商务旅游从业人员从事该职业时间比较短，大约1／3的人员在目前的工作岗位上工作不到2年，只有20%的人员在同一旅行社工作7年或7年以上。

从从业者的性别看，商务旅游工作者大多数为女性。欧洲著名商务旅游研究专家的研究表明，商务旅游行业的从业人员绝大部分是女性，并且这一行业中最成功的企业家有许多都是女性（罗杰斯，1998年）。

从从业者的职业特点看，商务旅游领域内的工作者呈现出多职业化的特点。罗杰斯的研究还表明，在欧洲，许多人在商务旅游行业从事第二或第三职业，因为他们认为自己喜欢这一可以和其他人接触的工作。这些从业人员具有各种各样的背景。

从工作强度和压力看，商务旅游从业者的工作强度和压力普遍较大，《会议与奖励旅游》于2000年1月发表的一项调查证明了这一点。如在英国，55%的调查对象声称每天工作超过9小时，14%的人每周工作70小时或超过70小时，只有15%的调查对象每天工作8小时或不足8小时；63%的调查对象说，由于工作压力，他们不得不偶尔或经常取消假期；38%的从业人员说，他们每年至少花9周或更多的时间出差。

从待遇看，商务旅游从业者的薪酬较高。如在英国，尽管30%的从业人员认为其收入低于所付出的劳动，但21%的从业人员的年收入超过了3万英镑。在中国，商务旅游从业者的薪酬也相对较高，如从事会展工作的一般职工平均工资高出其他行业20%左右，中层管理人员的工资一般可达6000元以上，高层管理人员年薪一般为数十万，甚至上百万。

（二）商务旅游从业人员需要掌握的技能

商务旅游的专业性特点决定了其从业人员必须掌握一定的适合其专业需要的技

能。虽然所需要掌握的技能会根据具体工作的性质不同而有所不同，但是，就一些通用技能而言，整个行业似乎都有着一致性。

在现代社会，商务旅游从业人员只有掌握多方面的技能，才能胜任商务旅游工作。其中需要掌握的最为重要的技能有：交际能力、外语能力与电脑技术能力。

1. 交际能力

交际能力是指一个人在社会生活中处理与周围的人关系的能力。在商务旅游领域，为什么有的人会成功，其中一点很重要的原因就是他们具有一定的交际能力。

传统的人际关系，总是在告诉人们如何与人保持距离，处处设防、各自为政，但当现代社会发展至21世纪，人际关系有了新的走向，彼此沟通，随时交流，深度合作，团队利益至上，成了人际关系发展的主流。

现代化的商业操作提出了一个全新的法则：一个忠于自己职位，踏踏实实做好本职工作的员工并不见得就是出类拔萃的员工，与人沟通、协调、工作能力的强弱是考核员工综合实力的重要指标。

商务旅游是一个涉及多种行业的领域，是一个交往纷繁复杂的社会。这就决定了从事该行业的员工必须具备一定的交际能力，才能做好商务旅游工作。

提高交际能力的方法很多，其中最为重要的有两点：一是要提高对自己及别人的需要、思想、感受的洞察力；二是要细心观察不同的情境和人物，分辨其中不同之处并加以理解分析，以加强对千变万化的社交环境的掌握。

心理学家认为社交能力是可以训练提高的，但要真正地提高社交能力，实在不是一件容易的事，亦非一朝一夕可以做到，成功与否还是取决于一个人的动机、决心、努力与恒心。

2. 外语能力

在当今社会，随着全球化进程的加快，越来越多的商务旅游活动和个人的商务旅行将会跨越国界展开，因此，商务旅游从业人员的外语能力变得越来越重要。

在西欧，1999～2000年间进行的有关英国会议与奖励旅游旅行社的调查发现，39%的调查对象没有掌握外语技能。在掌握外语技能的人当中，47%的人会讲法语，只有8%的人会讲3种以上的外语。

在商务旅游领域，从业人员需要掌握外语的技能，这一客观事实在中国得到了充分的佐证。这不仅表现在中国对商务旅游从业者提出了较高的外语要求，如近年来，一般的用人单位在招聘时都有外语四级或六级的要求，有的单位甚至要求应聘者能同声翻译，而且还表现在国外汉学热的高潮迭起。

众所周知，近十年来，世界商务旅游地理分布发生了极大的变化。东欧俄罗斯、亚洲中国商务旅游市场的日益增长，使得欧洲的商务旅游者开始关注俄文，尤其是中文的学习。

据中国知名的天津影响最大的教育咨询心理咨询机构调查，自有“汉语托福考试”之称的汉语水平考试（HSK）于1991年正式推向海外以来，考生人数呈几何级数增长，即由最初第一次对外公开招考的39人参加，至2005年底，汉语水平考试的考生人数就已经突破了100万。另据报道，2004年国外通过各种方式学习汉语的人数达到240万，2005年则超过了3000万。根据国家汉语国际推广领导小组办公室预测，到2010年，全球学习汉语的外国人将达到1亿人，届时，对外汉语教师缺口将达500万。此外，世界上有100个国家超过2500余所大学在教授汉语。

据法国教育部汉语教学总督察白乐桑介绍，在短短6年时间里，法国中学生学习汉语的人数就已经超过了法国学校开设的其他4门外语课的学习人数。目前，法国有1.2万人加入学汉语的队伍，并且这一数字正以每年20%至30%的速度增长，法国教育部从2007年开始逐渐把汉语向小学推广。美国普林斯顿大学教授周质平也介绍，2005年至2006年，普林斯顿大学选学汉语的学生人数增加了50%，上升为仅次于西班牙语的第二位。在日本，人们对汉语情有独钟，日本的大学生、高中生选修中文的人比选修其他语种的要多。有报道说日本无论是开设中文课的各种学校还是学习中文的人数都是世界第一。日本企业到中国投资办厂的越来越多，很多企业希望自己的职员懂点中文，于是，商务汉语教师的需求也开始出现了空前未有的热。民间汉语学习者，如主妇、老年人等的人数非常之多，据日本NHK电视台报道，这些自学中文者自发地组成各种中文学习俱乐部，那里也需要教中文的老师。

汉语热在外国的兴起绝非偶然。过去，学习汉语的外国人大都认为，中国传统文化是古老、悠久、高雅的文化，学中文仅仅是凭兴趣；而现在，许多人不仅出于对东方古老文化的好奇，也为了自己将来就业、事业的发展等而开始学习汉语。巴黎的街头打出一幅巨大的广告牌，上面写着：学汉语吧，那将是你未来20年的机遇和饭碗。汉语热在国外一浪高过一浪，究其原因，首先是由于中国经济的发展、国力的增强、国际地位的提高。只有中国经济实力到了一定的水平，对世界经济产生影响，世界才能听到中国的声音；中国的市场能给别人提供机会的时候，人们才会重视你的语言，想了解和研究你的文化背景。其次，面对现代化发展带来的日趋恶化的生态环境、日渐严重的人类精神危机，人们发现在中国的传统文化中更能找到解决问题的答案。华夏文明不仅有着深厚根基和悠久传统，而且有着符合自然规律、符合人类文明进步要求的核心价值理念。中华文明以“和”、“合”以及“道法自然”为核心的价值理念是人类的智慧，对人类解决工业文明困境问题具有深刻的启迪意义和价值引导作用。“天人合一”，承认人是自然的一部分，只有“道法自然”，尊重自然规律才能更好地维护人类自身利益。“己所不欲，勿施于人”的中国格言被誉为处理国家间关系的“黄金法则”，悬挂在联合国的大厅上。现在西方很多科学家包括诺贝尔奖获得者，他们站到了科学的尖端，却把人类赖以生存的目光聚焦到中国传统文化上，并且提出了人类应该回到2500多年前的孔子那里汲取智慧。英国史学家汤因比说，如果未来的世界不是以中国文化为主导的，那将会是全人类的悲哀。

3. 电脑技术

高科技信息技术的迅猛发展及其在商务旅游领域的广泛应用，使得商务旅游从业人员掌握电脑技术也变得日益重要起来。由于商务旅游行业非常依赖电脑技术，因此商务旅游从业人员还需要掌握并精通网络营销技术和全球分销系统技术。

（1）网络营销技术

网络营销（又称网上营销）是企业整体营销战略的一个组成部分，是建立在互联网基础之上、借助于互联网特性来实现一定营销目标的一种营销手段。

根据此定义，可以得出三点认识：① 网络营销不是网上销售。因为一则网络营销活动并不一定能实现网上直接销售的目的，它所表现的效果可能表现在多个方面，例如企业品牌价值的提升、加强与客户之间的沟通、作为一种对外发布信息的工具等等；二则网上销售的推广手段也不仅仅靠网络营销，往往还要采取许多传统的方式，如传统媒体广告、发布新闻、印发宣传册等。② 网络营销不仅局限于网上。因为互联网本身还是一个新生事物，在我国，上网人数占总人口的比例还很小，即使对于已经上网的人来说，由于种种因素的限制，有意寻找相关信息，在互联网上通过一些常规的检索办法，也不一定能顺利找到所需信息，何况对于许多初级用户来说，可能根本不知道如何去查询信息，因此，一个完整的网络营销方案，除了在网上做推广之外，还很有必要利用传统营销方法进行网下推广。这可以理解为关于网络营销本身的营销，正如关于广告的广告。③ 网络营销建立在传统营销理论基础之上。因为网络营销是企业整体营销战略的一个组成部分，网络营销活动不可能脱离一般营销环境而独立存在，网络营销理论是传统营销理论在互联网环境中的应用和发展。

网络营销作为市场营销的一种新形式，其作用在于：市场营销的Internet替代了报刊、邮件、电话、电视等中介媒体；利用Internet对产品的售前、售中、售后各环节进行跟踪服务，最大限度地满足客户需求，以达到开拓市场、增加盈利的目标。

电子商务是利用Internet进行的各种商务活动的总和，必须解决与之相关的法律、安全、技术、认证、支付和配送等问题，否则某些问题将成为制约其发展的瓶颈。但网络营销不同，它作为电子商务的基础，对上述相关问题依赖程度不高，因此发展网络营销不存在障碍。国际上实施网络营销有许多成功的范例，一些知名的企业都建有自己的网站，这些网站以自己各具特色的站点结构和功能设置、鲜明的主体立意和网页创意开展网络营销活动，给这些企业带来了巨大的财富。如一些大型企业以鲜明的形象、精良的产品和巨额资金熔铸在大腕明星上，再利用这些明星的光环效应为其品牌升值，产品获得不尽的市场扩张能力，品牌价值一再飙升。

当前，商务旅游企业如旅行社、酒店等，虽然对于旅游信息化非常重视，逐步注重网络营销，但由于网络营销在中国起步不久，在这方面的人才比较欠缺，因此，根据商务旅游行业发展的需要，开设网络营销培训，提高商务旅游从业人员在这方面的水平能力，无疑显得非常重要。

（2）全球分销系统技术

商务旅游业的激烈竞争，发现潜在客户、接触潜在客户、了解潜在客户，把潜在客户转换成真正客户，留住客户，发掘客户价值，这一系列的流程，正是现代商务旅游企业所要做的以客户为中心的企业运营模式。如果只靠传统的服务方式已经不能适应市场的发展，商务旅游企业信息化已经迫在眉睫，于是全球分销系统技术应运而生。

全球分销系统（Global Distribution System，GDS）是为代理人提供航空和旅游产品分销服务的计算机技术及网络服务系统。通过这个系统，遍及全球的旅游销售机构可以及时地从航空公司、旅馆、租车公司、旅游公司获取大量的与旅游相关的信息，从而为顾客提供快捷、便利、可靠的服务。

目前较为知名的GDS网络系统有Sabre、Amadeus、Galileo、Worldspan等。加入全球分销系统组织的各个饭店集团或独立酒店都可以使用GDS开展预订服务。

Sabre全球分销系统是美国航空公司1959年与IBM公司合作成立的。60年代初期，Sabre被视为现代全球分销系统的先驱。它经营企业旅游系统和电话呼叫中心，经过技术升级后的Sabre全球分销系统扩大了经营领域，成为了唯一经营互联网的旅行社——Travelocity的全球分销系统。同时，它通过与Abacus公司的合作将业务扩大到亚太市场；还致力于美国航空公司技术服务输出的工作，由传统的国际航空客票分销商，扩展成为集航空、国际旅行社、GDS电子商务技术供应商为一体的综合性全球分销系统。日本的Axess和Infini航空客票全球分销系统也是通过Sabre直接或者间接连接起来的子系统。

Amadeus是最大的全球分销系统，其前身是由欧洲四大航空公司——法航、西班牙航空公司、德国汉莎航空公司及北欧航空公司组建的“欧洲全球销售系统”。Amadeus能实现全球范围的航空客票预订功能，它依靠国家营销公司（NMCs）在当地使用Amadeus品牌来完成销售。

Galileo全球分销系统由英航、荷兰航空、加航、美航、美联航结盟组建成立，与Amadeus几乎同时成立，规模比Amadeus小。其核心GDS技术是美联航的Apollo系统。其他合作伙伴还有爱尔兰航空公司、意大利航空公司、奥林匹克航空公司及瑞航。适应互联网高速发展的趋势，Galileo已经允许他们的商务用户通过互联网来预订，然后，系统将预订要求传递给他们信赖的旅游代理商去受理和出票。这种方式既能维护旅游代理商的原有利益，又能提高系统本身的效率。

Worldspan公司成立的起因是三角航空公司（Datasii）和Pars（其母公司是TWA和西北航空公司）的合并。它是四个全球销售公司中最小的一个，业务主要在美国，在伦敦设一分公司控制美国之外的所有业务。在与Sabre合作之前，Abacus曾是Worldspan公司的合作者。

目前，GDS已经发展成为服务于整个旅游业的一个产业，除了原有的航空运输业，旅馆、租车、旅游公司、铁路公司等也纷纷加入到GDS中来。经过技术与商务的不断发展，GDS已经能够为旅行者提供及时、准确、全面的信息服务，并且可以满足消费者旅行中包括交通、住宿、娱乐、支付及其他后继服务的全方位需求。

截至1994年，世界上使用GDS订房的饭店已达到10103家，拥有256万间客房。中小型独立酒店可以通过GDS开展网络预订和销售。旅行社方面，美国几乎所有的旅行社都接入了美国的大型GDS信息系统，法国85%的旅行社接入GDS，全欧洲大约40%的旅行社接入GDS。在中国，加入GDS的基本上是三星以上的饭店。截至1998年3月，168家饭店集团或饭店组织在中国内地与海外的GDS饭店信息系统相连接。

1999年6月GDS项目在中国正式立项，目前，中国GDS（全球分销系统）主体工程已经完成，这不仅为国内航空公司应对入世后激烈的国际竞争提供了有力保障，而且通过中国GDS与国外主要GDS的连接，国内消费者可轻松购买几乎全球所有航线的机票。

中国GDS是在原中国民航计算机订座系统基础上发展起来的，目前支持包括国航、东航和南航在内的国内20多家航空公司、5000多家旅行社、130个机场的2.8万个用户终端。

近年来，全球分销系统的经营环境发生了变化。GDS朝着如下三个方面发展：

一是经营业务的多元化。最近几年来，全球分销系统一直寻求扩大业务，使业务多元化。人们已经制定了行业标准，对于那些已经使用这些系统的旅游商更具吸引力。

二是GDS与互联网的合作与融合。互联网与GDS既有共性，又有互补性。在互联网高速发展的今天，GDS正寻求与互联网的融合，将与互联网之间的竞争变为合作机遇，提出新的，应用范围更广和更具有竞争力的旅游电子商务解决方案。基于此，各大全球分销系统正在重新定位。Galileo和Amadeus已经公开表示不与旅游代理商直接争夺顾客，尽管Galileo是“互联网旅游网络”（美国领先的在线旅行社之一）的合作者。Worldspan以不同的方式处理这一问题，正努力通过参与微软网络的Expedia和Biztravel.com，成为在线旅行社的技术后盾。Sabre则公开与其在线旅行社Travelocity在直销市场上竞争，此外Sabre还创建了叫做BTS的商务旅行社系统，作为Travelocity产品的补充。这家公司还吸收了Carlson Wagons Lits和BTI America两家商务旅行社作为合作伙伴。

三是票务体系和金融结算系统的创新。尽管电子机票已经存在，但是大量的航空机票仍使用纸票。旅游代理商经营这些票，票代表了交通权。在旅游之前，票是有效的货币形式。航空机票在使用之前是有价商品，可以被视为一种具有商业价值的可议价文书。国际航空交通协会（IATA）和美国航空交通协会（ATA）制定了机票内容和格式的标准。而旅游发展到今天的水平，每一次旅游交通都要单独票证的制度就显得不合时宜了，理想的情况是能“一票制，一卡通”，即一张票能够成为多种交通方式的代表，旅客可以据此完成铁路、航空及汽车旅游。虽然不同交通方式（航空、铁路、车船）的联合销售仍然存在障碍，但在航空交通领域，国际航空交通协会和美国航空交通协会开发和管理的金融交易系统已经允许旅游者仅使用一张机票就能乘坐多家航空公司的班机，而对旅游者或者旅游代理商而言，只需要一次金融交易。

可见，无论是全球分销系统的发展现状还是未来发展趋势都充分表明：要想在商务旅游领域大显身手，作为此行业内的从业人员，都必须掌握全球分销系统这一技术。

此外，商务旅游从业人员要想成为一个优秀的商务旅游工作者与管理者，还必须掌握现代通讯技术如可视电话会议、卫星电话会议和现代媒介技术，如用于会议制作和产品发布会的视听设备、特殊效果设备等。

三、商务旅游从业人员的培训

尽管进入新世纪之后，商务旅游从业人员的培训，尤其是上岗前培训已成为一种惯例，但在20世纪，无论是国外还是中国的商务旅游从业人员，一般说来，技能的掌握都是通过经验来获得的，诚如汉森公司总经理的彭尼·汉森说："我从未接受过举办展览的正式培训。我是通过从基层做起，接触展览公司的各种工作，勤奋工作和积累经验而掌握主办展览的技能的。"（罗杰斯，1998年）只有少数商务旅游管理人员是通过培训或教育才掌握商务旅游专业技能的。造成这种现象的原因是多方面的，其中商务旅游行业相对来说较新、行业的分散性是造成商务旅游领域培训与教育滞后的重要原因。

（一）国外商务旅游从业人员的培训

国外商务旅游从业人员的培训起源于20世纪70年代。1970年，国际专业会议主办商协会为专业特殊活动主办商举办了一期培训研讨会。

20世纪90年代以后，一些相关机构如欧洲专业教育会议——国际会议专家协会（MPI）也开始涉足商务旅游培训行业。国际会议专家协会每年在欧洲的某个场所举办一次为期3天的行业发展会议，其间有许多行业专家们主持的研讨会。英国在1993年开始专门为特殊活动行业设立了全国及苏格兰职业标准。这一举措是由特殊活动行业培训机构倡导的。特殊活动行业培训机构是由10个专业机构组成的合作机构。

在欧洲，尽管商务旅游培训在20世纪90年代有了一定的发展，但从总体看，迄今尚未形成完整的体系。《会议与奖励旅游》于1999年9月进行的一项读者调查发现，大约有1／3的公司没有鼓励其员工去获得有关会议专业方面的全国职业资格证书（一种英国职业资格证书）。另外20%的公司不知道应该做些什么，而仅有半数的公司声称会承认这一资格证书。《会议与奖励旅游》于2000年1月发表的一份有关英国会议奖励旅游公司的调查也显示：只有26%的公司为它们的员工提供安排有序的培训计划；64%的公司似乎没有提供任何培训。

进入21世纪之后，商务旅游从业人员获取知识和技能的方式发生了较大的变化，即由传统的通过经验获取知识和技能的方式转变成主要通过教育培训的方式获取技能和知识，而随着这种变化，逐步形成了培训项目更多种多样、对象范围更广、内容更丰富的商务旅游教育培训体系。

综观目前国外商务旅游从业人员的培训，主要呈现出如下特点。

1. 培训项目多种多样

在欧美商务旅游发达的地区和国家，有着许多各式各样的商务旅游培训。既有专业会议主办商为提高商务旅游从业人员会议知识水平的培训研讨会，也有国际会议学院开办的为各种层次的学员提供的一系列短期课程培训；既有欧洲会议城市联合会（EFCT）每年开办的为期几天的暑期学校，也有奖励旅游主管协会（SITE）每年主办的培训研修班；既有国际会议专家协会通过互联网来提供培训的网上培训，也有强调职业标准、技能和工作能力的商务旅游行业的职业资格培训。

2. 培训对象广泛

目前，在欧洲，商务旅游行业培训对象范围非常广泛，除了涉及会议、展览、奖励旅游、新产品发布会、个体商务旅游者、酒店、宾馆、航空运输等商务旅游行业各个领域的从业人员外，还包括其他非商务旅游行业的从业人员。

3. 培训内容丰富

欧美国家的商务旅游培训内容十分丰富，主要涉及如下内容：一是专业知识培训。此类培训主要以传授商务旅游知识为主。以会议为例，欧美国家培训涉及的内容有会议类型、政府相关法律法规、政府会议、公司会议、跨文化敏感度、职业标准、工作能力等方面。二是专业技能培训。此类培训主要以传授商务旅游专业技能为主。会议促销、赞助与展览、营销宣传、会议注册、报价、融资、客房沟通、技术市场等，都是此类培训的重要内容。三是职业认证培训（参见本章第六节）。

（二）国内商务旅游从业人员的培训状况

中国商务旅游培训虽然较之欧美发达国家要晚，但自中国贸促会2002年10月推出国内第一个“赴德国展览管理培训班”项目以来，以会展培训为主要形式的中国商务旅游培训快速发展起来。

1. 国内重要的培训机构

国内商务旅游的快速发展与商务旅游管理人才的匮乏，使得中国在进入新世纪之后，国内商务旅游培训机构如雨后春笋般地涌现，其中比较重要的有“商务部培训中心”和“中国商业联合会会展职业经理人培训中心”等。

（1）商务部培训中心

商务部培训中心地处全国著名的温泉之乡——北京市昌平区小汤山镇，占地近600亩，北邻温榆河，南接城铁5号线，景色宜人，交通便捷。

商务部培训中心作为商务部唯一教育培训执行机构，是国务院批准的首批“援外培训基地”和中央国家机关定点会议场所单位之一，承担着以发展中国家政府经济官员为主的国际商务官员培训、全国商务厅局干部培训、部系统干部党校进修等相关项目培训、接待中央国家机关相关会议以及社会化相关业务培训的重要职能。

根据国家关于教育培训的宏观政策和把中心建成“国内一流、国际知名”培训机构的发展规划，近年来，该中心在发展中国家经济官员培训、国内各类培训和高规格会议接待规模等方面均有较大幅度增长，已达到每年约有数万人次的培训规模。

商务部培训中心下设多个下属机构，其中的亚太中心专门负责各类培训和会议的接待与服务。已投入使用的亚太中心改扩建工程，建筑面积约 2.7 万平方米， 340 间客房，日接待规模达400人次，各种会议、办公、住宿、餐饮、娱乐场馆齐全，是集餐饮、娱乐、休闲于一体的综合性设施。

（2）中国商业联合会会展职业经理人培训中心

中国商业联合会会展职业经理人培训中心隶属于中国商业联合会培训中心，是获得国家标准化委员会批准立项的关于中国会展业职业经理人（CCEM）的认证培训机构。该中心为迅速在全国普及会展人才知识和实务知识，解决当前问题，与地方各级政府、高等院校、培训学校、企事业单位人力资源部合作，开展中国会展职业经理人的认证培训工作。

该中心培训对象主要是各类会展企业中的中层、高层管理人员，各大旅行社会展部门的管理人员，各级政府主管会议、展览的管理工作人员以及其他有志从事会议、展览的工作人员。

该中心培训目的主要有：一是提高职业经理人的专业能力，培训会展业中高级管理人才；二是提升人力资本价值，培养专业化的职业经理人队伍，建立会展业职业经理人人才库，满足会展业可持续化、国际化的发展需要；三是依据《会展业职业经理人执业资格条件》，使被培训者获取《会展业职业经理人资质证书》，并作为用人单位选聘录用时的重要依据。

除上述培训机构外，我国各省以及各大城市如北京、上海、广州、深圳等，都涌现出了以培训会展管理人才如“会展策划师”等为目的的培训公司和机构。这些培训机构为缓解我国商务旅游管理人才压力、促进国内商务旅游发展产生了积极的影响。

（三）国内商务旅游从业人员培训的特点

与国外相比，国内商务旅游从业人员培训呈现出如下特点。

1. 中外合作，呈现国际化特点

由于中国商务旅游发展水平不如欧美发达国家，加之商务旅游起步较晚，因而中国的商务旅游从业人员培训往往呈现出国际化特点，具体表现在如下三个方面：一是合作推出培训班，如揭开中国商务旅游培训序幕的“中德系列展览培训班”，就是在中国贸促会与德国国际培训和发展协会联合举办下取得成功的；二是在国外专业协会的支持下举办培训班，如2003年3月21日至23日在上海新国际博览中心举行“中国会展设计师培训班”，就是在德国展览展示协会的支持下举办成功的；三是地点有的选择在国外，如“中德系列展览培训班”分两段进行，其中一段学员在德国接受培训；四是吸纳外国专家来华教学，如“中国会展设计师培训班”就聘请了国外会展设计专家来华讲学。

2. 培训项目重展览而轻会议

在中国，大多数培训都是针对展览的培训，虽然不少培训冠以“会展培训”的名称，但培训内容主要以展览为主，如2004年9月和2005年11月在上海举行的“会展策划与实务”培训项目，内容主要涉猎展览内容。

3. 培训内容重理论而轻实践

与国外培训内容重实践不同，中国的培训内容往往重理论而轻实践，如“中德系列展览培训班”主要以理论学习为主。该培训班由德国瑞文斯堡大学教授和德国展览公司高级管理人员对学员进行市场营销、项目管理等理论的集中授课。又如2008年5月19日至23日在深圳举办“企业参展专业知识培训班”，培训内容包括“企业参展营销战略和品牌战略思考”、“参加国际展览会注意事项”、“智能展位设计的特殊性与企业形象及品牌的突出性相结合”、“展前宣传策略”等，其中大部分内容都属于营销学、管理学、心理学和信息学理论的范畴。

（四）国内商务旅游从业人员培训趋势

近几年来，中国商务旅游从业人员培训正朝着专业化培训升温、“小语种”培训走俏、高校积极参与方向发展。

专业性强是商务旅游特点之一，而目前企业普遍缺乏技巧和专业性，基于此，专业化培训升温便成了国内商务旅游从业人员培训发展趋势之一。2008年5月19日至23日，深圳市经理进修学院和市会议展览业协会共同举办“企业参展专业知识培训班”。该培训从营销学、管理学、心理学和信息学的最前沿出发，汇聚展览业务链各个相关环节，旨在帮助企业有效地利用展会这个最佳营销工具，提高会展专业知识。

“小语种”培训走俏是国内商务旅游从业人员培训又一发展趋势。由于国际通用的语言——英语已经为许多人所掌握并运用，“小语种”人才相对缺乏，在就业市场上已经日益显示出了供求矛盾，于是导致了“小语种”培训格外走俏。据有关培训机构的统计数字显示，近几年，无论在北京、上海还是在广州，参加“小语种”学习的人数不断增加。不少人坦言，学习“小语种”是为了获得有含金量的证书，从而增加今后升学和就业的砝码，或是为了今后出国能多一种选择，多一个机会。

高校参与国内商务旅游从业人员培训也是近几年出现的新生事物。2003年2月21日下午，由中国展览馆协会和北京大学共同主办的首届“中国会展业高级培训班”结束。这是国内首次将会展业与名校名师“联姻”的一次尝试。该培训从国际视角、战略高度围绕会展业涉及的不同学科领域，以信息论和系统论的观点方法讲解展会的组织、服务、公关、营销以及财务核算和知识产权保护等，尤其是首次将“消费心理学”导入会展培训课程，强调会展服务应该对参展商、贸易观众的心理需求有所了解，达到人性化和个性化的服务水准。培训班不仅是展览技能和管理的培训，还培养了学员一种战略思维的方法。目前，不仅国内不少名校与商务旅游专业协会联手举办商务旅游从业人员培训班，而且一些地方性院校如广州大学旅游学院、广东商学院等有会展专业的地方性大学也都纷纷参与到国内商务旅游从业人员的培训中，并在其中扮演着极其重要的角色。

四、国内外商务旅游的学历教育

学历教育是培养商务旅游管理人才的重要途径。起源于20世纪90年代的商务旅游从业人员的学历教育，到21世纪已发展成为层次多样的学历教育体系。

（一）欧美商务旅游的学历教育

欧美商务旅游从业人员的学历教育始于20世纪90年代，以谢菲尔德哈兰姆大学于1992年开设会议与特殊活动专业的单元课程为标志。1994年，美国乔治·华盛顿大学开设特殊活动管理课程。这是一门通过周末班或远程教育并利用网上材料的脱产课程。课程内容涉及从特殊活动营销到餐饮设计在内的必修课和选修课。不久，法国ESSEC商学院与美国的康纳尔大学合办的国际饭店管理学院开设会议管理专业课程。学生在校接受系统的会议管理学教育，实行学分制，主修该课程的“学生”在取得了一定数量的学分后，可以参加考试以获得学校颁发的学历证书。这是一门具有创新意义的课程，尽管学费不菲，但是却可以使“学生”获得声望很高的本科学历。与此同时，德国伯明翰食品、旅游和创意研究学院也开始设置此类专业。1999年利兹城市大学（Leeds Metropolitan University）率先推出了特殊活动管理专业的学士学位课程，学制4年，负责分配工作。

1999年5月，欧洲委员会的口译与会议服务部（JICS）、欧洲高等院校旅游与休闲专业协会（ATLAS）、特殊活动管理行业的主要机构与欧洲4所著名大学，即西班牙的比尔堡—德斯托大学（Deusto Bilbao）、意大利的波洛尼亚大学（Bologna）、德国的拉文斯堡高等职业专业学院（Berufakademie Ravensburg）和英国的谢菲尔德哈兰姆大学通力合作，率先推出了全球第一个会议管理硕士课程。 该课程包括12~15个月的全日制学习并且学生可以在各大学之间流动学习。教学大纲包括每个大学讲授的一门核心课以及反映这4所大学各自专长的选修课。自那以后，欧美各国大学纷纷开设有关商务旅游的管理硕士课程，如法国巴黎ESSEC商学院就设置有“国际酒店旅游接待业管理工商管理硕士”及“国际奢侈品商标管理工商管理硕士”课程。

（二）国内商务旅游的学历教育

国内商务旅游在经过初期“井喷式”和“粗放式”的积聚发展之后，要保持该行业长期高速和稳定的发展态势，人才问题成为最大的瓶颈因素。因此，为了促进高校在会展教育决策过程中的理性思考，避免盲目跟进和造成教育资源的浪费，保证我国会展专业人才培养的高起点和高质量，教育部于2003年开始对高等院校会展专业的设置进行审批，国内不少院校纷纷设立与会展相关的专业，以解决商务旅游市场如会议、展览人才需求的巨大缺口。

1. 学历教育

近几年来，我国商务旅游的学历教育取得了巨大的进展，这可从构成我国商务旅游主体要素的会展专业学历教育呈现出蓬勃的发展态势得到证实。

目前，国内会展专业学历教育已形成层次多样的学历教育体系，既有专科、本科层次的学历教育，也有研究生层次的学历教育，专科、本科层次的学历教育发展最快。

自2004年教育部正式批准上海师范大学、上海对外贸易学院招收会展专业学生后，近五年来，会展学历教育如雨后春笋般蓬勃发展。据不完全统计，2005年，全国范围内（包含港澳台）开设会展专业和专业方向的学校（包括本科、高职高专）大约在50至60所，截止到2008年底，全国已有近百所高等院校先后设立了会展专业或在相关专业设立了会展培养方向，每年向社会输送会展专业人才6000人左右。

与此同时，国内会展专业研究生学历教育在近几年来也有了一定的发展，上述开设会展专业的高等院校几乎都招收会展专业方向的硕士研究生，一些重点大学还招收会展经济与管理专业方向的博士生。

2. 发展特点

综观我国会展专业学历教育，其发展呈现出如下特点：

其一，专业建设逐渐规范化。

在我国，会展专业人才教育发端于新世纪初。2000年9月，浙江城市学院广告专业的会展方向开始招生，2002年浙江经贸大学职业技术学院开会展教育之先河。为了规范会展专业的名称，教育部新增了与会展专业相关的三类专业，分别是“会展经济与管理”、“会展艺术与技术”和“展示设计”。

其二，课程设置趋向国际化。

目前我国诸多院校在开设会展专业的相关课程时，都积极主张与国外，尤其是美国、德国等会展业发达和会展教育成熟的国家的相关部门合作办学，在课程设置和教材选用上积极吸取国外的优秀成果，从而不断提升我国会展专业办学的国际化程度。如上海对外贸易学院与德国的奥斯纳布吕克技术应用大学合作设立会展经济与管理专业，引进德国先进的会展理念与实践课程，成为我国高等院校开办会展专业教育的标兵。

其三，培养主体呈现出规模化。

从我国目前会展专业发展的整体态势来看，专业方向设置的体系和人才培养层次的体系都已基本形成了一个较为完整的框架。在专业方向的设置方面，目前我国高等院校主要在管理学科、传播学科、旅游学科、艺术学科和外语学科下设置与会展相关的专业，从而形成了目前主要以会展管理人才、会展策划人才、会展服务人才、展台设计人才和会展外语人才为框架的专业人才培养体系。从人才培养的层次看，主要以本科院校和高职高专院校为主，一些重点高等院校如北大、清华、人大等也开始了会展方向硕士、博士的培养，已基本形成了高级管理人才、一般管理人才和普通服务人才梯队式的人才培养体系。

3. 中国会展专业学历教育存在的问题

尽管我国会展专业学历教育在进入新世纪之后呈现出蓬勃的发展态势，并取得了一定的成就，但仍然存在着诸多问题与挑战。

我国会展专业学历教育存在的问题主要表现在如下四个方面：

其一，学历教育滞后于会展经济的发展。

从会展经济发展的角度看，我国会展专业学历教育相对滞后于会展经济的发展。我国会展业正在成为第三产业中的朝阳产业，五年来保持20%的年递增率，行业规模不断扩大。业内专家普遍预测，未来若干年，21世纪中国将成为展览大国，随着2010年广州亚运会、2010年上海“世博会”的来临，中国会展业将以年均15%~20%的速度持续增长。然而，遗憾的是，我国会展专业学历教育却相对滞后于会展经济的发展。目前设置会展专业的高校数量还不到一百所，很显然会展业面临着人才短缺的严峻现实。据统计，目前会展专业人才岗位空缺与求职者的比例为上海10：1，北京8：1，广州8：1，沈阳6：1，南京6：1，重庆5：1，平均为7：1。

其二，从区域的角度看，会展教育地区差异明显。

从近年开设会展专业高校在各地分布的情况来看，不难发现专业建设呈现散点状分布。由于受我国会展经济发展程度的影响，北京、上海、广州等国际性中心城市，会展专业教育不仅起步较早，而且发展也快。北京作为全国的文化教育中心和著名的会展城市，会展教育开展较早，自2002年北京第二外国语学院设置会展教育专业，不少高等院校也设置了此专业。上海作为全国的金融中心和著名会展城市，会展教育十分发达，是目前开设会展专业的高校数量最多的城市。华东师范大学、上海工程技术大学、上海应用技术学院、上海工商外国语职业学院等30多所院校都设立了会展专业或会展培养方向，各校因自身优势学科不同，培养方向也有所区别。广州因广交会和开放前沿阵地的优势，成为我国著名会展城市，会展教育发展迅速。广东商学院、广州大学、中山大学等一批高校也设立了会展专业或会展培养方向。但相对而言，国内的中部、西部等地区则由于开发较晚，会展专业教育也相应较少。

其三，教学内容理论与实践脱节。

在传统教学模式中，理论和实践的脱节一直以来都是困扰专业教育的主要问题，对于会展专业教育也不例外。学生在经过三年或四年系统专业的学习后，即使对书本上的理论知识滚瓜烂熟，一旦遇到实际问题却仍然束手无策。业界对于这些经过专业素质训练的专业人才越来越取舍难决。尤其是对于会展业这样的服务型产业，对实际操作技能的需要比扎实理论基础更为迫切。

其四，各地人才需求存在一定的差异。

北京作为全国政治文化中心，成果展示性展会占据重要地位，而且国家级行业协会高度集中，行业展览的数量庞大。因此，高级会展管理、策划与高端展示设计人才是北京会展人才的需求方向。以上海为龙头的长三角会展经济区，国际贸易、金融业发达，国际机构众多，形成以贸易类展会为主导的会展产业发展格局，国际展览巨头纷纷在上海设立合资公司，所以精通外语又懂商务谈判的应用人才将是上海会展人才市场需求的主要人才类型。以广州为中心的珠三角会展经济区，是中国最早的经济开放区域，基础优势和国际贸易出口产业格局形成，以贸易进出口类型展览为主导的会展业发展战略，是其会展业的一大特征；以广交会为代表的一批展会历史悠久，展览会题材开发相对比较充分，故而商务类、创新型会展人才是其需求的重点。

4. 培养复合型创新会展管理人才

自2003年教育部设置会展经济与管理本科专业以来，国内高等院校中会展专业的开办呈蓬勃发展之势，2006年，全国共有12家高校获准招收会展经济与管理专业学生。此外，不少旅游院校及相关院校也纷纷设置会展经济与管理专业。然而，新技术革命的挑战、教育的国际化趋势、会展业自身的发展变化及其对高质量会展管理人才的呼唤等等，都对刚刚问世的会展学历教育提出了新的要求。培养什么样的会展管理人才以及如何培养会展管理人才是当前会展教育亟待解决的问题。

会展业对人才素质和技能的要求、当前会展专业人才培养存在的种种弊端以及国外会展专业人才培养的经验，决定了我国会展专业人才培养必须走复合型创新人才培养模式之路。

1. 走“通识教育，专业教育”之路

会展业对人才素质和技能的要求可以概括为以下三个方面：一是宽泛的专业知识素养，如会展业知识、旅游学知识、经济学、管理学、营销学、会计学、设计学、现代高科技等多方面的专业知识理论素养；二是多方面的能力素质，如独特的策划创新能力、较高的组织管理能力和娴熟的沟通协调能力等；三是强烈的服务意识与服务技能。可见，要想实现创新型会展旅游管理人才这一理想目标，仅靠单一的专业教育是行不通的。因为专业教育虽然可以为社会造就高层次的、不同类型和规格的专门人才，但正因为其“专”也导致了一些不尽如人意的地方，如学生的知识面狭窄，忽视人的综合素质的全面发展，能力局限于某一领域，不利于人的创新能力的发展，因此，专业教育的不足必须由通识教育来弥补。

2. 注重知识、能力、素质协调发展

需要说明的是，这里所说的知识已不再是过去所提倡的“继承性”的知识，而是一些综合化了的知识。综合化体现在学科的交融上。对会展管理人才知识要求综合化，主要体现在会展管理人员不仅要掌握专业知识，而且要熟知与之联系密切的旅游学、管理学、经济学等其他相关知识。会展业作为第三产业的一个分支，决定了会展专业是实践性较强的学科。对会展专业的学生，仅有广博的知识是不够的，还必须具备多种能力，如筹办一次成功的会展，需要策划、设计、营销、组织管理、沟通、协调等能力。因此，我国会展教育在设置会展专业课程时也应该有意识地注重学生多种能力的培养。知识和能力内化为素质，但并不是说素质就包括这两个方面。素质包括人的先天素质和经后天学习训练而逐渐内化的养成素质。我国会展教育也应注重学生后天素质的培养。

3. 构建“金字塔形”人才培养模式

会展人才大致可分三类：一是从事会展政策法规制订、会展经济与管理研究的会展宏观管理人才；二是从事会展项目策划、会展企业管理和会展项目管理的会展中观管理人才；三是从事会展活动具体设计、管理和服务等工作的会展微观管理人才。对于所占比例较小的第一类即高层次、高质量的宏观管理人才，必须通过研究生教育才能培养出来；对于所占比例较大的属中间层的管理人才，由于其需要具有跨专业的知识即除会展知识之外的旅游学、管理学等方面的知识，这样的人才更具有复合型特点，因此，必须通过本科教育途径才能培养出来；而对于所占比例最大的第三类管理人才则需通过大专或中专培养出来。可见，只有构建“金字塔形”人才培养模式，才能满足当前我国会展业对各类管理人才的要求，促进我国会展业的蓬勃发展。

4. 改革课程体系，优化整体结构

专业口径小、业务面过窄是我国会展专业最为突出的特点之一，因此，要想培养创新型会展旅游管理人才，还必须改革课程体系，优化整体结构，也就是说，在设置会展专业的课程时，要注意公共课、专业课、学科基础课、选修课和实践课之间的比例和关联性。具体说，可采用如下两种模式：一是“五位一体综合课程模式”。该课程体系由五大块构成，即公共课、专业课、学科基础课、选修课和实践课。实施该模式一要注意每门课程之间的联系问题，二要注意各种课程类型之间的比例关系问题。二是“分层课程模式”。即根据分类培养目标，设置三个层次的课程：应用型课程、管理型课程和研究型课程。应用型课程仍是以专业基础课、学科基础课等为主，但不再是过多地强调学生接纳、继承一些课本上的知识，而是教给学生用现代化媒介获取信息、处理信息的能力，使学生由“继承式”向“创新型”转变。管理型课程主要是为现代会展需要管理人才而设计的，研究型课程主要是为想读研的同学开设，这两类课程均应定为选修课。

5. 教学途径与非教学途径相结合

由于会展专业具有应用性极强的特点，因此，要想培养复合型创新会展旅游管理人才，仅靠学校的四角天空“闭门造材”是造就不出适合会展需要的“好材”来的，必须走教学途径与非教学途径相结合的培养人才之路。这是因为：其一，我们所处的时代是知识大爆炸与复杂的信息时代，单纯的课堂教学途径已经远远不够了；其二，第四媒体的出现，远程教育的逐步普及，学生获取知识的方式增多了，因此教学应由“教学生学会”向“教学生会学”转变，结合非教学途径进行培养是非常有必要的；其三，学生素质，尤其是一些非智力素质的养成，如创新意识、协作精神、意志品质等，需要非教学途径来实现。可见，教学途径与非教学途径相结合是培养会展管理创新型人才的关键。

6. “产学一体化”

长期以来，我国高等教育各类专业不同程度地存在脱离实际的问题，高校与用人单位是“两张皮”。然而会展经济与管理是实践性很强的活动，如果让学生仅仅是呆在学校进行理论学习和研究而缺乏实践活动和实践经验的积累，那么所做的工作也只能是一些重复性的工作，很难产生富有创意的会展策划和写出有创意的会展规划与方案。因此，选择“产学一体化”培养途径，为学生提供更多的社会实践和科研活动的机会，给他们一个理论联系实践的结合点，对培养学生的创新能力有着十分重要的意义。

总之，培养复合型创新会展管理人才是知识经济时代的必然要求。会展管理人才培养应以市场需求为导向，以提高知识、能力和素质为出发点，只有这样，才能培养出复合型创新会展管理人才。

第二节 商务旅游营销管理策略

在新世纪条件下，商务旅游面临着各种挑战，要想促进商务旅游消费，从而确保商务旅游可持续发展，必须改善、拓展与开展新的商务旅游营销管理策略。

商务旅游营销管理策略是指商务旅游企业为了取得营销管理的预期成果而采取的一些措施，它是各种营销管理方式的具体运用。随着现代科学技术的发展，商务旅游产品销售方式也发生了巨大的变化。进入新世纪后，由于互联网具有多重功能，即既可以提供信息、预订服务，还可以提供购买机会，因而它成为了商务旅游产品销售的重要渠道。然而，在传统商务旅游产品销售方式不断受到新的销售方式挑战的情况下，是坚持传统营销管理策略还是代之以新的营销管理策略抑或两者兼而有之，这是现代商务旅游研究者所面临的新课题。

一、针对新形势，改善常规营销管理策略

在人类社会昂首阔步迈进新世纪之后，作为与人类经济生活联系最密切、发展前景最诱人的商务旅游行业，其宏观经济环境发生了巨大的变化。这种变化既表现在全球化带来的挑战，如“本土化”倾向和贸易保护主义的重新抬头；还表现在世界金融危机以及由此而导致的世界经济危机的挑战，如新世纪之交发生的东南亚金融危机与世界金融危机，都给依赖世界经济发展起来的国际商务旅游带来相当大的消极影响。

以直接吸引商务旅游者为目的的常规营销管理策略，虽然在新世纪条件下不可能被废除，但必须加以改善，才能适应新形势发展的需要。

（一）新形势下饭店改善常规营销管理的策略

饭店作为极其重要的商务旅游供应商，其可进入性是否便捷、服务设施是否完善、专业服务是否到位、能否提供商务旅游者感兴趣的旅游信息，所有这些都对商务旅游活动产生巨大的影响，甚至直接关系到商务旅游活动的成败。因此，饭店在改善常规营销管理策略从而促进商务旅游消费方面扮演着先行者的举足轻重的角色。饭店改善常规营销管理的策略，可归纳为如下五个方面：

一是拓展饭店可进入性策略。在中国，不少饭店一般采取下午2点以后入住和中午以前退房的规定。事实证明，此规定会给商务旅游者带来不便。美国的一些饭店开始将入住时间提前到早上7点，而退房时间则延迟到下午6点，甚至有些饭店还提供24小时入住和退房服务，这种全天候的入住和退房服务大大方便了商务旅游者，也刺激了商务旅游者在酒店的消费。

二是实施“人性化”及“细节化”策略。在中国，虽然大型饭店的硬件设施基本到位，但据笔者对广州部分饭店的调查，发现尚存不足。主要表现有二：一是方便商务旅游者工作的设施，如通过电视接入的因特网、数据接口、双通道无线电话以及传

真等还不齐全，需要进一步增加和完善。二是酒店在配备设施的时候缺少细节方面的考虑。商务旅游者在使用一些商务设备时常遇到不少问题，比如说客房里虽然配备了电子保险箱，但是规格偏小，无法放置手提电脑；部分商务旅游者的变压器以及电源插头由于规格不同无法在当地酒店使用……基于此，我们有必要从了解顾客的需求出发，采取“人性化”及“细节化”策略，如为商务旅游者配备丰富多样的商务设施，同时从其需要出发，预留足够的变动空间；设计不同风格的商务客房，采用可移动的便携式台灯及电话机等等，以吸引商务旅游者。增加饭店的支持设施，以便商务旅游者能够更加充分有效地利用每一天的24小时，这是增加商务人士在饭店停留时间的有效手段之一。

三是推行“专业服务”策略。商务旅游者与一般旅游者的需求不同，他们以从事商业活动为主要目的。因此酒店要尽可能满足他们在商务方面的需求。据调查，在中国商务旅游者对饭店所提供服务的满意程度不高。酒店没有配备专业的商务策划人员帮其联络客户或组织会议；没有专门为商务客人设置的商贸方面的信息资料库或是咨询服务；提供的专业翻译和同声翻译业务水平不够；专业宴会的组织水平和能力也达不到标准，特别是鸡尾酒会和一些沙龙的组织能力稍弱等等。基于此，有必要采取“专业服务”策略，即为方便商务旅游者从事商务活动时享受到快捷高效的专业服务，饭店应加深服务专业化程度，完善服务种类，使服务更加专业化、具体化。目前一些酒店已经开始提供“商务管家”服务。所谓商务管家，就是为重要商务客人及商务团体提供一对一服务的专业人士，为商务旅游者提供订票、安排行程、安排会议等服务。“专业服务”策略的实施将有效地提高饭店的竞争力。

四是实行“全员营销”与“内部营销”策略。所谓全员营销，就是指所有的员工在各自的岗位上各司其职，并积极通过优质服务创造声誉。由于商务旅游者不仅仅需要热情细致的服务，还需要更快更有水平的服务，因此，只有针对商务旅游者更需要“高质、高速、高效”的服务这一特征，培养全员营销思想，使全体员工在高度的敬业精神和对酒店的主人翁精神的双重驱动下，自觉地实施非常规化服务，才能满足商务旅游者的特殊需求，从而促进商务旅游销售。就后者而言，内部营销是基于员工是酒店的第一顾客、赢得员工才能最终赢得顾客的营销理念提出来的，是针对酒店内部员工所进行的营销。内部营销就是要充分地培养员工的“角色”意识，有效和最大限度地激励员工，从而为入境商务客人提供附加利益的超常服务。

五是提供全方位信息策略。商务旅游与休闲旅游不仅在当前存在着诸多联系，而且从未来发展趋势看，两者的趋同性将会不断增强，这不仅表现在商务旅游者在完成其工作任务之后，业余时间更加重视休闲旅游活动，而且还表现在属于商务旅游范畴但却带有休闲旅游性质的奖励旅游，将会在新世纪里得到更加快速的发展。因此，饭店应该在提供休闲旅游信息和活动方面自然地充当着先行者的角色。如果饭店能够通过闭路电视提供可以吸引商务活动者有关的周末旅游团队、剧团演出、高尔夫运动、特色饮食、特色文化与休闲活动以及航班等信息的话，这无疑将增加其市场竞争力。

（二）其他商务旅游企业改善常规营销管理的策略

要想吸引商务旅游者，促进旅游消费，仅仅依靠饭店改善常规营销管理策略还远远不够，因为从商务旅游的构成可知，无论是构成商务旅游的供给要素，还是构成商务旅游的中介要素，每一种要素都对商务旅游消费有着直接的影响。

一是“观光礼包”策略。该策略主要针对机场转机时间超过3小时的商务旅游者推出，可用于航空运输。商务旅游者机场转机是常见的一种游客流动现象，而这一现象很容易被人们所忽视。在国外，一些航运中心开始推出1小时观光礼包（Package），游客可选择继续等待或即时参加旅游观光活动。该策略既可消除机场转机商务旅游者因长时间待机而带来的烦恼，又可利用有限的时间欣赏美景，还可通过观光活动刺激并提高游客的回头率。

二是“旅游打包”。即为会议进行旅游打包（Tourism Packages for Conventions）。国际性的贸易展销及会议经常会吸引各国成千上万的商务旅游者。会议活动组织者可为这些游客提供add-ons（加值服务），即把城市旅游、高尔夫运动以及旅游胜地观光等活动进行打包后作为一项经常性的活动向游客推出，这样可增加其停留时间，促进消费，如美国高尔夫基金会最近的研究表明：高尔夫运动爱好者要比非爱好者更经常性地出游且停留时间也比后者长。

三是增加目的地吸引力策略。目的地是指商务旅游者想去的地方。目的地吸引力如何，直接关系到当地商务旅游的发展与繁荣，因此，增加目的地吸引力，便成了不少商务旅游目的地政府及其相关部门必不可少的营销策略。如纽约以“大苹果”为昵称来增强其吸引商务旅游者的魅力。在一些国家，鉴于会展旅游是商务旅游的重头戏，也纷纷采取增加目的地吸引力的措施，以吸引商务旅游者，如在菲律宾，人们把曾经是美国海军基地的地方改变为自由贸易区、机场和会议旅游目的地。目前已有280家美国公司在这里设立旅游设施，其中包括802间客房和能够容纳千人的会议室等。同时他们还开展以丛林环境生存训练为主要内容的奖励旅游等活动。

二、顺应新趋势，拓展营销管理策略

进入新世纪以来，商务旅游将朝着社会化和人性化的方向发展。商务旅游的社会化趋势意味着商务旅游将成为一种大众化的社会活动，即使不是以商务为目的的旅游者，也有强烈的参与体验商务旅游活动的需求。商务旅游的人性化是指商务旅游活动愈来愈倾向于人际间的情感与交流，倾向于企业与企业、人与人之间的互利与合作，这意味着商务旅游的日益人性化将导致未来商务旅游总体需求量的增加。商务旅游的发展演进已经证明：顺应发展趋势，商务旅游则昌，反之则衰。因此，制定顺应商务旅游发展趋势的营销管理策略，在新世纪显得尤为重要。

顺应商务旅游新趋势的营销管理策略可从如下几个方面入手。

一是针对商务旅游者的家庭成员制定营销策略。在商务旅游社会化趋势的驱动下，无论在中国还是在外国，越来越多的商务旅游者在商务旅游中喜欢携带家庭成员共同前往商务旅游目的地，这就为饭店和会展中心创造了向其配偶和子女提供活动的机会。例如，在伦敦一家五星级饭店，推出了一项名叫“Mary Poppins Package”的计划，旨在吸引商务旅游者的孩子们加入一个由训练有素的Nanny带领的观光旅游团；而在苏格兰，一家世界闻名的饭店开始引入一项计划，为商务旅游者的子女提供诸如娱乐室、乡村俱乐部、体育活动等项目。

二是针对商务旅游者参与体验的需求制定营销策略。在商务旅游社会化趋势的驱动下，商务旅游者的参与体验意识也越来越强烈，因此，商务旅游企业应顺应商务旅游社会化趋势，针对商务旅游者强烈的参与体验之需求制定营销策略，如针对探险旅游受到越来越多的商务旅游者青睐，商务旅游企业可设计一项以探险度假旅游为主要内容的奖励旅游活动，提供漂流等诸如此类激动人心又充满休闲情趣的冒险旅程，其目的在于为各公司提高团队协作精神和培养职员的领导才能。

三是针对“团队旅游”促销。在现代社会，商务旅游一般以“团队旅游”的形式出现，而且这种形式呈现出不断发展的趋势。因此，针对现代商务旅游这一特点进行促销，对促进商务旅游发展具有积极的意义。

针对“团队旅游”促销，具体地说，可针对如下三种机构进行促销：

一是企业旅游部。目前，对大多数商务企业而言，旅游花费已经成为公司第二、第三大的可控成本，因此，很多企业领导开始直接制定和监督公司的旅游政策，但这些还远远不够，有条件的商务企业还建立了旅游部，旨在对旅游成本进行监督和集中化管理。就商务旅游公司而言，其营销应集中针对商务企业的这些旅游管理部门。

二是团队旅游代理公司。尽管伴随互联网的出现，有超过半数的公司开始通过在线直接预订航班，2／3的公司直接预订饭店和客房。但是，团队旅游代理仍然扮演着很重要的角色。大约有超过60%的团队旅游购买者仍然继续购买旅游代理公司提供的服务，10%购买由团队旅游管理公司提供的服务。这些旅游代理对企业的旅游决策有着很强的影响力，因此，商务旅游公司的营销也应重视对团队旅游代理公司的促销。

三是旅游管理公司。与代理不同，旅游管理公司认为他们主要集中对旅游服务和质量提供建议。在美国，使用旅游管理公司已经成为保证商务活动安全整体的一部分，以至于对很多公司而言，提供商务旅游管理已经成为一个必不可少的先决条件，很多大型的管理公司都为团队旅游者提供一整套的战略计划以及实施方案，因此，在商务旅游公司的营销对象中，旅游管理公司也应是其中极其重要的一员。

三、适应新技术，制定新的营销管理策略

二战以来，现代科学技术得到了突飞猛进的发展，并在众多领域涌现出许多新兴科学技术，如新的通讯技术、因特网技术、智能化技术、合作化管理技术、专业化分工技术等等。适应这些新技术的需要，制定商务旅游营销管理策略，在当今社会不仅显得非常必要，而且对促进商务旅游发展也具有极其重要的意义。

在新技术条件下，可从如下六个方面制定商务旅游营销管理策略。

一是互联网促销。由于互联网具有多重功能，即既可以提供信息、预订服务，还可以提供购买机会，因而与其他商务门类一样，互联网已成为商务旅游促销和旅游安排支持的重要手段。例如，Bulgaria就通过因特网向公众推销自己，并称他们是最佳的商务旅游目的地。为了吸引商务活动，他们突出自己是世界级的、拥有现代设施休闲性的、高质量服务的欧洲文化中心。只要这些应用软件的兼容问题彻底解决，使用者就可以用一个用户账号预订自己的航班并登陆多家饭店的站点。

二是电子客票促销。电子客票是电子商务初期市场化的最佳产品，其摆脱了物流配送环节，使广大用户可以体验到在线支付即刻拿“货”的消费过程，满足其电子商务的消费心理。电子机票的出现顺应了信息时代的市场需求，已成为航空旅游电子商务化的重要标准之一。这种机票不仅订票、付款、办理登机手续的全过程都在联网计算机上完成，而且变更出行时间或退票也很方便。旅客无须拿到传统的纸张机票，只要凭身份证到值机柜台，就可以直接拿到登机牌上飞机，从而避免了因机票丢失或遗忘造成的不能登机的尴尬。目前，国外有些机场开始使用类似自动语音机器的东西，插入旅游者本人的客户金卡或信用卡，就可以获得登机卡和选择座位。

三是“智能化定制”促销。为适应商务旅游者个性化需要，饭店可采用智能化饭店定制系统，使得饭店可以记录下客人爱好的细节（基于客人入住期间的个性化要求），然后在客人下次入住时按照他上次提出的要求进行个性化服务（包括安排与上次相同的房间）。机会就出现在为这些经常光顾的公司或客户保存这些个性化的需要，以便为他们提出合理化的旅游方案。

四是“专业化分工”促销。商务旅游服务随着工业化门类的变化开始逐渐要求专业化分工。基于此，经营商务旅游的企业应按照专业化的要求将它的服务部门细分，如美国纽约一家公司就按照专业化的要求将它的服务部门分为律师旅游、广告商旅游、银行家旅游、顾问旅游四个部门，结果大大提高了工作效率，也满足了当今世界专业化发展的需要。

五是“合作化管理”促销。伴随着商务旅游集团化发展之需要，合作化管理促销成为必需，因为合作化管理可以为国际化公司的商务旅游者提供流畅且无间隙的服务。例如，在国外，Delta、Swissair、Sabine和Austrian四家航空公司曾共同发起了一个会议和奖励计划，目的在于协调他们飞往四个大陆的航空安排。这个计划使得这四家公司的顾客只通过一个电话就可以订购前往任何目的地的所有航空安排。

六是“安全管理”促销。当今世界，由于恐怖活动猖獗，游客尤其是女性游客出行对安全的要求越来越高，这对商务旅游公司来讲既是挑战，更是机遇。如在饭店，可对职员进行安全化措施培训，并提供诸如护送顾客进入房间的安全服务等举措，这将增加这些饭店在市场的占有率。

总之，在新世纪条件下，针对新形势、适应新技术、顺应新趋势，采取多元化的营销管理策略既显得非常必要，也具有重要的实际意义，因为唯有如此，才能应对新世纪商务旅游所面临的各种挑战，促进商务旅游消费，从而确保商务旅游可持续发展。

第三节　商务旅行社差旅管理

差旅管理属于商务旅行社业务内容的范畴。美国是最早开展差旅管理的国家，以运通旅行社（罗森布鲁斯也曾经营此项业务，但现已被运通收购）为代表的美国旅行社在差旅管理方面积累了丰富的经验。自2002年5月世界最大的旅行管理公司美国运通以合资的方式进入中国后，国内的企业也逐渐接受了非核心业务外包的管理理念，差旅管理市场也开始培育形成。但我们要想得到发展，还必须借鉴美国运通的经验。

一、差旅管理的界定及其特点

差旅管理又称“商务旅行管理”，是旅行社以企事业或政府部门为对象，通过对企业的差旅活动进行整体考察分析，提供咨询意见，然后共同改进流程，并且通过利用旅行社所拥有的资源使企业差旅成本最小化，实现对差旅成本的控制，并提供全程服务的管理活动。

差旅管理作为一种现代服务形态，与普通的商务旅游服务相比，有着自身的特点。这些特点综括起来主要有如下三点：

其一，旅行社在企事业中扮演“理财管家”的角色。差旅管理的核心在于差旅管理咨询活动为企业“量身定做”的差旅管理制度。在企业历史信息及管理目标分析的基础上，建立合理化、系统化的差旅管理制度。并要建立稳定的供求关系，成立专门的服务小组，在这里，旅行社类似于公司的旅行管理部。旅行社一般的商务旅游业务与企业之间的联系是短暂的，是一种短期的委托与被委托的关系。

其二，旅行社盈利模式独特。在差旅管理中，旅行社的收入是从客户处收取服务费，而这服务费的多少与整个协议期间帮客户节省了多少差旅费用有关。而旅行社的一般商务旅游业务收入主要来自代理销售机票、酒店的差价。

其三，旅游产品个性化程度有差异。旅行社从事的差旅管理是深入到企事业内部的，是一种更个性化的“管家式服务”，大到某一政府机构全年的差旅费用预算，小到某一次出差过程中客人喜欢住郊区还是市区宾馆，旅行社都必须顾及到。而一般的商务旅游产品没有这么细致化。

二、美国“运通”的差旅管理

美国“运通”是世界上最早介入差旅管理的商务旅行社，其“差旅管理模式”堪称差旅管理的典范。

（一）美国“运通”在中国

早在1918年，美国运通公司已在上海成立代表处，发展业务。美国运通公司凭借已有的服务机构和正在发展的合作项目，在中国建立了一个最广泛的旅游和财务服务网络。美国运通公司是最早在中国为全球客户提供服务的公司之一。

1978年，中国迈开改革开放的步伐，翌年，美国运通公司在北京成立了第一个代表处，此后分别在上海、广州和厦门开设了代表处，并有中国国际旅行社（国旅）办事处作为其旅游代理而遍布全国各地。

1992年，运通公司在北京与中国旅游学院合办了旅游培训中心。到目前为止，这一中心已为900多名旅游业的管理人员提供了培训。美国运通卡被中国国家旅游局指定为1994~2000年中国官方旅游信用卡。美国运通负责组织一系列市场推广活动以吸引各国旅游者来华旅游。

2002年1月，美国运通公司与中国国际旅行社总社（国旅）一起创建了国旅运通旅行社有限公司，这是中华人民共和国首家中美合资的商务旅行社。合资公司最大的核心业务直指“集团差旅服务”，为跨国公司、地区性公司以及国内公司提供商务旅行管理服务，包括办理签证、国际及国内机票预订、酒店预订、会议服务以及其他地面服务的安排。2002年12月，在上海又成立了第二家合资旅行社——国旅运通航空服务有限公司；2003年2月，国旅运通华南航空服务有限公司在广州成立。

美国运通以合资的方式进驻中国后，世界其他著名的差旅管理公司纷纷涌入中国。中国康辉旅行社有限责任公司与澳大利亚差旅管理公司福莱森特（Fly center）联姻；欧洲最大的旅行社——TUI集团和中国旅行社总社成立了合资旅行社——中旅途易；世界旅游巨头BTI也和上海锦江旅游集团成立了合资企业，这些合资企业的业务拓展目标，都盯着发展潜力巨大的中国差旅市场，以差旅管理作为在中国业务的突破口。

（二）运通“差旅管理模式”

美国运通旅行社是合作式商务旅行管理的代表。其推行的“商务旅行管理”，主要是替一些世界级的跨国公司、大的社团组织和政府进行差旅管理，给客户提供差旅计划，由旅行社帮助实施，以使商务旅行省钱、舒服、提高工作效率。旅行社根据签约合同，按全部计价的5%左右提取管理费（也称管理佣金），其他发生的费用由旅行社自行解决。派驻员工进驻客户单位进行现场办公，他们对被服务者提供案头服务报告书，定期用书面报告的形式完成对所有委托服务的花费、信息的反馈及评价。

以美国运通与中国国际旅行社总社合作成立的“国旅运通旅行社有限公司”为例，它的服务对象基本上都是全球跨国企业，运通在全球范围为这些跨国企业提供同一标准的服务。运通通过整合商务旅行各个环节的数据信息，为降低跨国公司旅行费用开支提出解决方案，而延伸服务则包罗了签证办理、国际国内机票预订、酒店预订、会议服务以及其他方面的服务安排。美国运通旅行社管理目标提出，如果使用运通的服务，能为用户达到控制19%的开支，提升25%的安全程度。

美国运通的差旅管理与普通的商务旅游业务相比，最大的特点在于它不接受单项业务，而是以跨国公司为对象，提供长期性的商务旅行费用管理服务。合作式商务旅行的理念就是把整个服务过程管理起来，等于是其公司的旅行管理部，不但对顾客本人负责，更强调对公司负责。

另外，美国运通的差旅管理力图使自己能够进入政府采购名单，因为一旦进入政府采购名单，就意味着旅行社获得了长远的巨大收益。在美国各州、市政府包括在美国总统带队出访时，除总统等少数政界巨头外，随行团的旅行安排一般也是通过旅行社安排。这在发达国家几乎成了惯例，早已被政府和工商界认可，比如美国运通就是美国政府指定的少数几家“政府采购”的旅行社之一。当然，一家企业要进入政府采购名单并非易事，首先要求的是质量和信誉，只有信誉好的百年老店和一些具有社会知名品牌的公司才有这一资格，这一资格往往意味着滚滚的财源和一定意义的垄断性。

（三）美国运通公司的运作模式

美国运通公司在全球范围内的业务运作主要实行垂直的管理模式，地区性的行政管理在不同的垂直业务之间起到横向协调的作用。

美国运通公司现有亚太区运作中心、欧洲区运作中心、南美区运作中心和美国本土运作中心。下面以亚太区运作中心为例，对其集中运作方式和组织架构加以介绍。

客户电话服务中心是美国运通公司进行业务运作的重要组织管理机构。该中心位于澳洲悉尼，覆盖日本、亚太地区及澳洲，凭借先进的科学管理工具，实行集中化运作和管理，还可以跨地区调配任务。如悉尼的客户服务中心较为繁忙时，可以将电话转给香港地区的客户服务中心或其他空闲的客户服务中心，不用让客户长时间等待。这样，在提高服务效率的同时，最大化地利用了现有资源。

客户服务及后台支持部门是美国运通公司进行业务运作的重要环节。主要任务是为客户电话服务中心提供后台业务支持，同时可以接收和处理持卡人以邮寄或传真方式传来的各种服务申请。

账单印制和卡片制作部门是美国运通公司进行业务运作不可缺少的机构。制卡中心采用5×24小时的打卡方式，为澳大利亚、新西兰、日本、马来西亚、印尼、新加坡及中国香港等国家与地区制作卡片，可实现卡片的自动装封并自动夹带宣传材料。账单制作中心则采用7×24小时的账单制作方式，为澳大利亚、新西兰、日本、马来西亚、印尼、新加坡及中国香港等国家与地区制作对账单。账单制作过程中采用条形码技术。通过账单上的条形码，系统可以自动区分不同的国家和地区以及需要分装的促销材料。如果某一环节出错，系统会自动停止。

在运作质量方面，美国运通公司除了采用提高自动化水平、减少人工操作策略外，还制定了严格的质量管理制度和检验程序。例如，账单的印制过程涉及到四个抽检步骤，每一步骤中的抽检人员都需按照科学的抽检比例进行检查。以对日本的对账单为例，负责该范围的中心平均每月为日本持卡人制作60万份对账单，而客户对于对账单服务的投诉平均每月不到1例，可见其运作质量之高。

以高质量、低成本、高效率作为目标的美国运通公司，在服务质量管理方面积累了丰富的经验，值得我们借鉴。

其一，基本操作流程完善，服务效率高。以客户电话服务管理为例。美国运通公司对黑金卡、白金卡、普通信用卡、签账卡、公司卡等均设置不同的热线电话号码，尽可能地开发自动语音服务功能，在美国运通公司的客户致电问题中，33%通过自动语音服务得以解决；以系统强大的信息功能为辅助手段，保证人工服务快速而准确；设置专门的运作统筹协调小组，指导一线客服工作的运行。

其二，不断挖掘潜力，推动服务质量持续向更高目标发展。按美国运通公司规定，每个客服人员每月至少有10个电话将被录音，主管人员根据接听过程和所使用的屏幕画面，考察客服人员回答的准确性、责任心、进取精神以及客户的满意程度。为了确保所有区域的电话服务质量一致，质量管理部门每周召集一次研讨会，由来自11个国家和地区的区域质量管理部门、服务质量先进部门和电话服务评估人员参加；通过横向比较和学习先进部门的经验，找出差距，分析改进的可能，设计和实施改进方案。美国运通公司除了努力提高客服人员的服务水平外，还从电话呼入需求方面进行统筹分析，从减少或调节客户呼入量的角度来提高质量。

三、中国差旅管理市场的开发

由于商务旅游市场不同于其他旅游市场，购买与消费往往是分离的，即商务旅游的购买者是企业，而消费者是员工。此种属性决定了商务旅游市场开发的深层次目标并不在于代订机票、预订客房等表面工作，而要进入企业管理层面，通过调查企业的差旅管理政策并提出建议，制定合理的计划和管理流程，协助企业进行集团化采购并有效地控制成本，充当企业的战略伙伴和差旅顾问，其中促销的关键在于对企业的管理层进行促销。然而，由于种种原因，中国差旅管理市场虽然早已起步，但发展缓慢，亟待进一步开发。

（一）中国差旅管理市场进一步开发的背景

差旅管理市场开发主要由旅行社来承担。就目前而言，中国旅行社开发差旅管理市场既有必要性，也有可能性。

1. 必要性

进一步开发中国差旅管理市场在当前显得非常必要。这种必要性主要体现在如下两个方面：

一是中国差旅管理市场份额日益增大，有必要进一步开发。随着我国商务活动的日益频繁，企业因公出差的人数越来越多，频率也越来越高。据统计，中国每年的商务旅行及相关费用高达103亿美元，并且呈逐年上升趋势。越来越多的企业正在寻求通过整体差旅外包的方式来达到规范出差报销制度、降低出差成本的目的，这不仅为中国开发差旅管理市场提供了动力，而且使进一步开发差旅管理市场显得非常必要，因为只有如此，才能适应中国差旅管理市场日益壮大的需要。

二是外来竞争激烈，使得国内差旅管理市场开发显得既必要又紧迫。由于出差旅游的利润率高达20%～30%，远远超过普通观光旅游的利润，这使得国外各类旅行服务机构先后加入到国内竞争的行列中。早在2002年5月，世界最大的旅行管理公司美国运通就以合资的方式进驻中国，其最大的核心业务直指“集团差旅服务”。由于外资旅行社在中国开展差旅业务具有经验丰富、品牌优势、人才优势、优势互补等特点，因而使得国内旅行社面临着巨大的差旅管理市场压力，而只有利用自身优势，进一步开发差旅管理市场，才能缓解这种压力。

2. 可能性

中国旅行社开发差旅管理市场不仅有必要，而且具有一定的可能性，这种可能性表现在如下几个方面：

一是国内的企业也逐渐接受了非核心业务外包的管理理念，这为中国旅行社进一步开发差旅管理市场奠定了思想基础。在我国，由于受计划经济体制的影响，往往把出公差与外出玩乐区分开来，最典型的例子是企事业单位不得凭旅行社发票报销公务出差费用。但近些年来，此种理念受到了挑战，人们开始将出公差与外出玩乐结合起来，并逐渐接受了“差旅管理”概念，如普天、中信等中国企业都已经接受“差旅管理”概念。

二是政府的认可与扶持，这为中国旅行社进一步开发差旅管理市场奠定了政策基础。在中国，一些商务旅游比较发达的地区，如上海、北京等地，从2005年开始，率先通过立法，废除了企事业单位不得凭旅行社发票报销公务出差费用的规定。此举被业界认为将极大地刺激国内集团客户市场，并带动更多国内旅行社投入到集团客户市场的竞争中。

三是国内的差旅管理市场气候已经初步形成，这为中国旅行社进一步开发差旅管理市场奠定了良好的基础。现今成立的几家外资商旅服务合资企业，他们将完成对中国差旅管理市场的启蒙教育。外资巨头们在华跨国公司提供国际化的高端差旅服务等示范作用，将带动国内大型企业对此服务的需求增长，再逐渐带动国内中小型企业跟进，这是一个很自然的市场传递过程。

四是中国旅行社从事差旅管理业务具有自身优势，这为中国旅行社进一步开发差旅管理提供了可能。旅行社在公务出行的住宿、交通、会务等方面有一定经验，并且旅行社有价格优势，在帮助政府及企事业单位安排公务活动中，旅行社往往可以通过自身资源及行业资源为企事业单位的公务活动节约成本。据介绍，这个数字是10%～20%。并且，专业化的商务管理公司具备专业化优势，可以提供便捷、多样的服务，提高商务旅行的服务质量。

五是与外资旅行社相比有劣势也有优势。面对外资旅行社的竞争，国内旅行社有本土文化优势。另外，外资旅行社目前在业务范围上还受到一些政策的限制，如外资旅行社还不能经营出境旅游业务，这也给国内旅行社提供了一个很好的成长空间。

（二）进一步开发差旅管理市场的对策

要想进一步开发中国差旅管理市场，从而迎头赶上美国等差旅管理发达国家，需要采取如下对策：

一是提高意识，改革体制。

在中国，制约中国差旅管理市场开发的因素很多，其中传统理念以及体制乃是制约中国差旅管理市场进一步开发的重要因素。

首先，国内大部分企业仍然难以接受差旅外包的理念，对于很多大型公司和企业来说，差旅费用管理都是财务管理的盲区。在很多公司，员工们都把出差当作一项“意外收入”，不少公司更是把差旅费用当作员工的一项“福利政策”。

其次，计划经济导致了大而全、小而全的企业体制。一方面，在此种体制下，每个单位、每个企业都有自己的接待部门和人员。一些企业虽然对差旅外包很感兴趣，但其内部原从事差旅管理工作的员工就业问题令他们顾虑重重。另一方面，在资金流程上也存在问题，比如目前90%以上的企业要求月结款，差旅服务企业先要垫付所服务企业的出差费用，然后在下一个月结账，这就给旅行社资金周转方面施加了压力，尤其是一些规模比较小的旅行社。

二是加强宣传的力度，拓展外包业务，加快差旅市场培育。

针对目前我国一些企业还不能完全接受差旅外包的理念以及差旅外包面临阻力这一现实，一方面，旅游企业应该加强宣传，突出企业差旅外包的优越性，并利用好国内一些跨国企业将差旅外包给商务旅行公司的示范效用，促使国内其他企业尽快转变观念，正确认识差旅外包业务对提高企业核心竞争力的作用；另一方面，抓住契机，进一步拓展政府部门公务旅行外包业务。随着上海、北京一些政府部门打破了公务差旅不得委托旅行社的禁区，我国公务差旅的市场大门也向旅行社逐渐敞开。国内的旅行社应该抓住这块市场，提供专业优质服务，让更多的公务差旅交由旅行社来操作。

三是精心设计个性化产品。

旅行社企业针对每个顾客采取适合的营销手段，提供量身定做的服务和产品，其基本特点是针对性、体贴化和精细化。

旅行社考虑差旅顾客的消费特点，与顾客共同设想，配合差旅的日程需要，使其差旅活动和观光游览完美结合，创造更多的顾客价值。具体做到如下两点：其一，注重细节，增加旅行者旅途舒适感。比如提供电子机票，只要登机时出示护照就行了，即使行程中要换好几班飞机，一张票也不需要带。顾客喜欢坐靠窗的座位就能拿到靠窗的票，飞机还没降落，已经有专车在等候着接往下榻的宾馆等等。其二，融入企业文化。旅行社在为某企业员工设计差旅产品时，应充分考虑该企业固有的文化，要让参与者感觉到不是某一个旅行社或旅游公司给予他们旅游机会。这就需要旅游企业为企业的差旅活动安排一些别出心裁的、能体现企业文化的主题活动，给参与者留下深刻的印象。旅行社在这里所承担的角色不仅仅是差旅代理商，还是客户企业管理的一部分。

四是关注中小企业的差旅市场开发。

在起步阶段，国内旅行社还没形成自己的品牌，高端的差旅市场较难进入，因此，可以从中小企业差旅业务做起。这是国内旅行社不可忽视的差旅市场，直接关系到“第一桶金”的分量。

五是借鉴国外成功经验。

国内旅行社在差旅市场起步较晚，缺乏差旅管理的咨询和制度设计人员。为了弥补这方面的不足，国内有条件的旅行社可以引进外部差旅管理人才，并借鉴国外差旅管理市场成功经验，为我所用。

六是注重差旅管理专业人才培养。

第四节　奖励旅游与现代商务旅游企业管理

奖励旅游是现代商务旅游企业管理的法宝。然而，遗憾的是，尽管在国际上奖励旅游早已成为企业奖励员工的一种通行方式，但在中国内地用奖励旅游的方式来培训员工的企业还不多。究其原因虽然是多方面的，但对奖励旅游的管理本质及其在企业管理中的地位、作用和发展趋势认识不够，乃是导致这一现象产生的重要原因。因此，系统探讨奖励旅游在企业管理中的地位、作用及其发展趋势，具有重要的理论与现实意义。

一、奖励旅游的界定及其本质

奖励旅游一词来源于国外，其英文为“incentive tour”或者“incentive travel”，更确切的翻译是“激励旅游”。奖励旅游作为商务旅游行业的重要组成部分，其定义无论在国外还是在国内都尚存异议。

在国外，关于奖励旅游的定义可谓异彩纷呈。奖励旅游协会（Society of Incentive and Travel Executives，SITE）将其界定为：“作为一种全球性的管理手段，奖励旅游通过特殊的旅游经历来激励员工更加努力地工作或借以承认员工的突出工作表现，以便实现企业的各类目标。”（奖励旅游协会，1998年）纽约奖励旅游组织协会认为：“奖励旅游就是企业为员工提供额外的旅游度假机会，并以之组织和激励员工高质量完成工作任务，从而实现组织目标的一种全球适用的管理方式。”国际奖励旅游协会的定义是：“奖励旅游的目的是协助企业达到特定的目标，并对达到该目标的参与人士，给予一个尽情享受、难以忘怀的旅游假期作为奖励。”

目前，国内对奖励旅游的界定也是众说纷纭。综合起来，主要有如下五种提法：

（1）奖励旅游是现代旅游的一个重要项目，是为了对有优良工作业绩的员工进行奖励，增强员工的荣誉感。

（2）奖励旅游指在员工完成了公司有关销售指标和营业收入指标的基础上，公司以奖励旅游的方式进行奖励的活动。

（3）奖励旅游是一种管理手段，它一般是指公司对为本企业作出卓著成绩或贡献的员工以提供免费旅行的形式给予的一种奖励。

（4）奖励旅游是企业及厂商为提高产品数量与质量，增加销售，振奋士气，鼓励从业人员、经销商、零售商及消费者所举办的活动。

（5）沿用国际奖励旅游协会的定义：一种现代化的管理法宝，目的在于协助企业达到特定的企业目标，并对于达到该目标的参与人员给予一个非比寻常的旅游假期以作为奖励。同时，它也是各大公司安排以旅游作为诱因，以开发市场作为最终目的的客户邀请团。

仔细分析上述具有代表性的奖励旅游概念，不难发现，国内外对奖励旅游本质的认识皆存在一定的片面性。前两种观点明显存在着对奖励旅游本质认识不清、范围过于狭窄的问题；后两种观点包含范围较为全面，但仍存在对奖励旅游本质认识上的偏差问题。相对而言，国际奖励旅游协会的定义对奖励旅游本质认识虽有欠缺，但其包含范围全面，表达精炼到位。

就奖励旅游的本质而言，至少包括两个方面：一是奖励旅游是企业一种现代化的管理手段。奖励旅游的奖励，表面是企业对受奖个人的奖励，实则不然，奖励的本质一方面是对个人的奖励，更重要的是对企业本身的奖励，是企业的一种现代化管理手段。二是奖励旅游是一种特殊旅游活动项目。从奖励旅游词组构成的角度来讲，奖励体现为目的，是企业现代化的管理手段，为企业所关心；旅游体现为活动形式，奖励旅游则是一项旅游活动，属旅游一细分市场，为旅游界所关注。

奖励旅游团有别于其他旅游项目的旅行团：一是服务对象特殊，参加奖励旅游的团员均是来自同一企业的顶尖好手及特殊人才。二是行程活动安排要求特殊，需根据企业意图量身订做。活动不仅仅是安排特殊旅游线路和旅游活动就能满足的，一般还包含了企业会议、培训、颁奖典礼、主题晚会或晚宴、舞会及个性化奖品赠送等内容。三是旅行社旅游接待特殊，如特殊的时间安排、特殊的策划流程、特殊的预算要求、特殊的食宿交通、特殊的人员安排、特殊的售前售后服务等，客观上要求旅行社在从事奖励旅游时与传统的旅游作严格区别对待。

二、国内奖励旅游的现状

奖励旅游自20世纪20年代在美国兴起之后，经过近一个世纪的发展，作为一种现代管理手段，已经在全世界范围内得到了长足的发展。在美国，目前有50%的公司采用该方法来奖励员工。在英国，商业组织给员工的资金中，有2/5是以奖励旅游的方式支付给员工的。在法国和德国，一半以上资金通过奖励旅游支付给员工。

中国的奖励旅游萌芽于20世纪七八十年代。当时，中国略有实力的企业或者机关，都会寻觅一块风景秀丽的好地方，然后盖起楼房，成为自己员工的疗养院，如在北戴河、青岛等海滨城市兴建的疗养院，可以说是中国“奖励旅游”的雏形，但它并非真正意义上的奖励旅游，因为这种人人有份、吃大锅饭的疗养制度与奖励旅游有着本质的区别，它既不是企业的一种管理手段，也缺乏那种把企业文化与团队建设融于其中的日程安排。

在我国，真正意义上的奖励旅游兴起于20世纪末。随着不少大型外资企业的进驻，奖励旅游的方式也在中国悄然兴起。进入新世纪之后，我国奖励旅游的规模愈来愈大，一些大中型国有企业和较大规模的民营企业也开始以奖励旅游的方式来作为对员工的激励和褒奖。2001年9月15日，来自国内最具实力的保险公司的250名业务精英在“广之旅”的带领下飞赴新加坡，并乘坐全亚洲最先进、最豪华的“丽星”号游轮畅游新马泰。此团是广东省迄今为止赴国外参团人数最多、接待档次最高的奖励旅游团。近年来，随着奖励旅游在国内越来越广泛地受到重视，奖励旅游呈现出新的变化：一是奖励旅游不仅为国内经济比较发达的华南、华东、北京等地的企业所接受，而且国内中西部一些企业也开始接受奖励旅游这一新生事物；二是行程也越来越远，最远的跑到欧洲休大假；三是规模越来越大，如2006年某企业900多人竟一起到香港迪士尼乐园开年会。

三、奖励旅游在现代企业管理中的作用

柔性化管理是现代企业管理的最为有效的方式之一。奖励旅游是国外现代企业管理最为常用、效果最佳的一种柔性管理形式。伴随现代企业管理逐渐由刚性管理转为“以人为中心”的柔性管理，奖励旅游在现代企业管理中的作用也愈来愈突出。

（一）奖励旅游是企业人力资源管理的法宝

奖励旅游作为一种现代管理手段，是企业人力资源管理的法宝，主要体现在如下两个方面：

一是在管理方法上，将“硬性”的人力资源管理方法与“软性”的人力资源管理方法有机地结合起来。奖励旅游通过企业花钱购买旅游产品，对业绩突出的优秀员工给予直接的旅游奖励，体现了实用主义的硬性人力资源管理方式；另一方面奖励旅游常常与重要会议、培训结合在一起，关注员工的发展，体现了人性化的“软性”的人力资源管理方式。

二是提升员工的工作业绩，实现企业经营管理目标。从事企业管理的专家指出，奖励旅游让员工对公司更有归属感，工作更卖力。美国2005年的一项调查结果显示，80%的受访者认为获得奖励旅游要比现钞奖金更令人难忘。全球性研究机构site基金会的研究结果表明，奖励旅游可让部分员工的工作业绩提升20%。

（二）奖励旅游是达到企业管理目标的重要手段

奖励旅游不同于一般意义上的观光和商务旅游，它通常需要提供奖励旅游服务的专业公司来为企业“量身定做”，使奖励旅游活动中的计划与内容尽可能地与企业的

经营理念和管理目标相融合。一些研究管理问题的心理学专家在经过大量调查和分析后发现，把旅游作为奖品来奖励员工、客户时，其所产生的积极作用远比金钱和物质奖品的刺激作用要强、要好得多。

首先，奖励旅游是刺激员工积极性行之有效的方式，通过奖励旅游中的一系列活动，如颁奖典礼、主题晚宴、企业会议、赠送贴心小礼物等，将企业文化、理念有机地融于奖励旅游活动中。还有如企业的高层人物出面作陪，与受奖者共商企业发展大计的情况，这对参加者既是一种殊荣，又达到了“寓教于游”的与众不同的效果，同时还可有效地调整企业上下层、企业与客户间的关系，使受奖者有一种新的荣誉感，增强对企业的认同感，激励其更好地为企业服务。

其次，奖励旅游为企业与员工、企业与客户、员工与员工、客户与客户之间创造了一个比较特别的接触机会，大家可以在旅游中比较放松地做一种朋友式的交流，这样，员工与客户不但能借此了解到企业与企业管理者富有人情味的一面，而且员工之间、客户之间也能趁机加强彼此间的沟通与了解，为今后开展工作和业务交流提供了便利。

（三）奖励旅游有助于企业的营销管理

现代企业的营销管理形式多样，奖励旅游能起到促进企业营销管理的作用。因为奖励旅游表面上是企业对优秀员工的一种奖励，但其真正目的是为树立企业形象、宣扬企业的理念，以求最终达到提高企业的业绩、促进企业未来发展的目的。一次较大规模的奖励旅游实际上是企业的一项重要的市场宣传活动。一次较大规模的奖励旅游，会有包机、包车、包场等现象，相应都会打出醒目的企业标志，如在一架奖励旅游的包机上印上醒目的企业标志，或包场某一有名的旅游景点，到时，人们首先瞩目的将会是举办奖励旅游的这家企业的标志，而非那些被奖励的个人，所以无形之中又是企业展现自身实力、宣传企业形象的又一大好时机，倘若有媒体进行相关报道，则效果更佳。

（四）奖励旅游有助于企业产品质量管理

由于奖励旅游是企业与专业策划公司精心策划和打造出来的非同一般的旅游产品，能让参与者的体验更精彩，因而对增强员工的荣誉感和向心力，加强团队建设，塑造企业文化，有着不可估量的作用，而这些作用将有助于增强员工对企业的认同感，激励其更好地生产高质量产品，为维护企业形象贡献一份力量。

（五）奖励旅游有助于企业的资金管理

奖励员工的方式多种多样，但没有一种能像奖励旅游那样，能达到最大限度控制成本的功效。首先，奖励旅游的资金来源并不是企业自掏腰包，而是在实现了其特定目标后，用创造出来的超额利润的一部分进行的，企业不赔反赚。作为企业管理的一种策略，奖励旅游可以计入工资管理成本，可以合理避税。因此从企业的角度考虑，奖励旅游还起到了一箭双雕的作用。现在的研究一般认为，奖励旅游费用为企业超额利润的30%左右。其次，奖励旅游从策划到具体运作，主要由专业公司来完成，而这些专业公司由于具有从事奖励旅游、有效控制差旅成本的管理经验，因此，会大大降低企业的奖励成本，达到有效管理企业资金的目的。

四、发挥奖励旅游管理功能的途径

奖励旅游虽然具有强烈的企业管理功能，但由于奖励旅游参加者均是企业的佼佼者，他们不仅具有较高的业务素质，而且办事高度认真，对事往往要求尽善尽美，如果企业在实施奖励旅游的过程中稍有不慎或出现丝毫差错，都将会影响奖励旅游管理功能的发挥，甚至使奖励旅游的管理功能消失殆尽，因此，企业要想通过奖励旅游这一新型的管理方式达到企业的各项管理目标，从而充分发挥奖励旅游在企业管理中的作用，还必须找到切实可行的途径与方法。

（一）坚持早准备、早计划的原则，是有效发挥奖励旅游管理功能的前提

新加坡欧力士租赁有限公司总裁王仕铭根据自己在公司推行奖励旅游的经验，指出："要成功地推行奖励旅游计划，首先在新财政年度开始之前，公司必须制定个人、部门和公司的业绩目标。财政年度结算后，无论个人、部门或全公司雇员如能达到或超越所定的目标，就应该成为奖励的对象。"此外，要想使奖励旅游管理功能得到有效的发挥，还应该注意以下几点：一是在推行制度之前，必须把奖励目标清楚地传达给雇员；二是在遴选的过程中必须保证透明度；三是在某些情况下，比如无法如期推行奖励计划，公司有必要给雇员一个完善的交代；四是听取雇员的意见，如奖励旅游的策划小组可以包括各阶层员工，让大家一起进行筹备工作；五是建立团队精神，各项目必须由管理层和员工一同参与，不分彼此；最后，在选择旅游目的地的时候，也应该注意当地是否有完善的基础设施、良好治安、清洁环境和高品质服务。

（二）针对奖励旅游产品不同生命周期阶段的特点设计产品，有效发挥奖励旅游的管理功能

奖励旅游产品一般经历朝阳期、成熟期、夕阳期三个不同阶段。旅游企业应针对奖励旅游产品不同生命周期阶段的特点采取灵活多变战略，即在朝阳期奉行差异化、集中性战略，设计出激励效用大、独特性强的奖励旅游产品；成熟期奉行成本领先战略，通过设计出成本低的奖励旅游产品，取得相对优势；夕阳期采取创新策略，通过设计研发新产品，尤其是个性化新产品，满足奖励旅游者的需要。只有满足不同时段奖励旅游参与者的需要，不断给奖励旅游参与者以激励，才能真正发挥奖励旅游的管理功能。

（三）注重奖励旅游的激励性，以达到企业管理目标

如何处理好奖励和员工个人需要之间的关系，使激励的边际效用最大化，是企业管理者必须面对的难题。国外企业十分重视奖励旅游这一管理工具，新加坡公司使用奖励旅游的目的，强调答谢员工和鼓舞士气；美国公司对参与者的资格严格审核，

事先预设激励目标，重视竞争性氛围；而欧洲公司偏重于增强团队精神和对员工进行培训，并与公司业务相挂钩。客户企业实施奖励旅游的目的在于塑造企业文化，达到“软性管理”之目的。根据强化理论，单一形式的奖励旅游是消极强化，多元式的奖励旅游才是积极强化，因此，企业在对员工实施奖励旅游计划时，要充分了解员工的需要，不断注入新的内容，以达到激励员工、实现管理之目的。

（四）设计富有创意的奖励旅游活动产品，实现企业管理之目的

奖励旅游活动一般是公司为了奖励自己的员工而设计的。这些特殊的旅游活动除了对服务设施和质量的要求非常高，所有消费都是超豪华外，还要极具创造性，要能让参加旅游的人们获得与众不同的经历和体验，比如，针对不少人喜欢寻求刺激体验的特点，可设计一些富有挑战性的冒险活动，让他们真正感觉到与众不同；又比如，针对有的人在享受和刺激之余，希望能在旅行中做些有意义的事情，可在活动中设计有意义的社会活动，让他们体验到关心人、帮助人的快乐，感受到作为一个社会人的责任和义务；还可采取事前不告诉客人会有哪些具体活动内容的办法，突然宣布享用一顿豪华晚宴或免费享受一次足底按摩服务，让客人在完全不知情的情况下获得意外之惊喜。实践证明，富有创意的奖励旅游活动，是促进其功能发挥的重要手段。

（五）实行“二个”结合，才能达到企业运用奖励旅游手段实现管理的目标

目前，奖励旅游正呈现出新的走势，即奖励旅游已朝着与会议、拓展培训相结合的方向发展。在2002年瑞士国际会议和奖励旅游展上，无论是买家还是卖家都感觉出一种强劲的新趋势，商务市场的热点开始从纯奖励旅游移向了商务培训和商务会议。换言之，现在像过去一样的纯奖励旅游活动越来越少了，奖励旅游与会议旅游合二为一的“奖励性会议旅游”成为全球的新趋势。导致这种现象出现的原因虽然是多方面的，如公司的商务理念发生了新变化，公司需要利用雇员集聚的机会，不但要给予奖励，同时还要进行培训、会议，而不仅限于纯粹的奖励活动；奖励旅游与会议旅游合二为一，对达到企业运用奖励旅游手段实现管理目标具有重要的意义，乃是导致全球的两大趋势形成的主要原因。至于奖励旅游与拓展培训相结合，其意义在于将拓展培训融入奖励旅游内容之中，不但使员工领略了自然风光和异地风情，丰富了阅历，开阔了视野，而且迎合了员工被认同和受尊重的要求，更是满足了员工自我发展的需要，使参与者获得自我成就感，从而终身难忘。此外，拓展培训以培养合作意识与进取精神为宗旨，崇尚自然与环保，利用湖海山川等自然环境，设计出创意独特的户外训练活动，综合提高受训者的人格品质、心理素质和团队精神，这种以“拓展”为代表的团队培训方式已被国内一些优秀企业（特别是外资企业）所接受，并有逐渐取代室内团队培训的趋势。

总之，奖励旅游作为一种新型的旅游方式，具有突出的管理功能，在现代企业管理中占有极重要的地位和发挥着愈来愈突出的作用，但由于国内奖励旅游起步较晚，无论是提供奖励旅游服务的目的地，还是具体策划运作奖励旅游的专业公司、为员工提供特别福利的企业，对奖励旅游的管理功能都还存在着认识上的不足与实践中经验的欠缺，因而导致企业在运用奖励旅游实现企业管理目标时，往往达不到预期的效果，因此，只有坚持早准备、早计划的原则，针对奖励旅游产品不同生命周期阶段的特点，设计富有创意的奖励旅游产品，注重奖励旅游的激励性，并顺应奖励旅游的发展新趋势，将其与会议、拓展培训有机地结合起来，才能最大限度地发挥奖励旅游的管理功能，实现企业运用奖励旅游达到其管理目标之目的。

【本章小结】

商务旅游特殊的工作性质决定了商务旅游行业中的从业人员呈现出年轻化、职业时间短、女性多、薪酬较高等特点，并决定了商务旅游从业人员必须具备交际能力、外语能力和熟练掌握电脑技术的能力。尽管我国商务旅游从业人员在培训、学历教育方面有了巨大的发展，但与商务旅游发达的国家相比，仍然存在着诸多不足。在竞争日趋激烈的新形势下，我国商务旅游企业应想办法改善常规营销管理策略、拓展营销管理策略以及适应新技术、制定新的营销管理策略，确保企业可持续发展。美国运通公司是世界上率先进入差旅管理的公司，其差旅管理的经验和运作模式值得我们借鉴。奖励旅游作为现代商务旅游企业管理的一种手段，在现代企业管理中具有不容忽视的地位与作用。

【思考与练习】

思考：

1. 中国会展学历教育还存在着哪些问题？如何解决这些问题？

2. 新世纪条件下中国商务旅游市场营销管理策略应作哪些改变？

3. 美国运通公司有哪些值得我们借鉴的差旅管理经验？商务旅行社如何开发差旅管理市场？

4. 奖励旅游在现代企业管理中的地位与作用如何？

练习：

1. 考察你所在城市商务旅游专业人才情况，并就专业人才存在的问题与改进对策写出一份研究报告。

2. 运用问卷调查并结合实地考察，对你所在城市的差旅管理市场开发进行调研，并写出调研报告。

3. 对你所在城市大企业的奖励旅游情况进行调研，并写出调研报告。

●案例一：为顾客设计形象

美国、德国的一些服装商店，不久前推出一种“形象设计服务”。店里专门聘请形象设计专家为每一位前来的顾客设计形象。专家根据顾客的身材、气质、经济条件等情况，出主意，做参谋，指导顾客该买什么服装，配什么领带或饰物，头发做成什么式样与服装、身材最相称，足蹬什么颜色和款式的鞋才能相得益彰等等，从而使服装及其各种配套物品最能体现顾客的长处，达到风度可人的理想境界。这项服务推出后，立即受到广泛欢迎，一时间，顾客如云，而且都是服装、饰物整套整套地购买，商店收入顿时大增。

资料来源：乐度教程制作组.《最新市场营销策划经典案例大全2》，www.lodoeshop.com，2010.

【案例思考】

从产品营销的角度分析服装商店为顾客设计形象为什么会使商店收益大增？

●案例二：科隆展览公司和科隆大学合作办教育

在德国，产学研结合与完善的职业教育体系是德国会展学历教育的基础。企业为什么需要和大学合作，因为它需要大学对学科前沿领域的把握（教授、研究所），需要大学的廉价劳动力（学生、研究所工作人员），需要挖掘和培养后备人才，需要合理避税，这就是德国企业尤其是大企业热衷于产学研结合的原因。比如，企业有一个新的项目或者工艺，它需要做很多基础性的前期工作，如果只靠自己的研发部门，不仅周期长，而且成本高，而与高校合作就可以从高校研究机构层面获得更多的理论支持，可以通过高校为该项目雇佣临时工作的学生，而企业支付给大学研究机构和临时雇佣的学生的费用肯定低于完全靠自己研发该项目的投入。这是从企业本身层面来看。从政府层面来看，政府通过税收的杠杆鼓励这种合作，企业通过临时雇佣高校学生可以获得减税的实际利益。与此同时，在该领域和行业后备人才最集中的地方——大学，不仅可以获得更多实践机会，还能得到企业的资金支持，又可以为自己的企业在形象和品牌层面加分，以上这些就是德国企业热衷于产学研结合的原因。另一方面，德国具有完善的职业教育培训体系，其模式大致是，学生在学校注册学习期间，大致一半时间在企业实习，另一半时间在学校上课，如果是中等学历层面的职业教育，其在企业实习的时间更长些。企业之所以这么做，同样是从降低人工成本、储备后备人才、减少税收开支三个层面考虑的。同时政府也有明确政策支持，多大规模的企业每年必须有多少个实习生的工作位置，少于规定的基本数量，企业必须缴纳更多的税，让企业感觉与其这样还不如多雇几个实习生划算，政府的该项政策支持长期保障了德国成熟的中等和高等职业教育体系的建立。

科隆展览公司和科隆大学合作办教育是德国产学研相结合的最佳案例。科隆大学展览经济研究所是1999年由科隆展览公司资助与科隆大学经济系共同成立的，2000年夏季学期开始正式开设相关课程，是德国综合性大学中第一个展览经济研究所。科隆展览公司之所以这么做，除了以上德国企业热衷于产学研结合的基本原因之外，其主要目的是将该研究基地建成其自身的后备人才培养基地和企业的外围研发部门，客观原因有两个，一个原因是科隆大学经济系的综合实力在德国高校中长期排名第一，在学术研究层面有很好的人才基础，该所从一开始建所的时候就结合展览经济本身具有的复合性的特点，设置了三个教授席位，因为德国大学一般是一个研究所一个教授席位，两个已属少见，三个的模式更是凤毛麟角，这三个分别来自企业规划与物流、市场营销与市场研究和国际贸易，此种模式就很好地应对展览经济研究的特点。第二个客观原因是科隆大学和科隆展览公司地理位置相对较近，不仅是同一个城市，交通也非常方便，两者之间使用公共交通工具，单程时间最多也就半小时，这也给日后的课程和教学安排提供了极大便利。

正因为上述两个客观条件以及科隆展览公司和科隆大学合作的长远目的，所以这个共同拥有的研究所的合作项目已经超越了一般意义的产学研结合的范畴，科隆展览公司在该项目人财物方面的投入是巨大的。

科隆展览公司企业规划和发展部具体负责该研究所的大部分教学工作，该部部门经理亲自全程授课，每星期一次，每次1.5小时。

以下是展览经济概论课程的大纲，详细罗列如下：

1）展览经济的宏观和微观概论1

授课 科隆展览公司企业规划发展部经理

2）展览经济的宏观和微观概论2

授课 科隆展览公司企业规划发展部经理

3）展览主办者的竞争力分析及展览公司之间的合作

授课 科隆展览公司企业规划发展部项目负责人

4）展览公司运营管理（IT技术在展览公司运营管理中的运用）

授课 科隆展览公司企业规划发展部经理

5）展会的组织与规划

授课 科隆展览公司Spoga-gafa展会项目经理

6）展会项目现场讲解：INTERZUM展

授课 科隆展览公司INTERZUM展负责人

7）展会观众营销体系的建立

授课 VNU欧洲公司部门经理

8）展览公司的战略管理1

创新管理——展览公司新的展会项目及服务模式的研发

授课 科隆展览公司企业规划发展部经理

9）展览公司的战略管理2（小组作业演示和讲评）

创新管理——展览公司新的展会项目及服务模式的研发

授课 科隆展览公司企业规划发展部经理

10）展览公司如何应对全球竞争

授课 科隆展览公司总裁

11）展览公司国际化拓展的特点和模式

案例分析 科隆展览公司承接2010年上海世博会德国馆的组织和管理工作项目分析。

授课 科隆国际展览公司总裁（科隆展览公司的子公司）

12）展会项目的全程服务模式和工作流程

授课 科隆展览服务公司总裁（科隆展览公司的子公司）

13）展会招展工作及代理招展业务的模式及流程分析

授课 科隆展览公司营销部经理

14）展览公司的品牌管理

授课 科隆展览公司企业规划发展部经理

15）展览公司新产品的研发战略分析

授课 AMR企业战略研究咨询公司部门经理

16）展览公司其他相关层面的工作任务及特点

授课 科隆展览公司企业规划发展部经理

资料来源：杨斌. 浅论德国会展学历教育的模式和特点，金华职业技术学院会展协会，http://blog.sina.com.cn/ybexpo，2009.

【案例思考】

结合本案例，分析德国会展学历教育模式对中国有何借鉴意义？

案例三：TCL集团——构建深广兼容的分销渠道

TCL集团于1981年靠一个小仓库和5000元贷款起家，1999年发展成为拥有100多亿元总资产，销售收入、出口创汇分别达到150亿元、2.4亿美元，在中国电子行业雄踞三强的企业集团。该集团前10年集中生产经营通讯产品，占据了电话机市场龙头地位；后10年进军家电、电工市场，在十分激烈的竞争中，年均销售增长率持续超过50%。进入新世纪，集团正在策划新的目标：再用10年时间，使公司从传统的电子企业向以“3C”整合为核心、信息产业为主导的互联网接入设备主流供应商转移，销售规模达到1500亿元，进入世界500强企业行列。

集团决策者觉得需要全面审视公司的经营观念和分销战略与策略管理问题。为此，回顾、总结过去的经验是必要的。

多年来，集团一直将市场视为企业的生命，提出并奉行“为顾客创造价值”的核心观念，赢得了宽广的市场空间。公司不断推出适合市场需求的新产品，严格把好每一个产品和部件的质量关，并十分重视建立覆盖全国的分销服务网络，为顾客提供了优质高效的购买和保障服务。显然，经营产品的扩展，必须与经营渠道建设结合起来。这是一条重要经验。

TCL在连续不断的市场大战中主动认识和培育市场，逐渐形成了“有计划的市场推广”、“服务营销”和“区域市场发展策略”等市场拓展新理念，建立了覆盖全国的营销网络，发展自己的核心竞争力。到1998年底，TCL已在全国建立了28家分公司，130个经营部（不包括县级经营部），还有几十个通讯产品、电工产品的专卖店，销售人员3000多人，这个网络既销售王牌彩电，也销售集团内的多种产品，1998年的销售额达到50多亿元。为了进一步开拓国际市场，除利用在香港、美国的原有子公司外，近年来又成立了“国际事业本部”，积极策划在东欧、东南亚设立自己的销售网点。

建立营销网络加快了TCL集团的发展步伐。TCL坚持经营变革与管理创新，不断推进企业产权制度的改革。集团通过授权经营，落实了企业经营风险责任机制和利益激励机制。尤其是进入90年代以来，TCL抓住机遇，通过灵活机动的资本运营机制，先后兼并了香港陆氏彩电、河南美乐电视机、内蒙古彩虹电视机、金科集团和翰林软件公司，并与美国Lotus Pacific合作，进入乐信息网络终端产品和信息服务领域。TCL投资创办了爱思科微电子集成电子公司，介入了通讯系统设备制造、移动电话和锂离子电池等高科技领域。TCL已开始进行产业结构调整，目标是使公司由传统家电产品制造商向互联网设备的主流厂商转变。集团领导层对这个转变充满信心，其中一个理由是营销网络为这个转变的实现提供了有力的保证。

经过多年苦心经营，TCL的营销网络已建立了能及时发现市场、开拓市场、保障服务质量、有效改进品牌推广，并灵活适应市场变化的机制。90年代初TCL王牌彩电成功介入竞争白热化的国内市场，名列三甲，营销网络功不可没。在1996年彩电市场降价竞争中，TCL整个网络迅速作出统一行动，调整价格，加强促销，不仅稳定公司的销售，而且争取到市场的扩展，给人留下深刻印象。

TCL集团在主导产品战略转移的同时，同步营造营销渠道网络，使之成为公司扩大经营规模、提高竞争优势的重要战略组成部分。首先，集团强制推行“项目计划市场推广战略”。要求所有项目必须制定详尽的市场推广战略，自觉、主动地认识市场、培育市场和占有市场。其次，导入“区域市场推广战略”。将国内市场划分为7大区域，按“大区销售中心—分公司—经营部—经营办事处”模式构建区域分销网络，禁止跨区违规操作，规范市场开发管理。第三，实施“深耕细作”策略。按各区域网络做细经营管理，开展“千店工程”，将销售网遍布广大城乡。第四，实施营销网、服务网“双网络”拓展，产品品牌、服务品牌“双品牌”经营计划。将原售后服务部改成“用户服务中心”并相对独立运作；建立客户档案，主动回访；在一些城市装配维修生产线，配合公司配件供应中心，提高服务效率；严格履行“三月包换、三年免费维修、中心城市上门服务”的承诺。第五，提高网络的兼容性。以家电营销服务网络为基础，整合家电网、电工网和通讯产品网，方便顾客，降低成本。

TCL强大的营销网络吸引了国内外一些公司上门来要求合作。健伍、NEC分别找上门来要求TCL代理其音响、手机。TCL营销网络不仅是TCL产品的“市场高速公路”，而且成了TCL最重要的一块无形资产。

资料来源：乐度教程制作组.《最新市场营销策划经典案例大全2》，www.lodoeshop.com，2010.

【案例思考】

TCL分销渠道网络有何特点？分销渠道对企业发展的战略意义如何？

参考文献

1. 魏雅莉. 中国会展专业学历教育存在的问题与发展对策[J]. 商场现代化，2012（8）.
2.（美）卡林·韦伯. 会展旅游管理与案例分析[M]. 辽宁科学技术出版社，2005.
3. 胡斌，朱海森，孙柯. 我国发展奖励旅游初探[J]. 桂林旅游高等专科学校学报，2002（3）.
4. Deborah Robbe. Expositions &Trade Shows[M]. HEP Publishing House，2000.

第九章　商务旅游活动策划

【本章学习目标】

通过本章学习，应了解策划、商务策划、旅游策划、商务旅游策划的概念及其特征，掌握会议策划的基本流程及其策划细节，了解展览策划与会议策划的区别，掌握展览策划各种文案的书写，掌握奖励旅游、新产品发布会的策划流程及其特点。

【关键概念】

商务旅游策划 会议策划 展览策划 奖励旅游策划

策划是商务旅游活动开展的前奏。策划书的好与坏直接关系到商务旅游活动的成败。不同类型的商务旅游活动策划虽然在模式上没有多大差别，但在具体内容上不尽相同。

第一节　商务旅游策划概述

策划从中国远古而来，一直在影响着历史与世界。今天更与西方的战略管理、日本的企划应用和各种学科知识逐步深度融合，正在成为一门年轻而极富魅力的新兴学科，成为热门职业。商务策划师更成为商务旅游活动的高级专业人才。

一、策划的界定与分类

策划起源于中国，春秋战国时期已十分兴盛，迄今已有三千年的历史。“策划”一词，普遍的说法最早出现在《后汉书·隗嚣传》中：“是以功名终申，策画复得。”还有一说是出自《文选·晋纪总论》中：“魏武帝为丞相，命高祖为文学椽，每与谋策画，多善。”

从字面上诠释，策划亦作“策画”或谋划、计谋。其中“画”与“划”相通互代，“策画”即“策划”，意思是计划、打算，把步骤完整记录。“策”最主要的意思是指计谋，如：决策、献策、下策、束手无策。“划”指设计，工作计划、筹划、谋划，指“划”，意思为处置、安排、记录。

从专业的角度释义，人们对策划有着不同的诠释，有的认为，策划又称“策略方案”和“战术计划”（Strategical Planning / Tactical Planning），是指人们为了达成某种特定的目标，借助一定的科学方法和艺术，为决策、计划而构思、设计、制作策划方案的过程。有的则认为，策划就是为达到以最低的投入、最小的代价，让策划对象赢得更高的经济效益、社会效益的前提下，策划人为实现上述目标在科学调查研究的基础上，运用掌握的策划技能、新颖超前的创意和跨越式思维，对现有资源进行优化整合，并进行全面、细致的构思谋划，从而制定详细、可操作性强的，并在执行中可以进行完善的方案过程。

策划是一个综合性的系统工程，目标是起点，信息是基础，创意是核心。

依据中国策划学会和中国策划学院制定颁布并获得国家知识产权局批准登记的《策划师资格认证标准》规定：策划一般分为品牌策划、旅游策划、房地产策划、影视策划、人生策划、网站建设策划、教育策划、文化策划、区域策划、周易策划、商务策划、创意策划、会展策划、图书策划、创业策划、广告策划、活动策划、营销策划、网站策划、项目策划、公关策划、婚礼策划、医疗策划、战术策划、战略策划等。

由于策划涉及计谋、策略和战术，因此一份好的策划书，必须在相关方法与理论的指导下才能有效完成。策划中常用的方法与理论一般包括：二八法则、CIS理论系统、USP理论、SWOT分析法、5W2H法、马太效应、马斯洛需求理论、波特竞争理论、蓝海战略、长尾理论、定位理论、品牌形象论、木桶理论、羊群效应、4P理论、4C理论、果子效应、魏斯曼营销战略学说及竞争四种手段等。

总之，策划是人类一种具有优势性的思维特质。它是针对未来和未来发展所做的当前决策，能有效地预测和指导未来工作的开展，并取得良好的成效。因而，策划是科学决策的前提，也是实现预期目标、提高工作效率与效益的重要保证。

【相关链接】策划与规划的区别

策划与规划是两个不同的概念，它们之间存在着如下差异：

一是概念差异。规划是一个地域综合体内的发展目标和实现方式的整体部署过程。规划经相关政府审批后，是该区各类部门进行开发、建设的法律依据。规划要求从系统的全局和整体出发，着眼于规划对象的综合的整体优化，正确处理系统的复杂结构，从发展和立体的视角来考虑和处理问题。策划，是依托创造性思维，整合资源，实现资源、环境、交通与市场的优化拟合，实现企业发展目标的创造过程。策划强调的是通过创造性思维，找出资源与市场间的核心关系，建构可采取的最优途径，形成可实施的明确方案，并对近期的行动进行系统安排。

二是理念差异。规划是一套法定的规范程序，是对目的地或景区长期发展的综合平衡、战略指引与保护控制，从而使其实现有序发展的目标。 策划是从创造性思维的角度出发，以资源与市场对接为目标，用独树一帜和鹤立鸡群的方法解决吸引力、产品、开发过程、营销等方面的独特性与操作问题；围绕某一领域吸引力、商业感召力、营销方式、商业模式等问题的解决。策划必须具有创新性、可操作性。

三是任务差异。规划的基本任务是：通过确定发展目标，提高吸引力，综合平衡游历体系、支持体系和保障体系的关系，拓展某一领域内容的广度与深度，优化产品的结构，保护企业赖以发展的生态环境，保证策划地获得良好的效益并促进地方社会经济的发展。策划的基本任务则是：针对明确而具体的目标，通过各种创造性思维和操作性安排，形成产品内容、主题品牌、商业模式，从而形成独特的企业产品，或全面提升和延续老产品的生命力，或建构有效的营销促销方案，并促使策划地在近期内获得良好的经济效益和社会效益。

二、商务旅游策划

商务旅游活动策划是一种综合性的策划活动，它既涉及商务策划，还涉及旅游策划等等。

（一）商务策划

商务策划就是以获得社会交换中的更多优势和利益为目标，通过创造性思维的有效整合，形成完整执行方案的过程。

1996年史宪文出版《商务策划》一书，该书首次提出“商务策划”这一术语。1998年成立的WBSA被翻译为世界商务策划师联合会，“商务策划”便由此成为世界性的学术概念。

迄今为止，关于“商务策划”的学术概念很多，其中最为权威的是WBSA核心课教程中的定义：经济组织为了获得必要的竞争优势或最佳生存环境而采取的创新性或精密型决策思维方式。

在WBSA核心课教程中，认定交换产生“商务”；竞争产生“策划”；商务指的是一切以利益为目的、以交换为手段、以货币为表现的个人或组织活动。地球上最大的差别在人与人之间，人与人之间最大的差别在于思维。当思维指向明确的目标，并呈现出相对于他人思维的差异创新状态时，就被称为“策划”。

另据《现代企划》作者史宪文的意见，世界策划思想发展史进程可概括为六个字：道、法、术、质、域、位。“道、法、术”是微观循环，主要是由中国文化完成的；“质、域、位”是宏观循环，是微观循环在质量上的飞跃、在领域上的飞跃、在位置上的飞跃。

“商务策划”有传统主张和现代主张之分。传统主张是输出智慧；现代主张是管理智慧。现代策划的显著特征是专业人员开发管理集体智慧，使个人智慧转化为集体智慧，而不是把个人智慧凌驾在集体智慧之上。

要想成功地策划一次商务活动，首先要了解商务策划四大特征，即一定的虚构性、相对的新颖性或精密性、相对的超前性和可操作性；其次应要遵循五大原则，即利益主导原则、创意创新原则、整体策划原则、客观可行原则和随机制宜原则；最后要突出五大策划功能，即竞争功能、放大功能、预测功能、决策功能和创新功能。

在中国，商务策划作为一种产业兴起较晚。从20世纪80年代改革开放之初开始至今，其发展历程大致可分为如下三个阶段：自发阶段（20世纪80年代中期～90年代初期）也称“点子时代”；自觉阶段（20世纪90年代中后期~20世纪末），也称“战术策划时代”；学科建设和职业化阶段（21世纪以来），也称“战略策划时代”。

【相关链接】商务策划大事记

20世纪80年代中后期，国家主席杨尚昆提出邓小平是中国改革开放的“总设计师”，物理学家杨振宁称邓小平为“国策的总策划人”。

1992年9月1日，《人民日报》第一版刊登《何阳卖点子赚钱四十万——好点子也是紧俏商品》文章，“中国第一喉舌”积极肯定了策划的商务意义。

1994年春节联欢晚会，牛群、冯巩合说相声《点子公司》，全国百姓中掀起“点子策划”热潮。

1998年5月21日，世界商务策划师联合会（WBSA）在香港注册成立，我国学者史宪文任轮值主席；当年，WBSA与中国策划研究院，先后在大连、深圳等城市开展了主题为“商务策划”的培训认证工作。

1999年5月16日，《长春日报》第三版广告中首次出现“商务策划师”专有名词。

1999年12月，全国人大常委会委员长李鹏为中国策划业题词：促进策划事业发展，切实搞好人才培养工作。

2001年，经周培玉主持，中国企业联合会管理咨询委员会正式与WBSA联合成立中企联商务策划师秘书处，史宪文任秘书长。

2001年9月，由田长广主持，南京三江学院策划学系正式成立并招收第一届策划学专科学生，万钧主讲专业课程。

2002年6月18日，人事部全国人才流动中心决定与商务策划师培训认证总部共同在全国范围内开展商务策划师认证培训工作，拉开了中国策划行业人才建设序幕。

2004年，WBSA体系专家主持开发了劳动和社会保障部《商务策划师资格认证标准》。

以上据《中国商务策划大会会刊》

2004年11月，大连卧龙知识经济研究院举办第1版OK软件现代企划技术发布会。

2004年12月，劳动和社会保障部颁布第二批10种新职业，商务策划师位列第一；其后，又陆续推出了“会展策划师”、“房地产策划师”、“婚庆策划师”等新职业。

2005年7月，人事部全国人才流动中心成立商务策划师资质评价管理办公室，正式发布《商务策划师资质评价标准》，并在“中国国家人才网”建立专门的商务策划高级人才库。

2006年1月，由中国商业联合会等提出并由谭新政等主持，商务部发布国内贸易行业推荐标准SB/T10411-2007《商务策划评价规范》。

2006年3月，经教育部批准，第一个商务策划管理本科专业在重庆工商大学商务策划学院正式设置。

2006年4月，教育部公布“商务策划管理”进入高考新增专业。

2008年5月23日，中国商务策划创新大会暨第二届全国商务策划师年会在苏州召开，近400位来自全国各地的商务策划师参加大会，举行了隆重的“中国商务策划十周年成就大奖”颁奖仪式，耿乃凡、毛国葆、靳俊喜、陈刚、阎义侠、王耀珉等72人分别获得各项荣誉，多家媒体报道了这一盛会。

商务策划对于改变企业发展方式、避免企业死于非命、节约企业资源、提高企业发展速度等，具有极其重要的作用。

（二）旅游策划

要想深层次开发旅游产品，满足市场之需求，必须进行旅游策划。

旅游策划是依托创造性思维，整合旅游资源，实现资源、环境、交通与市场的优化拟合，实现旅游业发展目标的创造过程。

旅游策划的基本任务是针对明确而具体的目标，形成游憩方式、产品内容、主题品牌、商业模式，从而形成独特的旅游产品，或全面提升和延续老旅游产品的生命力，或建构有效的营销促销方案，并促使旅游地在近期内获得良好的经济效益和社会效益。旅游策划必须具有创新性、可操作性。

旅游策划一般包括五种类型：一是总体旅游策划。在旅游规划之前导入总体旅游策划，可以解决深度研究，准确定位市场、定位主题、定位形象、确立核心吸引力；拟合资源与市场，形成表现吸引力的产品形态；落实战术和行动计划。二是深度旅游策划。在旅游规划完成之后，需要进一步进行旅游策划来将规划的大理念转变为产品、项目、行动计划。三是落地策划。针对单个旅游产品，旅游策划要比规划切实、有力！旅游产品的生命周期也决定了规划一个景区，生命力没有其规划期长，旅游策划能立刻带动经济效益的增长，当游客口味发生变化时，旅游策划又能灵活地调整，是旅游策划的优势所在。四是营销策划。对旅游产品进行品牌规划、品牌定位、品牌形象、品牌口号、整合品牌传播等，进行系统的营销策划，以弥补当前旅游企业策划之缺失。五是融资策划。旅游规划不针对单个项目，无法真正招商引资。有了单项旅游策划对规划的分解，使投资者有了投资的机会点，而旅游策划追求商业化盈利的目标，符合投资者利益目的，旅游策划的创造性思维可给投资者带来丰厚的回报！

在实施旅游策划时，对策划进行定位非常必要，它是旅游策划的核心步骤。策划者可从五个方面进行定位：一是旅游策划的主题定位，项目按照清晰独特、引人入胜主题进行整合打造；二是旅游策划的目标定位，决定将项目独特吸引力提升到何种程度，才具备实现目标的基础；三是旅游策划的市场定位，按照细分结构，形成重要性、营销时序、区域划分、类别划分四维构造的综合形态；四是旅游策划的功能定位，围绕“食、住、行、游、娱、购”六要素，结合游憩方式，构建系统的综合功能结构；五是旅游策划的开发战略定位，确定开发中轻重缓急先后时序、结构配合投资分配等重大问题的纲领与方针。

（三）商务旅游策划

商务策划、旅游策划是构成商务旅游策划的基本要素，因此从这一角度上说，商务旅游策划是上述两种策划的综合体。它是指商务旅游企业为达到企业利益目标，根据收集和掌握的信息，对商务旅游项目的立项、方案实施、品牌树立和推广、商务旅游相关活动的开展、商务旅游营销及商务旅游管理进行总体部署和具有前瞻性规划的活动。简言之，商务旅游策划就是商务旅游企业对商务旅游活动的全过程进行全方位的设计并找出最佳解决方案，以实现企业开展商务旅游活动的目标。

商务旅游策划具有如下一些重要特点：

①策划理论更加多样化。商务旅游策划既要涉及商务策划理论，也需要旅游策划理论作指导。只有在多样化策划理论指导下，才能成功地写出一份高质量的策划书。

②策划内容更加广泛。商务旅游策划内容可分为九个部分，即商务旅游开发项目策划、商务旅游地形象策划、商务旅游产品策划、商务旅游品牌策划、商务旅游节庆策划、商务旅游商品策划、商务旅游企业策划、商务旅游营销策划、商务旅游广告策划。每一大类型之下，又可分为若干子类型，如商务旅游产品策划包括产品的整合策划、产品的盈利模式策划、游憩方式策划、核心吸引力的打造策划、投入产出策划等等。

③策划分类更加复杂。由于商务旅游是商务与旅游综合体，具体内容包括会议旅游、展览旅游、奖励旅游、新产品发布会、培训等，因而决定了商务旅游策划之内容非常广泛，它可分为会议旅游策划、展览旅游策划、奖励旅游策划、新产品发布会策划、培训策划等。

④策划设计流程更为复杂。商务旅游策划在设计流程时，既要考虑商务策划流程，同时也要考虑旅游策划流程。如一次会展旅游策划，策划者除了精心设计会展流程之外，还必须设计出会展期间出游旅游行程与线路安排。

⑤策划定位更加多元化。以“会议旅游策划”为例，策划一次会议旅游与策划一次纯粹的旅游项目不同。在主题定位方面，前者既要考虑会议因素，又要考虑旅游因素，从而整合打造出引人入胜会议旅游主题；在市场定位方面，前者既要考虑与会者市场，又要考虑与会者家属市场及其亲朋好友市场，既要考虑国内与会者市场，又要考虑国外与会者市场；在功能定位方面，前者既要考虑会议的学术功能、经济功能，又要考虑与会者的旅游需求。

总之，商务旅游策划作为一种综合性的策划活动，较之商务策划和旅游策划呈现出更为复杂的特点，而这种特征是由商务旅游本身的属性所决定。

第二节　会议策划

一、会议策划的界定

会议策划属于会展策划的范畴。会展是会议、展览、节事活动等集体性活动的总称，是指在一定的地域空间由多个人集聚在一起形成的，定期或不定期的集体性的物质、文化、信息交流活动。它包括各种类型的会议、展览展销活动等，如广交会、中国会展业高峰论坛、上海世界博览会、奥运会等都属于会展的范围。从会展所牵涉的知识领域来看，会展涉及信息、管理、经济、旅游、建筑设计、贸易、艺术等众多学科领域的知识，有很强的综合性。

会议策划是指根据会议之目的，借助一定的科学方法和艺术，充分利用现有信息和资源，判断事物变化发展的趋势，全面构思、设计，选择合理、有效的方案，使之达到预期目标的活动。

从会议策划系统看，一般而言，会议策划系统包括策划者、策划对象、策划依据、策划方案和策划效果评估等要素。

成功的会议活动源于成功的会议策划，成功的会议策划源于对社会资源的有效整合。会议策划是对相关社会资源进行整合的过程，是一个系统工程。因此，用系统的观念去认识资源，用系统的方法去分析整合资源，用系统的功能去实现资源的优化是会议成功策划的创造性思维原理之一。好的会议策划具有两个最基本的特点：一是对具体的执行方案有深入的思考，具有可行性；二是在某些方面有突破、有新意、有创意。

二、会议策划的基本流程

会议策划的流程比较复杂，它由下列八个相互关联的环节构成：“组建会议策划工作小组”、“会议市场调研策划”、“会议场所策划”、“召开策划会议”、“会议行动方案策划”、“会议预算方案策划”、“会议项目方案策划”、“会议评估与修正策划”。

（一）组建会议策划工作小组

组建策划工作小组是进行会议策划的前提。缺少策划工作小组，会议策划便无从谈起。策划工作小组一般由下列人员构成。

1.策划主管

负责协调、沟通整个小组各策划人员的工作，并全权负责策划方案的制定和修订。

2.策划人员

负责编拟会展项目计划。

3.文案撰写人员

负责撰写各类会展文案，包括会展常用文书、会展社交文书、会展推介文书、会展合同等。

4.美术设计人员

负责各类各种类型视觉形象设计，如广告设计、展示空间设计，此负责人要求能熟练运用photoshop、Imageready、Illustrator、coreldraw等软件。

5.市场调查人员

负责进行市场调查并编写市场调查报告。

6.媒体联络人员

负责媒体宣传推广。

（二）会议市场调研策划市场调查是会议策划的基础

市场调查所针对的内容也十分广泛，主要包括几个方面：一是会议产业环境；二是政策法规；三是目标市场；四是同类会议情况摸底；五是自身资源，包括收集有关本项目的各种资料，如文字、图片以及录像等。

（三）会议场所策划

会场的选择，直接关系到会议的风格、形式、规模、预算和档次，这也是随后进一步策划方案的基础，选择一个能让会议组织者和与会者都能满意的会议场所非常重要。

会议场所的选择应注意如下三点：

一是列出可供选择的清单。基于此，必须制作一个会议场所清单表，清单表上需注明会议要求的所有重要条件，便于各个场所的比较和选择。这一方面，也可以参考SINO-MEETING的会场搜索系统，该系统内的数据将对选择场地的过程，大大提高效率。

二是根据清单综合考虑会议类型与场所。比如研究和开发会议需要有利于沉思默想、灵感涌现的环境；重大的奖励、表彰型会议一定要有档次，要引人入胜；对于交易会和新产品展示会，需要选择有展示空间的场所，会场交通必须便利等等。

三是亲临现场实地考察。考察场地非常重要，要做好充分的准备，要约见会议方及场地方都能做决策的人。这样有利于以后解决可能出现的交易问题；要对会议中的重要流程和环节心中有数，在考察场地的时候，能问到的问题越多，今后出现风险的几率就越低。

（四）召开策划会议

确定了场地之后，策划的工作就进入了快车道。此时，应召开一个策划动脑会。内容主要是讨论会议整体策划框架，包括整个会议的流程和方案，越具体越好。这个会议上，需要把专业的会议策划人士找来，比如SINO-MEETING；也要把主要的决策人员找来，在你的草拟方案基础上，展开详细讨论。

（五）会议行动方案策划

制定一个统筹兼顾的会议行动方案是会议项目顺利开展的重要前提，选择合适的时间，合适的地点，并做到两者的合理搭配，是方案必须注意的内容。

会议策划方案具体化，应形成一个可供操作的具体措施，并明确以下内容：会议项目的目标、实现会议项目目标的环境、会议项目营销战略要素、会议相关活动的开展、会议策划方案的效果与评估、会议策划方案实施的附加条件。

设计行动日程表也是必不可缺少的一环。会议项目的行动日程必须精心设计，策划方案的制作、方案的实施不得延误，每个步骤的开始和结束都应有时间的规定和限制，以保证方案的实施能够顺利进行，否则就会严重影响会议的成功举办。

（六）会议预算方案策划

项目预算方案是会议取得成功的资金。一份会展项目预算方案由支出费用和收入费用两部分构成。

支出费用一般包括如下内容：

1.场地费用；

2.行政管理费用，包括公司行政管理人员的工资和行政办公费用等；

3.宣传推广费用；

4.招商费用；

5.相关活动经费；

6.其他经费。

会议项目收入费用如下：

1.会务费收入；

2.企业赞助收入；

3.其他。

（七）会议项目撰写方案策划

撰写会展项目策划方案就是将策划的最终成果整理成书面材料，即策划书，也称企划案，其主体内容包括现状或背景介绍、分析、目标、战略、战术或行动方案、效益预测、控制和应急措施，各部分内容可因具体要求不同而详细程度不一。其可涵盖内容如可行性研究报告、项目意向书。项目建议书以及广告策划书、宣传手册等围绕某次展前、展中以及展后的所有策划文案。

（八）会议评估与修正策划

评估与修正的内容主要包括项目评估、阶段考评、最终考评和反馈改进等内容。

在策划会议流程时，最为关键的是注意下面两点：一是搞清楚“想法”。会议有各种类型，不同的会议需要不同的环境，召开会议是要达到一定的目的和目标，因此第一个重要步骤是问清楚会议主办方的想法、目的、预算等方方面面的信息，通过收集这些信息避免下一步的策划构思偏离方向。二是搞清楚“思路”。从秘书到公司总裁，每个人多多少少都可能会参与会议的筹划，只不过有人是专职从事这项工作，有的是兼任此职，但无论参与者有多少，一定要确认一个有经验的项目负责人，想清楚策划的步骤、时间推进节点、人员的分工。如果思路不清晰，经验不到位，往往从策划的一开始，就会在众多的意见、指导中迷失方向。在你筹划的思路理清后，你最好向上司、会议主办人或会议主席描述一下会议的目的和要求达到的结果，如果你们的意见相符，你就可以做下一步的筹划了。

三、会议筹划细节

人们常说，细节决定成败。会议筹划也是如此，细节对一次成功的会议至关重要，但细节往往容易被人忽略，因此筹划者应给予足够的重视。

会议筹划应注意的细节如下。

（一）邀请

不管什么样的会议，主办者都希望适宜的对象参加。作为主办者，邀请的方式非常重要。通常情况下，邀请包括信息发布、回执处理、确认通知等3个程序。

1. 信息发布

信息发布的类型有：印刷品发布，如邀请信函、组织文件、会议通知等，电子邮件、印刷媒介公告、电子媒介公告等。通常的信息发布包括主题、时间、地点（暂定或者候选）、主要议程及安排、费用及标准等等，有些还附送会议企划书，可以让参与者了解参加的意义及对会议的期望。

2.回执处理

对于会议主办者来说，回执是对会议企划活动成功与否的判定标志之一。回执收到后，通常需要统计（回执单的设计非常重要，应当是合理且圆满的，应当包括如下信息——明确的人数、职务、性别、联系方式、预计到达目的地的时间、迎送要求等等）和确认回执有效（通常以会务费用是否交纳为标志），接下来需要做的就是资源分配，如酒店住宿的安排等，回执确认即确认通知可以在这一切完成后发出。回执可以采取多种形式，如传真、信函、电子邮件、网络或者电话等等。回执需要注意的是，如果会议课题允许，应该考虑到参与者的特殊要求，譬如家属、随行人员、保健要求、交通代理、饮食习惯、住宿要求等，如果回执清楚，那么对会议的有序安排会起到很大帮助。

3.确认通知

如果会务费用确认或者有其他方式可以确认，需要发出确认通知。同时发出的应该还有会展的确切地点、时间、议程、签到程序及会展注意事项等。

（二）签到与入住安排

如果是小型商务会议，签到相对简单，仅仅是名录登记。但如果是大型会议或者展览，那么签到就是一项复杂的工作。通常情况下，会议的签到与住宿安排连在一起。

大型会议如果想要签到过程不出现混乱，必要的流程及准备是必需的——回执统计表、签到表格、引导及协助人员、住宿宾馆准确的房间数量及房间号、房间分配表、钥匙、标明入住者姓名及房号的小信封（内装客房钥匙，通常酒店可以提供）、入住酒店相对明显的路径指示、会议须知、会议详细日程、考察线路及参与方式、酒店功能开闭说明及付费标准、返程预订及确认、会务交通使用方式及付费标准等等。

如果可能，尽量使用电脑签到。一般情况下，签到服务人员应该不少于6人。工作时间应该根据会展参与人员抵达时间合理分配。如果事先将回执的项目设计得很周全，对于签到及入住安排有很大帮助。

（三）餐饮安排细节

会议无论大小，通常情况下都要统一安排餐饮。餐饮安排通常有自助餐或者围桌餐两种形式。餐饮类别有中式、西式及清真系列。统一安排餐饮的会议，对于成本的控制非常重要，自助餐一般可以发餐券控制（很多酒店对于自助餐的开设有就餐人数的最低要求），可以事先制订餐标及餐谱，严格区分正式代表与随行人员、家属，特殊要求者可以和餐厅协商。围桌式餐饮安排比较复杂——特别是大型会议的时候。围桌式餐饮安排需要考虑的问题有：开餐时间、每桌人数、入餐凭证、同桌者安排、特殊饮食习惯者、酒水种类及付款等。需要提醒的是，会议前期考察时注意餐厅及用具的卫生情况，不能让就餐者出现健康问题。如果就餐者无法按时集合就餐，可采取哪桌够人数哪桌开席的做法，以保证就餐者的权益。

（四）秘书服务

所谓秘书服务是指向会展主办方提供各类文秘、勤杂、临时采购、临时司乘、向导等服务。这些服务通常是临时或者按时提供的，可以按不可预计费用或者按其他类别计算。如果通过代理公司操作，那么告诉代理公司做好随时服务的准备很有必要。代理公司与主办方之间的最后服务费用核算将通过双方指定的联络人互相签单认可，由双方财务或者相关人员核定。

（五）茶歇

茶歇对于一般的大型会议而言可能不需要，但中、小型会议，特别是公司或者组织高层会议，会间茶歇是很重要的。茶歇的定义就是为会间休息兼气氛调节而设置的小型简易茶话会，当然提供的饮品可能不限于中国茶，点心也不限于中国点心。通常茶歇的准备包括点心要求、饮品要求、摆饰要求、服务及茶歇开放时间要求等等，一般不同时段可以更换不同的饮品、点心组合。大致上茶歇的分类是中式与西式。中式的饮品包括矿泉水、开水、绿茶、花茶、红茶、奶茶、果茶、罐装饮料、微量酒精饮料，点心一般是各类糕点、饼干、袋装食品、时令水果、花式果盘等等。西式茶歇饮品一般包括各式咖啡、矿泉水、低度酒精饮料、罐装饮料、红茶、果茶、牛奶、果汁等等，点心有蛋糕、各类甜品、糕点、水果、花式果盘，有的还有中式糕点。

（六）翻译

翻译作为特殊的语言工具，在各类会议，尤其是国际会议上具有极其重要的作用。会议涉及的专业术语往往很多，而且通常是很生僻的单词或者组合词，因此翻译对不同国度的人沟通十分必要。聘请翻译时，应尽可能聘请那些知识面比较宽广的人作为翻译。再者，应当告诉翻译发言者通常的语速，有条件的可以把以往的影像资料交给翻译，让其熟悉一下，并告诉翻译本次会议大致的研讨或者涉及的内容。当然为了商业秘密不外泄，对翻译必要的约束是应该的。通常以书面形式约定在多长时间内接触机密的翻译不得对外界透露，在此期间内雇用方有权要求翻译保密，并有权要求翻译赔偿由于泄密而带来的损失。

（七）车辆调度

重要的国际性会议、行业重要会议、知名公司全球或者大区会议，参与者通常人数较多，身份较高，如果在主办者所在地，车辆调度可能不成问题，如果在异地举办，那么车辆调度就值得好好研究。通常异地举办会议基本上委托当地专业机构代理，车辆调度涉及到主办者与代理方的沟通，还涉及到会议举办地的车源问题。对于主办方，通常只提出用车要求及安排要求，而代理公司则要考虑时间安排、预订的合理车辆数量、行走时间及线路等等。因此，主办方应该提前告诉代理方相对准确的与会者抵达时间、人数、此时间段内抵达客人的身份及车辆使用标准，并告诉代理方如果出现与预告情形不符时希望采取的弥补措施及愿意为此承担的代价。

（八）健康保障

健康保障一般情形下不需要列入会议，但对于特殊会议，因有高龄知名学者、身体残疾专家或者政府官员参加的一些会议，那么健康保障就应该纳入会议企划内。健康保障主要内容应包括举办地医疗信息的收集、特色专科分布、急救车辆呼叫及费用支付办法、常用药品少量采购、无障碍通道及洗浴卫生设备的改造等等。

（九）礼仪与迎送

对于会议而言，必要的礼仪显得温馨。礼仪工作一般包括模特召集、程序分解、简单培训、服装道具准备、礼仪执行等。值得注意的是礼仪的文化素质及外语基本技能考察，而不能简单看形体来决定是否聘请，另外一点就是礼仪的个性是否符合工作要求。各种主题的会议对礼仪的要求不一样，学术性会议、政府性质会议要求模特的着装比较素雅，不能抢了专家及政府要员的形象。

（十）秩序维护

良好的秩序有助于会议的举办。虽然小型会议的会议秩序基本不用控制，但大型会议，秩序的控制就显得很重要。大型会议可以采用代表证或者入场券方式控制，如果需要保密，代表证可以特制，印制有代表的数码身份照片，会场入口设立保安。

（十一）会议考察/旅游

无论是什么类型的会议，考察或者旅游总是必不可少。考察实际上主办者已经作好安排，需要会展中介公司提供的服务只是目的地住宿餐饮预订与安排、交通工具、司乘人员及向导，可能的话需要中介公司协助解决媒介邀请及影像资料摄制。中介公司的职能大体等同于主办者的前导服务及后勤保障部门。一般而言，会议旅游应精心策划，尽量安排短线旅行，旅程很少离开会议举办地500公里，时间应在24小时以内，不要超过48小时。少数旅程可能超过1000公里以上，时间可以长达一周，甚至可以跨国旅行。此时中介公司的作用就相当于旅行社，将提供线路咨询、线路包价购买、导游、景点票务、车辆、住宿餐饮安排、旅游保险购买、落实异地返程票务等服务。

（十二）交际/酒会

安排酒会的目的是为了加强公共关系及客户的感情联谊，所以需要细心策划。酒会的氛围十分重要，最好安排在一个环境相对封闭且有特色的地方举行。涉及的环节有：乐队（或者音响、音源）、节目及演员、节目单、酒水、水果、点心、烧烤食品、道具、烧烤用具、司仪、交通工具、天气预报、第二方案、电器技师、保安人员、临时舞伴、助兴烟火、厨师、服务人员等。

【相关链接】鑫源公司摩托营销会议策划方案模块

前言

2005年7月28日是鑫源公司的厂庆日，每年的这一天鑫源公司都将开展一系列的活动。去年7月28日，鑫源公司隆重推出了鑫源等离子摩托车，在摩托车市场上刮起了一股鑫源等离子旋风，引起了摩托车行业不小的震动。一年来，鑫源等离子摩托虽然在市场上产生了一定的影响，但等离子摩托的销量却不甚理想。特别是2005年1~3月，等离子摩托的销量持续下降，到3月份达到最低的909辆。虽然4月份以后，公司采取了一些奖励政策，加之常规车型停产，等离子摩托的销量开始逐月回升，但仍未恢复到去年的最好水平，更无法达到支撑公司销量的水平。除了行业的大环境外，经销环节推广等离子摩托的积极性不高，是重要原因。加之今年公司广宣政策的调整，上半年公司没有组织全国性的等离子摩托的推广活动，而各片区开展的活动也参差不齐，也是原因之一。当然产品线的问题、产品质量的问题也影响了等离子摩托销量的提升。为此，公司决定在下半年打出一系列组合拳，助推等离子摩托销量的提升。在产品上将进一步扩大等离子摩托的产品线，并开展等离子摩托的全面质量整顿，使等离子摩托的质量得到全面的提升，产生一个质的飞跃；在政策上将针对代理商和零售商出台一系列奖励政策；在推广上将组织开展1~2次全国性的等离子摩托的促销活动以及持续开展区域性的促销活动。并决定在7月28日拉开活动的序幕，打响攻坚战的第一枪。

一、会议主题：冬天，让我们感动上帝——鑫源摩托2005年半年营销工作会议

二、会议目的：

1.通过分析行业形势，总结上半年的营销工作，找出工作得失，统一思想认识，明确下半年的工作方向；

2.通过展示和推介鑫源等离子摩托新车型以及进行了全面质量整改的等离子摩托车型，使代理商对鑫源等离子摩托车的产品线和产品品质有一个新的认识，增强代理商销售等离子摩托车的信心和决心；

3.通过宣布下半年等离子摩托车的相关政策和宣贯下半年等离子摩托的推广方案，提高代理商推广等离子摩托车的积极性，并了解和掌握推广等离子摩托车的方法和手段。

三、会议时间

2005年7月27日~7月29日

四、会议地点

君临大酒店

五、会议的组织

主办单位

承办单位

协办单位

支持单位

六、邀请嘉宾

七、参加人员：

1.代理商总经理或操盘手：55人（含鑫源—大林代理商10人）；

2.代理商财务主管：20人；

3.公司高层领导：15人；

4.销售公司：20人（含事务所总经理）；

5.工作人员：10人；

6.合计：120人。

八、会议内容：

（一）经销商会议

1.董事长分析行业形势，提出鑫源公司下半年工作思路，并介绍销售公司新的领导班子（销售公司新的领导班子亮相）；

2.销售公司总经理作下半年营销工作规划，并宣布下半年销售政策（各种奖励政策）；

3.余波助理总结2005年上半年营销工作及下半年营销推广大纲（含广宣政策）；

4.缪文斌宣贯2005年鑫源—大林摩托上市营销方案；

5.温荣华宣贯2005年下半年等离子推广策划方案；

6.奚霞宣贯2005年下半年售后服务活动方案（含售后服务政策）；

7.分组讨论。

（二）等离子销售表彰及等离子产品订货会

1.销售公司总经理宣布2004年8月~2005年7月等离子销售先进的表彰决定；

2.董事长给先进颁奖；

3.张滨总工程师介绍等离子摩托车新车型和等离子摩托车全面质量整改的情况通报；

4.余波助理宣布现场订购等离子摩托车的奖励办法和年终奖励政策；

5.代理商现场订购等离子摩托车；

6.销售公司总经理公布代理商获奖结果。

（三）参观鑫源公司产品展厅

（四）联欢晚会

九、日程及议程

日期	内容	时间	议程	负责人	地点
7月27日 全天	报到	全天	分发房间及会议议程	杨媛	君临大酒店大厅
		18:30~20:00	欢迎晚宴	杨媛	二楼餐厅
7月28日 上午	半年营销 工作会	07:30~08:30	早餐	杨媛	二楼餐厅
		09:00~09:05	主持人串词，齐唱《鑫源之歌》	主持人	三楼庐山厅
		09:05~10:35	董事长致辞	董事长	三楼庐山厅
		10:35~10:45	休息		三楼庐山厅
		11:30~12:00	一车一票财务知识培训	赵长秀	三楼庐山厅
		10:45~11:30	上半年营销工作总结及下半年营销工作规划（包括下半年营销推广大纲和各种政策）	余波	三楼庐山厅
		12:00~14:00	午餐及午休（自助餐）	杨媛	三楼庐山厅
7月28日 下午		14:00~14:40	宣贯2005年鑫源—大林摩托车上市营销方案	缪文斌	三楼庐山厅
		14:40~15:20	介绍等离子摩托车新车型，通报等离子摩托质量整改的情况	张滨	三楼庐山厅
		15:20~16:00	宣贯2005年下半年等离子推广策划方案	温荣华	三楼庐山厅
		16:00~16:15	休息		三楼庐山厅
		16:15~16:20	宣布现场订购等离子摩托车的规则	余波	三楼庐山厅
		16:20~16:35	代理商现场订购等离子摩托车	代理商	三楼庐山厅
		16:35~16:40	公布订购优胜的代理商	主持人	三楼庐山厅
		16:40~16:45	给订购优胜代理商颁奖	董事长	三楼庐山厅
		16:45~17:00	董事长与订购优胜者前5名代理商签协议	董事长	三楼庐山厅
		17:00~18:00	董事长总结发言	董事长	三楼庐山厅
		18:30~21:00	2005，鑫源等离子摩托周年庆典暨颁奖晚会	杨媛	一楼多功能会议厅
7月29日	代理商面谈及签协议	全天		董事长	公司
7月30日	退房、返程	全天		杨媛	公司

十、会场布置

序号	名称	数量	摆放位置	使用人	跟进人
1	摄像头	2	厅内四侧	咨询人员	李蓓
2	耳麦	2	讲台	黄总/曾昭辉	芦愠智\孙先东\官莫鸿

（续上表）

序号	名称	数量	摆放位置	使用人	跟进人
3	电源	2	讲台		
4	剪刀	2	1	1	李贝博
5	订书机	2	1	1	
6	计算器	2	1	1	
7	签字笔	4	咨询处	咨询人员	谢辉
8	圆珠笔	22支		签到处4支	
9	透明胶	8支			
10	双面胶	2		会场布置	
11	彩旗	5面			
12	竹竿	7根	外围草坪		
13	鲜花	1大束			
14	鲜花	2小束	讲台		危美/肖春燕
15	胸花	3束	赠送	黄总/黄顾问	
16	客户数据库	6		黄总/黄顾问/孙红	
17	宣传字牌	7	签到处2份/咨询处4份	客户顾问	检票:吕/雷
18	专家介绍牌	6	厅内两侧	会场布置	芦/孙/官
19	水牌	1	进门处	会场布置	芦/孙/官
20	6*2.5展字画	1	华师正门	会场布置	芦/孙/官
21	背景画	1	厅外左侧	会场布置	芦/孙/官
22	“签到处”牌	2	进门处	会场布置	芦/孙/官
23	“体验处”牌	2	签到台上	签到人员	吕静苗
24	文件夹	4	咨询处	咨询人员	雷雨
25	台布	1	签到处	签到人员	吕静苗
26	绶带	6条	签到处	签到人员	吕静苗
27	横幅	1条		6位礼仪小姐	黄誉妙
28	礼仪服装	6套			
29	矿泉水	24箱		6位礼仪小姐	黄誉妙
30	晚餐	60盒	签到处	家长/工作人员	伍庆业

十一、组织及分工

（一）领导小组

组长：负责本次会议的全面领导和总指挥，协调和监督各工作组的工作。

（二）分组及工作职责

1.策划布置组

成员：

工作任务：

2.组织管理组

成员：

工作任务：

3.会务服务组：

成员：

工作任务：

十二、筹备程序

序号	工作内容	完成时间	负责部门	责任人
1	代理商邀请函（回执）寄发完成	7月20日	会务组	
2	2005年下半年等离子推广策划方案制作幻灯片	7月24日前	策划布置组	
3	上半年营销工作总结及下半年营销工作规划制作幻灯片	7月24日前	会务组	
4	2005年鑫源—大林摩托上市营销方案制作幻灯片	7月24日前	会务组	
5	“金保姆”推广方案（含售后服务政策）制作幻灯片和册子	7月24日前	会务组	
6	会议议程最后确定并打印	7月25日前	会务组	
7	所有幻灯片格式统一与确定	7月25日前	会务组	
8	资料打印装袋完成	7月26日前	会务组	
9	物资采购到位（烟、酒水、水果、签到资料、其他）	7月26日	会务组	
10	酒店联系落实	7月15日	会务组	
11	等离子摩托车新车型和等离子摩托车全面质量整改后的产品前期准备	7月24日	产品技术组	
12	等离子摩托车新车型和鑫源—大林两款车型生产、调试完成	7月25日前	产品技术组	
13	参展摩托车、两台等离子发动机及展台运送到酒店，并摆放到位擦拭干净	7月27日下午6:00前	产品技术组	
14	等离子推广手册设计制作完成	7月26日	策划布置组	
15	展板设计制作完成	7月26日	策划布置组	
16	表演队伍落实	7月20日前	策划布置组	
17	合影照相单位落实	7月24日前	策划布置组	
18	礼品制作到位	7月26日前	策划布置组	
19	奖牌制作到位	7月27日前	策划布置组	
20	酒店外围布置	7月26日晚上	策划布置组	
21	会议室布置（包括等离子摩托车形象店样板的布置）	7月27日全天	策划布置组	
22	晚会会场布置	7月28日下午	策划布置组	
23	晚会节目彩排	7月28日下午	策划布置组	
24	接站牌和车牌制作完成	7月26日前	策划布置组	

（续上表）

25	会议用车的检查、准备	7月26日前	会务组	
26	代理商接站（到站时间编排、车辆安排、机场人员安排）	7月27日全天	会务组	
27	代理商返程机票预订	7月29日全天	会务组	
28	参展摩托车运回公司	7月29日上午12:00前	产品技术组	

十三、费用预算（可用表格式）

一、序号式如：

1. 房费：49500元

330元/间×50间×3天=49500元

2. 餐费：60000元

1200元/桌×12桌×5餐=72000元

3. 烟、酒水：15000元

4. 会议室：8000元（租赁费含音响、话筒）

5. 布置费：15000元（包括等离子摩托车形象店样板的搭建）

6. 晚会费用：5000元

7. 代理商礼品及奖牌：14600元

8. 现场订购奖金：14440元

9. 不可预计费用：6460元

费用总计：200000元

二、表格式如：

类别	数量	规格	单价	费用	用途
活动用水	一箱	小瓶	1元	待定	嘉宾会议人员用水
卡纸	25张	2开	约2元	50元	位置牌以及邀请函制作
双面胶	4卷	宽带	3元	12元	布置会场等
总计					

十四、注意事项

1.各组工作人员必须严格按筹备工作计划的进度要求推进工作。

2.市场督查负责督促各工作组的工作按时完成。

3.会议期间公司人员必须统一着装，佩戴工作牌。

4.会议期间公司人员必须提前到达现场，不得迟到、早退和无故缺席。

附录：

会议邀请函样板

会议签到表样板

会议主题活动方案

会议服务流程（会前、会中、会后）

第三节 展览策划方案

展览策划是展览策划师根据展览之目的，借助一定的科学方法和艺术，充分利用现有信息和资源，判断事物变化发展的趋势，全面构思、设计，选择合理、有效的方案，使之达到预期目标的活动。

展览策划与会议策划虽然都属于会展策划的范畴，两者在策划流程内容等方面都有相同之处，但展览毕竟不同于会议，因而两者之策划也存在一定的差异。

【相关链接】会展策划师

会展策划师，就是从事会展的市场调研、方案策划、销售和营运管理等相关活动的人员。从事的主要工作包括：会展（会议、展览、节事活动、场馆租赁、奖励旅游等）项目的市场调研；会展的立项、主题、招商、招展、预算和运营管理等方案的策划；会展项目的销售；会展的现场运营管理。

会展是把最好的、最先进的东西拿出来供人看，供人选，作为会展策划师，要完成一个比较完美的策划就需要不断努力，不断创新。

职业等级：本职业共设四个等级，分别为四级会展策划师（国家职业资格四级）、三级会展策划师（国家职业资格三级）、二级会展策划师（国家职业资格二级）、一级会展策划师（国家职业资格一级）。

培训期限：四级会展策划师不少于180标准学时；三级会展策划师不少于160标准学时；二级会展策划师不少于140标准学时；一级会展策划师不少于120标准学时。

申报条件

四级会展策划师（具备以下条件之一者）：

（1）连续从事本职业工作3年以上。

（2）具有中等职业学校本专业或相关专业毕业证书。

（3）连续从事本职业工作2年以上，经本职业四级会展策划师正规培训达规定标准学时数，并取得结业证书。

三级会展策划师（具备以下条件之一者）：

（1）连续从事本职业工作6年以上。

（2）具有以高级技能为培养目标的技工学校、技师学院和职业技术学院本专业或相关专业毕业证书。

（3）取得四级会展策划师职业资格证书后，连续从事本职业工作4年以上。

（4）取得四级会展策划师职业资格证书后，连续从事本职业工作3年以上。经三级会展策划师正规培训达规定标准学时数，并取得结业证书。

（5）具有本专业或相关专业大学专科及以上学历证书。

（6）具有其他专业大学专科及以上学历证书，连续从事本职业工作1年以上。

（7）具有其他专业大学专科及以上学历证书，经三级会展策划师正规培训达规定标准学时数，并取得结业证书。

二级会展策划师（具备以下条件之一者）：

（1）连续从事本职业工作13年以上。

（2）取得三级会展策划师职业资格证书后，连续从事本职业工作5年以上。

（3）取得三级会展策划师职业资格证书后，连续从事本职业工作4年以上，经二级会展策划师正规培训达规定标准学时数，并取得结业证书。

（4）取得本专业或相关专业大学本科学历证书后，连续从事本职业工作5年以上。

（5）具有本专业或相关专业大学本科学历证书，取得三级会展策划师职业资格证书后，连续从事本职业工作4年以上。

（6）具有本专业或相关专业大学本科学历，取得三级会展策划师职业资格证书后，连续从事本职业工作3年以上，经二级会展策划师正规培训达规定标准学时数，并取得结业证书。

（7）取得硕士研究生及以上学历证书后，连续从事本职业工作2年以上。

一级会展策划师（具备以下条件之一者）：

（1）连续从事本职业工作19年以上。

（2）取得二级会展策划师职业资格证书后，连续从事本职业工作4年以上。

（3）取得二级会展策划师职业资格证书后，连续从事本职业工作3年以上，经一级会展策划师正规培训达规定标准学时数，并取得结业证书。

（4）取得本专业或相关专业大学本科学历证书后，连续从事本职业或相关职业工作13年以上。

（5）具有硕士、博士研究生学历证书，连续从事本职业或相关职业工作10年以上。

一、展览策划与会议策划之差异

展览策划与会议策划之差异，既体现在策划流程的设计上，也体现在策划的具体细节上。

（一）两者在策划流程上的差异

展览策划与会议策划的基本流程虽然都由“组建会议策划工作小组”、“会议市场调研策划”、“会议场所策划”、“召开策划会议”、“会议行动方案策划”、“会议预算方案策划”、“会议项目方案策划”、“会议评估与修正策划”等构成，但两者还是存在着一定的差异。这种差异主要体现在如下几个方面：

1. 策划的对象不同

会议策划的对象毫无疑问是各种各样的会议，如商务会议、政务会议、学术会议等，而展览策划的对象则是形形色色的展览活动，如广交会、博览会等综合性展览、专业性展览会，如车展、科技展、航空展等。

2. 构成策划基本流程的要素不尽相同

展览设计是构成展览策划流程的重要一环，但在会议策划流程中却无此环节。如果说展览是一台戏，展览设计就是戏剧的主题思想。有的时候展商可以自己提出总体要求，而有的时候，展商可能没有提炼，需要展商与中介公司沟通后共同制定。设计的基本框架应根据展商的行业属性、展出参观者群体、展览场地背景以及空间设定，而露天展览在选材上还要考虑气候及安全因素。

展览在设计上一般都要考虑七种因素：一是创意；二是成本；三是参观对象的审美需要；四是人流心理及流向；五是施工难度；六是展位利用率的最大化；七是安全性。

产品展位装潢设计也是构成展览策划流程的一环。这一环节会议策划流程同样没有。一些展出产品虽然价廉物美，但如果缺乏装潢包装，不在展位的设计上下功夫，整体形象上不了档次，同样不能吸引人的眼球。因此，对展位进行装潢包装设计非常重要。然而，在国内，许多厂家往往忽略参展时对展位的装饰，这会对产品形象产生一定的影响，如在一些展会里，国内企业的摊位很多仍停留在“三板一桌加两凳”的水平，呆板且毫无新意，而国外参展产品之所以能有效地吸引买家，在短短的时间内令买家对自己的产品留下深刻印象，除了产品质量过硬外，展位设计新颖、别出心裁的装潢也功不可没。

【相关链接】展示用具的类型

当前流行的展示用具主要有3大类：一次性使用展具、循环租用式展具及循环便携式展具。

一次性使用展具一般是由较有实力和较具创意的展览工程公司为客户度身订造，所选材料多为木制品，优点是可因地制宜，通过千变万化甚至超越想象、随心所欲的造型来充分体现企业和产品的形象。但其不足之处是一旦成形就不易改变，而且单次使用价格较高，通常不可多次使用。

循环租用式展具通常由于材料昂贵，使用者不必拥有器材的物权，可向专业展览工程公司租用。优点是结构坚固，器材耐用，通过钢制支架拼制造型，在三维视觉上丰富多变而且可随时更改，即使在同一次展会里亦可每日变样，不足之处是价格较高，不易携带。

最普遍使用的要数循环便携式展具。这种展具一般采用可折叠的支架辅以喷涂精美的宣传图片，既有流畅的整体线条而不必拘于传统的三面围板式结构，能较突出地体现公司形象和传递产品信息。这种展具优点是价格相宜，便于携带，标准的展具拆卸折叠后一人就可以进行搬运，十分适合长途运输。外观上，它还可以在结构允许范围内改变开头，也可以通过更新宣传图片以配合新产品。不足之处是变化不及其他两种器材多样化。总的来说，对国内一般厂家参展来说，较适合使用第3种便携式展示用具，只需不多的投入就可打破传统的形象宣传方式，而且可循环使用。

展台人员训练策划也是会议策划基本流程中见不到的。为了保证良好的展出效率和效果，在配备展台人员之后，必须对他们进行培训。不论是临时雇佣人员还是固定工作人员（包括公司高级人员）都应当接受培训。培训的目的是使展台人员了解展出目的，掌握展台工作技巧，培养合作及集体精神。如果条件许可就安排比较正规的培训，至少要在开幕前进行简单的工作交代和技术指导。培训工作可以在选定展台人员后即着手进行。比较正规的培训形式包括筹备会或培训班，时间可以是半天至两天，但地点要专门安排。培训方法要尽量正规，越正规，越显示组织者的重视，培训效果也就越好。若有主要负责人参加展览，也应参加训练，这对提高训练效果有利。培训内容要有系统，培训材料要编印成套。欧美一些国家的展览行业协会、展览研究机构、展览咨询公司安排专门的展览培训，有专门的展台工作培训教材、录像带等，可以购买参考使用。

展览策划有时还需要考虑加上展览模特这一环节，以便为企业及产品锦上添花。模特要尽量着装鲜艳，与企业或产品的品质形象要求一致。

（二）两者在策划细节上的差异

在筹划展览细节时，虽然内容也包括“邀请细节 ”、“签到与入住安排细节”、“餐饮安排细节”、“ 秘书服务细节”、“茶歇细节”、“翻译细节”、“车辆调度细节”、“健康保障细节”、“礼仪与迎送细节”、“秩序维护细节”、“考察/旅游细节”、“交际/酒会细节”等内容，但也同样有会议策划没有的细节内容。

1. 展览设计材料的使用与选择

在展览设计时，应注意材料的使用与选择细节。有些展览类别需要沉稳，而有的展览需要活泼，有的需要展现科技，有的需要显示环保，还有的需要表现艺术、人文或者社会公益，总之，表现的主题对材质的选择是个考验，在这方面，会展中介机构比展商有专业优势。现代科技发展很快，新材料、新光源、新媒体层出不穷，而中介公司除可以敏锐地为展商提供展览设计趋势及对象的审美导向外，更可以为展商提供成本节约方法。

2.展台搭建细节

展览会的重头戏首先是按时地搭建和拆除展台，这一任务非行家难以胜任。多种多样的展览会有各种不同的展品，天上飞的直升机、地上跑的活动物均可入主展览场地，那么对展览会货运也就有相应不同的要求。参展商应根据货物的内容和数量确定是使用自己的还是租用运输装卸器械，或者干脆委托搬运公司。他们可以在展览专业代理商那里得到很多有用的建议，因为后者负责搭建过程和协调工作，比如在许多供货商同时来到的时候安排先后顺序，他们还出租人力和器械。对展览会展台搭建来说一般有两种装卸的可能。首先一种是直接装卸，就是说按照搭建日期把卡车直接开到展厅里，由展览代理商负责卸货和中间储存。由于参展商自己不必操心这一环节，可以节约一些相应的费用。另外那些易破损物品如玻璃或大理石板等只需一次搬运即可。采用这种方式应注意，时间预算要打得宽松一些，要考虑到种种延误的可能性，例如交通阻塞或事故等等。如果数量较小或是提前送货，则最好集中运输。在开始搭建之前，货物应运抵展览代理商处，由他们暂时储存货物，并按照规定的时间运到展台位置。需要注意的是，笨重的、占地多的物品最好先行运入现场，一般在展馆内可以安排一辆汽车起重机，以便吊卸这些展品，但是如果展台搭建过半，这样的机器就难有用武之地了。

3.小展位布置细节

在展览会期间，我们经常会看到一些规模较小的展位。小展位要想引人注意不是件容易的事。小展位要想吸引观众的目光，必须注意如下细节：

一是灯光设计。根据产业调查，照明可将展览品认识度提高30%~50%。基于此，参展企业要充分利用展览中心提供参展商的天花板聚光灯，还可租用便携式照明系统，以小展位“耀眼”起来为目的。

二是强调设计，突出视觉效应。大企业通常是采用传统方式展览，并且依赖大规模场地，所以小企业应该以新颖的设计来凸显自己的小展位。

三是展示用品及有代表性的产品要避免过度拥挤或稀松。

四是展位装潢要有品位，善于利用组合式展览用具，避免用低廉的展览道具。

五是利用图片创造视觉效果。使用较大的图片能创造出强烈的视觉效果，但需要注意的是，使用的图片一定要精美，构图应该是舒适而不失抢眼，创意而不显凌乱。一般不用太过密集或太小的图片，因它们皆不易读取。同时要限制文字的使用。图片要放在视线以上，图片应在白壁板120cm以上的地方开始放置。

六是构建完整服务式展览展位。如果仅仅将手册、传单、赠品和样品摆放在桌上任参观者自己索取而不主动询问，不但无法实现商家与观众的互动，也非参展的目的。因此，参展接待者应热情接待来到展位的参观者，对他们有问必答。

二、展览策划书的撰写

展览策划书是展览预备阶段必须要撰写的文案。它是指一次展览从确定展览题材、收集信息、进行展览项目立项策划一直到会展正式开幕前的预先准备阶段涉及的所有文本文案。

一般来说，展览预备阶段的文案包括展览立项策划书、展会项目立项可行性研究报告、参展说明书、招展方案、招展函、招展进度计划、观众邀请函、参展合同、展出工作方案、展览费用预算表、展览宣传推广计划、广告文案等。

（一）《展会立项策划书》的写作

《展会立项策划书》是为策划举办一个新展会而提出的一套办展规划、策略和方法，它是对以上各项内容的归纳和总结。

展会立项策划书包括内容如下：

1. 办展市场环境分析，包括对展会展览题材所在产业和市场的情况分析，对国家有关法律、政策的分析，对相关展会的情况的分析，对展会举办地市场的分析等。

2. 提出展会的基本框架：包括展会的名称和举办地点、办展机构的组成、展品范围、办展时间、办展频率、展会规模和展会定位等。

3. 展会价格及初步预算方案。

4. 展会工作人员分工计划。

5. 展会招展计划。

6. 展会招商计划。

7. 展会宣传推广计划。

8. 展会筹备进度计划。

9. 展会服务商安排计划。

10. 展会开幕和现场管理计划。

11. 展会期间举办的相关活动计划。

12. 展会结算计划。

撰写《展会立项策划书》，需要考虑的因素比较多。撰写要求如下：

1. 展会名称。展览会的名称一般包括三个方面的内容：基本部分、限定部分和行业标志。如“第93届中国出口商品交易会”，如果按上述三个内容对号入座，则基本部分是“交易会”，限定部分是“中国”和“第93届”，行业标志是“出口商品”。

2. 展会地点。策划选择展会的举办地点，包括两个方面的内容：一是展会在什么地方举办，二是展会在哪个展馆举办。

3. 办展机构。办展机构是指负责展会的组织、策划、招展和招商等事宜的有关单位。展览会的办展机构一般有以下几种：一是主办单位。拥有展会并对展会承担主要法律责任的办展单位。二是承办单位。直接负责展会的策划、组织、操作与管理，并对展会承担主要财务责任的办展单位。三是协办单位。协助主办或承办单位负责展会的策划、组织、操作与管理，部分地承担展会的招展、招商和宣传推广工作的办展单位。四是支持单位。对展会主办或承办单位的展会策划、组织、操作与管理，或者是招展、招商和宣传推广等工作起支持作用的办展单位。

4. 办展时间。办展时间是指展会计划在什么时候举办。办展时间有三个方面的含义：一是指举办展会的具体日期。二是指展会的筹展和撤展日期。三是指展会对观众开放的日期。

5. 展品范围。展会的展品范围要根据展会的定位、办展机构的优劣势和其他多种因素来确定。根据展会的定位，展品范围可以包括一个或者是几个产业，或者是一个产业中的一个或几个产品大类，如“广交会”的展品范围就超过10万种，几乎是无所不包。

6. 办展频率。办展频率是指展会是一年举办几次还是几年举办一次，或者是不定期举行。从目前展览业的实际情况看，一年举办一次的展会最多，约占全部展会数量的80%，一年举办两次和两年举办一次的展会也不少，不定期举办的展会已经越来越少了。办展频率既受展览题材所在产业的特征的制约，也受产品的生命周期的影响。产品的投入期和成长期是企业参展的黄金时期，展会的办展频率要牢牢抓住这两个时期。

7. 展会规模。展会规模包括三个方面的含义：一是展会的展览面积是多少，二是参展单位的数量是多少，三是参观展会的观众有多少。在策划举办一个展会时，对这三个方面都要作出预测和规划。在规划展会规模时，要充分考虑产业的特征。展会规模的大小还会受到展会观众数量和质量的限制。

8. 展会定位。展会定位就是要清晰地告诉参展企业和观众本展会“是什么”和“有什么”，具体地说，展会定位就是办展机构根据自身的资源条件和市场竞争状况，通过建立和发展展会的差异化竞争优势，使自己举办的展会在参展企业和观众的心目中形成一个鲜明而独特的印象的过程。展会定位要明确展会的目标参展商和观众、办展目标、展会的主题等。

9. 展会价格。展会价格就是为展会的展位出租制定一个合适的价格。展会展位的价格往往包括室内展场的价格和室外展场的价格，室内展场的价格又分为空地价格和标准层位的价格。

10. 展会初步预算。在制定展会的价格时，一般遵循“优地优价”的原则，即那些便于展示和观众流量大的展位的价格往往要高一些。展会初步预算是对举办展会所需要的各种费用和举办展会预期以获得的收入进行的初步预算。在策划举办展会时，要根据市场情况给展会确定一个合适的价格，这样对吸引目标参展商参加展会十分重要。

11. 人员分工计划。人员分工计划是对展会工作人员的工作进行统筹安排。如有的人被安排招展，有的人被安排招商，有的人则被安排宣传推广等。

12. 招展计划。招展计划主要是为招揽企业参展而制定的各种策略、措施和办法。

13. 招商计划。招商计划主要是为招揽观众参观展会而制定的各种策略、措施和办法。

14. 宣传推广计划。宣传推广计划是为建立展会品牌和树立展会形象，并同时为展会的招展和招商服务的计划。

15. 展会进度计划。展会进度计划是在时间上对展会的招展、招商、宣传推广和展位划分等工作进行的统筹安排。它明确在展会的筹办过程中，到什么阶段就应该完成哪些工作，直到展会成功举办。展会进度计划安排得好，展会筹备的各项准备工作就能有条不紊地进行。

16. 现场管理计划。现场管理计划是展会开幕后对展会现场进行有效管理的各种计划安排，它一般包括展会开幕计划、展会展场管理计划、观众登记计划和撤展计划等。现场管理计划安排得好，展会现场将井然有序，展会秩序良好。

17. 展会相关活动计划。展会相关活动计划是对准备在展会期间同期举办的各种相关活动作出的计划安排。与展会同期举办的相关活动最常见的有技术交流会、研讨会和各种表演等，它们是展会的有益补充。

（二）《展会项目立项可行性研究报告》的写作

《展会项目立项可行性研究报告》就是在对展会立项进行分析的基础上完成的研究报告。可行性分析是展会项目立项策划的继续。展会项目立项策划主要是在掌握各种信息的基础上，初步提出计划举办的展会“是什么样的”；展会立项可行性分析则是在仔细研究各种信息的基础上，深入分析举办展会立项策划提出的“那样的展会”是否可行，为最后是否举办该展会提供科学的决策依据。如果展会立项策划通过可行性分析，证明计划举办展会的市场条件具备，项目具有生命力，各种执行方案策划合理，项目在经济上可行，风险较小且有一定的社会效益，就可以通过该展会立项策划决策举办该展会了。因此，可行性分析的结论及其他必须考虑的因素才是决定最后是否可以举办该展会的最终依据。

《展会项目立项可行性研究报告》的内容结构如下：

1. 市场环境分析。该分析包括宏观市场环境如人口环境、经济环境、技术环境、政治法律环境、社会文化环境等；微观市场环境，如办展机构内部环境、目标客户、竞争者、营销中介、服务商、社会公众等；市场环境评价，如SWOT分析法，即内部优势、内部劣势、外部机会、外部威胁分析等。

2. 展会项目生命力分析。该分析包括项目发展空间分析，如展会所依托的产业空间、市场空间、地域空间、政策空间等分析；项目竞争力分析，如展会定位的号召力、办展机构的品牌影响力、参展商和观众的构成、展会价格、展会服务等分析；办展机构优劣势分析。

3. 展会执行方案分析。该分析是对计划举办的展会的基本框架进行评估，具体内容包括：（1）展会名称和展会的展品范围、展会定位之间是否有冲突；（2）办展时间、办展频率是否符合展品范围所在产业的特征；（3）展会的举办地点是否适合举办该展品范围所在产业的展会；（4）在展会展品范围所在产业里能否举办如此规模和定位的展会；（5）展会的办展机构在计划的办展时间内能否举办如此规模和定位的展会；（6）办展机构对展会展品范围所在的产业是否熟悉；（7）展会定位与展会规模之间是否有冲突；（8）招展招商和宣传推广计划评估。

4. 展会项目财务分析。内容包括价格定位、成本预测、收入预测、盈亏平衡分析、现金流量分析。

举办一个展会的成本费用一般包括如下内容：

一是展览场地费用，即租用展览场馆以及由此而产生的各种费用。这些费用包括：展览场地租金、展馆空调费、层位特装费、标准层位搭建费、展馆地毯及铺设地毯的费用、展位搭装加班费等。

二是展会宣传推广费。包括广告宣传费、展会资料设计和印刷费、资料邮寄费、新闻发布会的费用等。

三是招展和招商的费用。

四是相关活动的费用。包括技术交流会、研讨会、展会开幕式、嘉宾接待、酒会、展会现场布置、礼品、请展会临时工作人员的费用等。

五是办公费用和人员费用。

六是其他费用，如税收、其他不可预测的费用等。

举办一个展会的收入一般包括如下内容：展位费收入、门票收入、广告和企业赞助收入、其他相关收入。

此外，展会项目财务分析还应进行盈亏平衡分析和现金流量分析，如净现值分析、净现值率分析、获利指数、内部收益率等。

5. 风险预测分析。任何一次展览活动都会存在风险，因此，进行风险预测分析无疑显得非常必要。风险预测分析内容一般包括市场风险、经营风险、财务风险、合作风险。

6. 存在的问题分析。该分析包括通过以上可行性分析发现的展会项目立项存在的各种问题，研究人员在可行性分析以外发现的可能对展会产生影响的其他问题等。

7. 改进建议与努力的方向。在可行性分析最后，一般要针对存在问题，提出对展会项目立项策划的改进建议，指出要成功举办该展会所需要具备的其他条件和应该努力的方向。

（三）《参展说明书》的写作

办展机构除了撰写《展会立项策划书》、《展会项目立项可行性研究报告》之外，还必须撰写《参展说明书》。

《参展说明书》作为展会筹备过程中的一项基础性的工作，是办展机构将展会筹备、开幕以及参展商参加展会时应注意的其他问题汇编成册，以方便参展商进行参展准备的一种小册子。

《参展说明书》主要是为方便和指引参展商顺利进行筹展、布展、展览和撤展等服务的，它不仅对参展商进行参展筹备有十分重要的指引作用，也对办展机构在展会的布展、展览和撤展等各环节进行有效的现场管理有很大的帮助和影响。这种作用和影响具体表现在如下几个方面：

一是参展说明书对参展商的指引作用。参展商手册分别对展览场地、展会基本情况、展会规则、层位搭装、展品运输和会展旅游等作出详细的说明，参展商在得到参展说明书以后，就可以按照该说明书的指引对参展的各项准备工作进行筹备，如安排展品的运输、准备展位的搭装材料和设计等；在展会布展现场，参展商将按该说明书的有关要求进行展位搭装和布展，避免布展期间的盲目和违规；在展览期间，参展商可以按该说明书的要求布置展品演示；在撤展期间，参展商可以按照该说明书的指引有条不紊地撤展；展会结束后，参展商还可以按照该说明书的指引选择适合自己需要的会展旅游。在参展说明书的指引下，参展商可以更有效地准备和完成参加展会各工作环节的各项事务。

二是参展说明书对展会现场管理的作用。参展说明书对展会在筹展、布展、展览和撤展期间的各项规定，不仅有利于指导各参展商按规定办事，也有利于办展机构按该手册的规定监督展会现场的各种事宜，并按手册的规定为参展商提供各种服务。参展商手册是办展机构对展会筹展、布展、展览和撤展等环节进行现场管理的重要依据之一，它为展会各阶段制定了大家必须遵守的行为规范，有利于办展机构按此规范对展会各环节的现场进行管理。

三是参展说明书对观众的作用。除了对参展商的指引和对展会现场管理的作用外，参展说明书对展会观众也能起一定的作用。比如手册对展馆平面图、馆内服务设施分布图、交通路线、指定接待酒店和展会开放时间的说明，就对观众参观展会有较大的帮助。

观众在展馆交通路线图的指引下可以更方便地到达展馆，在馆内服务设施分布图的指引下可以找到自己需要的服务提供点，可以享受展会指定接待酒店的优惠价格待遇，在展会开放时间说明的指引下可以合理地安排自己的参观时间等等。一般来说，展会的观众有很大一部分是各参展商自己邀请来的，参展商一般都会将上述信息通知其邀请的观众。这样，参展说明书对观众所起的作用将更大。

编制《参展说明书》应遵从下列原则：

一是实用原则。参展说明书所包含的内容必须是对参展商进行筹展、布展、展览和撤展等有较大的指引作用，或者是令办展机构对展会筹展、布展、展览和撤展各环节进行管理有较大帮助，或者对参展商邀请其老客户来展会参观有辅助作用，否则该内容就不能进入参展商手册。

二是简明原则。参展说明书对各方面内容的说明和叙述应该简洁，文字不要太多，篇幅不要太长，能说明问题就行；参展说明书对各方面内容的说明和叙述必须准确、具体，让人看得明明白白，不能让人看不懂，更不能让人产生歧义。否则，在展会筹展、布展、展览和撤展等环节的具体执行中就会引起争议，既不利于参展商展出，也不利于办展机构对展会现场进行管理。

三是详细原则。对于参展说明书提到的各项内容要尽量详细，如对布展和撤展加班时间的规定可以具体到小时和分钟，对各种表格的返回最后期限的规定具体到某月某日等等，这样更有利于展会具体操作和管理；对于参展说明书提到的各项内容要做到没有遗漏，如对展览场地基本情况的说明中，对展馆入口的高度和宽度、对展馆的地面承重能力、对消防的注意事项等要一一列明，不能遗漏，否则现场操作就会出现问题。比如，如果没有提到展馆入口的高度和宽度，就有可能使一些较大较长的物品进不了展馆。

四是美观原则。参展说明书的排版和制作要美观大方，印刷讲究，尽量不要出现错别字和其他印刷错误；参展说明书的制作和用纸与展会的档次和办展机构的品牌与声誉相符，不能让人产生不好的联想。

五是专业原则。参展说明书的遣词造句要符合行业习惯和规范，要使用行业熟悉的语言，所涉及的术语要规范，不能想当然地使用一些行业比较陌生的词语；内容编排要符合参展商筹展的筹备程序，不能让他们翻来覆去地寻找自己需要了解的内容。

六是国际化原则。如果展会是国际性的展会，或者展会有向国际化方向发展的打算，那么参展说明书的内容编排和制作也要尽量做到符合国际参展商的需要，如除要有中文的文本外还要有外文的文本。外文文本的参展说明书，其翻译一定要准确，因为海外参展商就是根据该说明书来筹备各项参展事宜的，如果翻译不准确，将会给他们带来极大的不便。

《参展说明书》内容涉及举办展会的各个环节，主要内容如下。

1. 前言

前言一般都很简短，言简意赅。内容涉及欢迎词、说明书编制的原则和目的，提醒参展商在筹展、布展、展览和撤展等环节要自觉遵守本手册的相关规定等。

2. 展览场地基本情况

内容包括展馆及展区平面图、至展馆的交通图、展览场地的基本技术数据等。绘制展馆及展区平面图时，要注意标明展馆各种服务设施所在的位置、展区和展位划分的详细情况、展馆内部通道和出入口等；在绘制至展馆的交通图时，要注意标明展馆在该城市的具体位置、到展馆可以利用的各种主要交通工具和交通路线、各指定接待酒店在该城市的具体位置等；对于该展览场地的基本技术数据，要清楚准确地列出地面承重、馆内通风条件、货运电梯容积容量、展馆室内空间高度、展馆入口高度和宽度、展馆的水电供应状况等。展览场地基本情况的介绍，对于帮助参展商准确地找到展馆和自己的展位，进而进行展位搭装和布展有着很好的指引作用。

3. 展会基本信息

信息包括展会的名称、举办地点、展览时间、办展机构、展会指定承建商、指定运输代理、指定旅游代理、指定接待酒店等。对于办展时间，要具体列明展会的布展时间、开幕时间、对专业观众和普通大众开放的时间、撤展时间、布展撤展加班时间等，对以上时间尽量精确到小时；对于办展机构，要具体列明展会的主办单位、承办单位、支持单位和协办单位等；另外，还要具体列明各办展机构、展会指定承建商、指定运输代理、指定旅游代理、指定接待酒店等的详细联系地址、联系电话、传真和联系人，如果有网址和e-mail也最好能公布，以便参展商在需要的时候方便联系各有关单位。

4. 展会规则

展会规则就是展会要求参展商和观众等参加展会时必须遵守的一些规章制度。具体内容包括：展会有关证件使用和管理的规定、展会现场保安和保险的规定、层位清洁的规定、物品储藏的规定、现场使用水电的注意事项、现场展品销售的规定、消防规定、知识产权保护规定、现场展品演示的注意事项等。展会规则是所有与会人员必须遵守的制度，对展会现场管理和维护现场秩序十分重要。

5. 展位搭装指南

指南重点是对展会展位搭装的基本要求和说明，包括标准展位说明和空地展位搭装说明等。“标准展位说明”主要是对展位的标准配置作出说明，列明参展商使用标准展位的注意事项，提出如果参展商需要增加非标准配置以外的其他配置的处理办法。“空地展位搭装说明”主要是对参展商搭建空地展位作出的一些规定和要求，如使用材料的要求、动火作业的规定、消防安全的规定和铺设电线的规定。层位搭装指南对指导参展商顺利、安全地搭装展位和布展有较大帮助。

6. 展品运输指南

该指南是对参展商将展品等物品运到展览现场所作的一些指引和说明，主要包括海外运输指南和国内运输指南。不管是海外还是国内运输指南，都要对展品的运输方式和运输线路、各种货品的交运和文件提交的期限、货运文件的准备和交付、收费标准、包装、海关报关、回程运输、可供选择的自选服务等作出具体说明。展品运输指南对帮助参展商及时安排展品等物品的运输有较大的作用。

7. 会展旅游信息

该信息主要是针对参展商及观众等参加展会期间的交通、吃、住、行等需要和展会前后的旅游需要作出的一些说明。会展旅游信息要详细地列出各指定接待酒店的档次、协议优惠价格、地址、联系电话和传真以及联系人、与展馆的距离等，要列出海外观众和参展商入境的签证办法、会展期间及前后可供选择的商务考察和观光休闲旅游的线路和安排等。会展旅游信息主要是为了方便参展商及观众的日常生活服务。

8. 相关表格

是有关参展商在筹展和布展过程中需要使用的各种表格，主要包括展览表格和层位搭装表格两种。展览表格主要有贵宾买家服务表、聘请临时服务人员申请表、额外工作证和邀请卡申请表、研讨会和技术交流会申请表、刊登会刊广告申请表等。

参展说明书编制成功以后，可以印刷成册，在展会开幕前适当的时间寄给参展商，也可以将其内容发布在展会的专门网站上供参展商阅览和下载，如果展会有海外参展商，还要将参展商手册翻译成外语文本。

【相关链接】第十五届天津车展策划书

第十五届津洽会国际车展 暨第五届天津保税区空港国际汽车嘉年华活动方案

由天津市人民政府、 中国商业联合会、 中华全国归国华侨联合会主办的天津第十五届投资贸易洽谈会将于 2008 年 4 月 18 开幕， 天津空港国际汽车园展贸中心作为展会的三大展场之一， 承担着汽车展示、交易的主要任务。为落实市委、市政府关于举办“高起点、高标准、高水平”的展会要求，我们将仔细准备，认真策划，保证圆满完成市政府交办的各项工作。

车展活动方案内容如下:

一、津洽会车展会场基本情况

（一）时间安排

展览时间：2008 年 4 月 18 日~4 月 22 日。

开幕时间：2008 年 4 月 18 日上午 10 点。

预展时间：2008 年 4 月 17 日。

撤展时间：2008 年 4 月 23 日。

（二）地点：空港国际汽车展贸中心、配件城及园区各功能板块。

（三）名称：第十五届津洽会国际车展暨第五届天津保税区空港国际汽车嘉年华。

（四）主题：引领生活，驾驭梦想。

（五）宗旨：展示天津形象、提高文化品位、丰富群众生活、引导时尚消费。

（六）参展范围

1. 汽车整车：进口及国产汽车。

2. 汽车配件：进口及国产汽车配件。

3. 汽车用品：汽车装饰件、汽车美容件、改装用具等。

4. 汽车延伸产品：汽车模型、电子产品、自行车等。

5. 汽车服务：汽车金融、汽车保险等。

（七）展区布局

1. 主展场展览面积3万平方米，室内1.5万平方米，室外1.5万平方米。

2. 展厅内以进口汽车为主。

3. 展厅主通道以汽车配件、电子产品、改装用具等为主。

4. 前广场以国产汽车、特种车、房车展示及互动活动为主。

5. 汽配城为汽车配件展区。

6. 4S 店、二手车市场自有品牌展示。

7. 试车道进行试乘试驾活动。

（八）参展品牌

1.已确定参展品牌

奔驰、宝马、保时捷、奥迪、雷克萨斯、进口大众、凯迪拉克、沃尔沃、捷豹、悍马、路虎、 克莱斯勒、斯巴鲁、进口丰田、进口标致、欧宝、罗孚、雷诺、双龙、雪铁龙、现代、广州丰田、一汽丰田、JEEP、三菱、日产、雪佛兰、广州本田、荣威、一汽大众、进口起亚、国产起亚、红旗、上海大众、别克、马自达、一汽夏利、奇瑞、麦特曼通讯应急车、德福房车共 40个品牌。

2.待确定参展品牌

阿库拉、英菲尼迪、法拉利、菲亚特、福特、海马、华普、铃木、黄海、众泰、瑞风、长安奔奔等。

3.计划参展新车

比亚迪 F1 F6、Cross Polo、新凯越、日产逍客、标志 307 两厢、道奇博酷、宝马 1

系6系、本田08雅阁、荣威1.8T、克莱斯勒铂锐、马自达马2、江淮宾悦、奇瑞A3、吉利金刚两厢、风行景逸、雨燕1.5、奔驰C级等。

（九）展会期间主要活动

现场开幕仪式、厂商新车发布会、厂商表演活动、联合试乘试驾活动、现场抽奖活动、汽车摄影大赛等。

二、主要组织单位

1.主办单位

（1）天津市人民政府

（2）中国商业联合会

（3）中华全国归国华侨联合会

2.协办单位

（1）北京市人民政府

（2）河北省人民政府

（3）山东省人民政府

（4）辽宁省人民政府

3.承办单位

市商务委、市发展改革委、市经委、市建委、市科委、市农委、市经协办、市滨海委、市人事局、市外办、市侨联

4.支持单位：中华人民共和国商务部

5.津洽会国际车展主办单位

（1）天津市商务委员会

（2）天津保税区管委会

（3）中国进口汽车贸易有限公司

6.津洽会国际车展支持单位

（1）天津天保控股公司

（2）天津一轻集团

（3）天津农垦集团

（4）天津物资集团

7.津洽会国际车展承办单位：天津空港国际汽车园发展有限公司

三、车展筹备机构

设立由市商务委、管委会、中国进口汽车贸易有限公司和天保控股公司主要领导牵头，以空港汽车园公司相关部门组成的筹备委员会，下设办公室、招商组、宣传组、布展组。全面负责车展的各项准备工作。

具体组织机构及分工如下：

1.筹备委员会领导成员

筹委会主任：施振津、王黎明

筹委会副主任：邢国友、吕金洲、孙勇

筹委会秘书长：范仲平、梁勇

筹委会副秘书长：杨爱华、栾尚光、张宝东

筹委会委员：毛彦平、温余进、张文杰、卞庆华

2.现场指挥部

总指挥：张宝东

副总指挥：毛彦平、张文杰

3.各组负责人设置及工作职责

（1）综合服务组

组长：温余进

成员：闫萍、周宁及行政部人员、财务部工作人员。

主要工作职责：A. 负责车展主办单位及嘉宾单位邀请；B. 负责门票赠送工作；C. 负责门票的销售、兑换、人员统计等工作；D. 负责班车及线路的确定和管理工作；E. 负责与管委会、控股、中进等股东的联系；F. 负责文件起草、上报和归档工作；G. 负责财务管理，收支预算；H. 会议组织、接待工作。

（2）招商组

组长：卞庆华

成员：杨茗、宋利明及展贸中心人员全体人员。

主要工作职责：A. 展厅内及外广场等展位招商工作；B. 招商品牌统计、汇总、跟进工作：C. 海关、商检等优惠政策申报工作；D. 展费收取工作。

（3）宣传组

组长：张文杰

成员：娄志斌及市场部全体人员。

主要工作职责：A. 制定展会策划方案、宣传方案；B. 媒体关系维护，最大限度刊发新闻通稿、软文；C. 广告位设立；D. 配合参展商提供促销方案；E. 广告设计制作；F. 参展商布展设计审核工作；G. 手提袋、会刊、门票、海报、DM 等材料广告招商工作。

（4）布展组

组长：卞庆华

成员：杨茗及展贸中心人员现场管理人员。

主要工作职责：A. 展位划线、展位详规；B. 展场现场管理工作；C. 消防、保险等工作；D. 区内交通管理部门的协调工作；E. 现场安全管理。

四、车展宣传计划（略）

五、目前工作进度

1.展会策划工作

展会整体策划方案、招商手册、邀请函、工作分工表等系列前期准备文件已经

全部准备完成。

2.招商工作

已于3月3日正式召开了园区企业车展动员大会，展会邀请函和招商资料已经发给园区企业，园区企业基本参加本次展会，区外企业招商工作已经正式启动。

3.宣传工作

需与津洽会组委会建立密切的沟通联络机制，在天津主流媒体建立津洽会专栏集中报道本次车展内容。计划从3月中旬每天提供一篇800字左右的新闻通稿报道本次车展总体情况、参展品牌、参展车辆、展会活动、销售量等等。

4.文件上报工作

已正式向保税区管委会上报了车展的相关文件，涉及到展会进口汽车的入关等问题仍需津洽会组委会协调解决。

六、需津洽会组委会协助解决的问题

1.宣传问题

（1）建议在天津主流媒体建立津洽会专栏集中报道本次大会，车展内容的新闻最好每天能刊出或播出一篇。

（2）鉴于硬性广告对于宣传的巨大作用，建议津洽会组委会能对车展投放的硬性广告给予大力支持。

（3）车展期间的记者邀请及新闻报道请给予大力支持。

（4）路牌等户外媒体的发布请给予大力支持。

（5）建议建立密切的宣传联络员沟通配合机制。

2.开幕仪式组织问题

需津洽会组委会尽快确定出席开幕仪式的领导、开幕仪式由谁来负责、形式、规模大小等系列问题。

3.行政许可、安防、消防、交通协调等问题

请津洽会组委会统一办理重大活动行政许可报批手续，设计安防、消防、交通协调等问题由津洽会组委会统一负责。

4.门票的印制、定价、销售问题

历届嘉年华门票定价20元，主要凭车展广告兑换门票，今年建议还采取以上方式。

5.会场之间的交通问题

建议开通国展中心到汽车园的免费班车方便观众参观。

天津空港国际汽车园发展有限公司

2008年3月11日

第四节 其他商务旅游活动之策划

奖励旅游、新产品发布会也是商务旅游活动的构成要素，要想成功举办这两项活动，就必须进行认真细致的策划。

一、奖励旅游策划

奖励旅游作为高级旅游市场的一部分，其本身的双重特性，决定了要想成功策划一次奖励旅游并非易事。决定奖励旅游是否取得成功的要素非常多，其中策划流程是否对路，对奖励旅游的成功有着重要的影响。

从广义的角度看，策划奖励旅游之流程不仅仅指从旅行社接受企业委托开始到本次旅游活动结束后的效果评估阶段，还应包括前期的准备工作及后期保持密切关系阶段。

（一）奖励旅游策划的前期准备

旅行社要想成功策划一次奖励旅游，前期准备非常重要，而在前期准备中，最为重要的是建立以下四个信息库：

一是建立奖励旅游专业知识信息库。只有建立一套完整的奖励旅游专业知识信息库，进行奖励旅游的行程规划与设计才成为可能。

二是建立相关企业数据库。内容包括客户的企业特性与背景、客户对行程的特殊要求、客户所能承担的经费等。只有建立相关企业数据库，才能使旅行社有的放矢，有针对性地开展工作，或开发新客户，或早做准备，或主动为企业提出年度或是阶段性的奖励旅游企划。

三是建立案例数据库。包括旅行社自己从事奖励旅游的案例，也包括所能收集到的国内外其他旅行社之案例，尤其是在此领域的经典案例。而后对其进行分析、分类、存档，无论成功经验还是失败教训，都应加以充分研究，以增长经验值，从而促使本旅行社实力提升，在竞争中立于不败之地。

四是建立竞争对手数据库。建立主要竞争对手（其他从事奖励旅游业务的旅行社与专业公司）数据库，主要是组织人员对调查收集到的情报和历史资料进行分析，了解对手近几年从事奖励旅游的状况、其客户群、优势所在、未来趋势等，以找出自己的优势和不利条件，扬长避短，根据自己的特长，在日益激烈的市场竞争中做大做强奖励旅游业务。

（二）奖励旅游的执行流程

要办好一个成功的奖励旅游，具体执行流程如下：

1. 企业评估与分析

在进行奖励旅游形成规划之前，对企业进行准确细致的评估与分析，然后依据企业的特性而个别设计最具特性的旅游行程，乃是成功关键。对企业评估与分析包括对企业财力、经营背景、先前奖励旅游状况、市场竞争对手以及企业特性都要调查清楚。另外，企业本次旅游人数多寡、出游日期选定等，也要有一定的了解。旅行社对企业评估与分析得准确与否，将直接影响到奖励旅游行程活动规划的基础。

2. 预算

奖励旅游与其他旅游项目的不同之一即表现在预算上。它要求旅行社依企业所能承担并愿意承担的费用，根据企业的特殊需求，设计出令其满意的奖励旅游产品。旅行社在预算时，要充分发挥自己的主观能动性，依企业经费多寡，在奖励旅游活动次数、主题活动、出游时间上作相应调整，并据此进行适当的财务分配以及有效掌控，特别注意处理好增加旅行社利润与将钱更多地利用在活动上的关系。预算审核得好，本次奖励旅游也就有了一个良好开端。

3. 奖励旅游行程规划的制定

（1）人员的确定及工作分配

一次奖励旅游任务的完成，是各个部门团结协作、共同努力的结果。旅行社应以根据本次任务的具体情况，如奖励旅游人数的多寡等，决定相应的执行人员及工作分配，以便分工协作、职责明确地分头进行准备。

（2）召开动员会议

人员确定之后，召开动员会议是必不可少的。动员会对于明确任务、鼓舞士气具有极其重要的意义。动员会议应明确本次活动的具体任务、预订目标以及所要达到的效果。

（3）行程设计

奖励旅游行程设计应根据企业的特点和要求，结合旅游资源和接待服务的实际情况，专门为企业量身定做的包括整个旅游过程中全部旅游项目内容和服务的旅游浏览路线，具体内容包括旅游景点、参观项目、饭店、餐饮、购物、娱乐活动等多种旅游新产品要素。奖励旅游线路设计者是旅行社，它通常含有特殊要求。在设计奖励旅游行程时，还应注意奖励旅游的会议旅游倾向、参与性奖励旅游的崛起、带家属参与等国际上奖励旅游出现的新趋势，以使设计的奖励旅游行程活动更具创意与竞争力。

（4）考量食宿交通设备质量

根据行程设计与规划的要求，考量饮食、住宿、交通以及其他相关设备的质量及准备情况，看其是否符合本次奖励旅游的要求，是旅行社工作的必需，它将影响到本次任务完成的质量。

（5）专案执行方式与条件

专案是本次活动全部行程除去行程设计与规划之外的部分，其中行程部分是每次奖励旅游活动必不可少的；而专案则不是每个企业都有需要，而是根据企业的不同需求定做的。该部分主要由两方面组成：一是企业要求的特殊行程；二是特殊的活动安排，而又以后一方面为主。

会议：奖励旅游期间如需安排会议，旅行社可负责联络及执行各项会议的工作，如会议场地租洽，大型活动或会议所需各种设备，如灯光、音响、特效等。

培训：把工作与奖励旅游活动联系在一起，成为奖励旅游发展的一种新的趋势。利用奖励旅游期间对员工进行培训，现国外已有许多企业采用。

主题宴会：是最常使用在奖励旅游行程中的特殊安排。通过主办企业、旅行社、当地业者及酒店（或其他相关场地）共同研究策划，可设计出风格独特的主题晚会，但仍需以企业需求为主。主题晚会设计重点是让参与者感到惊喜，备受宠爱。

其他活动：如竞赛活动、惊喜派对等。

（6）决定奖励旅游主题

每次的奖励旅游都会有一个主题，尤其在旅游目的地有众多的观光胜地、文化景点、观光园及活动可供选择时，表现更为突出。 此种状况下，旅行社应建议企业选择数个景点以符合奖励旅游主题。以旅游香港为例，有美食文化之旅、流行风尚之旅、安逸悠闲之旅、活力运动之旅等主题旅程可供选择。倘若目的地景点较少，可选择该地较具有代表性、特色的行程。

4. 行程活动规划企业确认

虽然旅行社的行程活动规划是在对企业进行了评估与分析，了解了企业奖励旅游方案、意愿的基础上进行的，且一些相关行程活动规划是在与企业有一定的沟通基础上做出的，但当旅行社拟好行程活动规划后，也应充分与企业相关人员协商，以按企业要求作适当修改，并最后在双方满意的基础上定稿确认。

5. 奖励旅游行程进行及排除执行时各种变动

奖励旅游进行过程当中，有一些预先无法预知的意外发生，打乱规划的行程是在所难免的，如意外天气、交通事故、时间路线变更、旅游者意外事件等，这就要求临时对行程作一定修改，以保证本次任务能圆满完成。因此，旅行社组织人员应具有较高的随机应变能力，较高的专业素质，相当丰富的经验，这样才能不动声色地予以化解，并争取达到或超过预期的效果。

6. 奖励旅游结束效果评估

企业进行奖励旅游的特点之一是其持续性与稳定性，即存有奖励旅游需求的企业在形成一定惯例后，每年都会开展若干次的奖励旅游活动。因此，旅行社要想在激烈的市场竞争中立于不败之地，拥有稳定的客户群，并在此基础上不断拓展新客户，也不失为明智之举。而这些假设建立的基础是企业对旅行社提供的产品及服务满意，旅行社给受奖励人员出乎意料的惊喜，让他们体验愉快的服务经历，这就需要对奖励旅游效果进行评估，不断改进。

（1）征询企业意见

奖励旅游对企业而言，是一种有目的的旅游，效果评估对企业是非常重要的，评估结果直接影响到二者合作关系的持续问题。旅行社在奖励旅游活动结束后再征询企业意见是一项必要举措。

（2）旅行社对本次任务的总结

在充分征询企业意见的基础上，结合旅行社内部看法，对本次任务进行总结，找出成功之处、失败教训，提出改进的方案。当总结完毕后，将其纳入案例库，以备后用。

（三）开展奖励旅游售后服务

搞好奖励旅游售后服务是巩固与扩大客源的有效营销策略。旅行社要想把奖励旅游做好做大，奖励旅游售后服务必不可少。旅行社开展奖励旅游售后服务，可从奖励旅游决策者和受奖励员工两方面入手，前者针对企业，后者则是针对个人。

1. 针对企业决策者

针对企业决策者的奖励旅游售后服务可采取如下两种方式：一是举行企业招待会、开展联谊会等活动来实现。通过这些活动，可使旅行社与企业奖励旅游决策者进行面对面的接触，让企业决策者了解本旅行社能为企业提供哪些细致、独特、完美的服务，并与其共同座谈奖励旅游的经历，促进二者之间的联系，提高旅行社知名度。二是仿效西方国家举行旅行社开放日。活动时邀请一些顾客到旅行社参观，并邀请一些有名望的游客、旅游专家、新闻工作者等与他们见面交流。在其中可安排一个奖励旅游说明会，使企业决策者相信这家旅行社有足够的实力来为他们提供优质的服务，扩大旅行社影响。

2. 针对受奖励员工

针对受奖励员工的奖励旅游售后服务可采取如下三种方式：一是赠送精美的有实用价值的奖品，如画册、挂历、台历等， 也可邮寄给旅游者一些其他纪念品，如有旅行社标志的玩偶、钢笔、记事本、雨伞等，给个人一个意外的惊喜。二是特殊奖品。旅行社应为每次企业受奖励个人建立档案，尤其是其受奖励次数，当达到一定次数时，旅行社可赠送特殊奖品给个人，以加深对旅行社的印象。三是寄贺卡。每当节日或旅游者生日时，旅行社如寄贺卡，对受奖励个人表示祝贺，可以加强彼此间的联系，产生意想不到之效果，受奖励个人会对旅行社产生好感，促进奖励旅游之外旅游产品的销售。

在筹办奖励旅游时，只有注意到奖励旅游固有的特点，才能筹办出一个漂亮的奖励旅游方案。一般说来，奖励旅游具有以下四个不同于其他商务旅游活动的特点：一是带有工作目的的休闲度假旅游；二是往往采取包价的形式出现；三是必须具有独一无二的特殊性，如顾客不可以随时自行购得的成品，旅行社应尽可能为每一个顾客“量体裁衣”；四是市场营销过程独特，专业奖励游旅行社首先向客户公司提供所出售的包价旅游，然后才是客户公司的雇员，而这些雇员则是包价旅游的最终受益人。

【相关链接】旅居天下会奖旅游服务机构国内会奖旅游方案

方案一　数十人的聚会游

阳朔田园风光

人数：30人至40人

目标：令公司员工有一个快乐的聚会，并相互增进理解，培养员工对企业的认同感。

建议路线：桂林阳朔三天休闲游

分析

三四十人的团队，不多不少，正可以全部坐进一部豪华大巴，也可以不分小组进行团队活动，因此在选择的时候，可以选择距离不算远但又有休闲旅游内容的旅游线路。

桂林阳朔是人们熟悉的旅游线路，但是这种普通线路更有助于团队的组建。而且，漓江两岸有着风光旖旎的山水景致，在阳朔西街上也有着众多休闲娱乐的场所，可以组织各种丰富的旅游活动。这种旅游活动，基本都是集体行动，也可以有机会让员工之间相互接触，增加员工之间的相互理解。

三天左右的活动时间，正好利用了周末的假期，对公司正常运作的影响也不会太大。

计划

出发的时间选择在周五的傍晚，交通工具可以选择汽车、火车或飞机，活动的内容由第二天早上开始。

桂林的三山两洞一漓江是最传统的旅游景点，但最传统的旅游景点也经常是最精华的部分，企业可以根据员工的需要，选择其中值得一游的景观。建议第一天可以乘游船从桂林至阳朔，一路观赏漓江两岸的景观，并且可以在游船上组织一些简单的团队活动。当晚入住阳朔，在西街上泡吧、狂欢。

第二天骑单车，由向导带领，在阳朔闲逛。可以看看蝴蝶泉、月亮山、大榕树等景观，也可以深入到山间的民居生活之中，感受山水的独特韵味。骑单车既是休闲，也是有益的运动。晚上，观看《印象·刘三姐》表演。

第三天上午，如有需要可以组织召开一个简短的会议，经过两天活动，员工们之间的氛围轻松下来，会议的形式可能显得活跃起来。下午自由活动，傍晚返回。

方案二　两百人的联谊游

三峡晨雾中的客轮

人数：200人左右

目标：加强企业与客户之间的联谊，增进与客户的关系，为下一个年度打基础。

建议：游船旅游

分析

年底，与客户开展联谊活动，目的正是为了加深企业与客户之间的联系。所以，一些企业管理者认为，选择的地方不能太松散开放。

因为如果在活动中给客户有太多自由的空间，那么即使是采取“人盯人”的方式，也不一定能起到加深相互了解的目的；而且，如果一味限制客户们活动，也许会令客户们反感。让客户们既可以感到自由，又在主人的安排之下，这一个度的把握很重要。

另外，两百人的大队伍，难以全部聚集在一起集体行动，如果选择旅游线路，则需要分批行动。

因而要选择一处可以把所有人集中到一起的地方，例如游船就是一种空间虽小、活动多样的好选择。

计划

长江三峡游船四天，或香港“双鱼星”号邮轮公海一晚。

两种方案都是利用了游船空间有限的优势，将所有的客户安排在船上，利用船上丰富的娱乐设施，可以组织充分的活动项目，也有利于企业与客户之间有足够时间进行沟通。

长江三峡的游船从重庆出发。作为企业的组织者，可以在甲板、船舱的娱乐室里，举行一些简便的娱乐活动，甚至开会、座谈。而后每到一个景点，都可以上岸游览，放松身心。两者结合之下，会取得较充足的沟通效果，也可以满足客户们休闲观光的需要。

而双鱼星号邮轮在晚上从香港维多利亚港出发后，邮轮上就可以举行各种充满趣味的娱乐活动。邮轮有很多设施适合会议活动，但是不如选择在甲板上的游泳池边。在泳池边上举办烧烤晚会，是极具特色的活动。星空下，吹着海风，看着泳池反射的灯火，晚会的气氛必定宜人。

当然，在这种方案中，由于长江三峡游船沿岸的景点过多，有可能分散了一部分精力，是稍有遗憾的地方；而在“双鱼星”号只有公海一晚的活动，也似乎显得意犹未尽，11月和12月，“双鱼星”号各有一次前往海口三天两晚的特别航次，时间长短正合适，是不错的选择。

二、新产品发布会策划

新产品发布会过程虽然比较短暂，但策划方案却比较复杂，主要包括如下内容。

（一）成立组委会

新产品发布会能否取得成功，必须组建结构合理、高效之组织机构，成员结构如下：

1. 组委会组长，由单位领导兼任，负责新产品发布会的总体运作。
2. 协调员，由单位领导兼任，负责各小组协调。
3. 会场接待组，负责来宾报到、礼品发送、资料袋的发放及各种接待任务。

4. 联络小组，负责媒体发稿、媒体联系、与模特及演员接洽等。

5. 场务维护组，负责设备能够正常利用、消除外界烦扰等。

6. 宣传组，由策划公司与公司宣传部、市场部、产品部共同组成，负责广告宣传、采访、撰稿、新产品解说等。

7. 招商组，负责新产品招商事宜。

8. 财务组，负责财务预算等。

（二）具体时间安排

科学安排时间对新产品发布会的成功举办也有一定的影响，何时做何事应具体明确。一般说来，新产品发布会的时间安排流程如下：

（1）×月×日前，应做的事情主要有：设计、定稿、印刷企业宣传单、台卡、背板、邀请函、横幅、海报、新品揭示资料图片。

（2）×月×日前，应做的事情主要有：判断相关人员名单，确认政府用户名单、媒体名单、社会人士、主持人和模特产品揭示内容信息及数量。

（3）×月×日，应做的事情主要有：向政府、用户、媒体职员、代销商、社会人士发放邀请函。

（4）×月×日，应做的事情主要有：收回执，最后判断插手来宾名单、用户材料、总参与人数。

（5）×月×日，应做的事情主要有：物品准备礼物、签到本、签到笔、台卡、背板、横幅、海报、气球等物品筹备布展。

（6）×月×日，应做的事情主要有：最终判断场地安插，餐饮地点住宿房间、物料输送、氛围、后台、设备调试、桌椅放置（来宾地位）等。

（7）×月×日，应做的事情主要有：使命职员（含礼仪小姐）到位，按单干配合完成各项任务，聚会会议一切物品到位，乐队到位。

（8）×月×日，应做的事情主要有：行为物品查抄、人员查抄、资料查抄、礼品查抄、会场查抄。

（9）×月×日，应做的事情主要有：全程摄影摄像协调落实，签到起头、赠送资料袋、贵客媒体佩戴胸花、来宾卡、会场资料发放、会场领导，分别入座。

（三）场地布置布展方案

新产品发布会的场地布置布展是否得当，是否吸引人的眼球，直接关系到发布会是否取得圆满成功，因此，必须予以高度重视。一般说来，在制定场地布置布展方案时，应考虑到如下一些因素：

1. 旅馆门口×××单位彩虹门、彩旗、巨型条幅、停车位导向牌布置。

2. 旅馆正门，接待人员佩戴×××单位绶带，要摆有标明会场、休息厅、就餐、领奖品等地点明显的领导牌。

3. 宾客接待台，接待人员两名，登记来宾和发放聚会会议标准资料袋和参会证企业画册，并配两名礼仪向导。

4. 旅馆门口和会议厅门口各摆放X展架多个，写真帖多张。

5. 主会场后盾墙巨型喷绘，舞台两旁各做一堆物展架，上放新品点缀幔布，陈述台正面贴×××单元VI写真，上面摆贴×××单元VI写真电脑、麦克风、啤酒、鲜花等。

6. 主席台和各座位贴带VI编号，台上摆×××产品和专用杯，文件夹DM封尾页，台前摆贵宾名签。

7. 必要装备，如礼花、抽奖箱等。

8. 设备企业纪录片和新品解说幻灯片播放。

9. 调试好音响设备，指定好录像人员。

（四）应邀人员方案

新产品发布会能否邀请到重要人物到场，也是关系到新产品发布会能否取得成功的重要因素之一。参会应邀人员应具有代表性、典型性和广泛性。一般包括如下人员：

1. 当地政府主管。

2. 各地经销商和意向产品发布会客户。

3. 部分分销用户。

4. 部分零售及终端用户。

5. 邀请媒体负责人。

6. 广播电视局负责人。

7. 摄制组。

8. 电视台记者。

9. 报社记者（日报、晚报、广播电视报）。

附：新产品发布会邀请人员清单

1. 政府高朋：姓名，单位，职务，联系人，备注。
   合计人数

2. 动静媒体
   合计人数

3. 旅馆宾客
   合计人数

（五）发布会议程方案

新产品发布会较之一般会议议程更复杂，一般包括如下内容：

1. 接待厅接待来宾。

2. 经销商、采访人员签到。

3. 带领贵客经销商和记者入场。

4. 播放企业宣传片。

5. 主持人请来宾就座。

6. 主持人宣布新品发布会开始，并介绍来宾与媒体。

7. 董事长或总经理致辞。
8. 来宾发言。
9. 公司负责人与贵客共同拉开新品幔布。
10. 新产品模特展现。
11. 采访人员来宾发问，总经理和策划总经理作答。
12. 会后，请媒体记者到厅稍候，各位经销商到厅稍候。
13. 为来宾赠产品发布会 ppt和送礼物。
14. 公司与媒体互换产品（赠送礼物）。
15. 公司与各位经销商漫谈，签约交押金。
16. 各签约经销商摸奖。
17. 发房卡，共进晚餐。
18. 联欢晚会。

（六）发给媒体材料方案

为确保与会者对新产品发布会有更深入的了解，还应发给与会者一些袋装材料，这些材料如下：

1. 会议议程安排表。
2. 动静通稿。
3. 陈述说话稿。
4. 公司宣传册。
5. 新产品材料。
6. 有关图片。
7. 纪念品礼品领用券。
8. 企业负责人名片。
9. 空白信笺、笔。
10. 餐券。

（七）新产品发布会所需人员、物料及使用位置

为保证新产品发布会顺利进行，还必须预先估算召开新产品发布会时所需人员、物料及使用位置，具体内容如下：

（1）礼仪（×人，会场门口）；
（2）模特（×人，会场）；
（3）演员、主持人（×人，会场）；
（4）摄影师及摄像设备（×人×套；场内）；
（5）数码相机（×部，场内）；
（6）彩虹门（×个，会场门口）；
（7）横幅（×条，旅馆门口及会场）；
（8）升空气球（×个，旅馆门口）；

（9）气球条幅（×个，旅馆门口）；
（10）彩旗（×条，旅馆门品及会场）；
（11）鲜花（×篮，主席台）；
（12）贵客名片卡（×张，贵客座位）；
（13）签到本、名片（×本，盒×个，接待台，会场门口）；
（14）笔记本电脑（×部，接待台和演讲台）；
（15）大型喷绘背景（×张，会场后盾墙）；
（16）绶带（×条，接待礼节）；
（17）展架（×个，门口和会场）；
（18）活跃化形象堆（×个，展台）；
（19）赠送礼物（×份，来宾赠予）；
（20）产物VI会标（×块，陈述台）；
（21）资料袋、笔、信筏（各×份，应邀宾客）；
（22）请帖（×份，邀请宾客）；
（23）领导牌、写真（×张，会场门口、大堂）；
（24）礼品券（×张，接待台）；
（25）招待烟（×条，宾客招待）；
（26）矿泉水（×箱，宾客招待 待定）；
（27）苹果、香蕉、葡萄（各×箱，来宾接待）；
（28）企业宣传幻灯片、新产品解说幻灯片（各×段，会场）；
（29）抽奖箱（×个，抽奖）；
（30）抽奖奖品、奖金（×元，奖箱抽奖）；
（31）来宾证（×个，来宾辨认）；
（32）新品VI写真贴（X张，桌面、座椅、模特）；
（33）新品海报（×份，会场安插）；
（34）胸花（×份，部分宾客）；
（35）礼花（×个，新品签约事发地）；
（36）啤酒充气娃娃（×个，会场门口）；
（37）蒙红面布（×块，新品笼盖），
（38）录音带、光盘（×套，音乐播放）；
（39）所展产品、道具（×套，产品展现）；
（40）会场专用接待车（×部，接送重要宾客）。

（八）新产品发布会预算方案（略）

【本章小结】

策划是一个综合性的系统工程，是成功举办商务旅游活动的前提。商务旅游活动策划是商务活动策划与旅游活动策划的综合体。会议策划、展览策划、奖励旅游策划与新产品发布会的策划虽然都属于商务旅游活动策划的范畴，但在基本流程、策划细节、策划文案等方面均存在着一定的差异。只有了解这些差异才能成为一位优秀的策划师。

【思考与练习】

思考：

a）为什么说商务旅游活动策划是商务活动策划与旅游活动策划的综合体？

b）会议策划与展览策划存在着哪些差异？

c）在策划展览时应注意哪些细节？

d）奖励旅游策划与新产品发布会的策划各有什么特点？

练习：

1.结合本章所学知识，写一份商务会议策划书。

2.以五人为一小组，写一份车展策划书。

3.尝试与旅行社相关人员联手，写一份有50人参加的奖励旅游策划。

4.“世界旅游小姐”每年都在华举办一次，请你为本年度“世界旅游小姐”写一份“世界旅游小姐新闻发布会策划书”。

●案例一：中国国际农产品交易会

一、交易会概况

中国国际农产品交易会是经国务院批准，由农业部主办的国家级农产品贸易盛会，已连续成功举办了七届。党中央、国务院有关领导对农交会高度重视，中共中央政治局委员、国务院副总理回良玉等党和国家领导人多次亲临现场考察指导。发展改革委、财政部、商务部、海关总署、质检总局、全国供销合作总社、中国贸促会对农交会的成功举办给予了积极协作，全国各省（区、市）政府、新疆生产建设兵团给予了大力的支持与配合，农交会在宣传农业政策、展示农业成就、推广农业新技术、推动农产品市场流通、促进贸易与合作等方面发挥了重要作用，取得了令人瞩目的成就，是目前国内最具影响力的品牌农业展会。

展会目标是通过展示和宣传我国农业农村经济政策与成就、产品与技术，促进农产品的市场流通与贸易合作，加快农业农村经济发展，增强国际市场竞争力；打造国家级精品会展平台，发展农业会展经济，支持农产品营销，推进现代农业发展。

本届（第八届）农交会的参展企业主要有国家级和省级农业产业化重点龙头企业，产品获得无公害认证、绿色食品认证、有机农产品认证的企业，大中型农产品出口企业，外资合资企业及境外知名企业，市场前景良好、有发展潜力、无不良记录的优秀中小型企业。参展产品包含种植业、畜牧业、水产业、农业装备、农业科技以及涉农服务项目等。

二、交易会策划经验总结

1. 政府支持是坚强后盾

中国是农业大国，每年要解决世界上接近20%的人口吃饭问题。展览会的目的绝不是与生俱来就商业化的。会展产业是在服务于产业，支援产业发展，帮助产业进行技术及资源分配的情况下发展起来的。所以，在政府支持下，国际农产品交易市场作为农业大国最有公信度的国际农产品交易市场，从各个方面来说都占有优势。

2. 迎合政府需要，为人民服务

从各个产业的角度上来说，最高层次的工作就是在所属的行业为祖国出一分力，发一分热。运用会展这个新兴行业，达到促进我国农产品交易是个很好的想法。我猜想，会展也将慢慢地成为国家宏观调控之外调整、监控市场经济与资源的手段之一。

3. 参展商推荐制、评优制是展会质量的有力保证。不论是政府支持型展会还是协会展会，在评优和推荐体制下，组展方更好控制参展商质量，从而保证展会品质，达到展会品牌宣传的良好目的。

4. 有所突破，符合产业技术更新速度。每年的展会能够及时跟上国家最新需要，可谓是最针对市场的展会。

5. 能省则省，政府展会使成本降低，交易有保障。政府组织展会可以降低展会成本，同时让参展商有交易保障，不用怕骗展、欺展的发生。

资料来源：第八届中国国际农产品交易会，官方网站 http://catf.agri.gov.cn/dhgk/zhgs/。

【案例思考】

结合本案例，思考策划在交易会中的地位与作用。

●案例二：上海车展

一、展会概况

上海车展（Shanghai International Automobile Industry Exhibition）创办于1985年，是中国最早的专业国际汽车展览会，是亚洲最大规模的车展，逢单数年举办，目前已经成功举办了十三届。

2004年6月，上海国际汽车展顺利通过了国际博览联盟（UFI）的认证，成为中国第一个被UFI认可的汽车展。伴随着中国汽车工业与国际汽车工业的发展，经过20多年的积累，上海国际汽车展已成长为中国最权威、国际上最具影响力的汽车大展之一。从2003年起，除上海贸促会外，车展主办单位增加了权威性行业组织和拥有举办国家级大型汽车展经验的中国汽车工业协会和中国国际贸促会汽车行业分会，三家主办单位精诚合作，为上海车展从区域性车展发展成为全国性乃至国际汽车大展奠定了坚实的基础，确立了上海车展的地位和权威性。

第十一届上海国际车展于2005年4月22日至28日在新国际博览中心[1]举行。展出面积12万平方米，来自26个国家和地区1036家厂商踊跃参展，其中国际汽车巨头6+3和中国主流汽车厂均大规模参展。35个国家和地区1020家媒体5380名记者参与了车展的报道。113个国家和地区的391593人次的观众见证了车展的成功与辉煌。

上海车展主办方日前在京宣布，全球最受关注的汽车大展之一——第十四届上海国际车展，将于2011年4月21日至28日在上海新国际博览中心举行，车展的主题定为“创新·未来”，由中汽协会、中国贸促会上海市分会、贸促会汽车行业分会主办，上海市国际展览公司等承办。

上海国际汽车展经过25年的发展壮大，已成长为全球最具影响力的国际大展之一，成为中外汽车产业广泛交流与合作的重要展示平台和引导汽车消费、引领产业发展的重要载体。

二、展会策划经验总结

1. 美女经济完美运用于车展之中

如果没有美女，车展一样会引来无数观众，但是近年来，观众对美女车模的关注虽说不能超过车本身，但是这种香车美女的营销策略已经成为经典。从前对于冷冰冰的轿车，不论再好的外壳，人们也难免觉得有些缺少感情，但自从有了美女车模，车就有了感情。不同类型的车需要不同风格的车模来衬托，如此一来，车展除了关注技术更新，变得更有吸引力。① 虽然近年来美女车模的工资受金融危机影响有所下调，不过这并不影响观众对车模的持续关注。

2. 不断更新的技术吸引业内业外人士关注

对内行人来说，每年车展最吸引人的就是不同国际大品牌所开发的概念车。这些概念车不同于以前平淡无奇的市面销售车，大部分概念车的作用不是用于销售，而是用于品牌宣传和品牌形象塑造。车展必然对技术要格外重视，跟不上时代的潮流，很快就会被残酷地抛弃。

3. 不断增加展会品牌的内涵

2004年6月，上海国际汽车展顺利通过了国际博览联盟（UFI）的认证，虽然这是国际展会的入门门槛，但是这个门槛的要求却不是普通展会可以企及的。在车展层出不穷的今年，强大的市场份额促使众多的人去车展这个市场上掘金。上海国际车展及时认清自己的优势所在，有力地让自己通过一纸认证与三流车展划分开来，跻身上流。

① 《“性感”也降价，上海车展车模身价缩水》http://www.sina.com.cn 2009-04-23 半岛都市报

4. 技术性产业的展览要有所突破

作为一个国际展览，不论在规模、资源还是身份认证上都要有一个高标准。不断加强自己的“展览能力”是上海国际车展在国际舞台上为自己争取权利的主要手段之一。“展览能力”代表了展会是否能够提供足够的机会和资源让参展商和专业观众有所收获。这是一个很难的命题，也是国内大多数展会还没有突破的难题。

5. 借助媒体高调宣传

每年听到最多的展会，就是广播里，朋友嘴里都在说“车展又举行了”。如果没有这样的宣传，观众势必会减少。酒香也怕巷子深，在这样一个市场经济体制下，展会要存活下来，就要打好良好的群众基础，才不会在经济危机来临的时候被吃得连骨头都不剩。

资料来源：上海车展 百度百科 http://baike.baidu.com/view/423354.htm。

【案例思考】

结合本案例之策划经验总结，谈谈美女经济在车展中的作用。

参考文献

1.史振洪. 商务策划学[M]. 南京大学出版社，2008.
2.许传宏. 会展策划[M]. 复旦大学出版社，2010.
3.王文. 商务策划学（实务部分）教学探讨[J]. 教育教学论坛，2010（27）.
4.孙中伟，索扬. 旅行社成功策划奖励旅游业务流程之研究[J]. 石家庄师范专科学校学报，2004（6）.

第十章 商务旅游活动的筹办

【本章学习目标】

通过学习本章，应了解商务旅游活动的筹办过程，掌握其时间长、过程复杂、技巧性强之特点，熟悉不同类型商务旅游活动的筹办及它们之间存在的差异。

【关键概念】

会议筹办 展览筹办 奖励旅游筹办 新产品发布会筹办

商务旅游活动的筹办是商务旅游的核心内容，因为它探讨的是商务旅游的实际问题，具有准备时间长、过程复杂、技巧性强等特点。

第一节 商务旅游活动筹办过程

商务旅游活动筹办过程涉及各个方面，且十分复杂。由于筹办过程直接关系到商务旅游活动的成败，因此作为一个专业商务旅游工作者，必须了解并熟练掌握筹办过程，才能圆满举办一次商务旅游活动。

一、建立筹办活动机构

无论是筹办一次会议还是举办一次展览，都必须建立复杂的筹办活动机构，如筹办一次会议，无论是小型、中型、还是大型的会议，都要建立相应的组织机构，即组委会。但需要说明的是，不同等级的会议，其下设机构的数量是不同的。小型或中型的商务旅游活动，组委会之下设机构一般下设若干小组，如秘书组、会务组等。而大型的会议如奥运会组织委员会组织机构，下设机构相当复杂。北京第29届奥运会组织委员会下设的机构就达30多处，而在这30多个部门里，每个部门又设立多个部门，如奥运村部下设五个处，分别是：综合处、居民服务处、后勤保障处、计划协调处、媒体村运行处。

表10-1 第29届奥林匹克运动会组织委员会组织机构及行政职能一览表

名称	主要行政职能
秘书行政部	负责组委会与政府部门和京外赛场城市的协调联络工作，负责组委会内部的行政管理，负责北京奥运会城市运行的协调工作。
总体策划部	负责北京奥运会和北京残奥会总体工作计划的编制、调整和项目管理工作，负责为组委会提供决策服务，负责组织、协调组委会风险管理工作。

（续上表）

名称	主要行政职能
国际联络部	负责与国际奥委会、各国家和地区奥委会及奥林匹克大家庭成员的联络和协调工作，并提供相关服务。
体育部	负责北京奥运会和北京残奥会竞赛项目的组织工作。
新闻宣传部	负责新闻发布、记者接待和社会宣传工作，负责组委会网站内容建设和奥林匹克教育工作。
工程和环境部	奥组委负责场馆和相关设施建设及环境保护活动的综合协调主管部门。
市场开发部	负责为北京奥运会筹集资金，实施北京奥运会的市场开发活动，包括赞助计划和特许经营计划，负责国际奥委会的市场开发计划在中国奥委会辖区的实施。
技术部	负责为北京奥运会和北京残奥会提供竞赛成绩、信息、通信及其他必要的技术服务和保障。
法律事务部	法律事务部：负责组委会合同和法律事务管理及奥林匹克知识产权保护工作。
运动会服务	运动会服务部：负责北京奥运会和北京残奥会住宿、交通、注册、餐饮、观众服务和奥运村及场馆运行工作。
监察审计部	监察审计部：北京奥运会组委会监督委员会的办事机构，负责对组委会资金、物资的使用管理进行监督，对工作人员履行职责、廉洁自律情况进行监督。
人事部	负责组委会机构设置和人力资源管理，负责组委会工作人员和志愿者的招募、培训及各项管理工作。
财务部	负责编制和管理组委会总预算、年度预算和会计核算工作，实施北京奥运会财务风险管理、物流管理和物资采购工作。
文化活动部	负责奥林匹克青年营和各项仪式活动以及奥林匹克文化活动的组织和实施工作，负责北京奥运会形象与景观的设计和管理工作。
安保部	负责北京奥运会和北京残奥会期间的安全保卫及维护公共秩序工作。
媒体运行部	媒体运行部：负责新闻中心、国际广播电视中心和场馆媒体中心的规划和运行工作，为注册媒体人员提供工作设施和各项服务。
场馆管理部	奥组委负责协调、推进、落实场馆化管理和赛时场馆运行的职能部门。奥运会筹备阶段，牵头管理，统筹协调各竞赛场馆和非竞赛场馆的场馆化推进工作。奥运会举办期间，协助主运行中心负责各场馆团队的管理运行工作。同时，负责协调各部门完成场馆从奥运会到残奥会期间场馆运行协调工作。
物流部	物流部是为奥运会、残奥会及相关活动提供物资和服务的后勤保障部门。其主要职责是：负责组织制定奥运会的总体物资需求计划，负责奥运会所需各类物资的采购、仓储、配送、追踪、管理、回收和处置。
残奥会部	负责协调制定北京残奥会筹备工作规划、工作方案；协调、督促各部门残奥会筹备工作的进展和落实；负责与国际残奥委会、国际单项残疾人体育联合会和国内残疾人组织的沟通、联络和协调；对各项残奥会专项特殊工作提出指导性意见；协助残奥会相关的各项培训、推广、宣传工作。
交通部	负责北京奥运会和北京残奥会奥林匹克大家庭成员交通服务和交通运行管理工作。
火炬接力中心	负责北京奥运会火炬接力的计划和运行实施，包括传递城市联络、路线编制、火炬手运行、仪式庆典、宣传与媒体、形象与景观、市场开发与品牌保护、安保法律、后勤保障和路上运行。
注册中心	负责北京奥运会和残奥会奥林匹克大家庭成员、残奥大家庭成员及工作人员的注册工作。

（续上表）

名称	主要行政职能
开闭幕式工作部	负责制定实施开闭幕式工作计划和组织运行政策；组建奥运会开闭幕式工作团队，保证创意、制作、排练和最终实施的顺畅结合。
奥运村部	负责奥运会、残奥会奥运村筹备及运行的部门。主要职责是负责奥运村的筹备工作，制定和实施奥运村项目服务标准、运行政策及总体计划；协调各相关部门承担的奥运村项目的筹备和运行工作；指导京外各个分村的工作。
票务中心	负责北京奥运会和残奥会开、闭幕式和体育比赛的票务运行工作，包括门票印制、销售、配送及赛时场馆票务运行工作。
志愿者部	负责北京奥组委前期志愿者、“好运北京”体育赛事志愿者及奥运会、残奥会赛时志愿者的需求分析、招募、培训、管理、后勤保障、表彰奖励等工作；参与组织以志愿者为对象的宣传教育工作；负责“好运北京”体育赛事志愿者和奥运会、残奥会观众服务的规划和组织工作
北京奥林匹克转播公司	负责奥运会、残奥会转播工作。
北京奥运新闻中心	负责奥运会、残奥会新闻发布。
开闭幕式运营中心	负责奥运会、残奥会开闭幕式晚会。
北京市人民政府“2008”工程建设指挥办公室	负责奥运会、残奥会工程建设。
青岛奥帆委	全面负责第29届奥运会帆船比赛的筹备和举办工作。

二、确定活动目标和目标市场

在活动筹办准备阶段，目标的设定必不可少，只有目标明确，活动才能取得成功。商务旅游活动目标的确定，应该尽可能具体、清晰明确。

2008年北京奥运会的目标是：举办一届有特色、高水平的奥运会。有特色指的是：中国风格、人文风采、时代风貌、大众参与。“中国风格”就是要充分展示中华民族5000年悠久历史和灿烂文化，体现浓郁的中国韵味，让2008年奥运会成为世界人民更充分地了解和体验中国的历史、文化、人民和自然风光的最佳窗口。“人文风采”就是要突出人文奥运的理念，表现奥林匹克的精神，倡导人们陶冶情操，实现人的身心和谐发展，展示精彩纷呈的多元文化，展现中华儿女和谐之美的优良传统。“时代风貌”就是要表达当代中国人民自强不息、奋发有为的精神风貌，中华儿女积极进取、昂扬向上的朝气和活力，与世界人民共同追求和平、友谊、进步的强烈愿望。“大众参与”就是要展现占世界人口五分之一的13亿中国人民和广大港澳台同胞和海外侨胞积极参与奥林匹克运动的风采。北京奥运会既是在世界人口最多的国家举办的一届奥运会，也会成为人民群众参与程度最广泛的一届奥运会。高水平表现在八个方面：一是要有高水平的体育场馆设施和竞赛组织工作；二是要有高水平的开幕式及文化活动；三是要有高水平的媒体服务和良好的舆论评价；四是要有高水平的安全保卫工作；五是要有高水平的志愿者队伍和服务；六是要有高水平的交通组织和生活服务；七是要有高水平的城市文明形象；八是各国运动员创造优异成绩。

2010年上海世博会的目标是：吸引200个国家和国际组织参展、吸引7000万人次海内外参观者前来参观、逾25家合作伙伴和赞助商以及社会大众的积极参与。上海世博会的参展国家和国际组织、参观人次规模将刷新世博会历史纪录。世博会属于全人类，上海世博会组织者将与国际展览局、各国家和国际组织共同努力，将上海世博会办成一届“成功、精彩、难忘”的世博会。

确定目标市场，也是商务旅游活动准备工作极其重要的一环。在确定目标市场时，既要从地域的角度考虑，又要从人的角度考虑，如对展览会的主办者来说，通常会有两类参与者，即参展商与参观者，他们的需求是不会相同的，应该分别给予不同的考虑。

三、做好活动前筹划

商务旅游活动筹划一般是由筹办小组来完成的。活动的筹办是一个系统的过程（图10-1）。

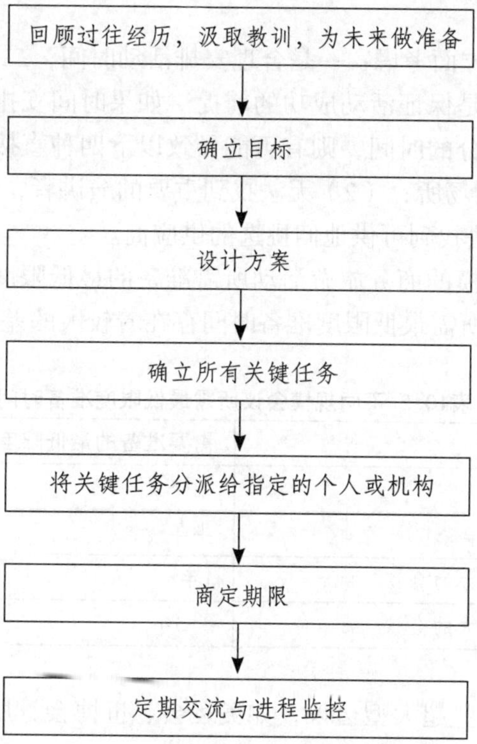

图10-1 商务旅游筹划活动的总过程

由于商务旅游活动是在特定的时间发生的，因此，活动的所有筹划工作都必须保证在适当的时间内一切准备就绪。商务旅游筹划活动一般采用“关键途径分析法（Critical Path Analysis，即 CPA）”。这一技术一则确定需要完成工作的时间；二则确定活动管理各方面相互依赖的程度。

四、召开会议与谈判

在活动筹办准备阶段，需要召开的会议既多又频繁。这些会议的内容纷繁复杂，涉及确定活动目标、目标市场选择日期、目的地、场所确定人数与预算市场营销各类活动安排等方方面面。

商务旅游活动就其活动本质而言，是一个以动态市场为导向的活动。因此，在筹办的准备阶段，所遇到的大多数事情都必须也只能通过谈判来协商解决，例如，举办方可以通过与场所供应商进行“减少或免除费用”、“减少在总价中附送的服务项目”等谈判，从而直接或间接减少场所租借的费用。

五、时间、目的地、场所的选择

时间、目的地、场所、供应商与中介公司的选择，对举办一次成功的商务旅游活动相当重要。

（一）时间的选择

时间的选择应从两方面考虑：一是合理安排活动时间；二是选择得当的日期。

合理安排活动时间是保证活动成功的前提。如果时间安排不当，没有能够为合理地举办一次活动留出充分的时间，则有可能导致以下四种直接影响活动成败的后果：（1）找不到理想的活动场所；（2）无法找到重要的演讲者；（3）目标市场的众多成员无法出席；（4）无法找到可供他们挑选的供应商。

一般说来，不同规模的商务旅游活动所需准备的最低限度时间是不同的。以会议为例，不同规模的会议所需最低限度准备时间存在着较大的差异（见表10–2）。

表10–2 不同规模会议所需最低限度准备时间

名称	需要准备的最低限度时间
小型专项研讨会	几个月
中型会议，如新产品发布会	半年
大型会议，如国家协会举办的会议	1年
超大型会议，国际协会举办的会议	2~3年

需要说明的是，有些超大型会议，如奥运会、世博会，所需最低限度准备时间甚至长达十年。

日期选择是否得当，也将会直接影响到商务旅游活动的参加人数，例如好天气会使出席人数增加，避开公共节假日与宗教节日，也会保证某些热衷于休闲度假的人或有宗教信仰者不缺席。

（二）场所的选择

成功的活动一般都是选择了恰当的场所。因为理想的、令人满意的场所不仅会吸引人们前来参加商务旅游活动，而且还会对活动的成功举办产生直接的影响。例如，音响设备不好的会场会直接影响到会议的效果，照明条件差的展馆则会直接影响到展览效果。

成功的活动一般都选择了理想的场所。选择场所时需要考虑的基本因素有三：其一，场所是否提供膳宿；其二，场所的位置是否理想，是否道路枢纽、乡村或者市中心；其三，场所的特征，普通场所还是特殊场所。特殊场所包括：名人故居与古堡、主题公园、各类大学与学院、博物馆、运动场、剧院、游船等。

（三）目的地选择

目的地选择是否有吸引力、基础设施是否完备也会直接影响到前来参加商务旅游活动的人数与规模。

影响目的地选择的因素也很多。首先，目的地的选择会受到活动主题或者活动筹办机构的制约。例如，有关煤炭业方面的会议应该在煤矿地区召开，而一家区域性公司要召开的年度大会就应该在本地区进行。其次，某些活动或许需要大量的膳宿供应或者专门设施的支持，而这些需求只有在特定的目的地才能够得到解决；其三，交通的制约。对于需要与会人员乘坐飞机前往的国际性活动，目的地通常需要拥有机场，或者目的地距离机场的路程在一小时以内。

然而，目的地的选择无论受到何种因素影响，都要我们根据活动特点和商务旅游者的需求出发来选择目的地，如面向大众的展览会通常选择居住人口较多的大城镇；奖励旅游则选择休闲目的地；会议旅游选择那些具有吸引力的目的地，或是理想的目的地。

六、确定人数与预算

商务旅游活动参加人数的多少，往往是一次商务旅游活动是否取得成功的标志之一。因此，商务旅游活动举办者都非常重视对可能出席的参与者人数的评估。参与者的人数一般分为四种类型，即潜在参与者、可能参与者、登记参与者和实际参与者。一般说来，这四类参与者的数量不可能是相同的，加上受到时间、地点、价格等因素的影响，这四类参与者一直都处于不断的变化之中。因此，为了尽可能与活动目标所确定的人数接近，在商务旅游活动的举办阶段，举办者必须对上述参与者预先作出评估。具体评估过程需要精确的计算才能得出（图10–2）。

人数确定之后，预算便成了当务之急。虽然商务旅游活动的种类不同，预算的目标也会不同，但任何一次活动都不可能离开预算这一重要环节。就一般商务旅游活动而言，预算的目的有三：一是创造一定程度的利润或盈余；二是保持收支平衡，即均衡收入与支出；三是保持在一定金额范围之内，即超出收入的那部分支出必须保持在一定金额之内。预算内容包括两个部分，即固定成本和可变成本（表10–3）。

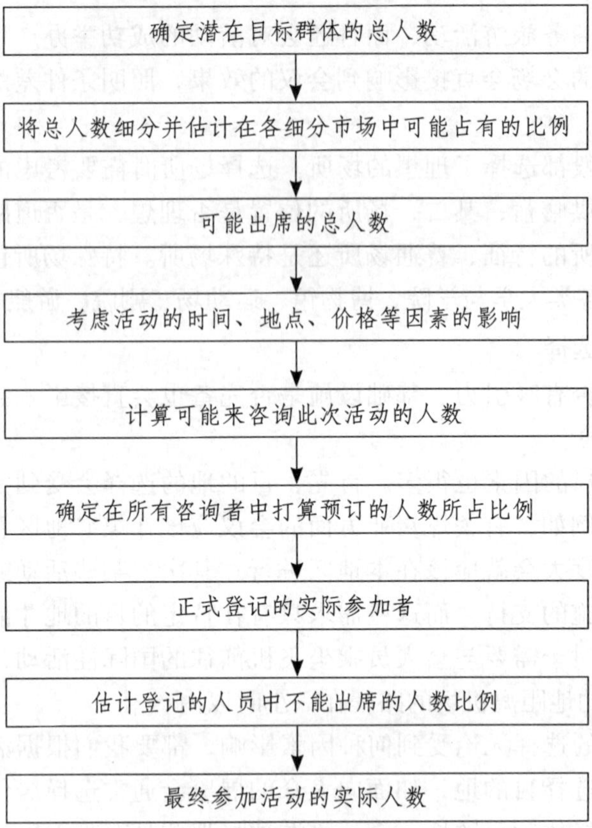

图10-2 活动参与者数量的计算过程流程图

表10-3 固定成本和可变成本分类对照表

名称	内容
固定成本	场所租用费、市场营销支出、设备租金
可变成本	住宿、餐饮、打印与邮费、会务费、赞助费、展位费

在预算过程中，计算收支平衡点是十分重要的。收支平衡点即向一定数量的参加者所收取的费用足以支付固定成本及相关可变成本的那个点。

在预算过程中，为保证预算收支平衡，起草一份预算草案显得十分重要，如在欧洲召开一个假设有300人参加的会议，其预算草案如下（表10–4）。

七、吃、住、行安排

民以食为天，在今天这个注重生活质量的社会里，“食”无疑在商务旅游活动中显得很重要。就某些商务旅游活动而言，如会议旅游和奖励旅游，“食”甚至被客人视为一次活动是否成功的主要指标之一。

表10-4　有300人参加会议的预算草案

支出	英镑	收入	英镑
租用场地	10000 3000	会务费每人250英镑	75000
300位代表的餐饮	15000	赞助费：	
300位代表的住宿	30000	星空集团	3000
演讲人的报酬与花费	5000	桑尼维尔区议会	3000
社交活动	5000	邓普维尔运输公司	2000
市场营销	3000	会议宣传手册中刊登	5000
管理费	8000	会议出现的广告横幅	1000
刊印会议宣传手册	1000		
会议期间与会代表的交通	3000		
保险	1000		
应急费用（10%）	8000		
总支出	£89000		£89000

（一）餐饮安排

餐饮是商务旅游活动成功的前提，因为“伙食”越好，客人满意度越高，客人满意度越高，商务旅游活动越成功。

但要办好中国人俗称的“伙食”，却是一件不容易的事，因为人的口味受民族习惯、文化差异、宗教信仰、气候等多种因素制约而形成了多种饮食禁忌，这给举办单位办好“伙食”增加了难题。

要想办好“伙食”，必须注意如下几点：

首先，要满足商务旅游者特殊的饮食要求。既要充分考虑到一些人由于宗教信仰的原因而有特定的饮食要求，又要考虑到现代人喜欢吃素食和保健食品的饮食特点，从而尽可能满足他们的饮食要求。

其次，午餐以自助餐为主。因为午餐过于丰盛不利于下午的工作，也无法很好地控制就餐时间。

其三，协商修改标准菜单，以便满足商务旅游者之口味。

其四，顺应趋势，推出富有创意的主题餐饭，以达到寓乐于餐之目的。

其五，提防酒水欺诈行为，例如酒店员工有时会以次充好。

（二）住宿安排

住宿的好坏也直接关系到商务旅游活动的成败，举办单位应给予足够的重视。实践表明，大多数商务旅游活动都需要提前预订客房。在从事此项工作时，为给商务旅游者提供满意的住宿，既要考虑饭店的等级或分类，又要考虑饭店的实际质量和价格。例如，被称作标准价格的门市价，几乎没有多少商务客人会按照这一价格付账。

因此，在与饭店签订合同时，商议价格是至关重要的。

在办理住宿业务时，要想确保商务旅游活动成功，还需注意如下几点：（1）必须确认最后人数的期限，以防超额预订，造成不必要的麻烦；（2）如有缺席者要有具体的应变措施，如取消预订应该支付的违约金额；（3）要考虑多种选择，不能把目光只盯着城市宾馆，价格便宜的大学生公寓、自办伙食的公寓住宅以及满足个性需求的游船等特殊住宿设施，也应在考虑之列。

（三）交通安排

交通是商务旅游活动不得不考虑的重要因素，只有便捷的交通才能确保获得预想的效果。

关于交通，活动主办者必须考虑如下问题：其一，游客所住宾馆与活动场所之间距离的远近；其二，游客所住宾馆到目的地机场或火车站的距离；其三，参加者本国的机场或火车站到目的地机场或火车站的距离；其四，参加者的家中到目的地机场或火车站的距离；其五，航空公司是否为大型会议或展览的参加者提供特价。

八、确定各类活动安排

商务旅游期间的各类活动安排，一般应在准备工作期间完成。这些活动安排涉及面非常广泛，既有食、宿、交通等吃住行方面的活动安排，也有商务旅游期间的各类活动安排，如活动内容、休闲娱乐、旅游活动等。

安排活动时需注意的问题主要有：其一，活动时间要合理，如休息、就餐以及报名等的时间应该充裕，如不合理，则会使参加者感到不快。其二，适当安排社交和游览活动。非正式的沟通往往是活动的精华，主办者应该尽量为这种沟通创造机会，如为参加者安排社交和游览活动，既为他们提供了更多的休息时间，欣赏了美景，又有助于他们互相交流与沟通。其三，安排活动的时间不要太长，换言之，尽量不要让参加者在一次活动上花费太多的时间，否则他们无法集中精力并会感到坐立不安。其四，活动尽量在午餐后或者一天的晚些时候，增加一些有趣的活动或幽默的演讲来保持参加者的兴趣。其五，参加者要有自由活动的时间，否则参加者会随意离开，而不去参加他们感到厌倦的活动，这样就会打乱活动的进程。其六，要有备用活动预案。由于活动都是事先安排的，但人算不如天算，情况经常会发生变化从而影响某一活动的开展，如安排的旅游活动日突遇大雨，就有必要准备活动预案，以便应急之用。其七，严格按照时间开展活动。对于任何商务活动来说最重要的一个环节就是遵守时间，因为最令参加者感到厌烦的莫过于活动不能按计划进行。

九、市场营销

市场营销是商务旅游活动准备阶段最为重要的环节，因为一切商务旅游活动都会或多或少涉及市场营销，例如，举办一次会议，举办者必须推销会议，鼓励大家报名参加；举办一次展览，举办方既要面向参观者又要面向参展商进行推销；搞一次奖励旅游活动，举办者需要将奖励旅游推销给那些愿意参加该活动的内部员工；举行新产品发布会，举办方必须针对目标群体，即媒体、零售商或者一般的消费者。而市场营销是否到位，则直接关系到商务旅游活动的成败，如原计划有100人参加的会议，由于市场营销不到位，只有不到1／3的人数参加，那就意味着此次会议是一次不成功的会议。同样，原计划有500个参展商加入、50000人参观的展览，最终只有200个参展商加入、不到1／3的参观者，这也算不上一次成功的展览。

要想成功营销，必须做到如下几点：其一，必须了解目标市场与市场细分，了解顾客的愿望与目标，然后设计出具有吸引力的产品与广告信息。其二，促销手段多样化（参见第七、八章）。既可采取新技术条件下的促销手段，也可采取一切惯用的形式，例如广告、直接上门推销、印刷品以及公共关系与销售推广等，因为对于大多数活动来说，最重要的促销工具仍然是宣传手册。其三，不同类型的商务旅游活动采取不同的方式，如推销展览既要面向参观者又要面向参展商；推销会议要利用各种手段鼓励大家报名参加；推销奖励旅游要面向那些愿意且有资格参加该活动的企业员工；新产品发布会必须针对目标群体，即媒体、零售商或者一般的消费者促销。

十、举办各种培训

商务旅游活动，尤其是大型、超大型商务旅游活动，奥运会、世博会等，不仅需要大量的专业人才，还需要大量的志愿者参与，如北京奥运会需要4000名工作人员，赛会志愿者达7万人，残奥会志愿者达3万人。两个奥运会加起来是10万人左右。世博集团董事长戴柳预测说："2010年上海世博会需要的志愿者将达到1000万人次。世博会183天中，预计有7000万人次前来参观，平均每天40万人次，相当于一个静安区的全部人口倾巢出动；按照1个服务10人次计算，每天2班，一天至少要有8万人进行服务，算下来至少需要超过1500万人次的服务人员。"

由于大型奥运会、世博会等都是属于临时性商务旅游活动项目，所招聘的工作人员或志愿者大多缺乏专业知识和素养，因此，培训就成了奥运会、世博会正式开幕前的重要内容，如北京奥运会正式开幕之前就专门成立了志愿者部，负责北京奥组委前期志愿者招募、培训、管理等工作。

十一、活动评估与善后事务处理

活动结束之后，对举办者而言，并不意味着活动的终结，还有大量事情要做，其中最为重要的是活动之后的评估与善后事务处理。

对活动进行评估主要包括两大内容：一是活动的成功度评估；二是顾客对筹办活动的满意度。

主办者对活动的成功度评估，首先决定进行评估的时间——活动之前、活动之中或活动之后，或者将这3个时间段放在一起进行评估。其次，要考虑评估的内容和方式。面谈与重点小组讨论的方式虽然比较常用，但效果不如问卷调查好。问卷调查所涉内容有：（1）对主办方人员素质满意的程度；（2）主办者的工作效率；（3）哪些方面值得改进；（4）活动的效果如何。

活动评估应注意的事项很多，归纳起来主要有：确立可衡量的目标；分配必要的人手和所需的资源来完成评估活动；达成较为现实的预算；采取某种奖励形式来鼓励活动参加者回答问题；精心设计可获取所需信息的调查问卷；调查问卷采取邮寄的方式，那么要随信附上一张已付邮资的信封；追踪原始反馈，提取信息要点以备今后加以改进（尼克DIAN5波登，1998）。

善后事务处理是确保下一次商务旅游活动能够成功开展的重要因素。事实上，第一次活动结束之后，还有大量工作需要完成。除上面提到的评估活动外，还有回顾活动的进展情况的小结；财务结算，如付清所有账单、追讨参加者的欠款等；给参加者发感谢函等。

第二节　商务旅游活动筹办的特点

商务旅游活动的筹办，尤其是大型商务旅游活动，如世界级的大型运动会、政府首脑会议等大型会议，世界级展览会如世界博览会、广交会等，都具有准备时间长、过程复杂、技巧性强等特点。

一、准备时间长

要想成功地举办一次商务旅游活动，必须留有最低限度的准备时间，否则将会导致无法找到理想的活动场所、重要的演讲者、可供挑选的供应商，目标市场的众多成员无法出席，主办者不得不支付较高的费用等后果，从而影响商务旅游活动的成功举办。

如果我们将商务旅游活动分为三个等级，即小、中、大型，那么，准备时间的长短与活动等级的高低成正比，即等级越高，准备时间越长；反之，准备时间越短。一般说来，成功地举办一次小、中、大型商务旅游活动所需的最低限度的时间为：小型商务旅游活动如专项研讨会需要几个月的准备时间；中型商务旅游活动如中型新产品发布会需要半年时间准备；大型商务旅游活动如大型培训班、国际协会举办的大型会议，往往需要一年，甚至更长的时间作准备。如中国为了举办一次有特色、高水平的奥运会，自2001年7月13日在莫斯科获得举办权开始准备，到2008年8月正式开幕，整整花了七年时间；又如上海从2002年12月3日获得世界博览会举办权之后，立即着手准备，持续时间到2010年5月1日开幕的那一天，时间也长达七余年。

二、过程复杂

商务旅游活动的筹办，就过程而言，一般都比较复杂，尤其是大型会展活动，其过程之复杂，令人难以置信。以准备过程为例，作为一次正规的商务旅游活动，无论是小型、中型还是大型的商务旅游活动，其筹办准备过程都相当复杂。

一般说来，商务旅游活动的筹办至少要经历如下几个步骤：

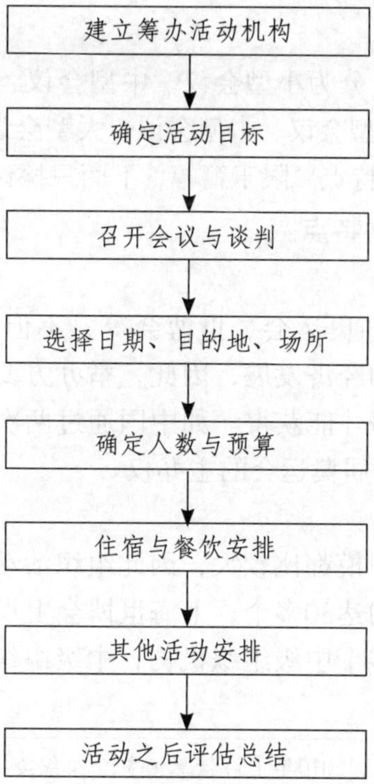

图10-3 商务旅游活动筹办流程

三、应用性和技巧性强

商务旅游活动是一门应用性和技巧性都非常强的工作。应用性是指不同类型的商务旅游活动，无论其筹办还是开展过程都具有很强的实际操作性。如在商务旅游准备阶段，无论是活动目标、目标市场、人数与预算的确定，还是市场营销、各类活动的安排等等，都必须具有一定实操性，而商务旅游活动的开展，无论是活动内容的设定、行政管理、风险与危机管理，还是应急方案，也都必须与现实情况相符合。

技巧性是指不同类型的商务旅游活动的举办，都包含着一定的方法与技巧。在商务旅游准备阶段，为最大限度地降低成本，减少活动费用，主办者需要通过高超的谈判技巧，如营造"双赢"的局面、"暗示将来还有其他的业务"等来达到这一目的，尽可能吸引更多的人参加商务旅游活动，从而保证商务旅游活动的顺利进行。

第三节　不同类型商务旅游活动的筹办

商务旅游活动的筹办虽然一般都具有第一部分所提到的共同特点，但不同类型商务旅游活动的筹办还是存在着一定的差异。

一、特大型会议筹办

按会议规模划分，会议可分为小型会议、中型会议、大型会议及特大型会议四种类型。特大型会议的筹办与小型会议、中型会议、大型会议的筹办存在着诸多不同。换言之，它们都有着各自不同的特点。限于篇幅，下面只探讨特大型会议的筹办特点。

（一）特大型会议筹办的特点

1.举办权竞争激烈

由于举办特大型会议，如奥运会、世博会等，不但可以提高一个国家的政治地位，而且可以促进一个国家的经济发展，因此，举办方要想获得举办权，必须使出浑身解数，通过激烈的国际竞争才能获得。如中国通过两次申请，才于2001年凭借自身努力和优势在莫斯科获得第29届奥运会的主办权。

2.组织机构复杂

商务旅游活动一般说来规模都比较大，因此组织活动的机构也比较复杂。如前所述，北京奥运会所设组织机构达30多个，上海世博会上设五大组织机构（图10-4），而五大组织机构之下又设有多个中级组织机构，中级组织机构之下设有更多的小型组织机构。

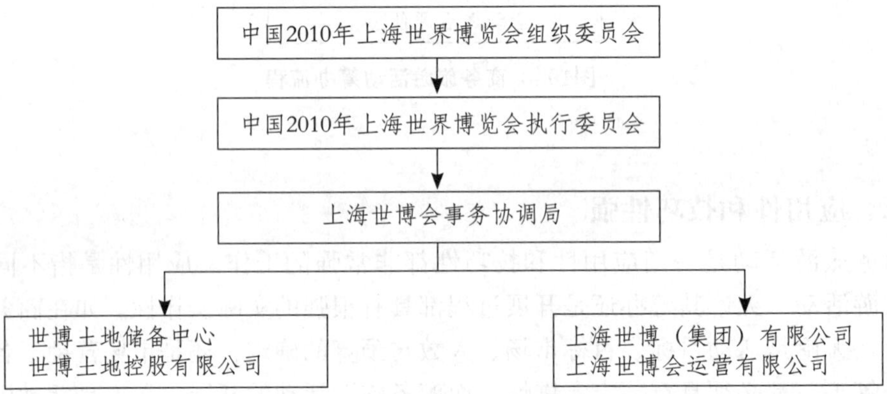

图10-4　2010年上海世博会组织机构

3.主题富有特色

任何一次会议都必须围绕一个主题来展开，否则会议就失去了召开的必要。因此，确定会议主题成了筹办会议准备阶段的中心工作。会议主题的确定一般要突出特色、体现鲜明的时代特征。

4.巨额投资，“大兴土木”

特大型会议的筹办，一般都需要巨额投资，以满足“大兴土木”之需要。如中国2008北京奥运会共投资420亿美元，如果加上各地以奥运名义兴建的工程和举办的活动开销，实际的投入还要多，创下了历届奥运会投资之最。这笔巨额投资主要用于奥运村、“鸟巢”等37个比赛场馆（其中32个场馆在北京）和59个训练场馆、新闻中心相关设施以及北京环境改善。

5.志愿者多，培训任务重

特大型会议由于规模大、时间长，因而需要大量志愿者，如北京奥运会共需要志愿者约10万人，其中奥运会赛会志愿者约7万人，残奥会赛会志愿者约3万人。由于这些志愿者大多是非专业人士，不能直接上岗，需经过一段时间的培训才能胜任志愿者工作，因此，特大型会议志愿者的培训任务相当繁重。

（二）筹办过程

特大型会议，与一般会议的筹办一样，都要经历会前准备、会议召开、会后总结三个阶段。

1.会前准备

会前准备工作是会议能否成功的关键。会前准备工作一般情况下都要拟定工作方案。工作方案的内容如下：

（1）确定会议主办、承办单位

主办单位是会议的主办方，特大型会议的主办单位可以是一个国家，也可以是多个国家。如“2008中国与欧美国家旅游合作国际研讨会”，其举办单位是广州大学和法国昂热大学。

承办单位是具体主办会议的单位，如“2008中国与欧美国家旅游合作国际研讨会”是中国广州大学中法旅游学院和法国昂热大学旅游学院联合承办的。

有时还附加一个支持单位，如“2008中国与欧美国家旅游合作国际研讨会” 支持单位是广州市教育局。

（2）成立会议组织机构，确定主题

任何一次重要的会议，都必须在一定的组织机构领导下完成，但不同性质的会议组织机构的称谓也不尽相同。

为保证会议顺利进行，并取得圆满成功，举办方一般都会设立组织机构。但由于在现代社会会议的类型多种多样，划分的角度不同，会议的类型也不一样。而不同类型的会议设立的组织机构也不尽相同，如商务型会议、展销会议、政治性会议设组委会机构，专业学术会议则设会议学术委员会。

任何一次会议都必须围绕一个主题来展开，否则会议就失去了召开的必要。因此，确定会议主题成了筹办会议准备阶段的中心工作。会议主题的确定一般突出特色、体现鲜明的时代特征。

（3）确定会议的时间、地点、人员

关于确定会议的时间、地点的重要性与应注意的问题在第一部分已经阐述，在此毋庸再述。

参加会议人员的确定应根据会议的内容来确定，而与会人员的数量则根据会议的级别来确定，一般说来，会议的级别越高，人数就越多，反之则越少。

【相关链接】第16届全国区域旅游开发学术研讨会暨国际乡村旅游论坛工作方案

乡村旅游是我国当前建设旅游业为国民经济战略性支柱产业的重要着力点，在促进农民增收、农业增长、农村发展方面具有重大意义。为了检视近期国际乡村旅游相关研究最新成果，思考和交流当前国内外乡村旅游、休闲农业发展和“三农问题”解决、城乡互动方面的实践模式，探索国内乡村旅游、休闲农业可持续发展的实现路径，中国区域科学协会区域旅游开发专业委员会、湖北省农业厅、湖北省旅游局、荆门市农业局、荆门市旅游局、湖北经济学院合作，于2012年9月中下旬在荆门市举办“国际乡村旅游论坛暨17届全国区域旅游开发学术研讨会”。

一、会议组织

主办单位：中国区域科学协会区域旅游开发专业委员会
湖北省农业厅
湖北省旅游局

承办单位：荆门市农业局
荆门市旅游局
湖北经济学院

协办单位：旅游学刊编辑部
北京大学旅游研究与规划中心
青岛大学旅游学院
国际休闲度假学会
北京旅游学会

二、会议时间

2012年9月26~27日（暂定）

三、会议地点：钟祥市彭墩村

四、会议组织机构

（一）会议主席

吴必虎　北京大学教授、博士生导师、北京大学旅游研究与规划中心主任、中国区域科学协会区域旅游开发专业委员会主任

马　波　青岛大学教授、博士生导师、青岛大学旅游学院院长、中国区域科学协会区域旅游开发专业委员会主任

（二）组委会办公室

高晴（湖北省旅游局市场处处长）

王远坤（湖北经济学院旅游与酒店管理学院院长、教授）

李岫（青岛大学旅游学院副教授）

（三）联络组

耿庆汇、曹流、毛焱、蒋昕、刘菈

五、论坛主题、论文提交与录用

（一）论坛主题

休闲农业与乡村旅游：理念、模式与实践

分主题：休闲农业与乡村旅游的国内外比较研究

乡村旅游规划的理念与实践

乡村旅游的产业促进

武汉城市圈乡村休闲旅游发展研究

鄂西生态文化旅游圈乡村休闲旅游发展研究

鉴于乡村旅游的广泛关联性，论坛拟定的主题仅为与会者和论文应征者提供一个参考，组委会欢迎有兴趣的研究者、管理者、实践者就乡村旅游和休闲农业有关的理论、实践、管理及政策等广泛问题提交论文。

（二）论文提交、录用

参加论坛人员需向主办方提交论文。论文摘要提交截止时间为2012年8月10日；论文全文提交截止时间为2012年9月10日。

论坛组委会及中国科学协会区域旅游开发专业委员会将对提交的论文组织审核，对入选论文进行编辑整理，会前印刷论文集。未公开发表的论文，经作者同意，会后将由主办方结集正式出版。

七、论坛内容及日程安排

第一天：下午报到。

第二天：论坛与2012年全省休闲观光农业培训班合并进行。

第三天：学术研讨、休闲农业示范点参观调研。

第四天：离会。

论坛具体内容及日程安排见附表。

八、与会人员（210人左右）

（一）相关领导（15人左右）

国家农业部、国家旅游局相关领导，湖北省政府相关领导，湖北省农业厅、旅游局相关领导，荆门市政府相关领导，中国区域旅游开发专业委员会、湖北经济学院相关领导。

（二）学术嘉宾（约10人）

（三）参会人员（约155人）：中国区域旅游开发专业委员会会员、国内外乡村旅游及休闲农业学者、在校博士研究生、硕士研究生、本科生等。

（四）特邀媒体（约15人）：湖北日报、农民日报和中国旅游报湖北记者站、湖北电视台、湖北广播电台、楚天都市报记者、荆楚网以及荆门市主要媒体等。

（五）会务人员：中国科学协会区域旅游开发专业委员会2~3人、湖北经济学院约6~8人。

九、筹备事项及分工

（一）省农业厅：负责农业部领导的邀请；负责起草农业部、省领导、农业厅领导讲话和论坛通知；负责编印湖北省休闲农业示范点导游图；负责制作省级休闲农业示范点的铜牌；负责农民日报、湖北日报和楚天都市报的邀请和新闻通稿的撰写。

（二）省旅游局：负责国家旅游局领导的邀请；负责起草国家旅游局领导讲话、省局领导讲话和论坛主持致辞；负责中国旅游报、湖北卫视、湖北广播电台等媒体的邀请；负责组织论坛专题报道的采写和刊登；协调落实交流培训的3~4名国内外专家。

省政府相关领导由省农业厅和省旅游局共同邀请；会务指南、食宿安排、会场布置、资料分发、礼仪聘请、论坛报到和有关代表的接送站等会务工作由省农业厅产业化处、省旅游局产业发展处和荆门市农业局、旅游局抽调人员组成会务组具体承担；欢迎晚宴、休闲点参观、乡村旅游发展产学研合作协议的起草由荆门市农业局、旅游局负责；国际乡村旅游论坛与会专家邀请、报到和学员、参会代表注册由湖北经济学院旅游与酒店管理学院负责。

（三）中国区域科学协会区域旅游开发专业委员会：负责联络会员；负责审核参会论文的审核；与承办方联合邀请学术嘉宾。

（四）湖北经济学院旅游与酒店管理学院：与主办方联合邀请学术嘉宾和中国科学协会区域旅游开发专业委员会会员；联络论文集结出版事宜；协助审核参会论文。

十、参会费用

注册费用：850元/人（报到时缴纳，含会务费、资料费、餐费和会中学术考察费等），研究生费用减半。

住宿费用自理，参考价格见二号通知。

2.发邀请函或通知

邀请函一般分为普通邀请函和贵宾邀请函两种类型。邀请函尤其是贵宾邀请函发出的时间，应尽可能早点，因为特邀嘉宾多为社会名人，社会事务非常多，如不早发，很有可能邀请不到。

邀请函的内容要清楚地写明会议举办单位、具体时间、地点、内容、会务费、活动安排、联络方式和接车事宜。如果是国际性学术会议，除有本国文字邀请函外，还要另发一份英文邀请函。

3.会议设施与设备的准备

会议召开需要相关设施与设备，而这些设施与设备必须在开会前准备好，否则将给会议效果带来极大的影响。

需要的设施与设备很多，归纳起来主要有如下几大类：一是接待设施与设备，如报名处、接待室、非成员莫入标示牌、旅行社标牌、欢迎牌等；二是多媒体设施与设备，如麦克风、录音设备、投影机、图表展示台和展示架等；三是照明设施与设备，如灯光、聚光灯等；四是其他相关设施与设备，如讲台、黑板、绒布板、磁力板、特殊的鲜花与植物等。

4.会场布置

会场布置是否合理，也直接关系到会议的效果，因此，会场布置是整个准备工作中必须要做好的工作。

会场布置一般要考虑两个因素：一是会议室的布局；二是处理好房间大小与参加人数的关系。

根据不同的会议场所，会议室的布局主要有如下四种类型。

在实际操作过程中，究竟选用哪种类型的会议室布局，主要视人数的多少而定。一般说来，会议讨论且少于30人可选用“教室”布局；小型培训在30人以内可选用“会议室”布局；200人之内的可选用“U形”布局；人数超过200人的大型会议选用最后一种布局。

（三）会议召开期间要做的工作

会议召开期间要做的工作也很多，归纳起来主要有如下五项：

一是报名登记。

二是发放相关资料，如会议日程表、活动安排表等。

三是安排食宿。

四是设欢迎仪式或晚宴等。

五是会议期间控制。如核对并记录与会者；根据议事日程顺序提出每个项目，然后进行讨论，征求有关与会者的意见； 控制讨论过程，如果发生与论题无关或深入到不必要的细节上，应及时引导到议题本身；坚持预订的时间，不要拖延；确定下次会议的议题和时间。

六是做好安全保障工作。

（四）会议结束后要做的工作

会议结束后要做的工作虽然不如会前和会议期间多，但仍然有很多事情要做。事实证明，那种虎头蛇尾的做法，往往会影响到会议的效果。

会议结束后要做的工作主要有如下一些：

一是合照留影。这是会议结束后要做的第一件事情，而且非常之重要。

二是欢送代表。

三是会务服务的总结、评估，会议代表的意见反馈及处理。

四是财务结算。

五是印刷代表通讯录、出会议论文集、新闻报道。

六是邮寄合照、论文集、感谢信等。

【相关链接】会议服务注意事项

一、会场服务要求

（一）控制好开水的续水时间。

（二）开会前，开启电视字幕和灯箱告示，会场内严禁吸烟，请关闭移动电话、寻呼机。

（三）会场疏散通道内严禁堆放杂物，确保安全通道畅通。

（四）领导休息室内，应有备用领带、签字笔、毛笔、各色墨水、纸张、胶水、回形针、图钉、大头针、裁纸刀、订书机、针线包、鞋刷（油）。

（五）会前、会议结束时要奏曲的，要预先试放并调至开头3～5秒处，放音设备要认真检查。

（六）备好会前、会议结束时奏曲的录音带、伴奏带。

（七）主席台上方各种灯具、灯泡要逐一检查，防止脱落。

（八）会徽悬挂要正确、牢固。

（九）开（散）会前注意开启控制电梯（有扶手梯的会场），并将电梯调到会场层。

二、客房服务注意事项

（一）会议期间，每天的报纸分送可从门底缝中放进，上午、下午可在整理（清扫）房间时放进。应当注意，中午一般不投送报纸，不得敲客人房门，以免影响与会人员午休。

（二）每天更换一次床单、枕套、肥皂、牙膏（刷）。

如1~2天会议可一客一换，不用每天更换。

（三）清洁（扫）时，卫生间的地面应注意无积水，防止宾客滑倒摔伤。

（四）贵宾用房前，对淋浴头、坐便器、电视机、空调均应认真检查。

防止淋浴头出锈水，坐便器滴漏，空调器风机发出响声；检查健身器材是否完好。

三、餐饮服务注意事项

（一）会议餐饮，要按会议主办单位确认的与会人员食谱组织采购、制作菜肴。

（二）春、秋季节是流行病、传染病多发季节，餐饮菜肴以自助餐分餐制为主。

（三）夏季温度高，食品霉变快，易发生食物中毒、腹泻等，因此生熟食砧板、菜刀要分开，切不可混用。

（四）冬季会议餐饮要注意保温，碗筷用温（开）水烫，保持有温度、有暖感。

（五）餐具洗涤要坚持做到一刮、二洗、三消毒、四通过、五保洁。

（六）上菜（汤）注意端稳，不能泼洒，更不能将汤（菜）泼洒到宾客身上。

（七）餐厅地面保持清洁干燥，防止用餐人员滑倒跌跤。

（八）根据季节变化，合理调整菜肴，适应季节变化。

四、会议服务注意事项

会议接待成功与否，是个系统操作的过程，要求各个环节（住、会场、食、行）有机地密切配合，特别是会议主办方与会议接待方的沟通、协调、落实至关重要。同时，高超的会议接待服务技能，既需要对接待人员从总体上提出要求，也需要会场服务员、餐厅服务员、客房服务员、设备操作员和水电气值班员等的有机配合。

（一）选择房间清扫的时机

上午、下午一般选择与会代表开会时，夜床一般选择与会代表休闲时。

（二）餐饮台形设置要新颖

一般会议设置一次性台形，稍长会议3天左右变换一次台形；食谱应针对与会代表的民族、地区、习俗制订，掌握好咸、甜、辣、酸、清淡程度。

（三）停车管理

要做到：加强领导专用车位控制；对会务组织者车位要安排好。同时区分面包车位与大客车车位等。

（四）安全工作

要求：门卫验证，大厅（大门）二次把关，封闭闲置通道；定时开放相关门（电梯），加强领导专用电梯控制、会议代表电梯控制；加强领导入住楼层监控与消防控制室管理等。

五、会场清洁卫生

（一）主席台清洁卫生

1.台布干净、无破损。

2.座椅牢靠，椅面（套）整洁、无破损。

3.茶具内外干净、烘干，盖杯帽齐全、无破损。

4.花草（绿色植物）外形清洁，无灰尘，无枯枝败叶。

5.上方幕帘干净，无破损，悬挂牢固。

6.席卡大小一致，字体统一，颜色一样。

7.话筒海绵干净。

8.地面干净。

（二）代表席清洁卫生

1.通道地面清洁，无水、无油渍，无破损。

2.会议桌椅清洁，无划痕，无破损，台布、椅面干净整洁。

3.茶具清洁，无水、无茶渍。

4.紧急疏散出口醒目，明亮，无灰尘。

（三）花草清洁卫生

1.恰当摆放花卉、花盆，花面（叶）干净。

2.草坪高度一样，修剪整齐，洒水均匀，无杂草、无杂物。

（四）道路清洁卫生

1.每天清扫，保持地面干净。

2.恰当设置废物箱。

3.干燥或清扫时要洒水。

二、展览会的筹办

展览的筹办虽然与会议筹办有着诸多相同之处，如筹办过程都要经历准备、举办、总结三个阶段，但由于会议是人们为了解决某个共同的问题或出于不同的目的聚集在一起进行讨论、交流的活动，它往往伴随着一定规模的人员流动和消费，而展览会则是指在固定或一系列的地点、特定的日期和期限里，通过展示达到产品、服务、信息交流的活动，因而两者在性质上有着根本的区别。

（一）展览会筹办的特点

展览会筹办具有如下两个非常突出的特点：

其一，筹备工作与展台工作密不可分。展览会筹办的筹备工作包括对内组展、对外联络、展品运输、设计施工、宣传广告、行政后勤、财务费用等等。这一部分工作是“后台”性质的展览工作，是“搭台”。展台工作内容包括接待观众、介绍公司、介绍产品、散发资料、记录情况、洽谈贸易、签订合同以及开展后续工作等等。这一部分工作是“前台”性质的展览工作，是“唱戏”，基本限于展览会展出期间。显然这两部分工作的性质有所不同，筹备工作服务于展台工作，但这两部分工作有着密不可分的联系，对展出成功都很重要，都需要认真策划。明白两者之间的关系，将有助于有目的地做好各项展览工作，提高展出效益。

其二，展览会的场地布局不同于会议场地。展览会的场地一般都规模比较大，主办者通常将租用的场所分成若干个独立空间的展位，展览会典型的布局如图10-7所示。

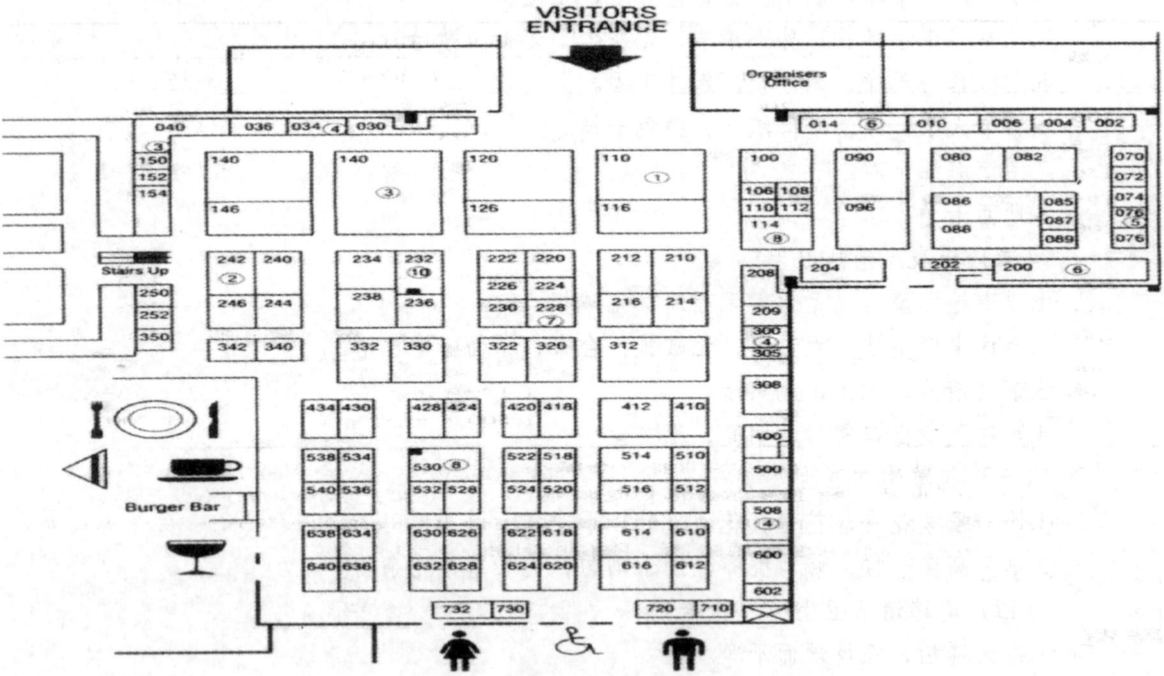

图10-7典型的展览会场地布局

资料来源：英国里德展览公司的展览会布局，引自John Swarbrooke， Susan Homer. Business Travel and Tourism[M]， Elsevier Ltd.， England， 2001.

（二）办好展览会的策略与技巧

要想成功举办一次展览会，必须运用一定的策略与技巧。办展最基本的策略是千方百计满足参展商、客商日益增长的服务需求，和参展策略相对应，努力做好以参展商为核心的展会策划、整体推介、招展招商、场地选择布置和一系列的配套服务等各项工作。

1. 优化会展

要想优化会展需要在“提高三效”和“推进四化”两个方面下功夫。

所谓“提高三效”，就是提高展览会效果、提高展览会效率、提高展览会效益。提高效果，具体地说，就是要在会前会中会后为参展商、客商提供优质服务，最大限度满足他们的服务需求，吸引足够的有效参展商、客商到会，努力促进满意的成交额和预后成交额，特别是应争取更多的参展商连续参展；提高效率是指精心组织，合理安排，培训工作人员，减少组织环节，避免“人海战术”；提高效益是指每个展会都应精打细算，避免浪费。成功的展会一定是受欢迎并有合理利润的展会。

所谓“推进四化”，就是使展览会朝着市场化、专业化、国际化、信息化方向迈进。市场化是指展会是经济行为，办展都应遵循市场经济规律，制订并实施商业计划书，进行经济核算；专业化是指专业化的展会、专业化的组织、专业化的人员；国际化是指逐步与国际惯例、国际规范技术接轨；信息化是指展会信息如组织方法、文档与图片资料数字化处理、管理与服务、成效评估（包括参展商、客商和相关方面对展会的意见反馈的采集、整理和分析），逐步做到信息化，科学准确迅速，方便客户，节约人力。

2. 发展网展

目前不少办展组织已经认识到网展的优点和前景，但由于条件和技术所限，捷足先登者还为数不多。业内不少有识之士正在积极努力创造条件，相信不久它将会形成气候。

3. 办好刊展

进一步改进版面结构设计，丰富内容，提高质量，扩大发行，吸引更多参展商参加刊展。

要想办好展览会，仅有策略还不够，还必须采取一定的办展技巧。下面介绍几种办好展览会常用的技巧：

一是把主要精力集中于那些最有希望参展的观众，如曾经参加过类似展览（自己或竞争对手举办的）的观众。要把重点放在20%的以往参展观众上，而不是那些从未参加过展览的80%的观众上——这是比较容易办到的，而且会更为有效。

二是瞄准关键的专业参展观众。如通过举办新闻发布会，以引起他们的特别关注。

三是不要忽视每一个能从展览获利的人。许多协会的错误就在于仅仅面对自己的会员，应该针对本行业中的每一个人，如通过举办一系列的发布会来吸引更多的新成员加入。

四是通过各种渠道来提高参展观众的素质。因为展览的成功与否更重要的是取决于观众的质量而不是观众的数量。

五是不要过分依赖电子邮件。因为你的信息可能会无故丢失。

六是要使用精美的明信片而不是小宣传册来宣传你的网站。这种方法可以节省印刷费用和管理费用，而且网上的注册会给你提供更准确的信息。研究表明，网上注册的公司来参展的可能性更大。

七是采取电话营销方式。对于重要的参展观众，要直接给他们打电话，并明确表示："来参加展览，我们会帮你们。"如果你已经给他们发送明信片和电子邮件，这表明你认为这个展览对他们是非常有价值的。

八是在展览的最后策划阶段——展前四个星期（不需要更早），要把重点放在周边地区，因为调查表明，在美国"9. 11"之后更多的观众乐意参加近距离的展览会（驱车只需花费一至三小时）。

九是不要许诺过多。如果你向参展商许诺有1万名参展观众，你会发现很难保证这个数目。相反，先告诉参展商有5000名的参展观众，当有6000名观众到来时，他们会有更大的惊喜。

十是贵在坚持。一定要坚持到最后，甚至包括向那些第一天没来参展的注册者发一封电子邮件，问一下"你在哪里"这样的问题。对那些距离非常近的还能来参展的观众，应该提前向他们传达第二天的展览活动。"不要急于关闭用于注册的网站。"

三、奖励旅游的筹办

奖励旅游作为商务旅游活动的重要类型，虽然没有会议、展览之筹办那么复杂，但也有体现自己特色的筹办过程。

（一）奖励旅游的筹办

奖励旅游的筹办一般也要经历活动前准备、实施该活动、活动后总结三个阶段。

1.活动前准备

在奖励旅游的活动开展前，要做的工作主要有：

一是制定目标、确定主题。主题活动是奖励旅游核心。奖励旅游的旅游主体具有双重性，既包括被奖励的员工或企业客户，也包括组织奖励旅游的企业本身。因此旅行社在策划奖励旅游产品时除了针对受奖员工或客户这类"普通旅游者"开发个性化的旅游项目外，还必须针对企业这一"特殊旅游者"的特定需要进行主题活动策划，实现增强企业凝聚力，塑造企业文化，激励员工与客户的旅游目的。与公司领导层的座谈会，紧扣企业文化主题的晚会，别具一格的颁奖典礼，主题晚宴等活动的策划是奖励旅游产品开发的核心。如2004年ING安泰人寿年度盛事——杰出业务同仁表扬大会在悉尼歌剧院隆重举行，会上有2000位绩优员工在现场接受公司嘉奖。这场商业活动并不比艺术颁奖礼逊色：素有"寿险界奥斯卡"之称ING安泰，由重量级高管ING集团亚太区总裁、ING安泰总裁及ING安泰人寿总经理挂帅，有澳洲著名管风琴家现场弹奏世界上最大的管风琴；有特别邀请的台湾两大主持担任司仪；更有澳洲航空俱乐部驾驶员以特技飞行的方式在悉尼歌剧院的上空“写”下ING 3个字母，将这场商业秀推向一个人声鼎沸的艺术高峰。

二是确定采用的形式。奖励旅游有传统型、现代参与型和创新型之分。传统型奖励旅游包括会议、颁奖典礼、主题晚宴或晚会及赠送有意义的礼物、公司的首脑人物出面作陪和与受奖者共商大计、名人参加奖励旅游团的某项活动、通过豪华高档和大规模来体现奖励旅游者的身价等；现代参与型则包括徒步、登山、划艇、漂流、生态旅游等。创新型奖励旅游则通过富有创意或制造惊喜的奖励旅游产品，使参加者产生终身难忘的美好回忆。

三是制定包括预算在内的具体方案，包括固定款项，也包括因获奖顾客额外购买而获得的利润，预算方案的制定要尽可能详细具体。

四是建立详细、公正、易懂的活动资格标准以便可能加入活动的参与者知道获奖的方法。

五是选择对参与者有吸引力的目的地。

六是设计活动方案并大力加以宣传，做到人员销售、广告、邀请实地考察一起抓。

2.实施奖励旅游活动

实施奖励旅游活动，关键在于按事先设计好的游程开展活动。游程设计最好有两种方案。如某旅行社为山西某保险公司300人奖励旅游设计的游程如下。

客人单位：山西某保险公司

出游目的：季度奖励表彰会议，观光旅游休闲度假。

游程设计：

A方案

● 5:00自太原分乘6辆豪华空调旅游车出发赴野三坡，途中在石家庄北和徐水服务区各休息一刻钟。

● 中午12:00左右抵达野三坡，导游接团分赴下榻宾馆，分房后用午餐，稍事午休。

● 15:30集合前往拒马河进行2个小时的划竹排、漂流，尽情戏水嬉戏，洗去工作和旅途带来的疲劳。

● 17:30集合回宾馆淋浴。

● 18:30用晚餐。

● 20:00~23:30拒马河畔露天篝火晚会——将表彰大会和联欢晚会融为一体，3.5小时的团队娱乐活动高潮迭起，导游人员献上的节目更为晚会增添惊喜。整个晚会在轻松、欢快的氛围中进行，充分体现了回归自然、尽情放松、愉悦身心、激励斗志之特点！

● 23:30晚会结束后回宾馆休息。

B方案

● 8:00用早餐后在6名导游带领下，驱车前往天下第一峡——百里峡景区游览，畅游障谷喀斯特地貌的峡谷溪流间，欣赏老虎嘴、一线天、回首观音等奇绝景点，徒步穿越2800级栈道，挑战体能、展现团队风采！途中穿插进行峡谷寻宝、6队穿越峡谷PK等活动。

● 13:30返回宾馆用餐。

● 16:00集合出车前往鱼谷洞景区参观溶洞景观。

● 19:00返回宾馆。

● 9:30用晚餐，后赴野三坡民族园观看少数民族歌舞表演，竹竿舞、板鞋舞、民族团结舞等可参与性节目，全程轻松搞笑，令人忍俊不禁！一个小时的节目不仅能了解西南边陲8个少数民族的文化风情，更使身心得到放松。

● 22:00节目结束后回宾馆休息。

3.活动后的评估与反思

活动后评估与反思应从三个方面入手：一是对游客满意度进行详细的调查；二是分析存在问题；三是提出改进对策。

四、其他商务旅游活动的筹办

新产品发布会、培训也是商务旅游活动类型之一。它们的筹办也有着自己的特色。

（一）新产品发布会的筹办之特点

新产品发布会主要特点如下：

1.重在第一次，因为只有第一次出色完成任务，才会树立品牌形象，达到预期效果，否则不仅效果会打折扣，还有损品牌形象，使公司付出惨重代价。

2.新产品发布会通常包括复杂的特殊效果和与众不同的主题餐饮服务。

3.尽可能多地吸引包括公司员工、销售系统的中介公司、行业媒体或普通的媒体和公众在内人群；

4.新产品发布前要做好安全保密，不得为外人所知。

任何一次新产品发布会，其筹办过程都必须具备下列要素：一是“隆重”的新产品揭幕仪式，通常包括邀请名人到场；二是召开记者招待会；三是提供体验或感受新产品的机会，四是邀请特邀发言人，通常为公司代表。

（二）培训的筹办

培训筹办的主要特点有三：一是设计培训必须围绕课程目标进行，因为目标决定了培训时间、培训内容与培训形式；二是培训必须有专业的导师或教师指导；三是培训必须有社交活动与空闲时间，以促进学员之间的交往。

培训筹办过程一般具备下列要素：

1.确定地点。如果培训目标以传授知识为主，那么培训的方式就应该比较正式，地点应选择在传统的培训中心或饭店的会议室。如果培训目标是鼓励互动与讨论，那么就需要一个较为随意的环境，但是培训的地点应类似培训中心或会议室；如果培训的目标是团队建设或性格培养，那么户外的体育活动是最常见的方式之一。

2.确定培训内容。如北京奥运培训是将筹办人员培训划分为通用、专业、场馆和岗位培训四项内容。其中，专业培训立足于竞赛组织、媒体运行、贵宾接待、技术维护、颁奖礼仪等知识，有针对性地提升筹办人员业务技能。临近赛会举办阶段，着力开展好场馆与岗位培训，以场馆结构、系统运行、岗位职责、工作流线等内容为重点，组织集中学习培训，增强筹办人员实战本领。

3.确定培训时间。培训时间一般根据培训内容来确定，内容多则时间长，反之则短。

4.确定培训形式。如北京奥运培训采取两种培训形式：一是全员学习培训，即以奥运会、残奥会基本知识、文明礼仪、职业道德、岗位规范、服务技能为主要内容，面向北京全市134万名员工开展了奥运培训。二是开展实践培训，即深化“迎奥运、讲文明、树新风”活动，唱响“为祖国争光、为奥运添彩”的主题口号。结合培训工作实际，策划举办了“迎奥运微笑服务行动”，推出六项配套活动，达到全员覆盖、全面培训。

【本章小结】

商务旅游活动的筹办是一项十分纷繁复杂的工作，具有准备时间长、过程复杂、技巧性强等特点，大型、超大型的商务旅游活动尤其如此。各类商务旅游活动的筹办虽有不同，但一般都要经历活动前准备、活动过程、活动后总结三个阶段。熟悉并掌握不同类型商务旅游活动的筹办及其特点，是商务旅游活动工作者必须具备的业务技能。

【思考与练习】

思考：

1. 商务旅游活动筹办有哪些特点？不同类型的商务旅游活动的筹办有何差异？

2. 大型会议活动的筹办有何特点？

3. 你认为筹办一次展览活动最重要的要素有哪些？

4. 试比较不同类型的商务旅游活动筹办过程的差异。

练习：

1. 为一次约250人的大型国际学术研讨会撰写一份策划报告，内容包括活动场所安排、食宿安排、交通、预算、宣传促销等。

2. 假设你是行业展会的商业主办者，决定在自己的城市主办一次大型旅游展览。展览将在1月举办，持续3天。预计来自世界各地的参展商将有近300名，而这一活动将吸引来自国内各地近2万民众参观展览。请你就下列内容撰写一份报告。

●考察可供选择的场所，从中选出一个，并说明你作出选择的理由。

●为参展商提供完整的服务，其中包括展览空间、搭建带有墙幕和展示板的展位以及提供诸如家具、电话与照明等基础设备。

●设计市场营销策略并说明吸引300名参展商与2万名参观者的理由所在。

●为展览做预算。

●为参展展位与门票设计定价策略。

3. 假设你是主办团队奖励旅游的专业旅行社业务员，某保险公司请你为其60名最优秀的销售人员主办一次激动人心、别具特色的团队旅游，时间为4天，活动内容包括旅游、团队建设训练和社交活动。目的地在本国之内，并且对销售人员来说必须是一个特殊的地方。整个团队旅游包括所有交通在内的预算为100万元。请你就下列内容撰写一份策划报告。

●考察3个潜在目的地，选择其中的一个向客户推荐，并说明选择的理由。

●为参加者选择住宿地。

●设计为期4天、内容新颖的活动安排，其中包括团队建设和社交活动。

●策划4天的餐饮安排，以特殊配餐和高质量的饮食为重点。

●策划去目的地以及在赴目的地途中的旅行，在预算范围内选乘质量上乘的航班。

●制定预算，保证所提供的一整套活动方案在100万元的预算范围之内，其中包括因你所提供的服务而支付的2万元服务费。

●案例一：香港冬日美食嘉年华

香港冬日美食嘉年华作为一年一届的美食界盛事，同时还是最大的室内美食展，至今已经连续举办了8年，每期举办3至5天不等。举办以来，主办方希望借机打造香港一年一度圣诞节公众假期的“合家欢”节目，吸引了大批参观者前往品尝美食、购置年货。主办方不断搜罗各国美酒佳肴，务求令入场人士尝尽天下美馔。加上展期临近农历新年，亦成为了市民办年货的不二之选。据报道， 2007年，大会吸引了72万人，观众人数较2006年增长了10万。2008年人数保持稳定，无明显增长。主办方再接再厉，预计2009年吸引80万人入场。果然在2010年突破80万的观众入场。

展会每年推陈出新，创意层出不穷。2007年第五届冬日美食嘉年华，由一众天水围家庭合力炮制圣诞大餐揭开序幕，以凸显“温情”主题。市民于展场大饱口福，皆因处处都是免费试食试饮，分量虽少种类繁多，而且当中不乏新产品。大会增设斗饮斗食大赛，22日当天就有5名市民即兴上台鲸吞重量级汉堡包；2008年第六届冬日美食嘉年华瞄准了25日和26日是香港的圣诞节公众假期这一“贺岁档”，于25日至28日举行，汇聚各式各样的特色食物。参展摊位超过300个，展品包括国际特色美食、香港地道食品、有机产品等。2009年第七届冬日美食嘉年华据主办单位预计，一连4天的展览能够吸引80万人次进场。美食嘉年华在26日录得单日24.4万人次入场，较去年同期增20%。有参展商表示，生意火爆，前3天的生意额已超过去年4天生意总额的8%。冬日美食嘉年华推出了全港最大的“南洋鸡尾包”，希望将温暖送给参观者，共为香港2009年加油打气。不少参展商都提供试吃，现场气氛热闹。2010年第八届冬日美食嘉年华集合逾1000个参展摊位，增添多个主题展区，如红酒及美酒佳肴区、台湾特色食街、日本食品展区、海味及贺年食品区，令入场人士更方便找到所需食品之余，更能集中挑选心仪货品。场内更设有“美食一万放送站”活动，由多间知名食肆参与，于每日不同时段免费派发，4天展期将会一共免费派发1万份精致食品，让观众尝尽各界特色小吃。

资料来源：香港举行冬日美食节迎接圣诞，国际在线专稿，2007-12-23。

【案例思考】

试从展会策划的角度分析香港冬日美食嘉年华取得成功的原因。

●案例二：广州国际玩具及模型展览会

广州国际玩具及模型展览会于1989年创办，每年一届，是中国内地历史最长、影响力最大、专业买家最多的玩具及模型展会，同时也是中国内地业界第一、亚洲第二的展会。

广东是全球最大的玩具产区，展会拥有这一独具优势的地域，吸引来自全国各地的展商踊跃参展，国内外买家云集。每届展会的规模和到会买家均达30%的增幅，特别是2010年第22届展会移师琶洲扩充展馆后，增幅更是到达了100%。

展会上国内外玩具及模型品牌汇集，高科技玩具、创意产品、动漫衍生玩具和时尚潮流新品目不暇接。除海外买家以及全国各地经销商必然要到会之外，也是近年全国各大超市、百货商场采购经理首选的专业展会。2万多名专业买家到会商洽，气氛热烈，场面壮观。

凭借中国内地玩具第一展之优势，携手广州国际婴童用品展，以全新的理念、全新的模式和全新的视野进行高效化互动运作，以达到两个展会优势互补、资源共享。

“第22届广州国际玩具及模型展览会”回顾：气势恢宏的“第22届广州国际玩具

及模型展”以骄人的成效在参展商和采购商的交口称赞声中于4月10日圆满结束。为期3天的展会与“2010广州国际婴幼儿用品展”同期举办，展场面积36500平方米，展位1821个，进场的国内外专业观众共计24682人。从广州锦汉展览中心移师到广州保利世贸博览馆，无论是展场面积还是展位数量以及到会的专业买家都比上一届（第21届）增长一倍，特装展位达到70%以上。第22届广州国际玩具及模型展实现了历史性的跨越，更加坚定了中国内地业界第一展的地位。

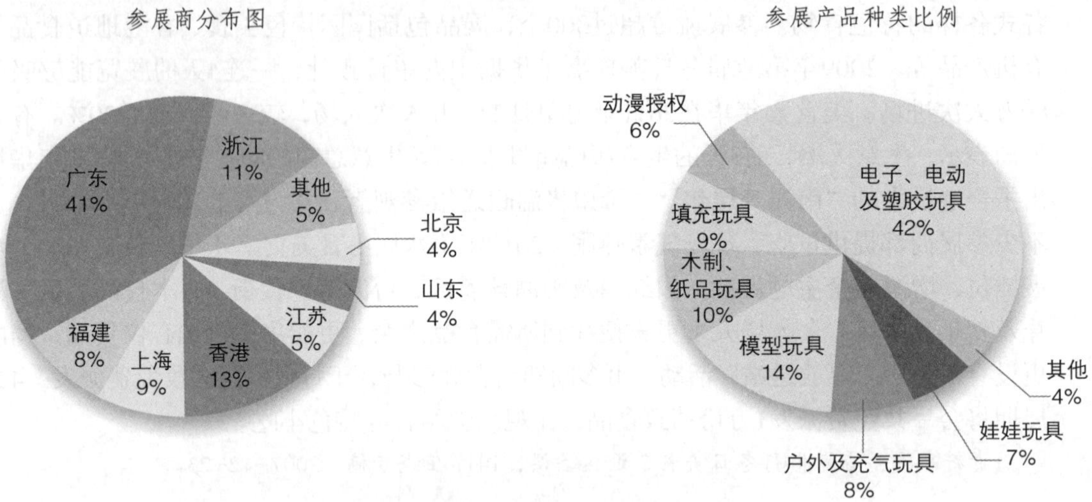

图1：各地区参展商分布和参展产品类型比例
——展位总数比上届激增100%，展场面积36500平方米，展位1821个。
——参展品牌创历年之最

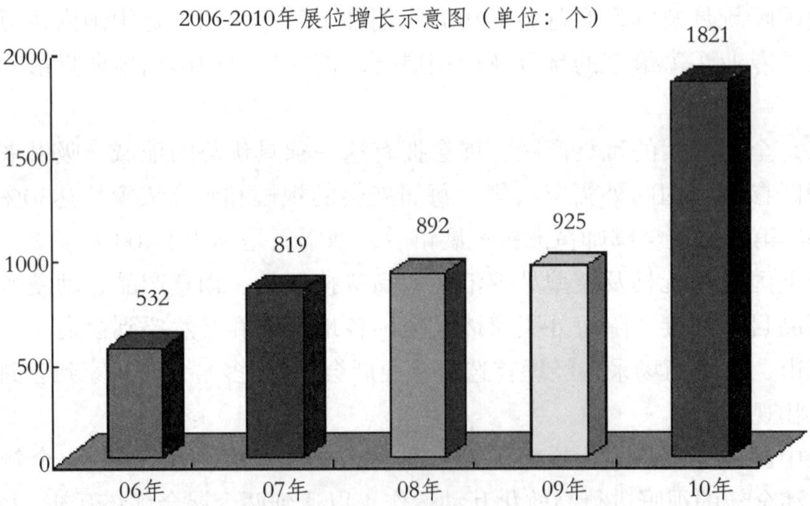

图2：展位数增长图

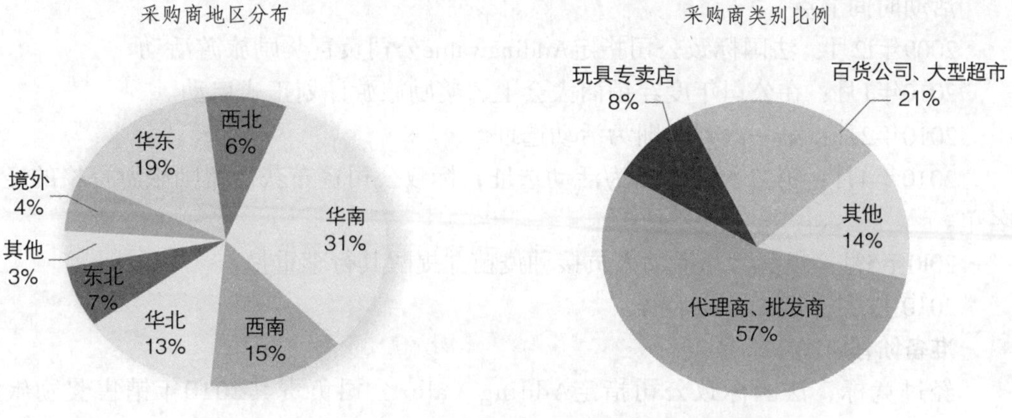

图3：境内外各地区到会采购商分布和采购商类别比例

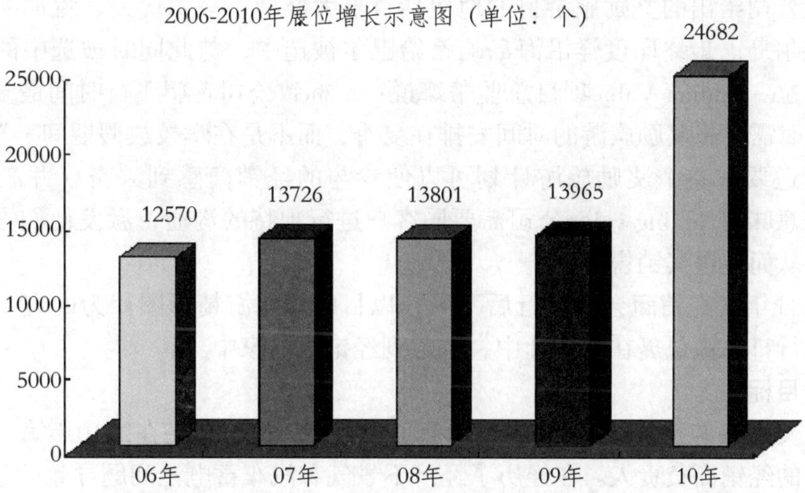

图4：到会买家人数增长图

【案例思考】

试从选址、创意等会展策划角度总结广州国际玩具及模型展览会成功的经验。

●案例三：法国标致公司经销商奖励旅游

奖励客户：法国标致公司的英国经销商

活动项目：第一季度奖励旅游

参与人数：224人

委托公司：Adding Value

活动日期：2010年6月12~22日

目的地：肯尼亚马赛马拉、桑给巴尔岛

预算：保密

活动时间节点

2009年12月：法国标致公司指定Adding value公司负责奖励旅游活动。

2010年1月：在公司年度经销商大会上，奖励旅游计划正式启动。

2010年2月：第一次到非洲为活动选址。

2010年4月：第二次到非洲为活动选址，标致公司宣布获得奖励旅游资格的经销商名单。

2010年5月：提醒参与活动人员接种疫苗并提醒其行李重量。

2010主6月：奖励旅游启程。

准备阶段

经过竞标，法国标致公司指定Adding Value公司负责其2010年销售奖励旅游。Adding Value公司在前一年的圣诞节前夕获得该业务并立即开始准备。2010年1月8日，奖励旅游计划于年度经销商会议上向经销商负责人们宣布。

委托公司给出的奖励旅游目的地包括百慕大群岛、马尔代夫、肯尼亚的马赛马拉及桑给巴尔岛。最终印度洋沿海岛屿桑给巴尔被选中，与此同时被选中的还有肯尼亚的马赛马拉。Adding Value项目总监蒂娜说：“标致公司希望飞行时间最多不要超过11小时，同时需要将奖励旅游的时间安排在夏季，而不是在学校放假期间。”

公司还要求整个奖励旅游计划可以使参与的经销商感到兴奋，并激发其销售热情。这就意味着Adding value公司需要同客户进行独特的沟通，激发他们参与其中的强烈愿望，从而促进其销售。

1月8日年度经销商会议举行后不久，以目的地旅游精彩图片为内容、以剪贴形式呈现的出行日志被包裹在棕榈叶中，派送到经销商的家中。

活动目标

此次奖励旅游是公司从450名经销商负责人中，选出那些在2010年第一季度保持销售额提升的经销商负责人。在经历了经济不景气和汽车蓄电池问题导致的危机后，法国标致公司希望借助奖励旅游保证经销商的销售热情。蒂娜解释：“标致公司希望借助奖励旅游对那些目光敏锐的经销商负责人和他们的妻子产生有效激励。”最初此次活动由65名经销商和其他宾客组成，结果共有112名经销商获得了此次奖励旅游的资格。

活动挑战

此次活动非常受欢迎，以至团队数量从最初的65人发展到112人，再加上原本参与活动的宾客和一些合作伙伴，参加奖励旅游的最终人数为224人。“人数的增加不仅使原本的计划出现问题，在目的地的选择上同样出现问题。”蒂娜解释，“如果我们要去的是迪拜的亚特兰蒂斯酒店，那么这样的人数不成问题，但我们要去的是肯尼亚，人数就会有限制。”

此外，目的地的自然条件意味着一些场所没有完备的硬件设施，这样就难以保证“为客户提供难忘体验”计划的实行。“桑给巴尔岛的小型机场不能为大规模游客的到来做好准备，并且显得有些混乱。”蒂娜说。

而在行程中间，受肯尼亚内罗比爆炸威胁的影响，Adding Value公司还不得不为6月16日在Ole Sereni酒店举办的告别宴会准备一套紧急预案。

解决方案

围绕参加活动人数超过预计的问题，Adding Value公司决定将整个行程分为两组连续进行。当第一组人员完成桑给巴尔的行程飞向肯尼亚之后，第二组人员到达桑给巴尔，重复前一组人员在桑给巴尔的体验。

为配合世界杯，一场以足球为主题的欢迎晚宴在肯尼亚内罗比的洲际酒店举行。第一组参加奖励旅游活动的经销商们在酒店一起通过巨大的屏幕观看了英格兰对美国的足球赛，该显示屏也是从英国带过来的。第二组则在星空下，享受了英格兰对阿尔及利亚的足球赛，该场球赛被放映在一块岩石的表面。

南非的DMC（目的地管理公司）——Green Route被指定为此次活动的地面服务接待商，地方机构Gallery Tours则被指定协助解决桑吉巴尔的机场接待工作。“正常情况下，桑吉巴尔机场只能为最多10名客人提供VIP接待，但幸亏Gallery Tours设法帮助我们做好了一切准备工作，并陪同客人顺利地通过了机场。”蒂娜说，“他们用新鲜的椰子和冷毛巾欢迎客人，这些看似容易做到的细节都是他们努力工作的结果。”

在整个行程中还包括多个晚宴，在马赛马拉的晚宴中伴有当地马赛风格的舞蹈，晚宴后大家可以围坐在篝火旁边喝边聊。在桑给巴尔则安排了一场斯瓦希里风格的晚宴和一场海滨盛宴。“这是一支挑剔的团队，但经销商们显然喜欢这样的安排。”蒂娜说。

而在奖励旅游期间，还穿插了一场募捐活动，客户为桑给巴尔的一所学校募集了钢笔、T恤等物品。

客户结论

标致公司英国经销商活动及奖励旅游负责人路易斯说：“在此次活动中，我们遇到了很多困难和挑战，比最初多了两倍的经销商获得参与活动资格，缺少合适基础设施的桑给巴尔以及对行程提出很多要求、带有很高预期的客户。但不可思议的后勤保障、一丝不苟的准备工作和意外情况的到位处理让我们不得不对Adding Value公司的服务感到惊奇。整个团队展示了他们的能力和热情，并且在复杂的准备工作中真正关注每一个细节。如何在以后的活动中延续这样的服务已经成为我们新的挑战。”

活动分析

活动结束后，客人们立即收到一封邮件，邀请这些人员完成一项调查。为了促使客人参与调查，标志公司将为每位参与调查者送去一份小纪念品表示感谢。调查问卷的回收率在98%左右。而此次活动也促使公司一个季度的销售成绩增长了约55%。

【案例思考】

本案例有何特点？对我国开展奖励旅游有何启示？

参考文献

1. John Swarbrooke， Susan Homer. Business Travel and Tourism[M].Elsevier Ltd.， England， 2001.
2. 卞显红. 会展旅游参与者决策过程及其影响因素研究[J]. 旅游学刊，2002（4）

第十一章　商务旅游优秀案例

【本章学习目标】

通过本章学习，应掌握会议旅游、展览旅游、奖励旅游优秀案例，了解新产品发布会优秀案例及出国培训旅游优秀案例，并能分析这些商务旅游案例取得成功的原因，总结吸取这些优秀案例成功的经验，为今后从事商务旅游活动提供借鉴。

【关键概念】

中国优秀案例　成功经验　国外商务旅游优秀案例

自二战以来，现代商务旅游得到了长足的发展。商务旅游在半个多世纪的发展过程中，无论是国外还是国内，涌现出了许许多多商务旅游优秀案例，分析这些商务旅游案例取得成功的原因，并总结成功的经验为我所用，对促进国内商务旅游活动成功开展，具有十分重要的意义。

第一节　会议旅游优秀案例

会议旅游的优秀案例很多，限于篇幅，下面只介绍鞍钢集团举办的一次会议旅游。

一、优秀案例：鞍钢集团客户答谢会议旅游

为了回报客户多年来对自己工作的支持，经研究，鞍钢集团决定组织一次客户答谢会议旅游。地点选择在昆明，时间为期四天。会议旅游事宜全权委托给了昆明中国国际旅行社。

1. 初步接洽

鞍钢集团总部李先生通过网站与昆明中国国际旅行社电话取得了联系，通过业务交谈，昆明国际旅行社的真诚使李先生做出了决定，将鞍钢集团客户答谢会议及云南旅游接待工作交给了昆明国际旅行社。

根据李先生的要求本次旅游确定为商务会议旅游接待，全程住宿安排四星级酒店。接待工作包括：一是两天的40人会议室及会议中用餐；二是丽江、昆明西山、龙门、滇池旅游。

2. 签署旅游合同

为保证此次旅游有序进行，并取得圆满成功，鞍钢集团与昆明中国国际旅行社签署了旅游合同。并附如下合同说明：

（1）旅游代理接待协议细则执行网站《旅游法规》栏目（云南省旅游组团标准合同）。

（2）签署旅游代理接待协议，明确您的行程与服务标准，敬请监督施行，监督电话：1360871XXXX。

（3）请细读上述两份文件尽快确认签字，并提前将定金30000元汇入我社银行账号后，本协议立即生效。

（4）团队产生自然单间须补足房差，或是用三人间做调整。

（5）团款必须按事先约定的结算方式和金额及结算时限付清。如双方产生纠纷，同意认可在我社所在地法院处理，并承担团总额每日3%的违约金。

（6）1.4米以下小孩游江票、餐费半价，门票游江超高费用自理，旅游车费全价。

3. 行程安排

4月21日：昆明机场鲜花接鞍钢集团客户，入住酒店。

4月22日：酒店开会。晚举行酒会。

4月23日：早乘机飞丽江，丽江接机，游览丽江古城四方街，游览黑龙潭、木府，晚欣赏民族歌舞演出“丽水金沙”。

4月24日：乘车前往玉龙雪山，乘大索道登上3400米海拔，近距离参观现代冰川和雪山的壮观。晚飞返昆明。昆明接机，入住酒店。

4月25日：早餐后游滇池、西山龙门、鲜花市场，送机。

4. 餐饮与住宿

（1）餐饮

早餐：酒店提供

中餐：4月22日定制餐；4月23日风味餐；4月24日高标团队餐。

晚餐：4月22日定制餐；4月23日纳西喜宴；4月24日高标团队餐。

（2）住宿

4月21日—4月22日：泰丽大酒店；

4月23日—4月24日：和玺酒店（庭院式）。

5. 报价

此次会议旅游各项具体费用报价见下表：

报价	酒店住宿	单人费用	150	住宿天数	4	小计	600元
	餐饮	餐标	35	正餐数量	6	小计	210元
	门票	每人门票	470	套票数量	1	小计	470元
	车费	每人每天车费	40	用车天数	3	小计	120元
	丽江机票	含机场建设费和燃油税	460	往返2程	2	小计	920元
	导游及综合费	每人每天	20	总天数	3	小计	60元
	每人合计						2380元

活动结果评估：游客满意度高，取得圆满成功。李先生在旅游活动结束后情不自禁地感叹道："认识了蔡经理真是我们的荣幸啊，短短的几天时间内，看到、吃到、听到的点点滴滴都是那么精彩，不是国旅的精心安排哪有如此的享受——这次旅行太痛快了！感到由衷的喜悦。"并表示下次一定要把家人和朋友带来云南玩。鞍钢集团的王总也说："下次开会咱们还选云南，这次时间太紧张，大理、泸沽湖、香格里拉、梅里雪山、西双版纳、腾冲我们都没有去过呢，届时一定再找昆明国旅接待。"

二、成功原因分析

鞍钢集团客户答谢的会议旅游之所以取得成功，原因如下。

1. 精心安排

按照预约时间，司机张师傅开着金龙旅游客车，与国旅优秀金牌导游一起直奔机场，举着"昆明国旅接鞍钢集团贵宾38人"的牌子和鲜花接机，10:35飞机降落，接到鞍钢集团贵宾后，旅游车直接开往泰丽国际酒店，并为客人办理了入住手续。下午，导游领大家去桥香园美美地品尝了云南特色小吃——过桥米线。

旅行社蔡经理根据客人的特殊要求和实际情况，精心安排了商务会议及旅游行程，在旅游环节的安排上，为了更加体现休闲旅游的自主性，深入游玩云南经典旅游景点，临时决定增加昆明石林景点，行程中特别赠送丽江束河古镇游。

2. 景区安排富有特色

精彩绝伦的景区——丽江、石林、西山龙门、滇池令客人惊叹不已；迷人的景色——地质公园石林、"高原姑苏"丽江古城、"玉龙第三国"云杉坪、"清泉之乡"束河古镇、白水河、五百里滇池、"西山睡美人"令客人流连忘返；美味可口的小吃——过桥米线、宜良烤鸭、丽江纳西喜宴，特色令客人赞不绝口。

3. 旅客感觉良好

旅游活动结束，所有的游客对这次云南之行都感觉良好。主要表现在如下三个方面：一是饱了眼福。不少游客赞叹丽江实在太漂亮了，尤其是气势磅礴的玉龙雪山秀丽挺拔，造型玲珑，皎洁如晶莹的玉石，灿烂如十三把利剑，在碧蓝天幕的映衬下，像一条银色的玉龙在作永恒的飞舞。辽阔的草甸上散落有一棵棵低矮的松树，脚下是延绵的草场，草木掩映，不时眼前还有牦牛走过，一派高原牧场风光，这就是甘海子。真是景点一个比一个好，美不胜收，令人兴奋，令人兴致勃勃。二是饱了口福。不少游客说：令人难忘的是云南小吃——物美价廉的过桥米线，10元、20元、30元套餐应人所需，吃饱吃胀鲜美的汤汁仍叫人欲罢不能；还有大理砂锅鱼，鱼嫩菜香口感奇好，结账离台仍令人回眸一眺；豆花米线3元/碗好吃可口，加之酸菜、花生、瘦肉、外加乳白豆花的点缀，叫人垂涎欲滴。三是旅游服务到位。不少游客谈及这次旅游接待服务，都情不自禁地伸出大拇指说：最令人忘怀的是旅游服务——崭新的空调旅游车，精通业务的经理，知识丰富、幽默的导游，开朗热情的司机，温馨的酒店服务，令人一路陶醉。

摘自《昆明国际旅行社》http://www.yflyw.com/server/anli.html，略有修改。

第二节 展览旅游优秀案例

展览旅游取得成功的标志有二：一是吸引了足够的参观者，满足了参展商的要求；二是吸引了足够的参展商，满足了参观者的要求。下面介绍三个展览旅游成功的范例，并分析其成功原因。

一、第94届广交会

第94届广交会举办于“非典”刚刚过去不久的2003年下半年。但据有关部门统计显示，到会客商150485人，超过第92届广交会13.5万人的最高纪录，增长11.7%，成交总额达204.9亿美元，比第92届增长11.6%，到会客商和成交总额均创历史新高。

第94届广交会举办成功的原因有六：

一是政府重视，国务院、商务部、卫生部、广东省、广州市以及各交易团、商会等各个部门的密切配合与合作。

二是充分利用世界宏观经济环境。2003年下半年世界经济复苏加快，全球经济增长达4%，快于上半年。

三是广交会自1957年创办以来，40多年中在海内外建立了自己的知名度和良好信誉，广交会本身已是一个国际专业展，具备中国特色和国际展览的风格。

四是广交会建立了自己的全球营销网络。

五是本届广交会有针对性地在全球宣传、推广，稳定老客户，开拓新客源。

六是想办法克服“非典”影响，鼓励、引导采购商补偿性采购，以弥补第93届广交会采购不足带来的损失。

二、伦敦世界旅游交易会

伦敦世界旅游交易会被公认为世界上规模最大的旅游行业交易会。自创办20多年来取得了巨大的成功。

伦敦世界旅游交易会取得成功的原因主要有七：

一是20多年来苦心经营树立起来的声望。

二是目的地的魅力。英国是一个旅游客源大国，又是一个旅游接待大国；伦敦是世界上最具吸引力、最有朝气的城市之一，对游客极具魅力。

三是选用规模大、交通便利的场所。

四是展览内容能满足消费者的需要，如保证展出中囊括了旅游业中所有主要的目的地与供应商，这使旅游消费者蜂拥而至。

五是提供娱乐，为活动注入轻松快乐的格调。

六是对目标市场采用行之有效的营销策略。

七是为旅游专业人士举办饶有兴趣的研讨会，从而又进一步吸引参观者。

可见，展览要想获得成功，精心选择目标市场、增加活动内容的魅力以吸引潜在的参展商与参观者、提供便利的交通是非常重要的。

三、广州商务展览旅游团之迪拜行

2008年6月12~16日，广州商务展览旅游团的迪拜之行，行程安排之紧凑，内容之丰富，特色之鲜明，堪称展览旅游之典范。

日期	行程	膳食	交通	住宿
D01 (J12)	广州—迪拜（南航/） 00:30 接机后入住酒店 上午休息 中午11:30午餐，12:30午餐后城市观光：菊梅拉海滩、七星级酒店外观参观、著名的人工棕榈岛、谢赫扎伊德大道等。 下午：16:00去沙漠冲沙进入金色的沙漠，驾驶着4WD越野吉普车进行冒险家游戏——冲沙。这里有阿拉伯风情的骆驼农场，在沙丘顶峰停留片刻，欣赏沙漠日落。进入沙漠营帐，骑骆驼，滑板滑沙，参加贝多因人为我们准备的丰富的阿拉伯晚宴，各种新鲜沙拉，各式烧烤，阿拉伯甜品，各种饮料等。欣赏独特的阿拉伯音乐和肚皮舞表演，与漂亮的舞娘一起翩翩起舞，穿着阿拉伯民族服饰，文身，品尝阿拉伯特色的水烟。 晚9:30回酒店休息。	午：中式 晚：阿拉伯自助餐	飞机 30座大巴	三星酒店
D02 (J13)	酒店早餐后，9:00 前往国际展览中心布展。 晚6:30从会展中心回酒店。	午：中式盒饭 晚：中餐馆	30座大巴	三星酒店
D03 (J14)	酒店早餐后，9:00 前往国际展览中心参展。 晚6:30从会展中心回酒店。	午：中式盒饭 晚：中餐馆	30座大巴	三星酒店
D04 (J15)	酒店早餐后，9:00 前往国际展览中心参展。 晚6:30从会展中心回酒店。	午：中式盒饭 晚：中餐馆	30座大巴	三星酒店
D05 (J16)	酒店早餐后，9:00 前往国际展览中心参展。	午：中式盒饭 晚：中餐馆	30座大巴	三星酒店
D06 (J17)	迪拜—广州 （1:40航班起飞）			

模拟报价：

报价：5350元人民币/人（人数16人，三星级酒店）

报价包含：

1.住5晚三星级酒店。

2.车费：30座大巴车，接送机各一次，4天点对点接送。

3.膳食（10顿），餐标：餐厅用餐（8人桌 8菜1汤、茶水、果盘），餐盒（1荤2素、水果、果汁），一顿阿拉伯自助餐。

4.饮水：每人每天2瓶矿泉水。

5.半天导游全程陪护。

6.司导小费。

7.沙漠冲沙费。

8.迪拜签证费。

注：报价不含国内至迪拜往返机票。

第三节　奖励旅游优秀案例

奖励旅游作为一种现代管理手段，在当代西方社会被越来越多的现代企业所采用，其在企业管理中的作用也越来越突出，被人们誉为现代管理的“法宝”，并涌现出不少奖励旅游优秀案例。

优秀案例：葡萄酒行家沉醉意大利酒乡

企业：美国Harris Teeter公司

时间：2007年4月13~23日

奖励旅游内容：意大利北部和中部葡萄酒乡旅游

奖励人数：30人

委托旅游公司：梦幻意大利旅游公司

简介：美国Harris Teeter（简称IIT）零售商店，18000名员工、美国东部最大的高端食品连锁集团。公司每年的葡萄酒业务都超过了16亿美元。为褒奖葡萄酒部门最优秀的雇员，HT公司在2007年4月13~23日安排了一次特殊的奖励旅游——意大利葡萄酒之旅，同时也为葡萄酒部门寻找新的合作伙伴。

分析：HT公司原本准备的奖励旅行是500人，但如此大规模的团队很难真正体验葡萄酒之旅的美妙，难以为受奖励员工量身设计特殊的旅行，不能让每一位团员的体验终身难忘。因为酒庄体验、城堡入住和私人晚宴等活动的安排，都必须是小规模团体，才能让参与者有尊贵之感。

解决方案：梦幻意大利旅游公司在接到客户意向后进行估量商议，最后拒绝了大团队订单，劝说HT老板从原有500人的团队中精选出30名最优秀者，参加这次深度的醉酒之旅。此次活动的整个行程是旅游公司在对HT公司的了解下，根据HT公司性质和奖励旅游目的而设计的，真正做到了量身定制。

10天的行程中，旅游公司为团员精心挑选了城堡酒庄，每个酒庄都以不同的葡萄酒、酿造工艺和建筑特色闻名。此外，还安排了两晚市中心的酒店穿插其中，为的是让团员对于城堡的住宿更加印象深刻。每餐的菜式与葡萄酒都是精心搭配。除了大型酒庄，还安排了小村庄里的特色餐厅，他们都有自家酿造的葡萄酒，别有风味。

为了给所有团员一次铭记一生的旅游体验，旅游公司安排了一场属于HT的私人城堡酒会，并用直升机将所有的团员运送至酒会举办地：Castello Banfi（班菲城堡）。

行程安排：奖励团成员从美国费城出发到达米兰国际机场，令所有人吃惊的是，在机场迎接他们的不是导游，而是旅游公司的CEO。作为葡萄酒领域的资深专家，他一路为成员解释意大利的葡萄酒文化，豪华奔驰大巴车身上印的是葡萄、水晶杯、城堡酒庄的图案和HT公司的标志，在所有人的注视中开往Verona（维罗纳）——罗密欧与茱丽叶的故乡，以及意大利最重要、规模最大的国际葡萄酒与烈酒展Vinitaly的举办地。两者加在一起造就了Verona醉人而浪漫的魅力。

成员受到Andrea Sardori——Sardori酒庄、Gabbiano城堡、里奥那多达芬奇酒窖、Monterutoli酒庄的热情拥抱，主人的热情款待，使他们感到无比的惬意与快乐！

组织方为团员安排了浪漫的Verona之旅，在茱丽叶的窗下品尝葡萄酒；充满艺术气息的佛罗伦萨之旅，在米开朗基罗的大卫雕像前驻足惊叹；感受历史沉淀的罗马之旅，卡拉卡拉浴场、古罗马竞技场、数之不尽的古迹，作客美国大使馆；下榻托斯卡纳静谧安详的美丽小镇，品尝最传统的托斯卡纳美食、家酿的葡萄酒。

团员体验：意大利这个国家，从北到南，从丘陵到山区，甚至在那些特别小的海岛上，葡萄树就是一道特有的风景，葡萄酒是意大利阳光和土壤赐予他们的琼浆，让团员们艳羡不已。

在整个行程中，组织者的安排无可挑剔。出发前团员每人收到Giorgio Dell’Artino的邮件，来自梦幻意大利的CEO发出的，他告诉团员应该准备的衣服，并注明男士应带上一套西服，女士需要一套晚礼服，又告知团员每个住宿城堡和酒店的设施，还附上一份无比精美详尽的10天行程表，里面甚至有所有地点的联系方式。在米兰机场，一个高大英俊的意大利男人展开双臂迎接团员，诧异半天，才知道是Giorgio本人。

10天的葡萄酒之旅，让所有人都沉浸在醉人的气息中，而最让团员难忘的便是班菲城堡的特殊安排。清晨团员在托斯卡纳醉人的空气中醒来，享用卡布奇诺和美味的牛角面包后，团员开往Montalcino镇。在专业品酒师的陪同下，团员步行参观了班菲独特的酒杯、酒瓶博物馆、酒窖、品酒屋，然后，私人直升机将团员送上天空，以最为完美的方式俯瞰班菲近3000公顷的葡萄庄园。灰品乐（Pinot Grigio）、霞多丽（Chardonnay）、常相思（Sauvighon Blanc）、赤霞珠（Cabernet Sauvignon）、美乐

（Merlot）、西拉（Syrah），这些国际知名的葡萄品种在这儿应有尽有。天空暗淡成琥珀色，行程在团员的惊呼中结束。

螺旋桨产生的风让所有女士裙脚飞扬，大家缓缓走下直升机，沿着红地毯步入班菲城堡，团员的私人晚宴正式开始。历史古堡，微微清风，美酒醇香，音乐奏响，所有人都沉醉在这场迷人的晚宴中忘乎了自我。

旅程结束后，团员在订单中除了对Banfi、Gallo、Palm Bay的持续，还增加了新的进口品牌Fosters。

评价：HT公司HR经理评价说："此次行程设计非常独特，每位团员都有着深切的体验，而且整个过程没有任何担忧和劳累，组织方已经为我们做好了所有详尽的安排。从行程结束的那天，我们就开始期待着下次旅行。"梦幻意大利旅游公司的CEO Giorgio也说道："行程的每个细节我们都经过深思熟虑，力求带给客人最完美的尊贵感。当客人告诉我这是他们此生体验过的最难忘的旅行，尤其是古堡晚宴和直升机酒庄体验，我们觉得一切努力都是值得的。"

摘自《葡萄酒旅游网》 作者：胡江路

第四节 新产品发布会优秀案例

作为一次性活动的新产品发布会，一般具有短小精致的特点。而要想取得成功，除了计划严谨、有条不紊之外，必须具有出人意料的特点，并能保证活动场所和活动安排与制造商希望宣传的产品形象相符合。

下面列举几个成功的汽车公司新产品发布会案例加以说明。

案例一

1996年，美洲虎汽车公司在加拿大向1400名主要经销商及其配偶推出XK8型汽车，结果活动取得异常成功。原因在于：一是场地独特，新车发布会并未在人们想象中的传统场合举行，而是选择在露天举行，而其位置刚好在当地一个高尔夫球场的著名球洞——延伸入海之处；二是出人意料，由于举办者严格保密，参加者原以为参加的是一次社交活动，新车发布会将于第二天举行，而当人们来到现场才得知是新车发布会时，着实使酷爱新车的人们兴奋不已。

案例二

1998年2月，沃克斯豪尔汽车公司在摩洛哥的马拉喀什向来自23个经销中心的1.7

万名经销商及其全体员工推出新产品阿斯特拉轿车，结果这一活动取得意想不到的成功。究其成功的原因在于：一是目的地选择了冬天气候温暖宜人的马拉喀什；二是当地路况良好，交通量相对较小，适宜试车；三是做了较好的前期计划，包括许多考察参观；四是活动计划周详，其中包括展示、讨论会、试车与娱乐；五是公司租用了一批包机来运送活动的参与者；六是聘用了当地一家经验丰富的目的地管理公司，且主办发布会的主要机构与沃克斯豪尔汽车公司有10年的合作经验。

案例三

1998年10月，法国标致汽车公司为其新款206型轿车召开新产品发布会。这场面向7500名员工以及广大公众推出的发布会与众不同，并圆满成功。其原因在于：一是选择了极具专业水准的活动场所——国际会议中心；二是举办的场所不是在与外界隔绝的饭店或展览大厅，而是人来人往的伯明翰市中心；三是经销商能够将新车开至其经销点；四是活动耗资l60万英镑，准备工作充分；五是活动大张旗鼓，声势浩大，如用大客车将4500名员工从工厂运送至活动场。

案例四

1999年，沃克斯豪尔汽车公司生产出新型欧米茄轿车，并分别在英国的贝德福德郡与北安普敦郡召开新产品发布会，向1400名经销商推介这款新型轿车，取得圆满成功。原因主要有：一是场所选择理想，反映了公司为其新车所设计的形象既时尚又轻松；二是试车跑道可以炫耀新车；三是经销商有充分的机会测试和驾驶新车。

第五节　培训旅游优秀案例

培训旅游是指因“培训”而引发的旅游现象。在中国，自20世纪90年代以来，培训旅游越来越活跃，无论是国内还是国外的培训旅游，都涌现出一些优秀个案，下面介绍两个比较典型的案例：“三九企业的团队培训旅游”与“青岛市外事高级管理人员出国培训旅游”。

●案例一：成都三九企业的团队培训旅游方案

1. 方案总览

医药行业因行业环境与国际经济环境的影响，拥有较大的优势机遇，同时也面临更多的挑战与冲击。行业从业人员必须依赖更密切的团队合作和个人发挥，以创造更多的核心价值。

三九企业团队训练将结合员工培训和自助旅游的企业集体活动形式，在整合企业内部人力资源，协调团队成员关系，培养良好的企业文化，开发员工工作潜能，以及提高成员综合素质等方面具有确定的价值。通过团队训练，让团队成员验证人与人之间的互动行为，对团队效率所造成的冲击、掌握建立高效团队的技能、提升团队的创造力、增强团队凝聚力、培养团队协作能力均形成共同的目标，统一共识，将个人的目标与组织的目标结合。

本活动计划即为该公司提供此项方案，并以达到上述目的为目标。

2. 训练基地选择：都江堰洪口基地

选择理由：具有悠久的革命历史意义和良好的地理人文景观。

民国时期，四川形成了一块特殊的红色革命行政区域，即川陕革命根据地。1933年2月，川陕省工农兵代表大会召开，成立川陕省工农民主政府（即川陕省苏维埃政府）。川陕省工农民主政府共建置2个道、1个特别市、23个县、1个特别区即洪口特别区。因此本基地具有重要的历史意义。

洪口位于都江堰岷江上游，傍依都江堰—阿坝州公路及岷江，属于国家级自然生态保护区，原始森林与泉水、激流为最大生态旅游资源。

都江堰洪口训练基地，有度假村（包含多种休闲设施项目）、漂流、登山、野营营地，设施良好。

3. 训练行程安排

第一日：

早上8:00由专业自助导游员、企业团队活动负责教官共同组织集中及作行前说明。标准旅游车经郫县、都江堰至洪口参观。

统一午餐后分组漂流，至下午6:00。

下午6:00以后休息，自助晚餐，团队培训，建野营设施，晚间休息。

第二日：

早上6:30统一早餐，7:00集中，进入国家级自然生态保护区的原始森林中组织攀爬比赛，4个小时后结束活动，自助午餐，集中后于下午2:00返回基地。自由活动，或者选择基地其他活动项目，或者进行企业团队培训。

晚上6:00统一晚餐，7:00集中，标准旅游车送回成都原出发地。

全程专业自助导游陪同。如有需要，可请专业管理培训师随行。

4. 可行性分析

（1）选址可行

针对企业团队培训选址，目标基地具有重要的历史意义与现实意义，以及良好的生态环境。

（2）行程可行

耐力训练与氛围培训交叉进行，包价服务与自助活动结合。第一天下午气温较高适宜漂流；第二天上午气温由低至高，适于登山。

（3）价值可行

健康的休闲方式，前卫的训练机会，确定的活动价值。全市唯本公司一家提供专业自助向导和商务培训咨询师。

（4）经济可行

平均每人335元，两天活动安排，全程专业向导陪同服务。

5. 详细的预算

标准旅游车：80元/人

漂流设施：30元/人

露营设施：80元/人

统一餐饮：45元/人

综合服务费：50元/人/天

合计：335元/人

●案例二：青岛市外事高级管理人员出国培训旅游

青岛作为享誉世界的旅游胜地，近年来，世界各国的旅游者纷至沓来。如何进一步提升青岛市的旅游事业层次，外事工作如何与国际接轨，成为青岛市相关部门关心的重点问题。2006年3月13日~6月13日，青岛市人事局与市旅游局联合组织的旅游外事高级管理人员培训团在奥地利首都维也纳进行了为期3个月的旅游外事管理专业培训。

1. 精心组织做筹划

按照青岛市领导的要求，青岛市外专局联合市旅游局根据青岛市的现状，经过反复研究论证，制定了赴发达国家进行旅游外事培训的项目计划，并积极争取了国家外专局的经费资助。反复比较后，选定了国家外专局指定渠道——奥地利联邦商会和世界一流的旅游管理学院（奥地利Mondul国际酒店管理学院和Krems国际旅游管理学院）作为境外接待方。按照青岛市的培训要求，经多次修改，奥方制定了完备而详尽的培训计划。参训学员经过层层选拔，全部参加了中国海洋大学2个月外语强化培训，并取得了国家BFT高级资格证书。

培训采取理论学习、案例分析和实地考察相结合的方式，内容涵盖最新旅游发展趋势、出入境旅游、客户心理学、会展旅游、旅游资源规划与建设、大型活动组织与策划等诸多方面，力争用3个月时间对学员进行全方位、多角度的专业强化。

2. 狠抓执行重成效

出国培训力戒华而不实，此次派出的前期准备工作比较充分，培训采取了多种方式，围绕“成效”二字执行各阶段培训任务。

（1）课堂授课

理论学习阶段，培训计划内的各类课程均由欧洲著名旅游外事管理专家授课，并结合专题讨论，学员经过系统学习，理论水平有了显著提高。

（2）现场教学

组织学员多次到奥地利及德国大型旅游景点及运动会馆现场观摩。利用世界帆船锦标赛在奥地利布尔兰根州举办的契机，学员专门考察了赛场的组织筹备及配套服务情况。培训团还邀请上届奥帆赛冠军与学员交流，使学员零距离体验国际帆船赛事，为2008年奥帆赛举办期间的配套服务提供了范例。

柏林作为欧洲大陆中心城市，会展业非常发达。柏林国际旅游展（ITB）是世界上规模最大的国际性旅游展会，专家和当地旅游协会负责人以此为案例，结合实地，对大型展会组织、会展经济进行了专题指导。

作为2006年世界杯举办地，预计届时将有320万游客涌入柏林，每天客流量将达到50万人，如何有条不紊地组织接待非常重要。为学习这方面的先进经验，团组拜访了柏林市政府发展规划局和2006年世界杯组委会，与两个部门的负责人进行了深入座谈，获得了大型活动特别是2006年世界杯的交通组织、住宿安排及安全措施等方面的第一手资料。这对于进一步提升青岛市旅游外事服务水平，早日与国际标准接轨具有积极意义。

（3）实地考察

充分利用奥地利旅游产业化程度高、管理水平世界一流的有利条件，团组先后到奥地利国家观光局、维也纳观光局及维也纳旅游美食学校等政府主管机构和专业院校考察交流，详细了解掌握了奥方的工作任务、组织结构、管理模式以及预算分配等，为今后青岛市旅游事业与国际化接轨奠定了基础。培训期间，团组还专门对柏林奥林匹克体育场、奥运村、阿迪达斯足球世界等场所进行了实地考察。

（4）跟班见习

为进一步巩固理论知识，团组安排学员分别在奥地利维也纳国际酒店及德国的大型国际酒店内跟班见习一个月。根据学员在国内的不同岗位，交由外方酒店对应岗位的工作人员结对见习，切实提高了学员的实际操作水平和外语水平。

（5）寻求合作

培训中期，学员与德国联邦议会议员、联邦政府旅游工作特派专员辛肯斯先生进行座谈，通过坦诚交流，双方对青岛与德国开展广泛的旅游合作充满信心。培训期间，中国驻奥地利大使卢永华与使馆科技、商务参赞两次亲临看望，使馆牵头联系，团组成员携带的一些项目与维也纳音乐学院等外方单位进行了初步的洽谈。

3. 扩大宣传助奥运

扬帆青岛，助推奥运，也是本次出访的重要工作之一。团组借助多种途径对奥运青岛进行了宣传推介。奥地利国家电视台、奥地利最大的报纸《皇冠报》以及奥地利国家电台等媒体专门报道了团组来访的消息，并着重介绍了青岛市的旅游资源和2008年奥帆赛的筹备情况，在奥地利及其周边国家引起了较大的轰动。奥地利国家电视台专题跟踪采访3天，在黄金时间经济栏目中专题报道。团组充分利用这次难得的机会，通过电视向奥地利人民宣传、介绍了青岛的历史、地理、旅游概况以及2008年奥帆赛的筹备情况，推介了青岛市“帆船之都”、“音乐之城”、“品牌之都”的城市形象，受到奥地利社会各界的欢迎，在奥地利掀起了一股“青岛热潮”。

三个月的境外培训学习紧张有序，每个学员都获得丰硕的收获。目前，培训的成果汇报会正在加紧筹备，广大学员深信此次培训必将对我市的城市建设、旅游外事水平国际化产生积极的促进作用。

摘自：《青岛市外专局的报道》

【本章小结】

本章有选择地介绍了国内外取得成功的各种不同类型的商务旅游活动案例：鞍钢集团客户答谢会议旅游、创历史新高的第94届“广交会”、稳居世界老大地位的“伦敦世界旅游交易会”及“广州商务团之迪拜行”等展览旅游优秀案例；美国Harris Teeter公司的奖励旅游优秀案例；美洲虎汽车公司、沃克斯豪尔汽车公司、法国标致汽车公司等新产品发布会优秀案例；“三九企业的培训旅游”与“青岛市外事高级管理人员出国培训旅游”等培训旅游优秀案例。并在此基础上分析了这些商务旅游活动取得成功的原因，旨在为大家今后从事商务旅游活动提供借鉴。

【思考与练习】

思考：

1. 成功的会议旅游、展览旅游一般应具备什么特点？

2. 分析美国HT公司组织优秀员工赴意大利进行奖励旅游取得成功的原因及其启示。

3. 如何才能举办一次成功的培训旅游？

4. 会议旅游与培训旅游成功因素之间有何区别？

练习：

实地调查近期主办过会议、展览、包价奖励旅游、新产品发布会或培训的公司，并写一份总结成功经验与不足的调查报告。

附录1：英文行业期刊

Association Executive

Association Management

Association Manager

Association Meetings

Association Meetings International

Business Traveller

Conference and Exhibition Fact Finder

Conference and Incentive Travel

Congress convenciones e Incentivos

Convene USA

Executive Travel

Expo News Magazine

Incentive Today

Incentive Travel&Corporate Meetings

Meetings Congress

Meetings Facilities Review

Meeting Planner International

Meetings and Incentive Travel

Meridian

Quality Travel Magazine

Successful Meetings

The Organiser

Travel GBI

Tw Tagunges—Wirtschaft

附录2：中文行业期刊与网站

《中国会展》
中国会展网：WWW.EXPO_CHINA.COM
中国会展策划网：www.haomu68.com
中国会展在线：www.cce.net.cn
中国行业会展网：www.31expo.com
环球会展网：fair.mofcom.gov.cn
中国会展信息网：www.cn-expo.net
好展会网：www.haozhanhui.com
凹凸会展网：www.aorta-show.com
广交会展网：www.1gjh.com/news
北京会展网：www.bjfair.com
哈尔滨会展网：www.hrbhzw.com

附录3：商务旅游行业协会中英文对照表

中文	英文	简称
国际会议专家协会	Meeting Professional International	MPI
国际专业会议主办商协会	International Association of Professional Congress Organizers	IAPCO
国际会议协会	International Congress and Convention Association	ICCA
专业会议管理协会	International Association of Convention and Visitor Bureaux	IACVB
国际会议观光局协会	Professional Convention Management Association	PCMA
国际会议口译协会	Association Internationale des Interpretes de Conference	AIIC
国际会议厅协会	Association International des Palais de Congress	AIPC
会议联络委员会	Convention Liaison Council	CLC
欧洲会议城市联合会	European Federation of Conference Towns	EFCT
欧洲协会主管联谊会	European Society of Association Executives	ESAF
亚洲会议观光局协会	Asian Association of convention and Vistor Bureaux	AACVB
会议与特殊活动协会	Association for Conferences and Events	ACE
英国专业会议主办商协会	Association of British Professional Conference Organizers	ABPCID
英国会议目的地协会	British Association of Conference Destinations	BACD
展览主办商协会	Association of Exhibition Organizers	AEO
展览场所协会	Exhibition Venues Association	EVA
英国展览承包商协会	British Exhibition Contractors Association	BECA
英国旅行商协会	Association of British Travel Agents	ABTA
英国入境旅游经营商协会	British Incoming Tour Operators Association	BITOA
商务旅游联合会	Business Tourism Partnership	BTP
美国协会主管理事会	American Society of Association Executives	ASAE
欧洲高等院校旅游与休闲专业协会	Association of European Universities and Colleges	ATLAS
英国大学住宿接待联合会	British Universities Accommodation Consortium	BUAC
公司招待与活动协会	Corporate Hospitality and Event Association	CHA
奖励旅游主管协会	Society of Incentive Travel Executives	SITE
国际航空运输协会	International Air Transport Association	IATA
国际协会联盟	Union of International Associations	UIA

附录4：商务旅游重要专业词汇中英文对照表

中文	英文	缩写
航空旅行主办商许可证	Air Travel Organizers' Licence	ATOL
视听会议服务	Audiovisual Conferencs Service	ACS
视听	Audiovisual	AV
展品展示时间	Build-up	
商务旅行者	Business traveller	
会议与奖励	Cnference and incentive	C and I
公司会议	corporate meeting	CM
会议管理课程证书	Certificate in Meetings Management	CMM
大型会议	①大型会议在英国称为conference；②欧洲大部分国家称为congress；③美国称为convention。	
消费者	consumer	
消费决策者	customer	
会议观光局	convention bureau	
中央预订系统	Central Reservations System	CRS
会议代表	delegates	
目的地	destination	
会议行业培训机构	Events Sector Industry Training Organization	ESITO
重要的年度行业展销会	A major annual industry trade fair	EIBTM
展览手册	exhibition manual	
快速消费品	Fast-moving consumer goods	fmcg
展览会空间布局图	floor plan	
希尔顿饭店公司	Hilton Hotel Corporation	HHC
国际希尔顿饭店集团	Hilton International	HI
希尔顿世界预订系统	Hilton Reservation Worldwide	HRW
奖励旅游	incentive travel	IT
小型会议	meeting	
会议行业协会	Meeting Industry Association	MIA

（续上表）

中文	英文	缩写
会议，奖励旅游，大会，展览	Meeting，Incentive，Conventions，Exhibitions	MICE
展台	Modular Stands	
指定承包商	Official Contractor	
全国职业资格	National Vocational Qualification	NVQ
参观者	participants	
个人计算机	personal computer	PC
专业会议主办商	professional conference organizer	PCO
政治、经济、社会与技术	political，economic，social，technological	PEST
全体大会	plenary session	
预先登记	pre-registration	
新产品发布会	product launch Association	
公开展览	public exhibition	
标准展台	shell scheme stand	
展览场地	Space-only site	
行业展览	trade exhibition	
行业展示	trade show	
培训	Training course	
联合国教科文组织	United Nations Educational and Scientific Organization	UNES0
场所	Venue	
虚拟现实	Virtual Reality	VR
会议观光局	Visitor and Convention Bureau	
世界旅游组织	World Tourism Organization	WTO

参考文献

（一）英文参考文献

1.Alpert，M.L.. Identification of Determinant Attributes: a Comparison of Methods. [J]. Journal of Marketing Research，1971（8）.

2.Air Transportation Association of America. Air Travel Survey:1990[M]. Washington，D.C.:ATA，1990.

3.Ange，Rocco，M.，and Andrew N.Vladimir. Hospitality Today：An Introduction[M].East Lansing，MI: Educational Institute of the American Hotel and Motel Association，1991.

4. Ann Wu， Karin Weber. Convention center facilities， at-tributes and services: the delegates' perspective [J]. Asia Pacific ofTourism Research，2005，12（4）.

5.Boniface，Brian，G.，and Christopher Cooper. The Geography of Travel and Tourism[M].London：Butterworth-Heinemann，1994.

6.Braun，B.M. The economic contribution of conventions:the case of Orlando，Florida. Journal of Samuel Seongseop kim，Kaye Chon， Kyu Yoop Chung. Convention industry in South Korea: an economic impact analysis[M]. Tourism Management， 2003（240）.

7.British Tourist Authority（BTA）. International conference in Britain 1998-2008[M]. London: BTA，1999.

8.Brown Barry， Laurier Eric. Designing electronic maps: anethnographic approach

9.Brunt， P. Market Research in Travel & Tourism[M].Oxford， UK: butterworth Heinemann，1997.

10.Buhalisa D，Licata M C.The future etourism intermediaries[J]. Tourism Management，
2002，23（3）.

11.Burkart，A. J. and Medlik，S. Tourism Past Present and Future[M]. Heinimann， London，1981.

12.Butler，R.W.， Alternative tourism:Pious hope or Trojia hourse? [M]. Journal of Travel Resech，1990，28（3）.

13.Cadotte， E.R. and Turgeon， N. Key Factors in Guest Satisfaction[M]. Cornell Hotel and Restaurant Administration Quarterly， 1988，28（4）:44-51.

14.Casson, Lione. Travel in the ancient World[M]. London: George Allen & Unwin, 1974.

15.Cahner Travel Group , The Meeting Market. Secaucus, Nj: Reed, 1998.

16.Chen C F.Identifying significant factors influencing consumer trust in an online travel site[J]. Information Technology&Tourism, 2006, 8（3）.

17.Cho Y C, Agrusa J.Assessing use acceptance and satisfaction toward online travel agencies[J]. InformationTechnology&Tourism, 2006, 8（3）.

18.Clark, D.J., Evans, M. R., Knutson, B.J.（1997）.Selecting a site for an assocision convention: an exploratory look at the types of power used by committee members to influence decisions. Journal of Hospitality and Leisure Marketing. 1997, 5（1）.

19.Dennis, Nigel.The North America Air Travel Market[M].Travel and Tourism and Tourism Analyst, 1991（1）.

20.Deborah Breiter, PhD, Susan Gregory, EdD.Tradeshow Managers:A Study of Technology Innovation and Time Poverty[M].Journal of Convention & Exhibition Management, 2003, 5（2）.

21.Donald Getz, Don Anderson and Lorn Sheehan. Roles, issues, and strategies for convention and visitors' bureaux in destination planning and product development: a survey of Canadian bureaux[M]. Tourism Management.1998, 19（4）.

22.Dwyer, L.and Mistilis, N. Challenges to MICE tourism in the Asia-pacific region, in M.Oppermann（ED.）, Pacific Rim Tourism CPP[M].Wallingford:CABI. 1997.

23.Dwyer, L.and Forsyth, P. Impacts and benefits of MICE tourism: A framework for analysis[M]. Tourism Economics, 1997, 3（1）.

24.Edwards S J, et al.Tourist information delivered through mobile devices: findings from the image project[J].Information Technology & Tourism, 2006, 8（1）.

25.Erve Chamber, Native Tours——the Anthropology of Travel and Tourism[M]. Waveland Press, Inc. 2000.

26. Fenich, G.G.Convention center development: pros, cons and unanswered questions[M]. International Journal of Hospitality Management, 1992, 11（3）.

27. France, L.The Earthscan Reader in Sustainable Tourism [M].Earthscan Publication Ltd, 1997.

28.Frank Go, Wei Zhang. Applying importance-performance analysis to Beijing as an international meeting destination[M]. Journal of Travel Research. 1997, 35（4）.

29.Fraser Rae，W. The Business of Travel[M].Thomas Cook and Son Ltd，London，1891.

30.FrewA.Book review: Information and communication technologies in tourism，Springer Wien，NewYork[J].TourismManagement，2007，28（1）.

31.FrewA，Hitz M，O' Connor P. Book review: Information and communication technologies in tourism 2003[J].Tourism Management，2005，26（1）.

32.George Young. Tourism: Blessing or Blight[M].Penguin Books Ltd，1973.

33.G.F.Hudson.Europe & China: A Survey of Relations from the earliest times to 1800，London，1961.

34.Glyn Wootton，Terry Stevens. Business tourism: a study of the market for hotel-based meeting and its contribution to wales's tourism[M].Tourism Management. 1995，16（4）.

35.Goldblatt，J.J.Special events: Best practices in modem event management. Second edition[M]. New York: Van Nostrand Reinhold. 1997.

36.Grabum，N.H.H. Tourism and prostitution. 1983，10（3）.

37.Grado，S. C.，Strauss，C. H.，and Lord，B.E. Economic impacts of conference and conventions[M].Journal of convention and exhibition management.1998，1（1）.

38.Hailin Qu，Lan Li，Gilder Kei Tat Chu.The comparative analysis of Hong Kong as an international conference destination in Southeast Asia[M]. Tourism Management. 2000.

39.Hu，C.，Hiemstra，S.J. Hybid conjoint analysis as a research technique to measure meeting planners' preferences in hotel selection[M]. Journal of Travel Research，1996.

40.Jafar Jafari.Encyclopedia ofTourism[M]. London and NewYork: Routledge，2000. 63.

41.Jakel，Jone A. The tourist: Travel in the Twentieth Century North America[M]. Lincoln，NE: University of Nebraska Press，1985.

42.Janice Edgar. Virtual Exhibitions:A New Product of the IT Era[M].Journal of Convention & Exhibition Management，2002，4（2）:69-79.

43.J.Dana Clark，Ken W.McCleary. Influencing Associations Site-Selection Process[M].Comell Hotel and Restaurant Administration Quarterly. 1995.

44.Johnston，B.R. and Edwards，T. The commodification of mountaineering[M]. Annals of Tourism Research，1994，21（30）.

45.John F. Tanner，Jr.，PhD，Lawrence B. Chonko，PhD，Thomas V. Ponzurick，PhD. A Learning Model of Trade Show Attendance[M].Journal of Convention & Exhibition Management，2001，3（3）.

46.Karin Weber. Meeting planners' use and evaluation of convention and visitor bureaus [J]. Tourism Manage-ment，2001，6.

47. Karin Weber，Adele Ladkin. The convention industry in Australia and the United Kindom: key Issues and competi-tive forces [J].Journal of Travel Research，2003.

48.Kazasis F G, Moumoutzis N, et al.Designing Ubiquitous Personalized TV-Anytime Services[C].UMICS, 2003.

49.Kershaw, A. and Lickorish, L. The Travel Trade[M].Practical Press, London, 1958.

50.Ladkin A., Spiller, J..The meetings, incentives, conferences, and exhibitions industry: An international research report[M].London: Travel and Tourism Intelligence, 2000.

51.Larry Dwyer, Nina Mistilis, Peter Forsyth and Prasada Rao.Intemational Price Competitiveness of Australia's MICE Industry[M]. The International Joural of Tourism Research, 2001 (3).

52.Lawson, E Conference, convention and exhibition facilities:a handbook of planning, design and management[M]. London: The Architectural Press.1981.

53.Lewis, R.C. and Nightingale, M. Targeting Service to your Customer[M].Comell Hotel and Restaurant Administration Quarterly, 1991, 32 (2).

54.Lumsdon, L. Tourism marketing: Tourism and hospitality management series[M]. London: International Thomson Business Press.1997.

55.Mayo, E.J. A Model of Motel-Choice[M]. Cornell Hotel and Restaurant Administration Quarterly, 1974, 15 (3).

56.M cIntosh, R. & Goeldner, C. Tourism: Principles, Practices, Philosophies[M].Grid Publishing, Inc. , USA, 1984.

57.McLeary, K.W. and Weaver, P.A. Do Business Travellers Who Belong to Frequent Guest Programs Differ from Those Who Don't Belong?[J].Hospitality Research Joural, 1992, 15 (3).

58.Martin Oppermann. Convention destination images: analysis of association meeting planner'perceptions. [J].Tourism Management.1996, 17 (3).

59.Martin Oppermann, Kye-Sung Chon. Convention Participation Decision-Making Process[M]. Annals of Tourism Research.1997, 24 (1).

60.Mehta, Subhash C., James C.M., Mehta, Sanjay S. Incentive-Travel Marketing: The Singapore Approach[M].Comell Hotel and Restaurant Administration Quarterly, 1991.

61.Meredith Lawrence. Vivienne McCabe. Managing conferences in regional areas: a practical evaluation in conference management[M].International Journal of Contemporary Hospitality Management. 2001, 13 (4/5).

62.Montgomery, R.J. and strick, S.K. Meeting, Convention, and expositions An introduction to the industry[M].New York: Van Nostrand Reinhold.1995.

63.Nada Kulendran, Stephen F. Witt. Forecasting the demand for international business tourism [J]. Journal of Travel Research, 2003, (2).

64.Nelson Graburn. The Anthropology of Tourism[M].Annals of Tourism Research, 1983 (10).

65.Pauline J. Sheldon. The demand for incentive travel: an empirical study [J].Journal ofTravel

Research，1995.

66.P.C. Sinha. International Encyclopedia of Tourism Management. Volume 9.Tourism Transport&Travel Management[M].India:Anmol Publications，1997.

67.Renaghan，L.M.，Kay，M.Z.What meeting planner want: the conjoint-analysis approach[M].Cornell Hotel and Restaurant Administration Quarterly.1987，28（1）.

68.Rob Davidson.Business Travel[M].Longman，1994.

69.Roy A. Cook，Laura J. Yale，Joseph J. Marqua.Tour-ism:the Business of Travel[M]. US.: Prentice Hall，2002.

70.Rutherford，D.Introduction to the conventions expositions and meetings industry.[M].New York:Van Nostrand Reinhold，1990.

71.Rutherford，D.G，Umbreit，W.T.. Improving interactions between meeting planners and hotel employees[M].Cornell Hotel and Restaurant Administration Quarterly，1993，34（1）.

72.Sara Dolnicar. Business travellers' hotel expectations and disappointments: a different perspective to hotel attribute importance investigation[J].Asia Pacific of Tourism Research，2001（7）.

73.Seekings，D. How to organize effective conferences and meetings.Sixth edition.[M].London: Kogan page Ltd，1991.

74.Seyhmus Baloglu，Curtis Love. Association meeting planners' perceptions and intentions for five major US convention cities: the structured and unstructured images[J].Tourism.2002，4（2）.

75.S. Medlik.Dictionary of Travel，Tourism and ospitality[M].Great Britain: Butterworth Heinemann，1993（23）.

76.Sigala M，et al.Web users' cultural profiles and e-service quality: internationalization implications for tourismweb sites[J].Information Technology&Tourism，2004，7（1）.

77.Smith S L J. Dictionary of concepts in Recreation and Leisure Studies[J].Greenwood Press，1990.

78.Stansfield C A，Rickert J E. The Recreational Business District[J].Journal of Leisure Research，1970，2（4）.

79.Susan Gregory，EdD，Deborah Breiter，PhD. Trade Show Managers:Profile in Technology Usage[J].Journal of Convention & Exhibition Manageanent，2001，3（3）.

80.Sutton，H. Y. Travellers，[M].William Morrow and Co，New York，1980.

81.Timothy R Hinkin; J Bruce Tracey. The Service Imperative: Factors Driving Meeting Effectiveness[M].Comell Hotel and Restaurant Administration Quarterly;2003，44（5/6）.

82.Thomas G. Bauer，PhD，Jenny Lalnbert，Jon Hutchison. Government Intervention in the Australasian Meetings，Incentives，Conventions and Exhibitions Industry（MICE）[M].Journal of Convention & Exhibition，2001，3（1）.

83.Towner，J.　A Historical Geograp Recreation and Tourism the Western World 1540—1940，John Wiley，Chichester，UK，1996.

84.TsamakosA.Auctioning tourism products over mobile devices，2003.

85.Valene L. Smith. Hosts and guests : the anthropology of tourism [M].University of Pennsylvania Press，1989.

86.Wodd Tourism Organization. Tourism Trends 1950—1991，WTO，Madri，1992.

87.World Tourism Organization Business Council.E-Business for Tourism:Practical Guidelines for Destination and Business[M].UNWTO Publications，2001.

88.Wendy Hultsman. From the Eyes of an Exhibitor:Characteristics That Make Exhibitions a Success for All Stakeholders.[J]. Journal of Convention & Exhibition Management，2001，3（3）.

89.Yu-Lan Yuan，Ulrike Gretzel，Daniel R Fesenmaier. The role of information technology use in American convention and visitors bureaus.[M].Tourism Management.2004.

90.Zhang Y J，et al. What affects travellers' preference of e-travel or traditional travel agencies: an empirical study[J].International Journal of Services and Standards，2006，2（4）.

（二）中文参考文献

1.倪永华.谈商务旅游者的心理特点[J].旅游科学，1994.

2.陈爱新.亚太地区的短途奖励旅游市场[J].旅游学刊，1995（1）.

3.匡林.香港商务旅游前景的喜与忧[J].经济论坛，1996（6）.

4.国家旅游局.海外旅游者抽样调查资料[M].中国旅游出版社，1998.

5.林洪岱.国内旅游的一翼——会议旅游[J].旅游学刊，1988（1）.

6.金辉.抓手在哪里：上海都市商务旅游[J].国际市场，1998（3）.

7.谢彦君.基础旅游学[M].中国旅游出版社，1999.

8.彭华.试论经济中心型城市旅游的商务主导模式[J].地理科学，1999（4）.

9.李力，崔卫华.城市旅游节庆的构成要素及牵动效应[J].桂林旅游高等专科学校学报，1999（2）

10.徐沉.切莫忽视了商务旅游市场.[N].中国旅游报，1999年11月30日.

11.国家旅游局.新世纪·新产业·新增长：旅游业成为新的经济增长点研究[M].中国旅游出版社，1999.

12.高爱民.商务旅游商机凸现　座座“金矿”亟待开发[N].中国信息报，2000年6月14日.

13.高爱民.关于中国商务旅游问题的若干思考[J]，北京第二外国语学院学报，2002（6）.

14.小辉.商务旅游大有可为[N].中国商报，2000年9月10日.

15.王欣.中国旅游电子商务的现状与路向[J].社会科学家，2000（3）.

16.李立，张仲啸.论商务旅游市场的特点及营销策略[J].桂林旅游高等专科学校学报，2000（2）.

17.李立，张仲啸.论商务旅游市场的特点和营销策略[J].桂林旅游高等专科学校学报，2000（2）.

18.钟灵.世界商务旅游发展趋势[N].中国旅游报，2000年6月19日.

19.阎友兵.浅论我国商务旅游开发[J].资源开发与市场，2000（4）.

20.姚昆遗.树立大旅游观念，拓展商旅结合道路[J].上海大学学报（社会科学版），2001（1）.

21.吴明远.云南省发展商务旅游的战略思考[J].经济问题探索，2001（8）.

22.于平.商务旅游是经济发展的推动器[J].商业文化，2001（3）.

23.梁明珠.以旅游文化促商旅互动发展[J].商业经济文荟，2001（1）.

24.李芸.历史文化名城旅游产品体系的开发[J].连云港师范高等专科学校学报，2001（1）.

25.周春发.苏州会展旅游开发的初步研究[J].旅游学刊，2001，（5）.

26.江五七.旅行社开拓商务旅游市场初探[J].金华职业技术学院学报，2001（3）.

27.卞显红.会展旅游者决策过程及其影响因素研究[J].旅游学刊，2002.

28.北京市旅游局编委会.北京市旅游局调研报告选编[M].北京市旅游局办公室，2002.

29.王华.汕头市旅游市场研究[J].地理学与国土研究，2002（2）.

30.胡斌，朱海森，孙柯.我国发展奖励旅游初探[J].桂林旅游高等专科学校学报，2002（3）.

31.罗秋菊.南昌发展商务旅游之我见[J].桂林旅游高等专科学校学报，2002，（03）.

32.林壁属.以旅游电子商务促进闽台旅游业的发展[J].福建论坛（经济社会版），2002（1）.

33.杨春宇.中国旅游业电子商务发展前景初探[J].贵州师范大学学报（自然科学版），2002（1）.

34.[美]查尔斯·R.戈尔德耐.旅游业教程[M].贾秀海译·大连:大连理工大学出版社，2003.

35.薛恒.商务旅游的发展前景及策略[J].江苏商论，2003（3）.

36.王保伦.会展旅游发展模式之探讨[J].旅游学刊，2003（1）.

37.刘春济，朱海森.我国商务旅游及其市场开发策略探讨[J].旅游科学，2003（3）.

38.温浩杰.商务旅游在浙初露端倪[N].浙江经济报，2003年3月6日.

39.魏雅婷.商务旅游商机无限[N].金融时报，2003年11月25日.

40.郁古台.国际商务旅游巨头纷至沓来[N].国际商报，2003年11月30日.

41.冯飞.中国B2C旅游电子商务赢利模式比较研究——以携程旅行网和春秋旅行网为例[J].旅游学刊，2003（4）.

42.林中燕.海峡两岸旅游电子商务发展与合作对策[J].东南学术，2003（1）.

43.唐静.旅行社开发商务旅游市场的营销策略初探[J].财贸经济，2004，（12）.

44.张要民. 商务旅游发展探析[J].桂林旅游高等专科学校学报，2004，（01）.

45.张广瑞，魏小安，刘德谦.2001~2003年旅游绿皮书——中国旅游发展:分析与预测[M].北京:社会科学文献出版社，2004.

46.贾莲莲，朱竑.商务旅游研究述评[J].思想战线，2004（3）.

47.厉新权，程小敏.关于拓展我国商务旅游市场的思考[J].北京第二外国语学院学报，2004（3）.

48.冯颖如.浅议我国旅游电子商务发展的现状与对策[J].北京工商大学学报（社会科学版），2002（3）.

49. 杨丽.中国旅游电子商务发展中的一些问题与对策研究[J].旅游学刊，2001（6）.

50.陈国贵，侯伟华，王延章.旅游电子商务的发展与面临的困境[J].长春大学学报，2003（6）.

51.唐洪广，贾金思.中国商务旅游经营与发展.同程网，2003年12月23日.

52.刘庆广，刘宁，刘永.我国旅游电子商务发展与对策研究[J].情报杂志，2004（9）.

53.覃建雄.旅游电子商务研究进展与前瞻[J].成都理工大学学报（社会科学版），2004（1）.

54.陈禹，冯仁德，邵传毅.发展旅游电子商务的对策思考[J].重庆商学院学报，2002（2）.

55.唐超.旅游业电子商务战略营销模型[J].科技创业月刊，2004（12）.

56.杨路明，巫宁.现代旅游电子商务教程[M].北京:电子工业出版社，2004.

57.刘亚军.移动电子商务对旅游业的影响及对策[J].商业经济，2004（1）.

58.李宏，韩渝辉."1+X":旅行社开发会展旅游产品的新思路[J]. 哈尔滨商业大学学报（社会科学版），2005（6）.

59.张文敏. 旅行社奖励旅游产品的开发与促销策略探讨[J].华南理工大学学报（社会科学版），2005（04）.

60.刘四青.旅游移动电子商务发展对策研究[J].企业经济，2005（7）.

61.刘笑诵.中国旅游电子商务的对策研究[J].经济师，2005（7）.

62.周霓，石艳.我国旅游电子商务发展现状及对策研究[J].经济师，2005（7）.

63.孙春华.近年来国内旅游业信息化研究综述[J].旅游科学，2005（3）.

64.陈娟，路紫.旅游电子商务使用者满意度的评估研究[J].情报杂志，2005（2）.

65.曾丽梅，白庆华.运用电子商务推进我国西部旅游发展[J].中国科技信息，2006（1）.

66.汪升华，陈田，刘洋.经济中心城市的商务旅游主导型发展模式——以温州市为例[J]. 财贸经济，2005（11）.

67.马进军.上海发展商务旅游的SWOT分析与对策[J].郑州航空工业管理学院学报，2006（4）.

68.盛正发，王佩良.新时期中国旅游电子商务发展研究[J].德州学院学报，2006（2）.

69.杜小慧，周玲强，断健平.移动电子商务在旅游中的应用模式与营销创新[J].商业经济与管理，2006（7）.

70.乔玮.手机旅游信息服务初探[J].旅游科学，2006（3）.

71.盛正发.我国商务旅游的SWOT分析及战略选择[J].商业时代，2006（14）.

72.谭刚.本土旅游企业差旅管理经营战略分析[J].旅游学刊，2006（5）.

73.周文丽.我国奖励旅游发展途径——供给引导需求[J].发展，2006（12）.

74.高静，刘春济.试论我国奖励旅游市场开发——从奖励旅游的内部特征出发[J].桂林旅游高等专科学校学报，2006（1）.

75.郭蔓，傅云新.试论会展与旅行社互动发展[J].桂林旅游高等专科学校学报，2006（3）

76.袁基瑜，李莉.会展旅游发展探析——以哈尔滨为例[J].北方经贸，2006（6）.

77.戚能杰.会展旅游城市发展模式研究——以长三角四城市为例[J].法制与社会，2007（4）.

78.吴泓，甄峰，于涛方.世博经济圈形成基础和机制研究[J].地域研究与开发，2007（4）.

79.孟海霞，姚玉宁.旅行社会展旅游产品的开发策略分析[J].山西经济管理干部学院学报，2008（2）.

80.王国钦，郭英之，闵辰华，黄闵穗.公司团体套装旅游的影响因素研究——以中国台湾为例[J].旅游学刊，2007（1）.

81.伍卓.长沙会展旅游现状及发展对策[J].湖南社会科学，2007（2）.

82.张钦，杨杰.基于IPA理论的商务旅游目的地满意度分析——以上海徐家汇为例[J].桂林旅游高等专科学校学报，2007（3）.

83.刘少湃，蓝星.奖励旅游生命周期模型的构建[J].商业研究，2007（11）

84.马爱萍，张虹菲.国内外商务旅游研究述评[J].北京第二外国语学院旅游管理学院，2007（11）.

85. 郑丽.在节庆和会展旅游结合下的新型旅游产品及开发策略[J].改革与战略，2008（2）.

86.徐印州.广交会转型与发展广州会展业的对策[J].广东培正学院学报，2008（2）.

87. 郭海燕，杨斌.2008年北京奥运会对中国旅游业的影响[J].资源开发与市场，2007（3）.

88.王琼.昆明商务旅游发展战略研究[J].全国商情（经济理论研究），2008（21）.

89.胡平.商务旅游目的地游客满意度的实证研究——以上海徐家汇为例[J].旅游科学，2008（1）.

90.殷敏.论北京商务旅游的发展[J].北京社会科学，2008（2）.

91.余兵.我国商务旅游的SWOT分析及战略选择[J].全国商情（经济理论研究），2008（16）.

92.潘映高，史崴.民营企业文化创建需要克服的误区[J].鄂州大学学报，2008（6）.

93.乌心怡.大连休闲商务旅游的海滨花园[J].风景名胜，2008（3）.

94.樊小兰.会展旅游研究综述[J].苏州市职业大学学报，2008（4）.

95.练红宇.关于我国奖励旅游产品设计的探讨[J].成都大学学报（社会科学版），2008（5）.

96.吴晓烨.体验经济视角下奖励旅游产品的创意化设计[J].中国集体经济，2008（1）.

97.吕晓慧.从五金博览会看浙江省永康市会展旅游发展[J].经济师，2009（3）.

98.项芳.发展会展旅游经济　打造苏州旅游名城——苏州会展旅游初探[J].广西轻工业，2011（10）.

99.谢琛，彭新沙.会展旅游品牌塑造原则探析[J].合作经济与科技，2009（7）.

100.张春霞.会展旅游的效应分析[J].大视野，2009（1）.

101.吕晓慧.从五金博览会看浙江省永康市会展旅游发展[J]. 经济师，2009（3）.

102.江军，过建春.基于SWOT分析的三亚会展旅游发展战略研究[J]. 全国商情（经济理论研究），2009（5）.

103.刘玉萍. 浅谈城市商务中心区规划[J]. 大众科技，2009（1）.

104.罗志慧.2008-2010年间广州市会展旅游发展对策研究[J].消费导刊，2009（2）.

105.朱芬芳.台州商务旅游市场特征及影响因素研究[J]. 华东师范大学，2010（3）.

106.胡灿伟，雷海章.汉正街商务旅游发展战略研究[J].中国市场，2010（41）.

107.侯洁.上海现代服务业集聚区商务旅游开发研究——以上海南京西路专业服务商务区为例[D].上海师范大学，2012.

108.何丽琴.会议旅游目的地形象测量方法与提升机制研究[J].浙江工商大学，2010（5）.

109.朱红光.2010年上海世博会的旅游效应及对会展旅游的启示[J].现代商业，2011（4）.

110.李映洲， 江燕.会展旅游概念的重新探讨[J].旅游论坛，2011（2）.

111.夏艳秋.浅析会展旅游产业链[J].北京交通大学，2011（5）.

112.于会霞.会展旅游对城市发展影响研究——以大连市为例[J].旅游纵览，2011（3）.

113.梁明珠，钟金凤，廖奇辉.澳门会展旅游的发展模式及其推进路径[J].旅游科学，2012（2）.

114.中国行业研究网（http://www.chinairn.com）. 2012年我国会展旅游市场发展情况调研分析，2012年5月18日.

后记

《商务旅游理论与实务》一书终于历时三年撰成了!这是本人继《导游历史知识》、《世界旅游发展史》、《世界遗产旅游概论》之后完成的第四部有关旅游的作品，也是费时最长、写得最辛苦的一本书。此时此刻，夜深人静，坐在电脑前的我，敲击键盘完成最后一段文字，感到无比的惬意与快乐，一千多个日日夜夜所经历的苦与累也随之抛到九霄云外。

商务旅游是一种古老的旅游活动。人类从原始社会向文明社会过渡之际，就产生了以商品交易为目的之商务旅行。但现代意义上的商务旅游则始于第二次世界大战之后的欧美，并且它一经产生，便迅速在全世界范围内发展起来，成为最具活力、发展前景和影响力的旅游类型之一，受到各国政府和旅游学界的高度关注与青睐。商务旅游的优势在于效益高并且与休闲旅游具有互补性。我国商务旅游虽然起步较晚，但进入新世纪之后，商务旅游发展之快，没有任何一个国家能够匹敌，发展潜力之大，欧美发达国家也望尘莫及。但遗憾的是，国内却尚无一本中国人写的“商务旅游”，基于此，本人萌生了写此书的念头，但鉴于出书难的现实，一直未动笔，直到2009年才开始艰难的写作历程。

如今《商务旅游理论与实务》已经撰成，面对散发着油墨香的书稿，本人心情难以平静。许多人需要在这里衷心感谢!但有限的篇幅和苍白的语言却难以表达自己内心的感激之情！广东旅游出版社蔡子凤编辑为本书的校对、排版做了大量工作，付出了辛勤的劳动汗水，本人深表谢意！妻子小玲、儿子彭博一如既往地支持我著书立说，广州大学中法旅游学院胡幸福师兄自始至终为本人打气鼓励，正是由于他们的关心和支持，本书才得以如期完成，在此，请接受本人最诚挚的谢意！

彭顺生

2012年7月于广州云山居